胡德海

高中时期留影
（1948年）

大学毕业留影
（1953年）

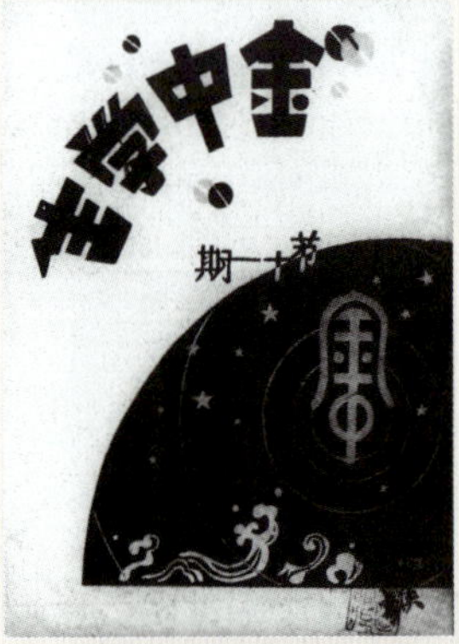

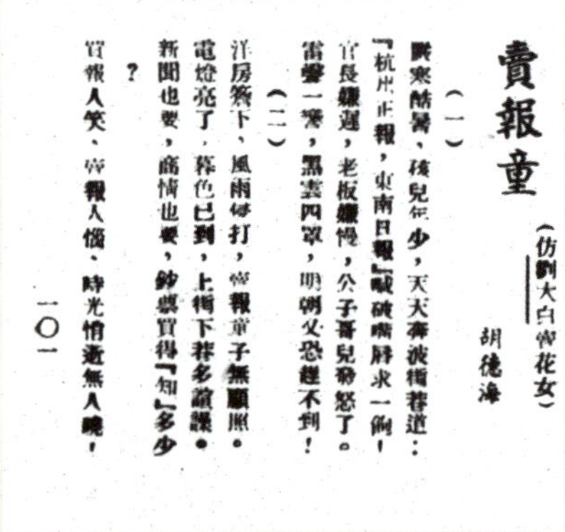

賣報童
（仿劉大白賣花女）
胡德海

（一）
嚴寒酷暑，孩兒年少，天天奔波街巷道：
『杭州正報，東南日報』喊破嘴唇求一俏！
官長嫌遲，老板嫌慢，公子哥兒發怒了。
雷響一聲，黑雲四罩，明朝又恐趕不到！

（二）
洋房簷下，風雨緊打，賣報童子無顧照。
電燈亮了，暮色已到，上街下巷多讀譟。
新聞也要，商情也要，鈔票買得『知』多少？
買報人笑，賣報人惱，時光悄逝無人曉！

一〇一

公开发表的第一篇作品
（载《金中学生》1947年第11期）

金华中学毕业照
（1948年，第二排左起第二为胡德海）

全国教育学研究会（中国教育学会教育学分会前身）、甘肃省教育学会第一届年会全体代表合影
（1979年，第六排右起第九为胡德海）

参加会见外国教育专家（1988年，右起第三为胡德海）

参加西北师范大学教学论专业博士学位论文答辩会
（1991年，左起第四为胡德海）

参观位于浙江杭州的严子陵祠堂（1992年）

参加西北师范大学庆祝省部共建火炬
接力暨焰火晚会（2009年）

在教育学原理学术研讨会上发言
（2016年）

为西北师范大学教育学院2021级新生讲授专业导引课
（2021年）

与夫人蒋小素合照
（2012 年）

接受中央广播电视总台中国之声教师节特别节目采访
（2022 年）

代表作《教育理念的沉思与言说》书影（2005年）

代表作《教育学原理》第三版书影（2013年）

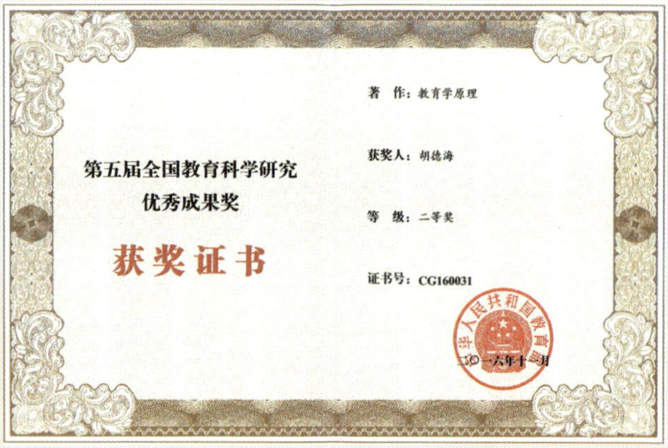

第五届全国教育科学研究优秀成果奖

获奖证书

著　作：教育学原理

获奖人：胡德海

等　级：二等奖

证书号：CG160031

二〇一六年十一月

《教育学原理》第三版获第五届全国教育科学研究优秀成果奖的证书（2016年）

首届全国教材建设奖

全国优秀教材

证书

（高等教育类）

获奖教材：教育学原理（第三版）

书　　号：978-7-107-26536-5

获奖等级：二等奖

主要编者：胡德海

出版单位：人民教育出版社

证书编号：GJC-G-2-2021283

国家教材委员会

二〇二一年九月

《教育学原理》第三版获首届全国教材建设奖全国优秀教材的证书（2021年）

教育学是什么

胡德海教育随笔

胡德海　著

中国教育出版传媒集团
人民教育出版社
·北京·

图书在版编目（CIP）数据

教育学是什么：胡德海教育随笔 / 胡德海著．— 北京：人民教育出版社，2023.8（2025.2 重印）
ISBN 978-7-107-37264-3

Ⅰ．①教… Ⅱ．①胡… Ⅲ．①教育－文集 Ⅳ．① G4-53

中国国家版本馆 CIP 数据核字（2023）第 169255 号

教育学是什么——胡德海教育随笔

出版发行 人民教育出版社
（北京市海淀区中关村南大街 17 号院 1 号楼　邮编：100081）
网　　址 http://www.pep.com.cn
经　　销 全国新华书店
印　　刷 北京盛通印刷股份有限公司
版　　次 2023 年 8 月第 1 版
印　　次 2025 年 2 月第 2 次印刷
开　　本 787 毫米 ×1 092 毫米　1/16
印　　张 33.25
字　　数 675 千字
定　　价 96.00 元

目录

上编　学理之辨

中编 人文之思

下编　求索之路

附　录

后　记

上编　学理之辨

I 关于什么是教育学的问题*

应该说，在二十一世纪已经过去十多年的今天，中国教育学界客观上存在着为数不少属宏观层次的重要教育理论问题，仍然需要学习、工作在这个学术领域的人们去关注、去思考、去辨认，以期能在这些方面的问题上取得较为一致的认识。其中，在我看来，“什么是教育学”的问题首先就赫然摆在我们的面前，迫切地要求我们去深究和弄清它。

什么是教育学，它作为一个摆在教育学界面前的问题，已非一日，而是个年深日久的老问题了。从理论上把它弄清楚，对我们这些为之付出了毕生时间、精力和心血的人们来说，自然是最具切身和直接的意义了。为之继续求索，也理所当然，义不容辞。不仅如此，其实它对整个教育学术事业来说，意义尤为重大，不仅关乎教育学术事业存在和发展的命运，也关乎整个教育学术的尊严和形象，即它能否以一种较为科学的面貌和较为正常的身姿出现在世人面前，也是一个十分重大的关键问题。所以，它特别值得人们予以正视和严肃地对待。

什么是教育学这个问题存在什么问题呢？说得直白一点，是指多年来人们对它的认知和所表述的界说，解释得并不准确，并不正确，需要我们花些力气、用点心思从理论上去辨明它、纠正它。也就是说，需要在基本理念上为之作番拨乱反正、正本清源的工作。

---

* 此文发表于《中国教育科学》2013年第2辑，选入本书时有改动。

一、概念错位，需要语义辨析

对于什么是教育学、什么是教育科学以及对教育学和教育科学此二者之间究竟存在什么关系问题的不准确认识，普遍存在于当今我国学人的思想观念之中。而对于教育学和教育科学此二者之间关系问题以文本的形式作了明白界说和表述的，我们可以从有较强代表性、权威性的《中国大百科全书·教育》一书中见之。于一九八五年由中国大百科全书出版社出版的《中国大百科全书·教育》(以下称《教育卷》)的目录中，人们就可以看到“教育科学”和“教育学”这样两个条目，又于该书的第一百六十二页和第一百八十一页分别对“教育科学”和“教育学”作了这样的界说和解释：教育科学是“研究教育规律的各门教育学科的总称”，而教育学不过是“教育科学重要的基础学科之一，旨在研究教育规律、原理和方法”。此外，由南京师范大学教育系编的《教育学》中，在谈到教育科学和教育学这两个概念时也持与《教育卷》大体一致的见解，也认为“在教育科学体系中教育学主要是探讨教育的一般原理”。这就是说，在上述作品的作者看来，教育学和教育科学是两个并不相同的概念，教育学只是教育科学体系中的一个分支学科、一个子系统。教育科学较之教育学，具有更高的层次、更广泛的外延，是教育学的上位概念，它是一个由众多分支学科组成的学科群，属于综合科学，而教育学则不是。故此二者不可同日而语，不是一回事，不能混为一谈。不仅如此，《教育卷》还指出此二者英译也是不一样的。“教育学”一词的英译为“pedagogy”，因此词在西方系从希腊语“pedagogue”——“教仆”一词派生出来，而“教育科学”的英译则为“science of education”。

看到以上的有关表述，坦率地讲，笔者是不能同意的。因为在这里，概念的错位是明显的，教育学明明是个“老子”，却被放在了“儿子”的位置。这里，我首先要表明的是如下一些有关语义辨析的意见，以与同志们交流，并求教正。

在二十一世纪的今天（其实也可包括二十世纪下半叶在内），我们应当清楚地看到，所谓教育科学和教育学此二者实际上是同义的，说的都是一回事，指称的是同一事物。也就是说，所谓教育学也就是教育科学，反过来，所谓教育科学也便是教育学，二者完全是同一的，是同义词。如果说，二者有什么不同之处，那便是教育学是教育科学的简称，而教育科学则是教育学的全称而已。这两个概念如果用英语来表示就完全一样了，其英文名称都应是“science of education”。这个情况和人们说的北大便是北京大学，说北京大学也便是北大是一样的。北大和北京大学二者虽字数多寡不一，但二者完全是一回事，是同义词。因为，道理很简单，这里“教育学”三个字中的“学”指的便是科学、学问或学科之意。所以，也如同在中国、在北京，并不存在一个北大以外的北京大学和也不存在一个北京大学以外的北大的道理一样。在中国学术界，也不存在一个教育学之外的教育科学或者教育科学之外的教育学。这种情况对学术界、科学界来说，都是如此，可以说是表述学术科目的一个通则，一个惯例，一个必须共同遵守的学术规范，不是随心所欲地可以不顾及的。比如物理学也便是物理科学，生物学也便是生物科学，经济学也便是经济科学，语言学也便是语言科学，心理学也便是心理科学之意。而不能说物理学只是物理科学中的一门学科，只是其中的一个子系统，在物理科学之外还有一门叫物理学的学科的；也不能说在生物科学之外还有一门名为生物学的学科或学问的。还有，我们可以看到，现在我国不少高等学校中均有教育学院之设，这个教育学院，也可称教育科学学院。有的学校原来叫教育科学学院，后来改称教育学院，这都是正常的事，因为这两者完全是同义的，都是一回事，指称的是同一事物。也正因为这个道理，凡是在教育学院攻读学位的学生，不管他学的是哪门教育课程，最后授予的都必须也只能是教育学学士、教育学硕士或教育学博士学位，难道这里也非要叫教育科学学士、教育科学硕士、教育科学博士不可吗？这都是再清楚不过的事情，而不能在语义上首先为自己设下迷魂阵。如果一定要这么说，一定要说在教育科学之外还有一门教育学的学科，教育学只是教育科学中的一门学科而已，那只能说是无中生有和主观臆造的结果。不仅会从关键处误导学界，使大批年轻一代的学习者大惑不解，一头雾水，误入歧途，迷失在一片奇谈怪论之中，并且也必然会遭到有识者的讪笑，使教育学的尊严和形象受到不应有的损失。

二、人们从两个不同的实例中或可得到某种省悟

也许有人会这样提出问题，苏联不是就有教育学和教育科学之别，苏联不是就有教育科学之外的一门叫教育学的学科吗？这个问题问得很好，真正问到我们这个问题之所以出现和存在的根源上去了。必须指出，中国教育学界的人们之所以长期认为在教育科学之外还有一门叫教育学的学科，说句公道话，也不是中国学者自己的原创，而是受了苏联教育理论误导的结果，这种教育理念的发明权正是这位当年的“老大哥”。那么，在苏联教育理论领域，是不是真的就有教育科学和教育学这两个教育学术领域呢？是不是真的在教育科学领域存在一个教育学的学科呢？回答是否定的，可以肯定地说，这是他们对什么

是教育学的问题从概念到理念，从内涵到外延都搞错了。在这种错误理念引导下的苏联教育理论界，事实上也不存在一个清晰的、比较完整、系统的教育科学（即教育学）体系的。在这方面常常显得偏狭、无序、故步自封，乃至思维逻辑混乱不堪。而他们并无自知之明，却常常表现得十分自信和自负，往往以其昏昏，使人昭昭，从基本的概念和理念上误导了别人。而中国学者在接触苏联教育理念的过程中所表现出的盲从迷信、依样画葫芦、亦步亦趋、思想僵化、不能与时俱进、缺乏独立思考和判断是非的能力也是显然的。这种局面在中国社会的出现，具有其特定的历史条件和时代特点。

如果说苏联曾经被视为一个教育学大国，那么应该说美国更是，美国在这方面的表现情况又是怎样的呢？完全相反。在美国高校教育学院的课表中，人们可以看到五花八门的课程名称，如教育哲学、比较教育、教育评价、课程论等，但其中绝对看不到一门叫"教育学"或"教育"（即"education"）的课程，就凭这一点，人们就可以判定美国学者对什么是教育学这个概念的认识和苏联学者是大异其趣、完全不同的。美国学者的认识要准确、高明、正确得多。因为在美国学者看来，这些开设的课程都可包容在"education"（即教育或教育学）之中，而这个"教育学"在苏联和深受苏联教育理念影响的中国学者看来不是"教育学"，而应称为"教育科学"。这也就是说，在美国学者的思想里，教育学和教育科学是同一概念，而苏联学者则认为是两个概念，是两回事，这真是教育理念上的南辕北辙、迥然不同。人们在这两个绝不相类的事例中，应该得到一些思想上的启示。

那么在苏联所谓"教育科学"这个综合学科下的"教育

学”，是不是真的如《教育卷》和有的《教育学》书中所说的“主要是探讨教育的一般原理”“旨在研究教育规律、原理和方法”的呢？也没有。苏联著名的教育学家凯洛夫主编的《教育学》就不是如此，所谓凯洛夫《教育学》“四大块”即可说明这点。现在的问题是：如果在《教育学》中，真的“主要是探讨教育的一般原理”了，其对“教育学”此概念的误用也是绝对不能容许的，因为它不应该被称为“教育学”，而应被称为“教育学原理”一类名称。

三、教育学发展过程中若干历史事实告诉了我们什么

教育学作为一门学问或科学，是有其自身发展的历史的。它的发展历史过程，在《教育学原理》之类教育著作中的一章，可以写成洋洋数万言。如果写成一本专著，甚至可达十数万言。其中的文字，可以向人们传达多方面的学术信息。而围绕着关于什么是教育学的问题，它集中地可以使我们知道这些历史事实，并因此不无启蒙和启悟的作用。

（一）教育学是以人类教育为对象的。没有教育便没有教育学。这就是说，比起教育学来，教育是第一位的。教育作为人类社会生活的一种形态和内容，属于社会现象的范畴，教育学作为反映和研究这种活动和现象的理论形式与结果，属于知识理论范畴。世界上总是先有社会生活、社会现象，才有对这些社会生活、社会现象的理论研究及其结果。生活与活动在先，知识和学问在后，现象在先，理论在后，普遍如此，历来如此。人类有教育活动和教育生活，至今已有三百万年之久。而对教育活动、教育生活和教育现象的考察与研究，乃至使之成为一门专门的学问和科学，为时甚晚，正如曾有植物而无植物学，

有动物而无动物学，有历史而无历史学等情况一样，都属寻常普遍之事。

（二）人类教育理论的出现是以学校教育为基础的，是在学校教育实践的基础上得以产生和获得发展的。在西方，“教育学”一词系从古希腊“教仆”（pedgogue）一词派生出来，但真正可以标志教育学这门学问和学科得以正式产生和出现的，是十九世纪前期德国教育家赫尔巴特及其具有标志意义的著作《普通教育学》。因为，随着资本主义经济、社会的空前发展与进步，这时的学校教育实践也获得了空前的发展与进步，人们的教育视野也有了空前的扩大，于是有了产生教育学的主客观条件。但赫尔巴特及其教育学著作也同样受到时代和其认识能力的严重局限。在赫尔巴特教育理念中，“教育学”只是一本书，还不可能成为一个体系。他的“教育学”一词用英文来表示便是“pedagogy”。

（三）在西方，教育学首先产生、出现在十九世纪前期的德国，德国是西方教育学的故乡。但是到十九世纪后期，特别是到二十世纪，世界教育重镇就从德国转移到美国，美国人杜威和其《民主主义与教育》一书，可视为此时期的标志性人物和代表性著作。

《民主主义与教育》是杜威的一本教育哲学专著，其中所用的“教育”和“教育学”具有同义性，均为“education”，没有沿用欧洲人常用的“pedagogy”一词。杜威的教育视野比起赫尔巴特来要开阔得多，他的教育理念不限于学校教育，已经从学校看到学校以外的社会和社会生活中存在的教育。在美国实用主义教育思想影响下，美国大学中有关教师教育开设的课程五花八门，但并无一门叫“education”（可称为“教育”或“教育学”）的课目出现在课程表上。这种情况可从杜威教育理念中得到解释，所有这些教育课程都已包含在“education”之中了。可见，杜威所持的是一种包括学校教育又不局限于学校教育的大教育观。杜威的这种教育学理念和美国大学教育课程开设的这种情况也曾影响一九一九年至一九四九年中国高师、中师学校中开设的教育课程。在这三十年间，中国的师范学校也开设有多门教育课程，如教育概论、中外教育史、教育行政、学校行政、各科教材教法、教育统计、中等教育、小学教育、教育测验等，但也没有一门叫“教育学”的课程。

（四）二十世纪前十年，“教育学”作为一门新学问和新学科，开始引进中国，中国自此有了“教育学”，并迅速在师范学校开设。在此过程中，日本是教育学的出口国，从日本传输到中国来的教育学，不是日本的原产，而是从德国学来的赫尔巴特的教育学。所以，在中国师范学校开设的教育学，在二十世纪前一二十年中，都是德国赫尔巴特的教育学理念。从日本引进的教育学，其英文名称即为“pedagogy”，但后来日本人也不用“pedagogy”这个英译名，而用“education”代之了。

（五）二十世纪五十年代初，从苏联引进的凯洛夫主编的《教育学》，其基本精神理念和十九世纪德国赫尔巴特的教育学思想一脉相承：“教育学”一词的英译为“pedagogy”，教育学是一个科目、一本书，是和教育科学并不相同的概念。这本凯洛夫《教育学》包括教育总论、教学论、教育论和学校管理与领导四部分。这种内容结构显然和教育学“主要是探讨教育的一般原理”的观点并不一致，与世界教育学发展主要趋势大相违异、大相径庭，具有很明显的保守性和理论的不成熟性。从二十世纪五十年代后，苏联教育学在中国留下了深刻的影响。

至今为止，我国不少学者仍以“pedagogy”来指称“教育学”，而不是用“education”一词，便可作为其中的一个例证。

（六）在近代，教育学从古代哲学中分化出来进入独立发展的阶段，成为独立的学科，是以学校教育在一些早期资本主义国家开始普遍发展为基础的。在此时代背景下，刚刚独立的教育学，还是一个包罗万象的“教育知识总汇”，容纳于只有一个学科的教育学之内。当时教育学的研究内容主要是关于儿童的教育教学的学问，仍仅限于对年轻人的学校教学活动之中。教育学发展到今天，情况已今非昔比，它已经成为一门内容丰富的学科体系，除了作为它的主体或基础的教育学原理以外，还包括在历史发展过程中逐渐被分化出来的种类繁多的新兴学科、交叉学科、边缘学科，例如教育史、教育心理学、儿童心理学、教育社会学、教育文化学、教育经济学、教育政治学、家庭教育学、社会教育学、初等教育学、中等教育学、高等教育学、教育未来学、教育管理学等分支学科。它们在教育科学领域中，都反映和解决某些理论的或实践的问题，发挥着各自特有的作用，并形成了一个规模空前庞大的教育科学体系。这个教育科学体系是教育学历史发展的结果和今天教育学的现状。它反映的是教育学在其发展阶段中的某种情况。在这里，教育科学和教育学仍是同义的。如果误认为此时出现的教育科学体系（或称教育学体系）和教育学是两回事，教育科学和教育学是两个不同的概念，只能表明自己对教育学历史发展过程状况的无知。

那么，以上所述及的教育学在其发展过程中所呈现的诸项历史事实，可以集中告诉我们什么呢？它确切地告诉人们，曾经在欧洲、日本盛行一时的用以指称“教育学”的“pedagogy”

已渐趋淡出，取而代之的是今天的“education”这个词。这也表明，标志着一个科目、一本书的教育学时代的结束，一个由众多教育学科组成的教育学学科群（即教育学体系）顺应着时代发展的要求与时俱进地在全球范围内出现了，也流行了。

四、时代告诉我们的教育理念

从人类认识史上讲，任何概念都有一个进化的历程。概念的进化是一个深化过程，深化的方式有多种，其中之一就是扩展旧概念的含义。概念得到扩展之后，具备了新的含义，但概念的旧含义并没有被废弃，而是仍在特定的范围内使用着，从而出现了同一概念的新旧含义并存的局面，这也就是同一概念的广义与狭义并存的局面。旧含义是狭义的，而新含义则是广义的，教育学概念的演变就是如此进行的。目前，人们关于教育学一词的狭义理解，基本上是关于教育学的传统理解，而大教育学的概念基本上是二十世纪中后期的产物。

人们为了论证一个概念含义的合理性，往往从词源上去找论据，或者从人们自发的运用上去找论据。实际上，这样找的多半是该概念的传统含义。

下面让我们对教育学研究的历史过程作一简略的考察和回顾。

在西方，最早出现的“教育学”一词，通常是指古代希腊语中的“pedagogue”，其原意为“教仆”。教仆在古代希腊是指奴隶主家中某种有专门职务和身份的成年奴隶，专门负责为奴隶主到学校接送孩子，帮助携带学习材料、学习用品，并监督他们在学校中的行为举止等事。“教育学”一词，首先和“教仆”一词联系在一起，并且是由“教仆”一词派生而来的。可见，教育理论、教育学的萌芽不仅是以学校教育为前提条件，是在学校教育实践的基础上得以产生和获得发展的；并且，照此词源的意思，教育学在其萌芽时期，是仅仅被视为一种关照儿童、监护儿童学习的学问。历史事实也正是这样，教育学在其开始时期，只是被当作一种教育教学中的引导术（techne）来考虑和对待的。引导术、教育术便是那个时期教育教学被赋予的研究对象和范围。人们所认识到的教育现象、教育问题由此产生。

现在，在一些英语国家中，“pedagogy”一词已很少出现，而普遍以“education”一词代之。这就是说，在这些国家，教育和教育学几乎已成为同义词。而欧洲大陆国家，则把教育（education）理解为对儿童培养的过程，把教育学（pedagogy）理解为研究教育儿童的学问。

在近代，教育学从古代哲学中分化出来进入独立发展的阶段，成为独立的科学，是以学校教育在一些资本主义国家开始普遍发展为实践基础的，是以资本主义社会商品经济和文化的初步繁荣，科学生产及其劳动内部分工日趋细化，人类抽象逻辑思维的发展为条件的。在此时代背景下，刚刚独立的教育学，还是一个包罗万象的“教育知识总汇”，人们的教育视野仍然严重局限于学校教育范围之内。教育学的对象虽然有所扩大，但仍仅被理解为关于儿童教育教养的学问，仍仅限于对青年人的学校教学活动。

从十八世纪下半叶开始的近代自然科学发展，分化的趋势一直占优势，新的学科不断从旧学科中分化出来。从十九世纪中叶开始，日益分化的自然科学已经作为一种把一切自然过程联系成一个整体的科学出现，科学发展中的综合趋势越来越明显。十九世纪末二十世纪初，科学的分化与综合趋势明显地加快。现代自然科学发展的鲜明特点是既高度分化又高度综合。社会科学的发展也是这样，已经出现了分化与综合的高潮。自然科学和社会科学两大领域以及门类繁多的各个学科，日益相互渗透，紧密地联系在一起，形成一个统一的科学体系。

教育学领域的情况也与上述情况相适应，在科学的第二次大分化、大分工和大改组中，近代教育学趋于解体，即近代教育科学被“扬弃”，而分化出一大批现代教育分支学科，如教育哲学、教育经济学、教育社会学、教育管理学等，使得教育科学形成学科系统，教育科学因此进入一个发达成熟的现代阶段。现代教育科学的发展同样以学校教育为土壤，以学校教育在现代资本主义各国普遍发展的实践为基础，以现代资本主义的商品经济、文化全面繁荣，生产及劳动的分工，人类辩证逻辑思维的发展为条件。所不同的是，在今天，随着科学技术和社会生产力的进一步发展，人们的教育视野从学校扩展到全社会，认识到教育现象在人类社会有着十分广泛和普遍的意义，它是一个包含各个教育阶段、多层教育关系的整体，教育学必须以教育现象的总体作为自己研究的对象。对教育的全面的包罗无遗的研究，需要一个拥有众多分支的学科群来实现。因此，教育学必然并且应该是一个学科群，一个由众多教育学科组成的科学体系。

在美国教育家孟禄于一九一〇年至一九一三年主编出版的《教育百科全书》中，出现了以“education”代替“pedagogy”的倾向。他认为新的“教育学”（education）（这里是指“教育学”而非“教育”），至少有两点不同：第一，教育学的范围变广了，内容更充实了，不限于教学方法和学校管理这两方面，它探讨社会的所有教育功能和教育机构，既一般又具体地探讨教育目的和课程，也研究教育与公共福利之间的关系；第二，教育学使用了更为完善和科学的研究方法，一方面注意吸收更为广泛的基础科学的研究成果，另一方面认真地寻找事实材料，探讨实际问题。①在二十世纪五十至六十年代，西方关于“教育学”是不是一门科学的讨论中，明确地用“education”一词指称“教育学”。②日本在解释“教育学”时，把它的英文对应词定为“education”。③

西方国家在二十世纪五十年代出现了一个新词用以指代教育学，即“educology”。这是由于西方学术界认识到，“pedagogy”主要是指教学的方法和艺术，而“education”一词又“一身兼有两义”，既表示教育活动，又表示教育学科，在讨论问题时，常因人们的理解不同造成语义上的混乱。因此，一九五一年美国俄亥俄州立大学哈丁（L. W. Harding）按学科构词的惯例，以education为词根，创造出了“educology”一词。④此词于二十世纪六十年代经由美国印第安纳大学的斯坦纳（M. E. Steiner）等人的大力提倡，逐渐推广开来。

法国的一些研究者如米亚拉雷等人为了消除“教育学”（pedagogie）一词的歧义和不科学性，曾从瑞士借用了“教育科学”（sciences de education）这一术语，用复数形式的教育科学取代单数形式的教育科学。⑤这种变化表明人们对教育学学科

---

① 瞿葆奎主编：《教育学文集·教育与教育学》，人民教育出版社1993年版，第297—298页。

②④⑤ 郑金洲：《教育学终结了吗？——与吴钢的对话》，《教育研究》1996年第3期。

③ 瞿葆奎主编：《教育学文集·教育与教育学》，人民教育出版社1993年版，第320页。

性质的认识发生了转变。

今天，教育学的研究对象，不仅不能局限在对儿童教育的引导术、教育术之类方式、方法问题上，也不能只理解为研究如何教育儿童的学问或科学，而是以人类社会一切教育现象及其规律为研究对象。

从根本上说，教育学是人类在学校教育的实践基础上，对社会的教育本质的认识，教育科学的发展史，也就是人类基于学校教育的实践，对教育本质认识的发展史。教育科学对象及其理论的产生，以学校教育的存在为前提，奴隶社会有了学校教育，也就有了教育理论的萌芽；从资本主义社会开始，人类进入学校教育的新时代，因此，教育科学也就产生了。人们把学校教育当作教育学的研究对象，这自然是不可避免的。而随着人类教育实践范围的扩大，教育学对象的外延也扩大了，这又是教育学对象发展的又一显著特点。

海德格尔在其《存在与时间》一书中说："真正的科学'运动'是通过修正基本概念的方式发生的。"①

恩格斯在马克思《资本论》第一卷之《英译本第一卷编者序》中也说道："任何一种科学，每当有新解释提出时，总不免要在这个科学术语上发生革命。"②

英国学者席勒在其《人本主义研究》一书中指出："一个真正的定义要恰如其分，确乎牵涉到对被定义事物的性质的全面认识。"他又说："当我们必须从事那些我们的认识或它们的性

---

① ［德］海德格尔著，陈嘉映、王庆节译：《存在与时间》，生活·读书·新知三联书店1987年版，第12页。

② 解放社编：《马克思 恩格斯 列宁 斯大林思想方法论》，人民出版社1963年版，第221页。

质正在迅速发展以至我们的定义刚下定便过了时的题材的时候，恰如其分地下定义的困难便无限增加了。……因此，那些致力于这些题材的人的责任，就是利用每个机会，首先解释它们意味着什么，并且当知识的增长扩大了他们的概念时，决不要厌倦重新界定这些概念。”①

无疑，根据以上阐述所展现的，是一种真正意义上的大教育学观和大教育学的理论体系。它的确是通过修正其自身的基本概念的方式发生的，在对教育学这个基本术语的认识上，人们需要真正经历根本性的改变。其实在今天，也不仅仅教育学这门科学是如此。

现代社会的明显标志是从“小生产”发展到“大生产”，从“小经济”发展到“大经济”，从“小科学”发展到“大科学”，社会传媒从“小媒质”发展到“大媒质”等。与这一切发展的情况相适应，人类教育必然会随之由“小教育”发展到“大教育”，从“小教育学”发展到“大教育学”。这种“大教育观”和“大教育学”的出现，在今天，乃是历史发展的必然趋势。这里所说的“小”不是“渺小”“微小”之意，而是指“单一”“分割”“孤立”和“封闭”，这里说的“大”，不是“伟大”“高大”，而是指“系统”“整体”“开放”“进化”。从简单到复杂，从单一到系统，从局部到整体，从孤立、封闭到开拓、开放，正是今天的教育事业和教育科学存在和发展的基本特色。凡此，都存在着深刻的经济、社会原因，以及文化背景和科学理论根据。这一发展过程正是今日大教育学所要研究

---

①［英］席勒著，麻乔志等译：《人本主义研究》，上海人民出版社1966年版，第2页。

的，并且正是大教育学之所以出现在二十世纪中期以后的最终的客观依据。总之，有了大教育的客观事实，才有人们主观上的大教育观，也才有可能出现当代理论上的大教育学和现代庞大的教育学体系。大教育学建立在大教育观的基础之上，而大教育观又正是今天客观存在的大教育现实在人们思想观念上的反映。

当代教育学，是人类对自己基本存在方式的自觉的产物。在二十一世纪的今天，一个既具有鲜明时代特征，又能够超越现实局限，且符合当今世界实际和我国国情的教育学理论体系，正为整个教育界所期待。这是一个填补空白的时代，也是一个社会主义教育理论工作者理应有所作为和建树的时代。

五、历史要求我们今天应有一个广阔的教育视野和大教育学观

教育学产生于十九世纪前期的德国，德国历史性地成为教育学的故乡和发源地。但到了十九世纪末、二十世纪初，德国赫尔巴特教育学就被美国进步主义教育学家指称为传统教育学。到了二十世纪下半叶，由于人们对教育事业的空前重视，教育实践获得前所未有的发展。人类文化科学不断繁荣进步，许多新学科门类不断出现，人们的教育视野获得了空前的解放，变得阔大起来。在教育领域，许多新兴学科、交叉学科、边缘学科纷纷涌现。这时的教育学，不仅在其结构规模上空前膨胀了、扩大了，在教育理念上也进入了一个崭新的境地。教育学终于水到渠成地形成了一个结构比较完整的学科体系，一个由众多教育学科组成的学科群，呈现出和赫尔巴特时代教育学仅是一个科目、一本书完全不同的崭新景象。

教育学的这种崭新面貌，既是人类教育实践发展的结果，

也和人的教育理念密切相关，具有深刻的历史意义和时代背景。因为正是这些比较正确的教育理念可以解读教育学此时被赋予的历史使命和时代给教育学提出的要求，并且敢于拿出理论勇气给教育学重新作界说和下定义，最关键的是确定教育学今天研究的对象。也正是在此时此刻，历史要求一切教育学的学习者和以教育学为学术事业的学者，能够与时俱进，适应时代要求，具有一个广阔的宏观的教育视野和大教育学观。这种广阔的教育视野，不仅为理解、认识今天教育学真实面目所需要，也为今天的教育学下定义、作界说所要求，并且具体地表现和落实在为今天教育学所确定的研究对象上。而宏观的教育理念和大教育学观则是其在理论上必然的反映和结果。

什么叫视野？所谓视野，是对一个人来说的，指的是一个人所看到的客观存在或说其心目中的客观世界。由于每个人的视野有或宏大、或狭窄、或深远、或短浅的不同，视野并不等同于“客观存在”“客观世界”。也正因为这个缘故，历史要求我们看待今天的人类教育必须要有一个宏大、广阔的教育视野。

“对象”是什么？“对象”一词，黑格尔在其德文著作中用的是“gegenstand”，本义是“站在对面的东西”，而要为某门学科确定研究对象时，情况就不同了。在这里，也如同“视野”并不等同于“客观存在”一样，“对象”也并不等同于“客观存在”。“对象”始终是一个被意识到的客观存在，它既是客观的又是主观的，它既具有客观性又有主观性。所谓客观性就是说它以客观存在为依据；所谓主观性就是说它以人的意识存在为条件。“客观存在”可能成为人们的认识对象，也可能不成为人们的认识对象，只有意识到的存在才能成为人们的认识对象，从而可以成为科学的研究对象。既然认识对象具有主观性，因此，对于对象的认识必然要以人的认识能力为转移，并随着人的认识能力的发展而变化。

不少科学，其对象是在不断发展的，而科学理论的发展程度是和人们对研究对象的认识水平相一致的。人们把研究对象明确到什么程度，也就把科学理论发展到什么程度，人们怎样研究对象，也就在怎样构建科学的理论和体系。

正是在这里，我们可以看到一个宏阔、远大的教育视野，对于确定教育学研究对象和其在为教育学下定义、作界说过程中所客观具有的重要意义。

一门新兴学科的出现，是人类在对某领域进行科学探索并形成了比较成熟的理论的标志。同时也是对这一领域进行系统深入研究的需要的反映。

我们在进行理论思维时，定义是十分重要的，因为“定义”的研究提供着支点，它消除概念的混乱，帮助对现实知识做概念的加工，而一个准确的“定义”又建立在为科学所准确确定的研究对象的基础之上。总之，任何理论，如果不以对象的客观存在为依据，必定是凿空之谈、虚幻之说。

当然，科学对象的变化归根到底是由人类的社会实践决定的，人类实践发展到什么程度，科学对象也就被明确到什么程度。正因为如此，社会科学的对象还与对象自身的成熟程度相联系。只有这种对象发展成熟了，人们才能把它确定为研究对象；对象自身成熟到什么程度，人们也就把这种对象明确到什么程度。社会科学也就是关于人类社会实践自身的理论思维，任何一种社会科学的形成和发展，都是以特定的研究对象成熟为条件，也就是以人类在特定领域的实践活动发展为条件，这是社会科学对象形成的特殊条件，也正是教育学研究对象被确定的必经之路。

说到这里，我们应该看到，多年来，我国教育理论界对教育学研究对象的回答并不一致，在某些教育学著作中，对此问题或缺少应有的表述，没有申明自己的见解，或只申明“这本《教育学》所研究的主要是学校教育这一特定的现象，研究在这一现象领域内所特有的矛盾运动的规律”①，而没有对一门称之为教育学的科学，其研究对象何以不是人类社会全部教育现象而只是学校教育这一特定现象的理由作必要的交代和阐述。

即使是在以“研究教育现象及其规律”为研究对象的《教育学》中，教育学也没有想包打教育科学的天下，它们一般仅分析学校教育、关注学校教育的现象与规律（也非全部），这更是在逻辑上都令人难以理解而值得深思的了。

如果说，教育学真有什么迷惘之处，应该说，这倒是其中的一个迷惘，而且必然会使人第一个感到迷惘。应该明确地说，教育学理论的贫困和不够成熟，其主要的原因和显著的标志，首先就在于其研究面狭窄和研究对象长期以来没有得到明确的界定和合理的说明。

在今天，不论在我国或在世界教育学术界面前，明显摆着的一个现实是，教育学研究对象在理论上的确切界定，直接取决于在理论上对教育学概念的正确定义。因此，当前首要的任务便是重新定义教育理论的中心概念“教育学”，并且建立一个以新定义的“教育学”这个概念为其中心的新的教育学体系。这是因为，从世界情况看，对教育学这个概念的认识是普遍欠明确的，有的则根本不准确。而在我国，长期以来教育学概念

① 南京师范大学教育系编：《教育学》，人民教育出版社1984年版，第1页。

之所以没有得到明确的和正确的界定，究其根本原因，很明显地，就在于人们对教育学概念缺乏必要的深究，普遍存在着以偏概全的误解与误用。

在当今社会，教育学要彻底地解释它的对象，必须坚持教育学就是教育科学，它是诸种教育学科的总称这一理论观点。以此为理论前提，它才能在研究对象问题上避免陷于内涵与外延不一致的逻辑矛盾和严重的理论混乱状态。而如果我们把教育学和教育科学视为同义词，则说教育学是一门以教育问题为研究对象或说它是一门研究人类教育这种特定的社会现象的科学，自然是理所当然，顺理成章，完全合乎逻辑的了。教育这种特定的社会现象自然也就是社会中特有的教育现象，教育现象在这里是指人类社会中教育的总体现象，教育现象是教育的外部表现形式，而教育规律则是指教育与其他社会现象之间以及教育内部即教育这一现象领域内各要素之间的本质联系的关系。所以，教育学是专门研究教育的科学，是人们对教育现象认识的概括和总结，正如语言学是研究语言的科学，经济学是研究经济的科学一样。

广义地说，教育学是关于教育的学问，即人们对于教育这一社会现象的知识、学说或理论。这里值得注意的有以下两点：第一，教育学不是把教育与社会、文化、人生等现象一起作为研究对象，而是把教育作为一种独立的社会现象单独对它进行理论考察与研究；第二，教育学不是关于教育的零散知识和见解，而是把教育作为一个整体，对它进行系统全面的考察研究和概括。因此，严格地说，教育学是以教育为独立研究对象的知识系统和科学体系。

经过对教育学概念做以上逻辑的阐述，教育学的研究对象自然要被确定为人类社会所存在的全部教育现象而不能有任何例外，也不允许有任何人为的、任意的割裂和取舍。从时间上讲，它包括人类自古至今及至未来一切纵向存在的教育现象。从空间上讲，它包括地球上一切国家、一切民族，所有地域内所存在的教育现象、教育问题。而从教育的对象来讲，它存在于社会所有个体从生到死的全过程之中。人们不仅要看到它的普遍性、广泛性，又注意把它和别的事实、别的社会现象区别开来，把它纳入一个统一的系统之中。

教育学作为一门研究人类教育的学问和科学，其研究的对象是历经变化和发展的，并具有显著的历史特点，其主要的特点是：第一，历史地看教育学的研究对象和研究范围，是由小到大、由局部到总体不断扩大的，这就是说，教育学从其产生到现在，其研究对象是随着人类教育实践的不断发展而发展的，并经历了一个长期的历史发展过程；第二，教育学理论从根本上说，它是植根于学校教育的土壤，即在学校教育的实践基础上产生和发展起来的，在很长的历史时期里，人们习惯于把教育现象、教育问题只局限于学校教育领域进行观察和思考，视学校教育为教育的总体，故教育学研究的对象也就被囿于学校教育的范围之内。但是，随着人们视野的扩大，客观存在于人类社会中的一切教育现象，终于为人们所不断注意到、认识到，并作为教育学的研究对象，这是教育理论、教育学发展的必然。这也就是说，教育学以学校教育的实践为起点，又终于不为学校教育领域的实践和思想观点所限，从而从“学校教育就是教育的一切”的迷惘中摆脱出来，终于把全部教育现象作为教育的研究对象，乃是教育学研究对象发展的又一主要特点。

六、今日教育学的总体面貌和其存在的标志——教育学体系

教育学发展到今天，它呈现在世人面前的是个什么样的图景和格局？或者说，它的总体面貌是怎样的呢？回答是：教育学体系。就是说，它是以一个有系统结构的学术领域这样的形貌出现在世人面前的，而这也便是教育学今天在世界上存在的标志。因此，为了能让人们看清其总体面貌，下面就要用较多的文字分别地来表述这个问题。

（一）教育学体系的含义

教育学体系是指教育学研究的范围和学科，是教育学的各个分支学科构成的一个有机联系的整体。任何一门科学既要有其明确的研究对象，又要有其体系。而界说一门学科或科学的研究对象，其根本的意义也就在于为其确定研究的范围。所以体系的问题是和对象的问题密切联系着的。一切科学都有自己的研究对象，没有对象，科学就失去独立存在的权利。认不清研究对象的界限，也会造成科学体系的混乱或内容上不必要的重复，一门成熟的科学或学科，其理论体系和层次总表现得比较清晰和有条理。有人以为，体系问题仅仅是个形式问题，这种看法是不对的。列宁讲："真理只是在它们的总和（zusammen）中以及在它们的关系（Beziehung）中才会实现。"[①]现代系统论也告诉我们，体系和结构不同，科学理论的性质和功能也不同，因此，只有把教育学体系置于一定的结构和关系之中，形成一个相对完整的理论体系，才能更深刻、更正确地揭示其研究对象的本质和规律，才能更有效地指导我们的教育实践。所以对教育学体系问题进行研究，不仅是教育科学发展的

①《列宁全集》第五十五卷，人民出版社2017年版，第166页。

需要，而且对于教育事业的发展亦有重要的实际意义。开展教育学体系的研究，已成为教育理论和实践的客观要求，不断地建构、完善和发展教育学体系是当今教育理论建设的迫切任务。

教育学是一门古老而又年轻的科学，其理论体系的建立和发展比较缓慢，教育学体系或教育科学分支学科的划分问题，在国内外教育学著作中尚没有比较明确一致的观点，教育学从哲学中分化出来成为一门独立的科学以后，它就处于一种混沌的综合状态。但是在今天，随着科学的发展，人们对教育现象认识的不断深入，它的分类在不断变化，分得越来越细，人们终于可以比较正确地把握教育学体系。教育学作为人类教育活动的理论形态，是在人类教育思想和理论思维有了相当发展之后逐步形成的，而其体系的确立，则只有在一定的历史阶段才有可能实现。

（二）教育学体系怎样构建？

教育学体系的构建总的要求是：体系既要有层次性，又要有完整性。

教育科学是一个内部结构具有层次递阶性的独立系统，可以采用系统分类法进行学科分科。第一层次子系统包括基础学科和应用学科。第二层次是从第一层次子系统中派生出来的子系统。首先，基础学科派生出理论学科和一般学科两个子系统。其次，由于应用学科把教育基础理论应用于不同的领域，同时又采用不同的研究方法渗入了不同的学科成果，因而派生出部门教育学科、区域教育学科、专业教育学科三个子系统。第三层次子系统是从第二层次系统专业教育学科派生出来的跨部门教育学科和职能教育学科两个子系统。上述系统分类法具有以下几个方面的优点。

第一，能够明显地透视教育科学体系的层次结构。

第二，能够看清各子系统学科之间相互联系和相互区别的关系。

第三，能够较为科学地对教育学内部学科进行有序的分类。

在这里，层次性对教育学体系来说，具有重要的支柱作用。在二十世纪六十年代才兴起的科学学告诉我们，科学体系和科学研究是按不同层次而存在和得以进行的，认识和把握其存在的不同层次，不仅可以提高科学研究水平，而且是人类对科学把握能力的反映。过去，人们一般只把科学研究分为宏观的基础理论和微观的应用研究。近些年来，不少科学家鉴于基础理论研究与实际应用研究之间相隔太远，难以使理论对实践起直接的指导作用，因此主张在宏观的基础理论研究和微观的应用研究之间增加一个中观研究或称发展研究。这就是说，科学体系和科学研究应该由宏观、中观、微观或由基础理论、中间研究和应用研究这三个相互补充和相互促进的不同层次所组成。这是由于中间性研究可以使基础理论技术化、可操作，使应用理论的研究为实际应用奠定直接而现实的基础，中间性研究的这种居中转化机制，使得它在科学研究中具有无可替代的作用，也使得它在科学体系的构建中具有重要的价值并具有普遍的意义。

社会科学之所以需要中间性研究，也就是需要在各门社会科学的基础理论与该门科学所涉及的实际生活和实际问题之间，建立起科学而便利的通道，以及确立把抽象理论转化为提高认识和解决实际问题的科学方法论体系和步骤。目前，社会科学中的许多学科力图进行层次划分，目的就是在促使其体系在科学研究中更具合理性、科学性。

不论自然科学还是社会科学，坚持按不同层次的视角来看待科学研究和科学体系本身，这种思路，对我国教育科学研究和教育学体系的构建，无疑具有很好的启发意义和借鉴作用。教育学作为社会科学的一大分支，其体系的构建，不仅可以分别从不同的层次来进行，甚至可以说，教育学体系只有首先把握其宏观、中观、微观的不同层次，才算真正找到了支撑教育学体系大厦的骨架支点。

作为一门科学，其体系与内容，应是按逻辑的要求去推导演绎，这样才符合一般人的思维特性。因此，教育学体系构建的基本方法是，首先对教育现象和其存在形态作深入细致的研究分析，然后再作实事求是的归类，以构成一个全面完整的体系，其推导演绎的方法大致如此。

依据教育现象、教育形态和其在社会生活中存在的空间形式，就可产生家庭教育学、学校教育学、社会教育学等不同学科或门类；而依据学校教育现象存在的特点和层次还可进而产生幼儿教育学、初等教育学、中等教育学、高等教育学以及特殊教育学等学科。

依据学校教育中不同专业、不同教学内容的要求，就可产生语文教育学、外语教育学、音乐教育学、体育教育学之类不同学科。

依据教育现象、教育形态以及教育思想在社会生活中存在的历史，便产生了教育制度史、教育思想史等有关教育历史的教育学科以及教育未来学之类的学科。

依据教育现象和其他社会现象的关系，就产生了教育政治学、教育经济学、教育社会学、教育文化学等不同学科。

科学理论、科学知识体系的一个重要特点就是它是自成体系的，科学体系由它所研究的领域所构成，一方面，各门科学所研究的客观领域各不相同，这就决定了不同科学有不同的体系；另一方面，科学知识、科学体系只能是人对某一客观领域中的事物和关系的主观反映。不同的人，即使是训练有素的科学家，也会由于角度不同、观点不同、思想方法不同或知识背景不同，对事物有不同的认识和反映。因此，同一门科学知识体系会因不同的学者、专家的认识视角不同而有所不同。

总之，在人类社会中，教育现象、教育形态存在和发展的时间、地点、条件、形式、内容、手段、方法、特点等方面的问题，都应是教育学研究的范围。教育的对象是人，有关人的心理、生理、思维以及有关活动和管理，同样也是教育学研究的范围，都必须纳入教育学的体系之中。

（三）教育学体系的总体结构

目前教育学体系中，形成了理论教育学、部门教育学、边缘教育学和应用教育学，而理论教育学、部门教育学、边缘教育学、应用教育学则是现代教育科学系统的基本结构。它具体体现着“理论—应用”这一科学基本秩序。由于现代教育科学系统的形成，人们对教育的认识将进入全面、深刻、具体的认识阶段，教育科学也将由此进入成熟发达的阶段。现代教育学的发展，不仅以学校教育在现代社会中的普遍发展为实践基础，也以教育的终身化、教育的社会化为其实践基础。

教育学从近代到现代的发展，是人类对教育认识发展的一个“圆圈”，它必然要分化出理论教育学。在近代，人们对教育的认识还是笼统的，人们从外部联系上描绘教育运动的总过程，这是一种不自觉的理论思维，但没有很好地解决教育现象认识中的主观和客观、思维和存在的矛盾。现代教育学开始对教育现象进行分门别类的认识，在此基础上，人们必然逐步认识到主观和客观、思维和存在这一认识论的基本矛盾，并以科学地解决这一矛盾，建立科学的理论教育学，揭示“社会教育和人类思维运动的普遍规律”而告终。总之，现代教育促使教育学形成科学系统，也促使教育科学趋于发展和成熟。教育学体系的总体结构如图 1-1 所示。

- 教育学体系的总体结构
  - 宏观层次——理论教育学
    - 教育学原理
    - 教育基本理论
    - 教育哲学、教育史学
    - ……
  - 中观层次
    - 部门教育学
      - 高等教育学
      - 中等教育学
      - 初等教育学
      - 幼儿教育学
      - 特殊教育学
      - ……
    - 边缘教育学
      - 教育心理学
      - 教育社会学
      - 教育经济学
      - 教育政治学
      - ……
    - 教育活动与过程
      - 教学论
      - 学习论
      - 课程论
      - 教师论
      - 学生论
      - ……
  - 微观层次——应用教育学
    - 教育管理学
    - 教育统计学
    - 教育工艺学
    - 教育卫生学
    - 教育评价学
    - 教育测量学
    - 教育建筑学
    - ……
    - 各种专业教育学
      - 语文教育学
      - 数学教育学
      - 历史教育学
      - 生物教育学
      - 音乐教育学
      - 美术教育学
      - ……

图 1-1　教育学体系总体结构图

（四）教育学体系的实践基础

教育学的目的是解决教育实践的问题，而教育实践又是教育学得以产生和发展的基础。历史告诉我们，世界上一切科学都来源于实践，教育学同样如此。

教育学理论的实践性特征，还表现在历史上很多教育家就是实际教育工作者，或者就是一个教师。他们自己的一生献给了人类的教育事业，教育实践为他们所探索的问题提供重要的资源条件，也为他们的研究成果的价值作出最终的检验和评价。他们所创造的教育理论的花朵是在他们教育实践的土壤上长出来的。

瑞士教育家裴斯泰洛齐是教育史上一个典型的实际教育工作者。他主张的教学理论和方法是他长期教育实践的总结。同样的，德国教育家赫尔巴特在青少年时期当过三年三个孩子的家庭教师。他致学生家长的一系列书信，是他的教学实践的总结，也为他的教学理论奠定了基础。

教育史上不少杰出的人物，他们在实际活动中不仅开拓了教育事业的新领域，而且促进了教育理论的发展，美国的富兰克林和霍拉斯·曼都是其中著名的人物。

教育学史上不少教育家，为了探求新的教育理论，还开办了各种不同形式的实验学校。这表明教学实验从来都是人类教育实践的一种重要形式，也是发展教育学理论的一种重要手段。捷克教育家夸美纽斯在匈牙利沙洛斯-波托克开办泛智学校，还写了《泛智学校》一书，概述了这个学校的教育方针、课程设置和学校组织准则等，可以说开了教育实验之先河。德国哲学家康德在哥尼斯堡大学开设教育学讲座时，就打算建立一所实验学校，附属于该大学。裴斯泰洛齐的布格多夫培训班和伊佛东学院，从性质上说，也是一种实验学校。赫尔巴特在哥尼斯堡继承康德的讲席，讲授哲学和教育学时，也开办了教育研究班和附属实验学校。英国空想社会主义者欧文在纽拉克进行的教育活动，改变了整个地区生活的面貌，他进行的教学与生产劳动相结合的实验，受到马克思的高度评价。十九世纪末二十世纪初，实验学校成为推进教育运动的一种普遍形式。“芝加哥实验学校”是美国哲学家、教育家杜威预先拟订严密的计划并按照计划有步骤、有组织地进行的一个实验。杜威的一部极重要的著作《学校与社会》一书，就是对这个实验的经验总结。此外，如凯兴斯泰纳的“劳作学校”、德可乐利的“隐修学校”、蒙台梭利的“儿童之家”，沙茨基的“生活夏令营”以及尼尔的“萨默希尔学校”①，都是著名的实验学校，并根据一定的教育理论和方法，进行了长期的教育实验。杜威在《明日之学校》一书里所记述的各种不同形式的教育实验，也属于这一类。上述实验学校，都根据实验的结果，提出了种种可贵的经验和理论，对各国教育的革新和发展产生了难以估量的深远影响。在苏联，苏霍姆林斯基从一九四八年起，直到一九七〇年逝世止，在帕夫雷什中学任校长，几十年如一日勤奋耕耘，根据他长期的教育工作经验，发表了一系列的重要著作，丰富了关于人的全面发展的理论。

教育实践按人类实践的时间和空间的形式来划分，主要有如下三个方面：

1. 现实的教育实践；
2. 前人的教育实践；

---

① 又译作“夏山学校”。

3. 外国的教育实践和经验。

由于对现实的教育实践、前人的教育实践、外国的教育实践作了研究，在此基础上，相应地也就出现了如比较教育、中国教育史、外国教育史等教育学科，并成为教育学体系中的分支学科。

（五）教育学体系的理论基础

1. 教育学理论基础的含义

在教育学这一门综合科学中，教育学原理是其中的理论教育学。这就是说，教育学原理是教育学不可否认的理论基础。但是，我们还要认识到，理论基础是相对的，所谓元科学也是多元的、多层次的。比如，相对于教育哲学、教育经济学、教育社会学这些学科来说，教育学原理当然是理论基础。但是，仅以教育学原理为理论基础，还不能建立起教育科学。教育科学的理论依据主要在哲学、经济学、社会学、心理学、人类学、文化学等科学理论之中。这不仅因为它们比教育学原理要成熟，更由于它们比教育学原理更基本、更具有普遍性，是教育学原理的理论和观点得以建立的基础科学和理论源泉。教育学原理中一些最基本的原理、观点，并不是教育学原理原本就有的独特理论。这些理论，最先是作为哲学问题提出来并从哲学角度来认识的，教育学原理所阐述的教育活动，就是以社会学、文化人类学、传播学这些学科的科学成就为基础的。所以，所谓教育学的理论基础，不只是限于教育学原理本身，不只是教育学原理这一门学科，而主要是指教育学原理所阐述的各种理论、观点所来自、所赖以建立的各种元学科。正是依靠了这些基础学科，教育学原理才得以形成，教育学体系才得以建立，同时，教育学体系中的边缘学科和一些其他学科才能在理论上、基本观点上得以树立起来。

2. 教育学理论的知识基础

教育科学在以往由于对其对象、性质这些重大原则问题缺乏应有的深究和正确的认识，因此在对待上从来存在着两个明显的偏颇。一是把教育科学完全归入社会科学领域，大学把教育学系作为纯文科来办，这样就割裂了教育学和自然科学之间的联系。许多从事教育科学的人员，缺乏最基本的教学知识，因而不能在把握自然运动规律和人类认识自然运动规律的基础上，探索和把握社会（包括教育）的运动和人的活动（包括认识活动）的规律，容易把社会与自然、把人与自然以及人的自然性分割开来。在方法方面，不能受惠于自然科学，在内容上无法向自然科学渗透，就教育论教育，就方法论方法。

教育的对象是人，人既是社会的一分子，又是自然的一部分，这就规定了人的两种属性：社会性和自然性。人既受社会规律的支配，也受自然发展规律的制约，并且此二者之间相互联系、相互制约，在教育过程中同时起作用。

马克思主义摒弃那种把社会现象生物学化的庸俗观点，强调人不同于一般动物的主要标志，在于他们生活的社会形式，首先是在劳动中形成的社会关系。马克思在批判费尔巴哈“把许多个人纯粹自然地联系起来的共同性”的“类”的人本主义观点时指出：“人的本质不是单个人所固有的抽象物，在其现实性上，它是一切社会关系的总和”。①

但是也要看到，马克思主义并不因为社会性是人之所以为人的主要标志，而把社会人同人本身的自然基础割裂开来。这

①《马克思恩格斯选集》第一卷，人民出版社2012年版，第139页。

就是说，虽然社会性是人作为人的主要方面，是人的本质属性，但不能忘记自然性是人的身心发展的前提条件。这就规定了教育学作为一门科学，不可能离开自然科学的研究，有的人只承认心理学同自然科学的联系，而不承认教育学同自然科学的联系，以为教育学接受自然科学的渗透，势必冲淡甚至抹杀教育学的阶级性和政治性，这其实是一种偏见。教育学同自然科学的关系有两个方面：一是通过心理学应用自然科学；另一是教育学本身也需要用自然科学来武装，如生物力学、生物电磁学、生物化学中有些内容，不仅搞心理学的人要研究，而且搞教育学的人同样要重视。现代体育就大量运用力学原理，体育仿生学就是以力学为核心的一门新兴学科。又如，人体微弱电位的存在对教育起什么作用，现在也成为科学家感兴趣的课题。神经生物学已发现人的学习能力，同一定的生物电位波动图像变化有关。人的智力发展有其自然物质基础。美国神经化学家乔治·昂加乐和荷兰药理学家戴维德就认为记忆力和理解力是由细小的蛋白质分子——多肽组成的生化物质的特殊作用。人的学习也是如此，你要学美术，得先检查一下有没有色盲；学声乐，也得先检查声带是否正常。现代生物学的发展，给教育学科中未知或知之不详的领域，如遗传、人工控制变异、人工智能等以科学的回答，人对作为分子生物学研究核心的核糖核酸所蕴藏的遗传密码的人为控制，会对新生一代的生理和心理素质产生影响，这将对今后教育科学发展具有不可估量的影响。

自然科学进入教育领域，有其深刻的历史根源。现代教育内容的刷新，教育对象的扩大，教育实际年限的延伸，教学组织形式的改变以及教学方法的革新，是起因于社会经济和科学技术的发展，特别是由于电子技术的迅速发展。可以预料，整个教育面貌将会随之发生巨大的变化。这不是说，用自然科学武装教育的问题仅限于电子计算机，电影、幻灯、广播、高架投影、电视、磁带、录音录像——整个教育技术都需要进一步发展。从电视录音录像所引起的教育组织形式的变化，各学科之间的相互渗透，现代化教学手段的使用和操作方法的更新来看，从教室至实验室、图书馆的校舍结构如何适应这个新形势的问题来看，就有许多自然科学问题要研究。此外，随着现代科学技术的发展，古典教育学中许多概念也要改变其旧内容。总之，现代教育科学每前进一步，都得靠自然科学扶持。

现代科学发展的特点是：两门或几门学科朝着对方的方向渗透，各自以最新的成就影响着对方，并以批判、扬弃方式修订对方的某些陈旧观点和方法，同时又吸取对方的某些新理论、实验成果和技术成就来丰富自己的内容，改进自己的思维方法，把本门学科提高到新的水平上来。自然科学中各门学科之间的关系是这样，自然科学同社会科学之间的关系也是这样。它改变了过去那种“尔为尔，我为我”，文不沾理，理不沾文的状态，出现了社会科学自然科学化，自然科学社会科学化的崭新局面。社会科学同自然科学之间你中有我，我中有你。控制论、信息论、系统论又把二者沟通起来，构成一个完整的知识体系，这就促使社会科学家和自然科学家走出自己的“小天地”，带着科学整体化的观念，联合各学科，来进一步探究社会现象和自然现象的奥秘以及二者之间的内在联系。

当然，我们也必须看到，教育属于社会现象，不管它如何发展，都不能不受社会法则的支配。因此，也要防止用自然规律来解释社会现象的偏向，把教育研究生物学化。要看到社会科学同自然科学之间既有联系，又有本质差别。把科学整体化看作现代科学占主导地位的发展方向，并不意味着要消除各门学科之间的逻辑界限。强调教育科学接受自然科学的挑战，也并不意味着放弃教育科学本身的独立地位。还要看到，社会存在决定人的意识，而不是相反。人不能离开社会生活而存在。人的智力虽有先天基础，而它的发展却受制于社会环境，即教育熏陶和个人的主观努力，这就决定了教育学从总的说来仍是属于社会科学的性质，不因自然科学的渗透而改变。

第二个偏颇，就是把教育学当作基础科学，把它和数、理、化、文、史、哲等基础学科平列起来。教育学作为一门学科在学校里开设，这当然是和其他学科有共同的地方。但是，就教育学研究对象而言，它不同于文、史、哲、数、理、化这些基础学科，而类似于经济学。教育学研究的对象，首先是一种社会活动，一种社会事业。作为社会事业的教育是一种社会实体，是社会的事业部门。经济学研究的对象是人们社会经济活动和社会经济事业。而作为事业和活动的教育与作为事业和活动的经济的区别，在于教育事业是以传授社会文化、科学知识、发展人并促进社会发展与进步为目的的专门活动，它体现在各门学科、各个层次的教育过程之中。而经济事业则是以社会生产、人们社会物质生活为其内容，也正由于这个缘故，教育学和经济学这二者，都属综合性的科学。因此，建立教育学的最佳途径，应该是主动地吸收各相关学科的研究成果。譬如，教育学在研究智育时，必须依靠心理学、哲学；在研究德育时，必须依靠伦理学、社会学；在研究体育时，必须依靠生理学、营养学；在研究美育时，必须懂得美学。教育学的这个特点决定了它的成熟必然与其他相关学科的成熟发生着直接的关系。教育学是一门综合的科学，但也是一门专门科学，它有自己的研究对象、研究方法、研究任务和目的，这些内容不能由其他学科来替代，教育学的建立和发展需要更广阔的理论基础，需要较多的学科知识作基础，这就形成了它的综合的学科性质，但不能说它没有自己单独的研究对象。人类的教育行为有它自己的规律，它是培养人类的智能，提高人类素质并使社会得以生存和发展的一门学问，完全有资格成为一门科学。

和教育学相近的学科主要是依据其围绕着微观的教育和宏观的教育这两个方面来确定的，也就是说，教育学的理论基础是基于微观的和宏观的教育实践的需要。教育学在客观上存在着微观的对象和宏观的对象这两个不同的方面。教育学的微观对象，就是教育活动，主要是对人的发展和教育；教育学的宏观对象，就是教育事业，中心内容是为群体、为社会发展和进步服务。

以教育活动中教育者、学生、学校以及有关教育内容、方法问题为对象的教育学微观对象的研究，在理论上就需要分别由哲学、心理学、伦理学、传播学、文化学、解剖学、语言学、信息学、脑科学等科学作为自己立论的基础；而把教育事业作为教育学的宏观对象的研究，则应以政治学、社会学、经济学、法学、管理学等科学为其基础。也就是说，研究教育，必须研究社会及各个方面，唯此，才能在最广泛的意义上研究教育的规律，把握教育的机制，制定教育的策略，指导教育实践。教育理论工作者必须从整体上通晓现代科学，包括自然科学、社会科学、人文科学的基础，不应像过去那样只停留在表面的、形式的了解上。只有既在宏观上又在微观上掌握其内容，并且在把握宏观对象、适应宏观要求的前提下，对教育的具体内容进行深入研究，才能理解教育的内涵，把握教育的特点，选择适合的内容，创造科学的教育方法。这不仅需要研究教育的整体，而且需要研究教育的各个部分，不仅需要研究教育的内部规律，而且需要研究教育以外的东西。教育科学不仅要形成理论体系，而且要发展技术手段，使之具有可操作性，便于应用。总之，走综合化道路，应是教育科学发展的基本方向。教育学的理论基础，过去一直被认为只是心理学，这显然是十分片面的，其根源就在于把教育学只看作是育人之学，没有把教育学看作为一切教育现象之学，这是微观教育学局限性的反映和表现。

（六）教育学与相关学科的关系

1. 教育学的相关学科

回答教育学与其相关学科的关系问题，我们首先需要回答以下有关问题。在当代究竟有哪些学科或科学和教育学具有相关关系，这些相关学科和教育学之间的关系又是如何来确定的？

教育学在当今和许多学科（科学）都发生着密切的关系，这是现代教育学的一个显著的特点。但也不是和一切学科（科学）都有密切的关系，那么，这其中确定的原则和标准是什么呢？

原则和标准只有一个，这就是教育学的性质。这也就是说，我们是以教育学所具有的性质为原则和标准来确定诸不同学科和教育学的相关性的。

教育学的性质是根据教育的本质和特点来决定的，如前所述，如果认为教育是自然现象，性质上就须把教育学划到自然科学中去，如果认为教育是社会现象，就要把教育学归到社会科学中去；现在我们已经确认教育既是一种社会现象，又是一种认识现象，或称心理现象，也就是一种人的精神文化现象。或者更准确地说，教育只存在于人类社会之中，所以它在总体上说，都属于社会现象，但是教育这种社会现象和别的社会现象所不同的，是关于社会个体精神文化领域的问题，是属于精神文化现象问题。精神文化现象问题对一个个体来说，是认识问题、心理问题，其核心是精神文化的传承和人在精神文化领域的造就问题。从人类学的角度来分析，情况也是如此。教育在本质上是人类认识世代连续的纽带，这就决定了它与人类的所有认识领域相联系。一部教育发展史，就是一部人类认识发展史，正是在实现人类认识世代连续的意义上，作为人类认识世代连续的纽带，教育才确立了自己的永恒性。也正是由于这一点，教育渗透到社会生活的各个领域、各个处所，并贯穿于人生的始终。

根据以上对教育这种社会现象性质的认识和分析，我们把教育学确认为，它的总体的性质属社会科学，但又不单纯是一门社会科学，而是一门具有综合性和交叉性的科学，其中也有自然科学的性质，特别是心理科学、精神文化等方面的科学性质，而这些，说到底是关于人的问题。

因此，从总体上讲，凡是现代以社会现象为研究对象的学科（科学）和以精神认识、人文现象为研究对象的学科（科学）都属于与教育学有密切关系的学科（科学），并且也可以把它分为两个不同的种类。

其一，以社会现象为研究对象的学科及其与教育学具有相关关系所产生的边缘学科。如：

哲学——教育哲学；

政治学——教育政治学；
经济学——教育经济学；
法学——教育法学；
管理学——教育管理学；
社会学——教育社会学；
人类学——教育人类学；
文化学——教育文化学。

其二，以人特别是以人的精神和文化现象为研究对象的学科及其与教育学具有相关关系所产生的边缘学科。如：

心理学——教育心理学；
生物学——教育生物学；
传播学——教育传播学；
语言学——教育语言学；
美学——教育美学；
伦理学——教育伦理学。

前者属教育学与相关学科关系的宏观领域，而后者则相对地属于教育学与相关学科关系的微观领域。教育学与以社会现象为研究对象的学科之间所发生的相关关系，主要是基于教育事业与其他社会现象如政治、经济、社会、法律等所必然发生的关系。因此，如教育政治学、教育经济学之类中的“教育”二字，实际指教育事业而言。而后者的教育学与人的精神、认识和人文现象的学科所发生的关系，则主要基于教育活动与这些现象所必然发生的关系。因此，如教育心理学、教育传播学之类边缘学科中的“教育”二字，并不是指教育事业，而主要是指教育活动。所以，同样是教育学的边缘学科，同样有“教育”二字在其中，然而此中的含义并不相同，教育学研究者，对此不可不察。

以上这些教育学与其相关学科之间所产生的边缘学科，也是教育学的分支学科。教育学大量边缘学科的出现，乃至成为教育学体系的组成部分，其产生的机制即在于此。

从近代到现代，教育科学理论形成了一个庞大的体系，这个体系的形成，就是从旧学科的不断充实和健全、新学科的大量涌现中完成的。这些新产生的边缘学科不仅在量上扩充了教育学的内容与结构，而且使教育学在质上得到新的提高，亦即使教育学通过对相关学科有关理论、学说成就的吸取、借鉴进而拓宽、充实了教育学赖以建立的理论基础。

在当代，教育在理论上的建设与基础，是绝对不能脱离各相关学科在当代已取得的理论成果和学术成就的。教育学要在理论上保持活力，具有时代的气息和科学性，必须密切关注各相关学科的理论成就，并善于从中吸收自己需要的东西，借鉴各方面有益的成分。教育学与相关学科的关系对教育学来说，是吸收、借鉴的关系，这是主要的、根本的关系。当然，这其中也有互相借鉴、互相吸收，即相得益彰的关系。教育学一旦在理论上趋于成熟，也可以为其他学科提供教育学建设的理论成果，为人类精神文明的建设作出自己的贡献。事实上，人文科学的各个对象彼此牵连、交互渗透，不但跨越国界，衔接时代，而且贯穿于不同的学科。

人类历史表明，社会科学的巨大发展是在彼此相互依赖的整体性革命之后实现的，任何一门科学理论若离开其他科学的融会贯通，都不能实现多元和发展。因为，人们的社会实践和社会生活本来就是相互联系的整体，对它们的反映和调节也不能彼此孤立，因此，各门科学理论之间必须相互联系、相互作用地交织在一起，像任何一门现代科学一样，教育科学总是通过跨学科的方法不断开拓其理论的视野。

七、教育学体系和其中的“教育学原理”

教育学体系是个由众多教育学科组成的学科群，但组成这个学科体系的各门教育学科在这个体系中并非同属同一个层次，而是在宏观、中观、微观领域各有所属。其中的“教育学原理”就是一门属宏观领域的教育学课程，具有十分重要的意义和地位，值得在这里特别予以介绍。

我们首先应当明确认识到，教育学原理在今天之所以作为一门必不可少的教育课程、教育学科出现，其原因是此时的教育学已形成一个学科群、一个体系和它在教育学体系中占据着其他教育学科不能取代的独特地位，并具有重要作用，而归根结底是它具有一种独特的哲学的性格。

哲学的性格是一种什么样的性格呢？是一种宏观的性格，统观全局的性格。目前，国内学术界在什么是哲学和哲学研究的对象问题上，尽管认识上还很不一致，但是不论持何种观点的人，在哲学具有宏观的和统观全局的性格这一点上，观点总还是一致的。他们一般认为，“哲学是世界观的学问”，而“世界观，就是人们对世界的总的看法和根本观点”。因此，哲学研究的对象是整个世界的最一般问题，或曰“世界观问题”。这种对哲学的见解，就反映了哲学所具有的宏观的统观全局的性格。

教育学原理对于人类教育现象领域来说，也具有哲学所具有的那种宏观的和统观全局的性格，教育学原理实际上有如教育现象、教育理论领域的“哲学”，它所形成的对教育问题、教育现象的一些基本看法，即一般的教育观，也就相当于哲学上的世界观。如果说哲学是对自然、社会知识和思维成果的概括和总结，那么，教育学原理则是对人类有关教育的一切理论成果进行抽象、概括而形成的学科。

教育学原理中的教育观，是对社会生活中教育现象的根本观点和看法。同哲学产生的情况一样，人们为了生存和发展，总要同社会中的教育现象、教育问题接触打交道，而在此过程中形成对教育的认识。开始这种认识也只能是局部的、具体的，以后这种认识不断积累，就会形成对教育的总体认识，这些对教育的总体看法，就是教育观，即教育思想。教育观每个教育者都会有，人们就是按其教育观来行事的，只是一般人的教育观并不总是自觉的，也远非全面、系统的；并且，人的教育观、教育思想也是分层次的。全面、系统的教育观、教育思想就反映在教育学原理的著作之中，各门教育学科也可以给人以某种教育观，但它比起教育学原理来，其教育观属较低层次，可以说，其他各有关学科理论的终点，恰恰就是教育学原理理论上的起点，教育学原理无疑是其中最高的一个层次。教育学原理，就是在认识的一定阶段，人们的教育观经系统化、理论化而形成为一门科学，它是对人类一切教育理论成果进行抽象、概括的结果。所以，教育学原理是关于教育观、教育思想的学问，是对人类教育知识、教育实践、教育理论的成果，基于一定的哲学世界观理论和某些相关基础学科的成果所作的理论概括和总结。

教育学是人类社会一切教育现象的理论形式，也就是人们研究各种教育现象、各种教育问题和各种教育规律的各有关教育学科的总称。那么，在教育科学体系，亦即教育学体系中，教育学原理究竟具有何种地位与作用呢?

教育学原理在教育学体系中是一门十分重要的、必不可少的基础学科。我们知道，作为一种社会现象的教育，有自己的普遍规律，也有自己所属各个领域的特殊规律。教育学原理，就是研究教育的普遍规律，各门其他教育学科则是研究教育的特殊规律。因此可以说，教育学原理是关于教育的普遍规律的学问，它是具体教育学科最原则、最基本的概括和总结，又是指导各门具体教育学科的专业基础理论。教育学原理也可称为一般教育学或理论教育学。一般教育学、理论教育学是教育学的基础理论。

从教育学原理在教育学体系中所占据的基础地位而言，教育学原理所阐明的理论观点对教育学中其他分支学科来说，是共同适用的，它对其他分支学科，具有普遍指导意义。就其意义和作用来说，它有助于我们了解教育学的总体情况和基本格局——各门分支学科在其中所占据的地位与其他学科间的关系等——从而有利于人们去了解、学习其他学科和课程。因此，应当说，教育学原理是人们学习教育科学，亦即教育学的一门必不可少的专业入门课。并且，由于教育学原理的建立，各门特殊教育学也就不致各自分散游离，彼此无所统属，而可联结成为一体，成为一门大的综合性教育科学门类。

用辩证逻辑的话来说，教育学体系与教育学原理等各门分支学科是整体与局部的关系；教育学原理与教育学体系中的其他各门分支学科之间是普遍与特殊的关系。整体与局部，普遍与特殊，是两对既同又异的范畴。教育学原理在教育学体系中所居的是主干的、基础的地位。我们既不能把教育学原理和教育学混同起来，也不能把教育学原理同其他各门分支学科等同起来。这是正确把握教育学原理在教育学体系中的地位的基本要求，也是正确构建教育学体系、认识教育学原理的作用与任务的重要前提条件。

理论所以能够对实践有普遍的指导意义，是因为它对研究现象的科学抽象，这种抽象不是模棱两可的思辨，而是从一定的逻辑起点出发，透过现象对事物本质联系的分层次的升华，这样才能使理论指导实践成为可能。

教育学原理作为基础理论学科，是有自己的研究对象的。它的研究对象，首先，应是教育学自己，或者说是教育学体系本身，其任务是理顺教育学体系本身的一些概念及其理论关系。如教育学研究的对象、范围、体系、性质、教育学的基础以及教育学和其他科学的关系等。我国教育学从其名称、概念到体系可以说长期以来乱麻一团、不深不透，急需从根本上予以清理。而理顺、弄清其中的种种关系，明确其性质、任务等，只能是教育学原理这门学科来承担。教育学这个概念，尽管在我国长期广泛流行和使用，但由于对其内涵和外延等逻辑方面的问题并没有给予必要的深究，可以说，人们多年来完全陷入一种盲目的状态。也可以说，人们多年来误用这个概念，在今天应该是“拨乱反正”的时候了。其次，教育学原理以教育为对象，也就是它要以人类社会的全部教育现象为研究对象，其任务是要阐明教育学的基础理论、基本方法和教育现象的普遍规律。由于教育现象是发展的，而随着对教育现象研究的深入和发展，教育学出现了许多分支学科，它们各自研究教育的某一特定的现象、方面和具体过程，或从不同的角度研究同一教育现象。教育学原理的研究也会涉及这些学科的内容，并需要在这些学科研究的基础上，不断丰富和发展自身。但是，教育学原理又是应当与这些学科有区别、有分工的。第一，它不仅应把教育作为唯一的研究客体，而且要把各种教育现象连接起来，作为一个整体加以研究，而不是只专注于教育的某一现象、关系、方面和特性。第二，它在研究中所揭示和阐发的，应是人类教育各种现象之间及其同其他社会现象之间最本质的关系和最普遍的联系。因此，它阐释的是人类教育发展的最一般的过程和规律，是人类教育生活中一些最重大的理论问题。第三，它应当是从一定的世界观和方法论出发，来研究、理解和阐释教育，揭示各种教育问题的世界观实质，而不是简单地描述和概括教育现象，或者仅仅给予教育现象以某种常识性的说明。因此，从上述意义上可以说，教育学原理应当具有哲学的某些特征，即要从总体上和联系上，把教育作为自己的研究对象。总之，教育学原理是对教育所作的总的思考。教育学原理的对象是人类教育的总体，由此对象所决定，教育学原理的研究必须动用自然科学、社会科学和哲学诸领域的知识，这就形成教育学原理研究的科学一体化原则。

II 教育学的内涵、体系与课程*

教育学原理，是教育学院一般都要开设的一门教育学课程。它作为一门教育学课程，就其基本内容来讲，主要是向学生讲清或回答两个最重要的教育理论问题，这便是：

一是什么是教育学；

二是什么是教育。

这两个问题，都是学习、研究教育理论问题中最大最根本的问题，必须首先弄清楚。这两个问题，内涵极其丰富，涉及面十分广泛。不是几个小时的讲课就能够讲述清楚的。我的《教育学原理》一书，为了讲清这两个问题，就用了五十多万字，给硕士、博士等研究生上课，需要一个学年或者至少也需要一个学期的时间，我今天在这里给大家就这方面作两小时的讲课，只能就关于什么是教育学方面的问题作些介绍和解读。供你们以后学习时作些参考，能起一点提示和导引的作用。什么是教育的问题今天就没时间讲了。

一、关于教育学的名称、概念问题

我首先提出下面三个论点来逐次说明。

（一）教育学就是教育科学

我这里讲教育学就是教育科学，可能有人会说，这有什么

---

* 此文系作者为西北师范大学教育学院2020级本科生所作专业导引课的讲稿。

好讲的，因为这本来就是个人在语言表述上的常识问题。稍有文化知识的人都会认为这是个毋庸置疑的问题。因为正如大家都熟知的，物理学就是物理科学，生物学也就是生物科学或称生命科学，心理学就是心理科学，经济学就是经济科学一样，北大指的就是北京大学，兰大指的就是兰州大学。前者不过是后者的简称，而后者不过是前者的全称而已。这在人们的思维上和用词习惯上都是如此表述的，这在逻辑上看也是理所当然的事。

然而，在我们教育理论界，就有人认为教育学并不等于教育科学。他们说，教育学和教育科学不是一回事，而是两回事，是两个不同的概念。二十世纪五十年代初从苏联引进的教育学著作，就是这样认为的，后来我国的一些学者也跟着这样说。如有一本很重要的教育工具书《中国大百科全书·教育》，曾就教育学和教育科学这两个概念以及这二者之间的相互关系问题作过回答和解释说：教育科学是研究教育规律的各门教育学科的总称，而教育学不过是教育科学中重要的基础学科之一，旨在研究教育规律、原理和方法。我国有些以“教育学”命名的图书，在谈到这两个概念及其关系问题时也认为：“在教育科学体系中，教育学主要是探讨教育的一般原理”。就是说，教育学只是教育科学中的一门学科，教育学和教育史、比较教育、课程论、教学论、教育管理这些学科一样，都是教育科学这个学科群中的组成部分。这就是说，教育学和教育科学是两个不同的概念。教育学是教育科学体系中的一个学科、一个子系统，教育科学较教育学这个概念，具有更高的层次、更广的外延。它是一个学科群，属综合科学，而教育学则不是，故此二者不可同日而语，不可混为一谈。

那么，像苏联教育学界和我国教育学界那样，把教育学和教育科学看作两个不同的概念，前者包括在后者之内，两者的研究、对象都有大小宽窄的不同，这种观点究竟对不对呢？无疑，我认为是不对的。我在这里说了这么多，就是要明确告诉大家“教育学就是教育科学”这个基本观点，告诉大家教育学和教育科学此二者应是同义语，二者讲的是一回事而不是两回事。这两个概念完全是同一的。我们不能把此二者分割开来去认识、去理解。把这二者硬要分割开来的观点，不论在思想上、理论上、逻辑上、思想方式上，还是在使用语言文字的规则和习惯上都是不正确的，甚至是荒唐可笑的。

有鉴于此，所以我在这里讲到什么是教育学问题时，就开宗明义地讲教育学的名称——称谓问题，并告诉大家在这个教育学的名称问题上曾出现过的一些误解。孔子说：“名不正，则言不顺；言不顺，则事不成。”就是首先在这里要做一点拨乱反正的工作，也仍如孔子说的“必也正名乎”，就是“必须辨正名称”。

（二）教育学是一切教育现象之学，教育学是人类教育的一种理论形式

这一论点其实和上一论点是紧密相连的。我们既然宣示“教育学就是教育科学”的观点，则教育学乃是一切教育现象之学这样的表述就是必然的了。而教育学是人类教育的一种理论形式也自然是理所当然的了。

不过在这里，我还要告诉大家，另立这个标题还是有必要的，而不是多余之举。

另立了这个标题，是要进一步申明，在当今时代我们这些学习、研究教育的人，不论他是学习、研究学前教育的，还是

研究小学教育的，或是研究中学教育、高等教育、特殊教育的，不论他是学习、研究教育学原理的，还是研究教学论、课程论、教育史、教育管理学的，都有一个共同的学术户口或曰学术门户，这个户口便是教育学或教育科学。大家都应归属在这个学术门户之内或之下，而不能有任何例外。譬如在教育学院读了四年本科的学生，毕业了要授予他们一个学士学位，同样地，不论他是学前专业的、学校专业的、特殊教育专业的，还是教育管理专业的，他们都应称作教育学学士。凡是要授予硕士、博士学位的人，不论他学的是教育学原理，还是教学论或别的专业，都要称作教育学硕士或教育学博士。这也就是我在这里讲的教育学乃一切教育现象之学和教育学是一切人类教育的理论形式这两句话所要表明的一层意思。

但是，我也还有另外一层意思要告诉大家。在有些教育学的著作里关于这个问题同样存在着错误的理解。有的书声明教育学所研究的“主要是学校教育这一特殊的现象，研究在这一现象内所特有的矛盾运动的规律”。它并不想包打天下，把所有人类教育都包容进去，容纳在其中的只是学校教育。我们说这种观点之所以不正确，首先是它违反了逻辑学中最起码的有关概念的规则和常识，依据就是它陷于内涵和外延不一致的逻辑矛盾和严重的理论混乱状态：既然称为教育学，那就应是一切教育理论之学，就应把一切教育现象包容在内。如果一定不一样，那“教育学”前面，便须加一个定语，称为“学校教育学”才是合理的，那样才不致犯以偏概全的逻辑错误。

有些教育学为什么犯这个逻辑上的错误呢？根本的原因，虽然看上去是个名称、称谓问题，但实质是对什么是教育学的问题无所了解所致。我们学习、研究教育学，必须首先着眼于从根本的理论问题上去探求、去认识，必须把有关理论问题吃得很透。而要做到这一点，我这里提到的逻辑思想能力和习惯，对任何一种事物、社会现象、学术问题常持一种认真思考和审视的眼光和态度，也是其中重要的方法之一。什么是教育学的问题，在教育学理论中是个根本问题。我们研究人员不能含混和不严谨。

不仅如此，一个在逻辑上站不住脚的学术观点，它在实践上带来的后果将更为严重。譬如，人们对你这本只表述了学校教育的《教育学》就会这样发问：一本表述学前教育的教育学图书是否可以标“教育学”这个书名？一本表述特殊教育内容的书是否也可把书名称作“教育学”？同样，“家庭教育学”“民族教育学”似乎也可称为“教育学”了。诸如此类的实际问题就明白尖锐地摆在了人们的面前。可见，人们的观点如果在逻辑上错了，他们必然在实践上手足无措，必然会陷于严重的混乱状态。须知，教育学是个全称概念，它是必然要包打全人类教育理论这个天下的。总之，在这里，我还得重复一下这个观点：教育学是人类一切教育的理论形式。

（三）教育学以人类教育为对象，是一门以教育为独立研究对象的知识系统和科学体系

通过对以上两个方面问题的提示、说明和梳理。在这里，我们对什么是教育学的认识就比较明白和清楚了。这就是对教育学是什么问题的认识：必须首先明确它的研究对象是教育，是人类教育，是人类一切教育现象，而不能有任何例外，也不允许有任何人为的、任意的割裂和取舍。从时间上讲，它包括人类自古及今乃至未来一切纵向存在的教育现象；从空间上讲，它包括地球上所有地域内所存在的教育现象、教育问题；而从

教育的对象来讲，它存于社会所有个体从生到死的全过程之中。人们不仅要看到它的普遍性、广泛性，还要注意把它和别的事实、别的社会现象区别开来，把它纳入到一个统一的系统之中。

以上的表述是我们对什么是教育学问题的基本理解和概括性回答。下面还须作一些补充说明，即大体还要知道下面所讲的几点。

（一）关于教育学的任务问题

教育学以人类教育为研究对象，那么，它的任务是什么呢？就是说，我们为什么要研究它呢？概括地讲，教育学的任务在于研究和揭示人类教育存在和发展过程中的各种规律，目的在为人们提供一个观察与认识教育现象、从事教育实践的指导性工具，提供一个可以推动教育进步的思想武装。

教育学的任务主要回答教育学是干什么的，随此而来还要回答人们学习教育学有什么用。这主要从以下三个方面来说明。

1. 从学习者方面来说

一是给予学习者以基本的教育理论知识使之懂得并掌握教育、教学工作的一些基本规律；二是给予学习者以方法、技术方面的原则指导；三是增强学习者从事教育工作的信心和决心，也就是培养学生的专业思维和敬业精神。

2. 从社会、国家方面来说

一是要为现实的教育改革探索新的道路；二是预测未来教育。

3. 从教育学自身建设方面来说

教育学主要是一门理论科学，理论科学所承担的主要职能体现在认识方面。在教育学的认识功能中，关键是形成人们的教育思维。不同的人对同一客观事物会有不同的看法，这里起决定作用的就是不同的思维方式。教育思维就是从教育学的角度来观察、思考教育事实。目前的不少教育学著作，恰恰对这一点注意不够，因而不能形成人们正确的教育认识，不能使人深入把握教育规律。

现代社会的明显标志是从“小生产”发展到“大生产”，从“小经济”发展到“大经济”，从“小科学”发展到“大科学”，社会传媒从“小媒质”发展到“大媒质”，等等，与这一切发展的情况相适应，人类教育必然会随之由“小教育”发展到“大教育”，“小教育学”也必然会随之发展到“大教育学”。这种“大教育”观和“大教育学”的出现，在今天乃是历史的必然趋势。这里所说的“小”不是指“渺小”“微小”，而是指“单一”“分割”“孤立”“封闭”；这里说的“大”，不是指“伟大”“高大”，而是指“系统”“整体”“开放”“进化”。从简单到复杂，从单一到系统，从局部到整体，从孤立、封闭到开拓、开放，正是今天的教育事业和教育科学存在和发展的基本特色。凡此，都存在着深刻的经济、社会原因以及文化背景和科学理论依据。这一发展过程正是今日大教育学所要研究的，并且正是大教育学之所以出现在二十世纪中期以后的客观依据。总之，有了大教育的客观事实，才有人们主观上的大教育观，也才有可能出现当代理论上的大教育学和现代庞大的教育学体系。大教育学建立在大教育观的基础之上，而大教育观又正是今天客观存在的大教育现实在人们思想观念上的反映。

教育理论工作对教育学自身的建设应具有的是以上所述及的这样的一种教育思维。

（二）关于教育学的性质问题

1. 教育学理论的主要特性

一是综合性、跨学科性。这是教育学理论的第一个特征。从历史上看，几乎所有人物所提出的教育思想，都是从哲学、政治学、伦理学、心理学和社会学等学科提取材料，加以综合和统一，构成其理论基础的。不少人物的教育思想就是他的哲学、政治学、心理学、社会学思想的一个组成部分。中国的孔子、孟子是如此，西方的柏拉图、亚里士多德也是如此。这种情况造就了教育学具有综合性、跨学科性的主要特性，并呈现出内涵丰富多元的特色。

二是实践性。首先，教育学理论的产生和发展，完全是人类教育实践需要的结果；其次，只有在教育实践中，才有产生教育学理论的可能，也只有在教育实践中才能使教育学理论得到创新和丰富，不断发展起来；再次，教育学理论的产生和发展，完全是为了指导教育和教育实践的；最后，教育学理论的正确与否，教育实践是其唯一的检验标准。总之，实践是第一性的，也是最终的；实践是开始，也是结局。教育科学是一项实践性很强的理论研究工作，所以要把教育作为一门科学来研究，必须正确地处理好理论与实践、基础研究与应用研究的关系，并认真总结古今中外的教育实践经验。

三是层次性。教育学理论发展到当代，它不是平面地而是分层次地存在的。教育学理论的层次从综合性这个特点而来，教育学理论的综合性的特点表明教育理论内容的丰富性、多样性，而教育学理论的层次性则表明其内在结构的系统性、有序性及不同的功能。

（三）教育学的科学性质及其特点

在今天，人们是把教育学作为一门科学来研究和对待的。但是，作为一门科学的教育学在性质上仍有其独具的特点，这也是人们准确把握教育学性质的一个十分重要的方面。

把握教育学的科学性是由它的研究对象——教育的性质和特点决定的。如果认为教育是自然现象，就会把教育学归到自然科学中去；如果认为教育是社会现象，就会把教育学划到社会科学中去；如果认为教育既是自然现象，又是社会现象，就会把教育学看成自然科学与社会科学的综合，是一种跨界科学。那么，我们今天应该怎样看待教育的性质呢？我认为，教育既是一种社会现象，也是一种认识现象或称心理现象。

把教育看作一种社会现象，这是从社会角度着眼、从总体上说的。就是说，教育只存在于人类社会之中，社会之外并没有什么教育。教育是为人类所特有，为社会所需要，并为社会所制约的。但是，教育这种社会现象和其他社会现象又是不同的。教育区别于其他社会现象的主要特点在于：教育是以人为对象的，教育作用于人的是社会知识文化、人类精神财富，而其目的和结果在于造就人、发展人。所以，教育活动是一种文化活动，是精神领域、知识领域的活动。如此，教育现象就集中地表现为人的认识现象和心理现象。如果不从总体上把握教育这样一种社会现象，而局限于从具体的教育活动、教育过程方面来认识这种认识现象和心理现象，就不可能准确地把握教育学的性质，就会给教育学研究带来片面性、盲目性，陷入形而上学的境地。

教育是一种社会现象，又是一种认识现象。作为一种社会现象，它在社会中有着十分重要的地位和作用，它与其他社会现象存在着有机的联系和相互作用。因此，它的发展不能不受社会诸因素的制约。作为一种认识现象，教育发展又有它自身的内在逻辑，有它相对的独立性。

确认教育既是一种社会现象，又是一种认识现象、心理现象，首先有助于明确教育学的发展方向；其次，有助于教育科学体系的正确建立。教育学的发展反映了人们对教育的认识程度在不断深化。

二、教育学在当代的表现——教育学体系

我们在上面已经讲到，教育学以教育为研究对象。这里还要接着讲教育学研究的范围和学科。教育学科体系指的便是教育学研究的范围和学科。在这里，它和学科群的意思也是一样的。

任何一门科学既要有其明确的研究对象，又要有其体系。而界定一门学科或科学的研究对象，其根本意义在于为其确定研究的范围。所以，体系的问题是和对象的问题密切联系着的。它同样包括在什么是教育学这个问题的认识范畴之内。之所以要另立一个标题来叙述，主要是要告诉大家：在当代，教育学是以教育学体系，即以一个体系的面目出现在学术界的。

由于教育学以人类一切教育现象为对象，因此，人们对教育现象的研究，绝对不是一本书、一门课程、一个科目所能完成的，而必然要由不少乃至许多不同名目的学科、课程共同来研究才能完成，这些不同的学科、课程，我们就称为教育学的学科群。教育学的学科群，也就是教育学体系，其意就是这个学科群是以体系的面目出现在人类社会的学术界的。教育学体系有两个特点：一是它的多学科性，即完整性；二是有其内部

结构的层次性和内在联系性。

教育学体系可以分为三个层次：

第一层次，可称之为理论教育学，教育学原理即属于第一层次的教育学科。

第二层次，幼儿教育学、特殊教育学、高等教育学等部门教育学属这个层次；教学论、课程论等教育学科以及教育心理学、教育社会学、教育经济学等也都属于这个层次。

第三层次，各专业教育学如语文教育学、音乐教育学等就属于这个层次。

目前教育学体系中，形成了理论教育学、部门教育学和交叉教育学及应用教育学这样三个不同层次的教育学，它具体体现着“理论—应用”这一科学基本秩序。由于现代教育科学系统的形成，人们对教育的认识将进入全局、深刻、具体的认识阶段，教育科学也将由此进入成熟的阶段。现代教育学的发展不仅以学校教育在现代社会中的普遍发展为实践基础，也以教育的终身化、教育的社会化为其实践基础。

教育学从近代到现代的发展，是人类对教育发展的一个再认识的过程，它必然要分化出现理论教育学。在近代，人们对教育的认识还是笼统的，人们从外部联系上描绘教育运动的总过程，这是一种不自觉的理论思维，没有很好地解决教育现象认识过程中的主观和客观、思维和存在的矛盾。现代教育学开始对教育现象进行分门别类的认识，在此基础上，人们逐步认识到主观和客观、思维和存在这一认识论的基本矛盾，并以科学地解决这一矛盾，建立科学的理论教育学，揭示“社会教育和人类思维运动的普遍规律”来告终。总之，现代教育促使教育学形成科学系统，也推动教育科学趋于发达和成熟。

上面说到，教育学体系是由多门教育学学科组成的，我们说教育学是一个学科群，就是根据这一情况来说的。但这众多教育学科在教育体系中不是杂乱无章，而是处于不同的层次的，是存在着内在联系的逻辑关系的。并且这种内在有层次的逻辑关系中的各门学科各有其不同的作用和地位。

如果我们把教育学比作一棵大树的话，那么，像教学论、课程论、幼儿教育学、高等教育学之类学科，只能是这棵大树上的一个枝杈。

如果我们把教育学比作一头大象的话，那么同样，像教学论、课程论、幼儿教育学、高等教育学之类学科，只能说是这头大象身上的一条腿，或是两扇耳朵，或是象的脖子，或是象的一条尾巴。而教育学原理是什么呢？教育学原理不是这棵树或这头象的某一组成部分，而是这棵树或这头象的一幅画像或相片，人们看了这幅教育学的图像、画像、照片，就可以对教育学这棵树或大象获得一个比较全面、完整的印象。作以上比喻和表述，目的是要说明教育学原理作为教育学体系中的一门学科或课程，它和其中的其他教育学科或课程，如教学论、课程论、幼儿教育学、高等教育学这些学科或课程之间，是存在一个总体和部分的关系的。把教育学原理和其他各类教育学分类学科之间的关系作这样的比喻，不是为了故意抬高教育学原理的学科地位，而是为了较清楚地说明各门教育学科之间客观存在的肌理和脉络关系，是为了给各门教育课程以准确的学理上的定位。

那么，教育史呢？它是这棵树上的哪一支呢？它是这头象身上的哪个部位呢？准确地说，教育史并不是这棵树上的某一枝某一叶，也不是大象身上的眼睛、鼻子、耳朵、脖子、尾巴，而是这棵树从发芽到成长，整个壮大过程的计时器和影子，这头大象移动身躯的一个记录，它是用来记录这头大象挪动身躯或漫步或休息的情况的。它记录着人类往昔教育实践的过程和经验，知识和有关思想理念，用以为以后的实践者、学习者、研究者作借鉴的。教育史这门教育学科也是教育学原理理论建设的重要源泉之一。

上面我讲了什么是教育学的问题，讲了教育学体系问题，也讲了一点关于教育学原理这门学科在教育学体系中的地位和作用问题。现在再就教育学原理的根本性质和含义，它的地位、作用和任务等方面的问题再作些理论上的补充说明。因为我这次讲课虽然题目是“关于什么是教育学问题的一些解读”，其中分别讲了什么是教育学，教育学在当代的表现是以教育学体系的形式呈现于世界学术之林和世人面前的。我上面所讲的有关理论叙述的根据即理论基础都是依据教育学原理这门课而来的。可以说，教育学原理这门课程中的一些理论知识，一些思想理念便是我今天讲课有关内容的唯一根据和源泉。如果没有这门课，如果没有这门课中的这些理论知识、思想理念，我就讲不清什么是教育学、什么是教育学体系这些问题，甚至讲不清其中任何概念，理不顺其中种种复杂的逻辑关系，也讲不清什么是教育的问题。正因为此，我在这里就要特别提醒大家一踏进教育学院这个门槛，一踏入教育学这门学术的门户之际，思想上要十分重视这门课，因为这是一门可以使你进入教育学这个门槛的入门券、入门书、基础课，不然，你可能永远跨入不了这个门，永远只能徘徊在教育学术这座宫殿之外，其成就一定是十分有限的。要知道，教育学是门大学问，是一个影响着人类生存发展的根本命运问题的学术宫殿，没有坚实的理论基础，这幢学术宫殿的大厦是支撑、建立不起来的。要知道，任何一项科学的研究工作，最困难和最有意义的部分莫过于其基本原理的研究了，这个部分的研究是任何一个学术体系的基本建设工作。教育学的情况也正是这样。

三、对“教育学原理”这门教育课程应有的认识

下面来说说教育学原理的根本性质和其含义问题。这是我们在理性上应首先认识到的问题。

教育学原理在今天之所以作为一门必不可少的教育课程、教育学科出现，其根本的原因是它在教育学体系中占据着其他教育学科不能取代的独特地位，并有重要作用。其原因归根结底是它具有一种独特的哲学性格。

哲学的性格是一种什么样的性格呢？这是一种宏观的性格，统观全局的性格。目前国内学术界在什么是哲学和哲学研究的对象问题上尽管认识上还很不一致，但是不论持何种观点的人在哲学具有宏观的性格和统观全局的性格这一点上，观点总体上还是一致的。他们一致认为，“哲学是世界观的学问”，而世界观就是人们对世界的总的看法和根本观点，所以哲学研究的对象是整个世界的最一般问题，或曰“世界观问题”。这种对哲学的见解，就反映了哲学所具有的宏观和统观全局的性格。

教育学原理对于人类教育现象领域来说，也具有这种宏观的特性和统观全局的性格。教育学原理实际上有如教育现象和教育理论领域的“哲学”。它所形成的对教育问题、教育现象的一些基本看法，即一般的教育观，也就相当于哲学上的世界观。如果说哲学是对自然、社会知识和思维成果的概括和总结，

那么，教育学原理则是对人类有关教育的一切理论成果的抽象和概括。

教育学原理中的教育观，是对社会生活中教育现象的根本观点和看法。同哲学产生的情况一样，人们为了生存和发展，总要同社会中的教育现象和教育问题接触、打交道，而在此过程中形成了对教育的认识。一开始，这种对教育的认识只能是局部的、具体的，以后这种认识不断积累，就会形成对教育的总体认识，这些对教育的总体看法就是教育观即教育思想。教育观每个教育者都会有，人们就是按其教育观来行事的，只是一般人的教育观并不总是自觉的，也远非全面、系统的，并且人的教育观、教育思想，也是分层次的。全面、系统的教育观、教育思想就反映在教育学原理的著作和课程内容之中。各门教育学科也可以给人以某种教育观，但它比起教育学原理来，其教育观属低层次的。可以说，其他各有关学科理论的终点，恰恰就是教育学原理理论上的起点，教育学原理无疑是其中最高的一个层次。教育学原理就是在认识发展到一定阶段，人们的教育观经系统化、理论化提炼而形成的一门科学，它是对人类一切教育理论成果进行抽象、概括的结果。因此，教育学原理是关于教育观、教育思想的学问，是对人类教育知识、教育实践、教育理论的成果，是基于一定的哲学世界观理论和某些基础学科的成果所作的理论概括和总结。

最后，再针对教育学原理的地位、作用和任务的问题，作一些理论上的说明和提示。

上面已经说过，教育学是人类社会一切教育现象的理论形式，也就是我们研究各种教育现象、各种教育问题和各种教育规律的有关教育学科的总称。那么，在教育科学体系即教育学体系中，教育学究竟具有何种地位与作用呢？

教育学原理在教育学体系中是一门十分重要的必不可少的基础学科。我们知道，作为一种社会现象的教育有自己的普遍规律，也有自己所属各个领域的特殊规律。教育学原理就是研究教育的普遍规律，其他教育学科则是研究教育的特殊规律。因此，可以说，教育学原理是关于教育的普遍规律的学问，它既是具体教育学科最基本的概括和总结，又是指导各门具体教育学科的专业基础理论。教育学原理也可称为一般教育学或理论教育学。一般教育学、理论教育学是教育学的理论基础。

从教育学原理在教育学体系中所占据的基础地位而言，教育学原理所阐明的观点对教育学中其他分支学科或教育学的其他课程来说，是共同适用的，它对其他分支学科或课程具有普遍指导意义。就其意义和作用来说，它有助于我们了解教育学的总体情况和基本格局，各门分支学科在体系中所占据的地位及其与其他学科间的关系等，从而有利于人们去了解、学习其他学科和课程。因此，教育学原理是人们学习教育学科亦即教育学的一门必不可少的专业入门课。并且，由于教育学原理的建立，各门特殊教育学也就不致各自分散游离，彼此无所统属，而可联结成为一体，成为一门大的综合性教育科学门类。

用辩证逻辑的话来说，教育学体系与教育学原理等各门分支学科之间是整体与局部的关系，教育学原理与教育学体系中的其他各门分支学科之间是普遍与特殊的关系。整体与局部，普遍与特殊，是两对既同又异的范畴。教育学原理在教育学体系中所居的是主干的、基础的地位，我们既不能把教育学原理和教育学混同起来，也不能把教育学原理同其他各门分支学科等同起来，这是正确把握教育学原理在教育学体系中的地位的基本要求，也是正确构建教育学体系、认识教育学原理作用与任务的重要前提条件。

理论之所以能够对实践有普遍的指导意义，是因为它对研究现象的科学抽象，这种抽象不是模棱两可的思辨，而是从一定的逻辑起点出发，透过现象对事物本质联系的分层次的升华。这样才能使理论指导实践成为可能。

教育学原理作为基础理论学科，具有自己的研究对象。首先，它的研究对象应是教育学自身，其任务是理顺教育学体系本身的一些概念和理论关系，如教育学研究的对象、范围、体系、性质，教育学的基础以及教育学和其他科学的关系等。我国教育学从其名称、概念到体系可以说长期以来一团乱麻，不深不透，亟须从根本上予以清理。而理顺、弄清其中的种种关系，明确其性质、任务等，只能由教育学原理这门学科来承担。教育学这个概念，尽管在我国长期广泛流行和使用，但由于对其内涵和外延等逻辑方面的问题没有予以必要的深究，教育学研究多年来完全陷入一种盲目的状态。也可以说，人们多年来误用了这个概念，在今天应该是“拨乱反正”的时候了。其次，教育学原理以教育为对象，也就是它要以人类社会的全部教育现象为研究对象。其任务是要阐明教育学的基础理论、基本方法和教育现象的普遍规律。由于教育现象是发展着的，随着对教育现象研究的深入和发展，教育学出现了许多分支学科。它们各自研究教育的某一特定的现象、方向和具体过程，或从不同的角度研究同一教育现象。教育学原理的研究也会涉及这些学科的内容，并需要在这些学科研究的基础上，不断丰富和发展自身。但是，教育学原理又应当是与这些学科有区别、有分工的。第一，它不仅应把教育作为唯一的研究客体，而且要把各种教育现象联结起来，作为一个整体加以研究，而不是只专注于教育的某一现象、关系、方面和特性。第二，它在研究中所揭示和阐发的，应是人类教育各种现象之间及其同其他社会现象之间最本质的关系和最普遍的联系。因此，它阐释的是人类教育发展的最一般的过程和规律，是人类教育生活中一些最重大的理论问题。第三，它应当是从一定的世界观和方法论出发，来研究、理解和阐释教育，揭示各种教育问题的世界观实质，而不是简单地描述和概括教育现象，或者仅仅给予教育现象以某种常识性的说明。因此，在上述意义上可以说，教育学原理应当具有哲学的某些特征，即要从总体上把教育作为自己的研究对象。总之，教育学原理是对教育所作的总的思考。

教育学原理的对象是人类教育的总体，由此对象所决定，教育学原理的研究必须动用自然科学、社会科学和哲学诸领域的知识。这就形成了教育学原理研究的科学一体化原则。

上面我们讲了有关教育学问题中三个方面的问题，即：

1. 关于教育学的名称、概念问题；

2. 教育学在当代的表现——教育学体系；

3. 对“教育学原理”这门教育课程应有的认识。

以上这三个方面的问题，对认识理解什么是教育学是最主要、最基本的。我这两个小时的讲课，目的是在这三个方面给同学们作些提示，但并不等于教育学方面的问题就全讲到、全讲完了。所以，大家还有必要进一步去读《教育学原理》等著作。

Ⅲ 教育学是一种什么样的学问*

本书作者韩永红博士，大学本科和研究生（硕士、博士）就读于西北师范大学。他中学毕业后先后接受的十年之久的高等教育学习都是在西北师大教育学院度过的。不过，他的这十年读书生涯，若从其所学的专业来说，又可分为前后两段。前七年他学的是心理学，后三年学的是教育学。二〇〇六年至二〇〇九年他在西北师大攻读的便是教育学原理这个专业的博士学位。

鉴于他的学习经历和专业学习情况，我作为他的导师，一开始就给他着重谈了有关什么是教育学和教育学原理这门学科的主要特性等方面的问题，目的是唤起他对这门学问的更进一步的认识，并对自己原有的学习方法、思维习惯等方面有所注意和自觉调整，以能适应这门对他来说是又重新学习的专业的特性与要求。

教育学和教育学原理是一种什么样的学问呢？在我看来，教育学是人类社会一切教育现象的理论形式，也是人们研究各种教育现象、各种教育问题和各种教育规律的有关教育学科的总称。教育学（或称教育科学）不只是一本书，而是一个由众多学科组成的学科门类或称科学体系，是一个内部结构具有层次递阶性的独立系统。教育学体系和人们对它的科学研究即由

---

* 此文系作者为韩永红著《论自我教育》（黑龙江教育出版社2011年版）一书所写的序言。

宏观、中观、微观或说由基础理论、中间研究和应用研究这三个相互补充和相互促进的不同层次组成。教育学原理属其中的宏观部分，所以教育学原理也是教育科学体系中的一个组成部分，是其中的一门学科，即其中的理论教育学。它在整个教育学体系中占据着主导和基础地位，是教育学体系中一门十分重要且必不可少的基础学科。教育学原理中的教育观，是对社会中教育现象形成的根本观点和看法。所以，概括地说，教育学原理所陈述的就是对存在于人类社会中教育这种社会现象的基本认识，它从宏观的视角对其最一般的问题作出系统完整的概括与说明，也可称为一般教育学和理论教育学。情况之所以如此，就在于它具有统观全局这样一种独特的宏观视野和哲学性格。而这也便是这门学科的主要特性。教育学原理的这种特性决定了它对所有的相关学习者和研究者在研究视角和思维的深度、广度以及抽象概括能力等方面都提出很高的要求，要求他们登高望远，视野开阔。还由于这门学科涉及多种社会现象和多种学科领域，它要求人们兴趣广泛，好学深思，具有广博的知识结构，多读书、多思考，刻苦沉潜，真正使自己在这方面能打下深厚的理论基础。

我之所以这样做，从我内心讲，是为了在博士教育中追求一种博大境界的广大教化。这里，所谓的广大教化，从学养上讲，是指不仅在本学科的领地内涵养，还要在跨学科的境域中陶冶。从学术上看，广大教化是研究方法的丰富和变通，因而也有取人之长，补己之短，借他山之石以攻玉，博采众长而化感通变之意。我常说及的《红楼梦》第七十回薛宝钗所填的《临江仙·柳絮》一词中最后的“好风凭借力，送我上青云”这两句，便是这个意思，甚至也可以说，是我研究教育学原理的指导思想，即我想让教育学原理飞上天空的方法所在。柳絮之所以能在明媚的春天里飞舞，是依靠了风力所致，教育学原理要腾空而起，也必须依靠哲学、社会科学乃至其他一切科学知识的支撑。它必须善于依靠哲学之力，充分吸收其他社会科学和一切其他科学的最新研究成果，以此来营养自己，不断充实丰富自己。

在我看来，韩永红在攻读博士学位的三年中，是意识到以上所述这门专业的这些要求，并且也是能脚踏实地、认真地去适应这些要求的。三年来，他孜孜不倦，刻苦读书，严肃认真地从事着对所确定课题的研究和论文写作。他撰写的题为《论自我教育》的博士论文，不仅顺利通过论文答辩，并获得好评，就可说明这点。他取得博士学位，正是他三年来在西北师大努力学习，甘于寂寞，致力学术研究的成果。

韩永红结束了在西北师大的学习生活，又将要回到他原来的工作岗位——广东省肇庆市的肇庆学院去了。行前，他告诉我，他的这篇论文已获广东省有关方面出版资助，以专著形式出版问世。我听到这个消息，心中甚为他高兴，也深感欣慰，并希望他今后能以此为新的起点，一如既往，不断耕耘，自立立人、自达达人、自强强人，在教学和研究领域作出新的贡献，取得更骄人的成绩。

Ⅳ　简谈不能把教育学界说为一门培养人的学问*

教育学作为一门学问，首先需要弄清楚的当然是它的研究对象问题了。关于这个问题，有人是这样表述的："教育是培养人的活动，教育学是研究培养人的学问。"我深知，教育学界持此种看法的，为数不少。但是，在这里，请恕我很坦率地说：这种看法是不准确的，它在理论上不能成立，因而我是不同意的。在我看来，持有此种观点的同志，有的可能是博士、教授，甚至是很有名气的资深学者。但是，尽管如此，我也只能这么说，这些同志对这个问题和对教育学基本理论的了解仍是似是而非、一知半解而已。从根本上讲这种观点是完全站不住脚、完全不正确的。

为什么我说把教育学界说为一门研究培养人的学问是不对呢？不可否认，我们中国人谈"教育"二字，在实际生活中，往往是有"培养人"的含义的。但教育学基本理论中的"教育"二字，我认为，绝不可把它与"培养人"三字等同起来，教育学原理中的"教育"指的是什么呢？只能是指人类社会中所存在的教育现象。那么，教育现象是不是可以理解为或等同于"培养人"呢？不可以的。培养人固然是一种教育现象，但并不足以包括、涵盖、代表人类社会所存在的教育现象的全部。总

---

* 此文发表于《北京大学教育评论》2008年第1期。

之，培养人是人类社会中的一种教育现象，而且是一种很重要的教育现象，但尽管如此，也不能用“培养人”三个字来代替和概括教育或指称教育现象，教育学所研究的只能是人类社会中所存在的全部教育现象。如此，我们把话接着说下去，说教育学是研究人类社会所存在的全部教育现象及其规律性的一门学问自然是顺理成章、理所固然的，也是完全符合逻辑和准确、正确的。

把教育学理解为研究培养人的学问，和把教育理解为、等同于“培养人”三字，在理念上很显然有望文生义之嫌。这是理论不深透、不彻底的一种表现。也正因为这个道理，我们如果把语言学理解为研究培养（或教）人说话的一门学问，同样是不准确、不正确的。语言学作为一门学问，也只能以人类社会中所存在的种种语言现象为其研究对象，语言在这里同样不能被理解为或等同于学说话。

培养人这个问题很重要，但这个问题真的只靠一本所谓《教育学》的书就能胜任吗？譬如，培养人首先总离不开家庭教育吧，那么，家庭教育在你这本《教育学》书里讲到了吗？又譬如，学校教育总少不了培养人，那么，学校教育制度、教学内容、教学方法以及学校管理等教育现象，你这本书都涉及了吗？都包括了吗？又全部包括了吗？又譬如，这个教育的对象（培养的对象）如果是盲、聋、哑儿童，势必涉及特殊教育问题，你这本书不研究此类教育现象能行吗？诸如此类，都是问题，看来你这本书是包括不了，也是应付不了的。如此，你不仅必然会陷于教育学概念内涵和外延之间严重的逻辑混乱之中，难以自圆其说，在实践上更会矛盾百出，手忙脚乱，无法应对，结果只能把教育活动和教育事业推向绝境。这种教育学的理论价值不是十分可虑的吗?

说完了上面这些话，我还想进一步说说我对这个问题的一些较系统、完整的正面意见，以与同志们交流、探讨。

在我看来，在今天，不论在我国或在世界教育学术界面前，明显摆着的一个现实是：教育学研究对象在理论上的确切界定，直接取决于理论上对教育学概念的正确定义。因此，当前首要任务便是重新定义教育理论的中心概念“教育学”，并且建立一个以新定义的“教育学”这个概念为中心的新的教育学体系：这是因为，从世界情况看，对教育学这个概念的认识是普遍欠明确的，有的则根本不准确。而在我国，长期以来教育学概念之所以没有得到明确和正确的界定，之所以似是而非，究其根本原因，很明显地，就在于人们对教育学概念缺乏必要的深究，存在着普遍的以偏概全的误解与误用。

在当今社会，教育学要彻底地解释它的对象，必须坚持教育学就是教育科学、是诸种教育学科的总称这一理论观点。以此为理论前提，才能在研究对象问题上避免陷于内涵和外延不一致的逻辑矛盾和严重的理论混乱状态。而如果我们把教育学和教育科学视为同义语，则说教育学是一门以教育问题为研究对象，或说它是一门研究人类教育这种特定的社会现象的科学，自然是理所当然、顺理成章、完全合乎逻辑的了。教育这种特定的社会现象自然也就是人类社会中特有的教育现象。教育现象在这里是指人类社会中教育的总体现象，教育现象是教育的外部表现形式；而教育规律则是指教育与其他社会现象之间以及教育内部即教育这一现象领域内各要素之间的本质联系和关系。所以，教育学是专门研究教育的科学，是人们对教育现象认识的概括和总结。这正如语言学是研究语言的科学、经济学是研究经济的科学一样。教育学，广义地说，它是关于教育的学问，即人们对于教育这一社会现象的知识、学说或理论。这里值得注意的有以下两点：第一，教育学不是把教育与社会、文化、人生等现象一起作为研究对象，而是把教育作为一种独立的社会现象，单独对它进行理论考察与研究；第二，教育学不是关于教育的零散知识和见解，而是把教育作为一种整体，对它进行系统、全面的考察研究和概括。因此，严格地说，教育学是以教育为独立研究对象的知识系统和科学体系。

经过对教育学概念作了以上逻辑的阐述，教育学的研究对象自然要被确定为人类社会所存在的全部教育现象，而不能有任何例外，也不允许有任何人为的、任意的割裂和取舍。从时间上讲，它包括人类自古及今乃至未来一切纵向存在的教育现象；从空间上讲，它包括地球上所有地域内存在的教育现象、教育问题；而从教育的对象来讲，它存在于社会所有个体从生到死的全过程之中，人们不仅要看到它的普遍性、广泛性，还要注意把它和别的事实、别的社会现象区别开来，把它纳入一个统一的系统之中。

现代社会的明显标志是从“小生产”发展到“大生产”，从“小经济”发展到“大经济”，从“小科学”发展到“大科学”，社会传媒从“小媒介”发展到“大媒介”，等等。与这一切发展的情况相适应，人类教育必然会由“小教育”发展到“大教育”，“小教育学”也必然会随之发展到“大教育学”。这种“大教育观”和“大教育学”的出现，在今天，乃是历史发展的必然趋势。这里所说的“小”，不是“渺小”“微小”之意，而是指“单一”“孤立”“封闭”；这里说的“大”不是“伟大”“高大”，而是指“系统”“整体”“开放”“进化”。从简单到复杂，从单一到系统，从局部到整体，从孤立封闭到开拓开放，正是今天的教育事业和教育科学存在和发展的基本特色。凡此，都存在着深刻的经济、社会原因，以及文化背景和科学理论根据。这一发展过程正是今日大教育学所要研究的，并且正是大教育学之所以出现在二十世纪中期以后的客观依据。总之，有了大教育的客观事实，才有人们主观上的大教育观，也才有可能出现当代的理论上的大教育学和现代庞大的教育学体系。大教育学建立在大教育观的基础之上，而大教育观又正是今天客观存在的大教育现实在人们思想观念上的反映。

当代教育学，是人类对自己基本存在方式的自觉的产物。在二十一世纪的今天，建立一个既具有鲜明时代特征、又能够超越现实局限且符合当今世界实际和我国国情的教育学理论体系，正为整个教育界、教育学界所期待。这是一个填补空白的时代，也是一个社会主义教育理论工作者理应有所作为和建树的时代。

V　教育区别于其他社会现象的主要特点*

刘历红博士给我寄来她将要出版问世的书稿《选择相信——从心理实验中发现教育解困的密码》，其意是要我为她的这本专著写一篇序。我收到这本书稿后，因为对这本书的书名很感兴趣，所以先后读了两遍；继之面对这本书充实、生动的内容和通畅流利的文字，一时内心充满喜悦，不禁为之浮想联翩。思考再三，决定写下下面这些文字，以向历红交卷，并作为为她这本用心之作的庆贺之忱。

教育是什么？

对于这个问题，我以为我们可以有层次，分两步来说明和回答，而对它的第一步亦即首要认识应是：它是一种社会现象。

把教育看作一种社会现象，这是从社会角度着眼，从教育的总体上说的。就是说，教育只存在于人类社会之中，社会之外并没有什么教育。教育为人类所特有，为社会所需要，并为社会所制约。把教育作为一种社会现象来认识和研究，具有越来越重要的意义。而且我们看到社会向前发展，使社会的经济、政治、文化领域都相应地发生了不同程度的变化，并在一定程度上改变了世界的面貌，教育发展也日新月异。

但是，我们对什么是教育的认识和回答，不能停留在这样

---

* 此文系作者为刘历红著《选择相信——从心理实验中发现教育解困的密码》（中国轻工业出版社2022年版）所写的序言。

一个层次水平上。因为假如这样，那就太失之于空泛和笼统了。因为所谓社会现象，是相对于自然现象来说的。它包罗万象，举凡为人类所创造，为社会所独立的客观存在而非自然的生成物都可称作社会现象。所以对什么是教育这个问题做这样的回答和认识就不够了，还需在这个基础上对教育这种社会现象作进一步的分析和认识，以便把它和别的社会现象如政治、经济、语言、文化等区别开来，才能弄清它存在的性质、现象和本质。于是，这就需要对之做第二步的解析工作，指出它的主要特点来。

那么，教育区别于其他社会现象的主要特点在哪里呢？主要区别就在于它是一种以人为对象的活动。教育作用于人的是社会知识文化，是人类精神财富，而其结果是造就人、发展人。所以，教育活动是一种文化活动，是一种属于精神领域、知识领域的活动。如此，教育活动这种社会现象就集中地表现为人的认识现象和心理现象。

这就是我们对什么是教育在性质上所作的分析和总体认识。教育是一种社会现象，又是一种认识现象和心理现象，便是对这个问题所作的根本回答。

教育作为一种社会现象，它在性质上告诉人们，如果不从总体上把握教育这样一种社会现象，而局限于从具体教育活动、教育过程方面来认识这种认识现象和心理现象，就不可能准确把握教育学的性质，就会给教育学研究带来片面性、盲目性，陷入形而上学的境地。

把教育作为一种认识现象、心理现象来研究，就要承认教育发展的内在逻辑相对独立性。教育实践作为独立的实践活动，教育实践和教育理论之间的矛盾运动，不同学科之间的相互渗透和相互作用，教育传统的继承和教育改革的交替是教育发展的内在动力。可以说，教育这艘船有两台发动机，一台在社会，另一台在教育内部。教育因素这台发动机既可以从外面推动教育之船前进，又可提高内部发动机的效率和作用。

明确教育既是一种社会现象，又是一种认识现象、心理现象首先有助于明确教育学的发展方向。对教育社会的、认识的、心理的特点有较充分的认识，无疑会使教育学从囿于一隅的困境之中解放出来，使教育学的容量得到合理的扩充，从而使教育研究工作者认识到必须更多地利用社会科学、思辨科学、自然科学的某些成就去发展教育科学。与此同时，也会认识到教育科学对社会科学、人文科学和思维科学也应该作出自己的贡献。打破长期以来教育学故步自封、自我封闭的局面，进而认识到未来的教育工作者应当努力用社会科学、思维科学、自然科学等方面的新成就把自己武装起来。

其次，这有助于教育科学的正确建立。教育学是一种客观存在，从教育学既是社会现象，又是认识现象、心理现象这个特点出发，对教育学的研究就需要紧紧把握住社会整体和社会个体这两个基本的方面，并在此基础上建立起完整的教育学体系。

根据以上分析和说明，我们认为，教育学并不是单纯的社会科学，它是一种二重性科学，或叫跨界性科学。科学可分为两大类，即自然科学和社会科学。然而许多科学既有自然科学性质，又有社会科学性质，我认为教育学就是这样一种横跨自然科学和社会科学，即具有二重性的科学。

把教育作为一门科学来对待和研究，其根本意义是在探求隐藏在教育背后的客观规律。应当确定，教育规律是客观存在的，但更要认识到，对这个规律的认识和把握是尤其困难的。这是因为个别差异和普遍性、共同性都同时存在。一个人生来无“知”，但生来有“欲”，“欲”比“知”更内在、更深刻。人的行为不仅受理性支配，而且受情绪、愿望、兴趣、意志、个性、本能的支配。这些非理性的因素处在意识的更深层，是人类行为的原动力。认识外部世界依靠理性，而认识内心世界（把握人自身），却离不开体悟、体验和直觉。中国传统哲学侧重于“向内用力”，因而从总体表现出非逻辑主义的倾向。因此，从根本上说，教育的过程，不仅是科学的过程，还是一个人文的过程，或者说，是一个文化的过程。把教育尤其是道德教育只当作一种科学，应该说是教育观念上的一个误区。科学从广义上说，是主观对于客观的符合。它与“真理”构成一对作用关系；从狭义上说，科学强调的是主客二元对立，强调对象性、客观性。可见，说教育是一门科学，其隐含的意义是说教育作为一门学问，追求的是教育的真理。但如果对它进行狭义的理解，又必须把教育的客体对象化或者把主客体都对象化，从而使科学成为可能。然而，科学只是达到真理的途径之一，对于人来说，教育不只具有科学的本质，更重要的具有人文的属性，教育同时又必须遵循文化的逻辑。如果说，科学需要的是对象化的主客体的对立，人文需要的就是主体对客体的投入和二者的一体化。作为教育的主客体的人，当然有其生理和心理的基础。但是从根本来说，人不仅是生物性的存在，而且还是文化的存在物，人之所以成为人，主要是由文化所塑造的。因此，教育作为一门“科学”，其基础的理念是把“人”作为生物性的存在；而作为一种“人文”，则是把“人”作为文化的存在物。科学与人文构成教育的双重本质，科学过程与人文过程的统一，才构成健全的教育过程。

我前面说到，当这本书的书名跃入我的眼眸的顷刻，我就感到非常兴奋。“选择相信”，在今天人们相处的各种关系中（包括师生关系）是弥足珍贵的选择。“从心理实验中发现教育解困的密码”，这又是一项多么有意义而又十分艰巨的教育科学研究课题。而刘历红不仅坚毅地置身于这项最前沿的研究阵地，并且也已取得很可喜的成绩。不仅如此，她还告诉我不只写了这本书，而且计划每年都要写一本，直到写出六本来。这又是一个多么令人感到振奋的宏伟蓝图。刘历红曾是就读于西北师范大学教育学院的一名教育学博士研究生。在我的记忆中，正如她自己说的，学业的起点并不高，有关基础也不够好，但她并不为此气馁，而是志存高远，自强不息。她在学习期间的刻苦、认真、执着，谦虚求知求教的精神是最为显著和极为突出的。正是在她身上，我看到始终燃烧着永远引导她不断进步和向上发展的精神火焰。并也使我想到，今天她取得的成绩并非偶然。这也就是我在前文中所提到的看到她的书稿后产生的一些联翩浮想和絮絮叨叨地写下这篇文字的原因所在。

另外，在这里我还想再说几句有关的话。

关于人和社会的关系问题，我读到过一个人写的这样一段话。他说，关于人和社会的关系，我最近悟出这样一个道理：原子是物理物质的最小单位，物质的全部秘密都潜藏在原子里面，可只有到二十世纪，把原子研究透了，人类才真正懂得物质。细胞是生物的最小单位，生命的全部秘密都潜藏在细胞里面，只有到二十世纪把细胞——特别是细胞染色体里面的生物遗传基因（DNA）研究透了，人类才真正懂得生命。同理，人是社会的最小单位，是社会的原子，是社会的细胞，社会的全部秘密都潜藏在人身上。只有未来把人研究透了，把人性研究透了，把人心研究透了，把文化研究透了，并且用人、人性、人心和人心生产出来的文化来解释社会和历史，人类才真正懂得自己所处的社会以及自己开创的历史。我相信，这是一个非常重要的道理。我认为这个人说的这段话很有道理，所以把它引述在了这里。

总之，"以人为本"在我看来，对我们这些从事教育研究的人来说，是个至关重要的问题。因为正如我上面曾经提到的，教育是以人为本和以人为对象的。国外有的教育家甚至认为，教育的概念和人的概念是统一的。提出"教育是什么"的问题，就等于问"人是什么"。所以他们主张，为了从一切方面来教育人，必须从一切方面来了解人。人应当成为我们一切工作的出发点和归宿；一切为了人，一切为了人的幸福，也为了实现自己的人生理想。相信自己已经走在这条康庄大道上的历红今后会走得更好、更远。

Ⅵ 关于什么是教育学和教育学体系的层次结构*

继《选择相信——在心理实验中发现教育解困的密码》一书出版问世之后，刘历红博士又给我寄来她将要付梓的第二本著作的书稿:《跨过门槛——在中小学教师的故事中发现走上研究道路的密码》。应她的要求和嘱托，隔了仅仅一年的时间，此刻的我在翻读了她寄来的书稿之后，又要考虑为她的第二本著作作“序”的事了。

我上次为她写的“序”，首先是提出了一个“教育是什么”的问题，并用较多文字来谈论这个问题。我想，此文就从“什么是教育学”这个问题谈起。之所以要这么做，在我看来，是由于刘历红的这两本著作在性质上具有某种共同性的缘故。因此，这两篇“序”也应考虑有个先后照应，在性质上有个彼此关联，彼此有个连接的关系，继“教育是什么”之后，我在这里又接着谈“什么是教育学”的这个思路即由此而来。

什么是教育学？根据我国教育学界曾经出现过的有关语境情况，对它所作出的第一个回答，应是教育学就是教育科学。这正如物理学就是物理科学，生物学就是生物科学或生命科学，乃至北大就是北京大学，浙大就是浙江大学一样，两者完全是一回事，而不是两回事，指的是同一事物，而不是两样事物。

---

* 此文系作者为刘历红著《跨过门槛——在中小学教师的故事中发现走上研究道路的密码》所写的序言。

至于什么是教育学这个概念的内涵，如果用一句话来表示和概括，那便是它是教育的一种理论形式。而教育这个概念，指的是全人类的教育，这种教育在时间上包括自有人类以来的一切教育现象；在空间上是指地球上任何地域、任何国家、任何民族所存在的所有教育现象；从教育的对象——人这个角度来说，它包括一个人从出生到死亡这个过程所接触到的一切教育现象、教育问题。这是要特别在这里指明的。

形式是什么？形式是用来表现内容的。内容和形式是辩证法诸范畴中的一对范畴。内容和形式的关系是第一性和第二性的关系。也就是说，内容决定形式，形式是由内容决定的。有什么样的内容，就有什么样的形式。但是，表现内容的形式却是多样的，而绝非只是一种。齐白石画的一颗白菜两根葱，这是齐白石对白菜和葱所做出的一种美术表现形式，或称艺术形式。但如果由一位植物学家或营养师来向人们作有关白菜和葱的介绍，指出白菜和葱的结构、性能、生长规律，乃至分析其内含的营养价值、滋味价值和药用价值，那就成为对白菜和葱的另一种表现形式了，就说得上是对白菜和葱这两种植物、食材所做的一种科学分析和学理说明了。教育学家对教育这种社会现象所做的理论分析、梳理和说明，也类似于人们对白菜和葱的说明和分析，都是在科学理论范畴下的一种活动方式。

由于教育现象，从其产生、出现就一直广泛、普遍存在于人们的社会生活之中，也存在于一个人从生到死的全部生命过程之中。在今天，教育现象表现得特别复杂、多样，所以，要对它做全面、系统、完整的理论梳理、分析和说明，就不是一本书所能包括和所能胜任的，而必须由众多教育学科组成的学科群方有可能。而这也便是我们今天所称的教育科学体系。教育学或称教育科学，今天就是以一个体系的面貌呈现在教育学界和世人面前的。教育学体系是当今教育学存在的主要形态和主要特点。教育学体系说到底是教育学研究的范围和学科。

由众多教育学科组成的学科群或称教育学科体系，不是杂乱无章的一堆，而是有内部严格组成的逻辑联系的整体。它的构造总的要求既要有层次性，又要有完整性。而层次性对教育学体系来说，尤为重要，具有支撑整个体系的支柱作用。

目前教育学体系总的可概括为宏观的、中观的和微观的三个不同的层次，也形成了理论教育学、部门教育学、边缘教育学和应用教育学这样四个不同部分，它们都具体体现着“理论—应用”这一科学基本秩序。

这四个部分和宏观的、中观的和微观的三个层次之间，具有或对应或归属的关系。如理论教育学和宏观教育学就是完全对应的，应用教育学和微观教育学也是对应的关系。教育学体系中的教育学原理这门学科，既可称为宏观教育学，也可称为理论教育学或一般教育学；而小学语文教育学、小学美术教育学之类学科，既可称为微观教育学，也可称为应用教育学；而部门教育学、边缘教育学和有关教育活动与过程的部分如教学论、教育论、学习论、课程论以及如幼儿教育学、家庭教育学等学科，则只能归属到中观教育学这个层次。

理论是人们对事物本质、规律和其内在联系关系的认识，是由一系列具有内在联系的概念原理组成的观点体系。

作为精神现象、认识现象的理论，它的本质是多方面的，它的本质不是只此一种，而是从不同角度有许多种。理论的多方面本质，不是杂乱无章的，而是有秩序、有层次的，有轻有重，有深有浅的。我们可以从它们诸多本质依次排出它的一级本质、二级本质、三级本质。对教育学这门理论学科来说，所谓一级本质，也就是宏观教育学所要研究的范围；所谓二级本质，也就是教育学中观层次诸学科所要研究的范围；所谓三级本质，当然就是微观教育学所要研究的范围。

由此而来，也与此相适应，它们在“理论—应用”中所占据的分量、位置和所起的作用，也是不相同的，是有轻有重，有深有浅的，也是各有侧重的。比如教育学原理这门教育学科，它名正言顺地表明是以讲述理论为主的，而不是以“应用”为主的，特别是以讲述一般的、宏观的教育理论为己任的。把一些教育学中最基本的理论问题讲准、讲深、讲透、讲明白，使整个教育学体系得以建立在一个坚实的理论基础之上，是教育学原理这类教育学科所应担负的最根本的学术使命。

而微观教育学诸学科则与此正相反，它要以“应用”为主。当然，作为一种教育学科，它也讲理论，但其理论多以人的生理、心理、思维等学科为主，与教育的对象保持着极密切的联系，十分注重教育的实践性，把教育活动和人的心理认知结合起来，从而打通教育学和心理学与人的思维之间的学科界限，因而具有很大的可操作性，是教育学体系中一种最接地气的教育学科。

中观教育学在“理论—应用”中所占据的分量、位置则居于宏观的和微观的教育学及其研究成果的中间。它既讲理论，又讲“应用”。当然，其中的各门学科，在这两者之间也会存在有轻有重、有深有浅，又各有所侧重的不同状态，这是无须多说的。

我的这篇文字写到这里，也该告一段落，把谈了这么多的有关教育学体系的理论问题转到刘历红的这本著作上来了。是的，应该在这里有个转折了。其实我谈这些的目的很明确，主要是要对她的有关作品做些理论分析，指出她的著作的性质和特点。

我在前面说过，刘历红的这两本著作在性质上具有共同性，它们在教学体系中均是属于微观层次的研究。而微观层次的教育学研究，它和中观的、宏观的研究不同，是一种最接地气的教育研究，因而也具有最强的可操作性和应用性这个主要特点。而这类著作也最容易受到人们关注。

果然，历红告诉我，她的《选择相信——在心理实验中发现解困的密码》自二〇二二年元月在中国轻工业出版社公开出版后，社会反响强烈，突出表现在：（1）首印的三千册在不到五个月内便销售一空，所以，在当年六月又印刷了三千册；（2）该书受到中小学生和他们的家长、中小学教师、教研员、青少年心理工作者、家庭指导师高度认可，出版社邀请该书作者刘历红作为“轻工名师”在线直播，为社会各界以系列方式讲解书中的内容。

无疑以上所说的事例，已经为《选择相信——在心理实验中发现解困的密码》这本书作出初步的也是难能可贵的鉴定：这是一本读者所认可的成功之作。而这尤为值得作者为此做一番细心的回顾和经验总结。

不过，在我看来，刘历红著作生涯所展示的初步成功也非偶然。第一，她从教以来直至今天，她一直生活、工作在教育教学的第一线，和一线的教师们不论在工作上、生活上、心理上都保持着密切的联系，奔波、穿梭在老师们中间，脚踏实地，倾听心声，休戚与共，心心相印。而不是如某些名为“什么”的研究者那样，飘浮在教育实践之外。这一点是进行此类教育研究的一个很重要的条件。第二，我曾在上次写的序中说过，她从事学习和研究的刻苦、认真、执着、谦虚求知和求教的精神，使我看到在她身上始终燃烧着并永远引导她不断进步和向上发展的火焰；这也使我想到，今天她取得的战绩并非偶然。而这也正是她容易发现教育解困中的密码的契机之所在。

广义的理论有不同的层次，一种是对具体事物的初步概括，这属于实践理论的范围。另一种是以高度抽象的理论思维为特征的基本理论，它是在更根本更深入的层次上对自然和社会各种事物及其总体的揭示和把握的哲学思维，重视对高层次理论的研究，提高民族的理论思维能力是时代提出的一个历史课题。而且，大凡在历史的长河中能留下踪迹的思想巨子，无一不是在宏观的文化反思中贡献自己智慧的结果。教育学理论当然也是如此。

但是，人们必须明确认识到，教育学作为一门理论学科和一门学问，它从根本上来说，它的作用是在指导教育实践。因此它本质上还是一门实践学科，它的生命力全部在其所具有的指导实践的能力的有效性和力度上。教育学理论都是用来应用的，而不是少数人用来做自我把玩和自我欣赏的工具。它应该是广大教育工作者积极投入教育实践和经验总结，以及从事教育研究的武器与推进、发展教育科学事业一个极重要的源泉。现在，走在教育研究道路前面的刘历红又在向人们呼喊：跨过门槛，去探寻广大中小学教师走上教育研究的密码了。这同样是她投身于教育研究的一个可喜的行动。值得为之喝彩与点赞。在此一并祝愿她再接再厉，获得更加可喜的成功。

Ⅶ 教育理论工作者要关注农村教育*

最近几个月里（二〇一二年十月前后——编者注），我先后两次读了现任河南焦作师范高等专科学校副校长高闰青教授的新著《河南省农村教育热点问题研究》一书。前次读的是这本书的书稿，读它是要为这本即将面世的著作写一篇序言，这次再读则是要为这本著作写篇书评，作点评介，也就是要谈谈我读后的有关感想。

序和评介、读后感之类，固然在概念上有别，但精神上实有一致的地方，所以，我先后两次读它，在我的思想上，当的都是一回事，都是为了向读者介绍或评论这本书和这本书的作者。因此，我现在写的书评或说读后感在精神上不能不有“接着说”的意思，只是我的视角有所调整而已，即把我自己作为一个读者来看和感受这本书。我认为我作为此书的一位读者，读了两遍之后，从中获益是很多的。我理应写篇篇幅较长的文章来说说我的认识和感受。唯因目前我的视力急剧下降，视物模糊，看书写字倍感困难，致有力不从心之感，只能长话短说，勉成此文。我在此文中要说的是有如下一些意思的话。

一、本书的结构与基本内容

高闰青的这本新作，顾名思义，或者说人们一望便可知其

---

* 此文系作者为高闰青著《河南省农村教育热点问题研究》（中国矿业大学出版社2012年版）一书所写的书评。

是本关于农村教育问题调查报告类的书，说来似乎也是件可以常见、非常普通、不足为怪的著作。但我读了之后，还真觉得此书颇有不同之处，我对此书的第一感觉是其结构合理、条理清晰和内容的充实完整，其工作过程前后有序、有条不紊，并使我看到，他们进行的是一项很严肃、很认真、很细致的教育研究工作，而没有任何粗枝大叶和浮泛不实的印象。

先看看这本书的结构情况，此书的目录是这样展示的：本书共分四编，各编的下面除前有“绪论”，后有“结束语”之外，中间均安排有或三章、或四章、或五章作为叙述的基本内容。

这四编的编名如下：

第一编　河南省贫困地区女童教育行动研究；

第二编　河南省农村留守学生心理发展现状与教育对策；

第三编　城乡教育一体化背景下河南农村教师队伍建设研究；

第四编　河南省农村幼儿教师职业认同与队伍建设研究。

什么是目前河南省农村教育热点问题？以上所引述的这本书中的这四编的编名便是。简言之，其中所指的女童教育、留守学生心理、农村师资建设和幼儿教师职业认同与队伍建设这四者，便是此书所指出的河南省农村教育热点问题，本书作者所要着力去调查、去研究的便是这四个方面的问题，反映在此书中的也就是这四个方面的内容。

这就方便读者对于今日河南省农村教育所存在的问题有一个一目了然的认识。

如果说，以上所引述的本书各编的名称，给人们提示了河南省目前农村教育热点问题之所在。那么，在各编名目下所安排的“绪论”“结束语”以及放在此二者之间的各章，所展示的便是她的调查研究工作是怎么做的问题了。本书作者对河南省农村教育存在的热点问题逐一作了调查、分析并提出有关对策，这一系列工作便都反映、展示在此过程之中。现以其中的第一编为例来说明此点如下。

此书的第一编河南省贫困地区女童教育行动研究和其他各编一样，也前有“绪论”，后有“结束语”，中间有第一、第二、第三共三章的结构。

这个结构告诉我们，此项研究工作大体分三步走。

其第一章讲的是对女童教育状况所作的调查，也就是进行此项工作的第一步。

其第二章讲的是对存在状况所作的归因分析，这是此项工作的第二步。

其第三章讲的是对策，对策也就是结果，克服热点问题的方略办法，这是此项研究最后一步。

二、本书的价值与意义

至此管中窥豹，人们不难看到，本书作者对此项研究工作所抱的态度是十分严肃、十分认真的，整个研究工作自始至终有准备、有步骤、有条不紊地进行着，表现得十分踏实也十分细致。而综观本书其他各编的内容，其情况也均如此。因此，在这里，我们有理由说，本书作者对目前河南农村一些教育热点问题经过如此一番认真、细致的调查、研究之后，在这方面真正有了相当的发言权了，自此作者高闰青对今日河南农村教育存在的情况和问题已大致心中有数，对下一步的教育改革工作也已有了相当的思路、想法、策略和办法了，而这些都具体地反映在本书的文字之中，读者是不难从其字里行间清楚看到的。总之，这是一本成功之作，一本具有相当内在价值的好书，也是一项值得充分肯定的科研成果。

那么这本书最适合哪些人来读呢？对于这个问题，我想了很多。但我首先想到的是河南省各级领导、管理农村教育事业的官员和有关干部，我以为他们是可以从这本书里看到很多，从中汲取一些有益的意见的。从这本书里，他们可以从中看到一位教育理论工作者对今日河南省农村教育热点问题曾经做了些什么，并听到她的意见、想法和见解，还可以收获一位理论工作者对河南农村教育事业所怀抱的赤诚的爱，这恐怕是尤为宝贵和值得珍视的。河南地处中原，是中国真正的心腹之地，河南不仅是个农业大省，也是个文化大省、教育大省，河南重要的地理地位和重大的教育事业责任，是很需要教育理论工作者来投身和关心广大农村的教育事业的，十分需要他们为之献计献策，以至献出他们最可宝贵的、一颗对教育事业的拳拳报效之心。

其次，我还想到此书不能仅以河南的读者为限，国内其他省区有类似情况存在者也可参阅。因为，像女童教育、留守学生心理、农村师资队伍和幼儿教育等方面的问题，在许多省区的农村都普遍存在。我读了此书后，就马上联想到甘肃的农村教育情况，我虽然已经多年没有下去做过有关调查研究，但估计情况恐怕同样存在，甚至有可能更为严重。所以这些地方的教育工作者如果能读读这本书，同样是有作用和意义的。

三、我的两点感想

最后，我还想表达如下两点感想。

第一，本书作者高闰青是一位教育理论工作者，她可以写教育理论文章，写教育理论著作，但这本书不是一本教育理论著作，而是一本对于教育实践存在问题所作调查报告和研究记录的图书。如果说写教育理论文章需要思辨能力的话，那么写有关教育实践问题的调查报告的一类文章和著作，则更需要对问题分析概括的能力和一种对问题的发现洞察能力，而尤需要对广大受教育者极深刻的爱心。如果没有这份爱心，长期生活在城市的教育理论工作者就不会走到农村去，不会去做这类教育实地调查研究工作；就是下去了，工作也很难深入或干得非常出色。但是高闰青下去了，走到农村教育的第一线去了，去做了很切实很细致的调查研究工作。在我看来，其背后的动力便是对教育的一颗爱心。这一点，不仅在我写的《序》里已经提到，也充分表现在她自己写的《“代前言”——追逐心中的梦想》一文中。这篇两千多字的文章，很好地告诉了我们她之所以要做这件事的根本动力。因此，我建议读这本书必须读或先读一读这篇文字，感受一下蕴藏在她心中的教育梦想。

第二，本书作者高闰青对自己人生道路的选择是正确的。她曾经在中学教过书，现在是一位大学教师。她今年已过不惑之年。她生长在农村，对农村艰苦的环境有很深切的体认，对农村教育的条件非常清楚。她从小的经历激励着她积极向上，促使她懂得努力学习，严格要求自己，并从小下定当教师的志愿。四十多年来，高闰青就是这样一步步走过来的。现在展现在高闰青面前的是一条广阔的教育之路，展示在世人面前的高闰青也是个有能力、有知识、有见识的教育工作者，我以为高闰青对自己人生道路的选择是正确的。也正是从高闰青身上，我认同人们常说的“人生即选择”这句话，并使我联想到人的本质是在她（他）所选择、追求的对象上面充分显示出来的。你选择什么、追求什么，你的本质就是什么——这是一点也不含糊的、灵敏度极高、准确率极高的“指示剂”。

选择伴随我们的一生，也决定了我们一生的成败和优劣。在人生哲学研究中，出身并不重要，因为它是偶然发生的，非选择性的。人生的真正起点是主动的选择，唯有主动的选择才能有你的“自我”，有你的主体意志，有你的“自我表现”机会，你才能成为你自己的主体。高闰青心中的梦想也就是我们常说的人生理想，她的追逐便是她的选择。

Ⅷ 教育学要更加重视对兴趣的研究*

思想是前进的旗帜，理论是行动的指南。一个国家的强盛崛起和繁荣发展，可以归结为很多因素，但是最重要的还是思想的解放、理念的革命。过去的四十多年里，各领域的学者们都在不断地思考新问题，探索问题的起源，研究解决问题的办法，把握未来的趋势，从而作出了诸多理论上的贡献。可以说，理论研究工作是一项最神圣的事业和最高尚的工作，当然也是一项难度极大的开创性工作。

科学理论是学科发展的基础，也是科学研究的关键。教育学学者一定要在教育科学理论上有所创新，并且在理论体系上有所建树。教育学并不是一门很简单的学问，一个人想要研究精到、成效卓著，不仅需要付出激情和努力，而且也需要一流的智慧和头脑，而广阔高远的视域和广博深厚的知识积累则是最基本的条件。教育学学者们应当提振精神，好学深思，拒绝平庸，追求卓越，在新的时代把教育学的一系列基本概念、基本理论进行一番正本清源的梳理，做前人没有做过的创造性工作，给教育学一个宏观、完整、全面、具有系统性和学理性的概括和说明，从而构建起一个新的教育学理论体系，赋予教育学以恰当的理论定位，并透显出教育学的理论价值。研究教育

* 此文系作者为郭戈著《兴趣教育论》（教育科学出版社2023年版）所写的序言。

学中的一系列具体范畴和学说也是如此，一定要站得高，看得远，视野开阔、深邃：从纵向说，应有历史的头脑；从横向说，应有系统和跨学科的观念。

古人云：言之有理，言之有据，言之有序，言之有文，言之有我，言之有情。做学问或撰文出书要达到这样的境界，并不是一件轻而易举的事情，需要长年的积累和不断的锤炼。我所要强调的是，一方面，真正的教育理论植根于实际又高于实际，既有鲜明的现实性与时代性，又有对现实与时代的超越性与理想性。这种理论不只是实践的操作行为指南，而是提供精神的引导，是一种实践的精神。教育理论应更多地从实践精神走向充实、照亮、引导、激励实践的路径，这或许就是教育理论与实际相结合的真谛。在我看来，理论研究要说理，要讲道理。教育理论研究是基于个体对教育现象问题的理性思考，而不是盲从：从于权威，从于利益，从于时尚潮流，从于众口一词，或从于个人的滥情。另一方面，要写自己最有感悟的东西，只写自己懂得的东西，不写自己不懂的东西，并且写也要写得明白易懂、深入浅出，使读者觉得不绕口，好读、好看。然而，这些也正是我们现实的教育研究真正的欠缺之所在。

构建一套理论体系，成就一件精品力作，需要一种执着和坚守，也可以说是一种“愚笨”和痴迷。学术本来就是有智者、有闲者或清心寡欲者的人生取向。而学者治学的最高境界，就在于对学术的无穷乐趣，在学理上有所追求和不可压抑的激情。不抱任何功利的目的，即不以学术作为利禄的工具，却愿意为它付出毕生的精力。我以为，学问著作之事，既要相互观摩、彼此切磋，亦贵能孤往，即不以时代群趋为是，由沉潜而千虑一得，以待来者。

常言道："兴趣是最好的老师。"兴趣是人人皆有、处处存在、时时显现的一种心理现象，它在教育和学习上具有十分重要的价值，这已为教育学和心理学研究所反复证实。所以，兴趣历来为古今中外诸多教育家、心理学家所关注。在西方，从近代的夸美纽斯、洛克、卢梭、裴斯泰洛齐、斯宾塞和赫尔巴特，到现代的杜威、克伯屈、德可乐利、皮亚杰、布鲁纳和苏霍姆林斯基等，都无一例外地论述了如何使学生学有兴趣、学得愉快的问题，并形成了较为完整的兴趣教育思想。在中国古代，既有先秦时期老子的乐业、孔子的乐学和孟子的乐教的思想，又有宋朝"二程"和朱熹倡导的由意趣或兴味达成乐业、乐学和乐教的观点，还有现代以梁启超为代表的趣味教育观和教育趣味观。这是中华民族一脉相承的优秀的教育思想，也是现代教育学研究的一个重要课题。当代教育家顾明远强调说："没有爱就没有教育，没有兴趣就没有学习，这是我的教育信条。"[①]我也相信这是一条颠扑不破的真理，同时也认同师生积极情感的调动永远是教育尤其是教学的一个主题。新时代中国社会的主要矛盾已经转化为人民日益增长的美好生活需要和不平衡不充分的发展之间的矛盾，这对教育改革和发展创新提出了新的更高要求。其中教育领域的一个关键问题，就是要解决学生兴趣缺乏、快乐不多、幸福不足的情况，以扭转当前应试严重、分数至上、功利导向的偏差。因此，如何在古今中外丰富成果的基础上沉思和遐想，重建符合新时代需要的兴趣教育理论，以指导人们破解实际问题、世纪难题，无疑是一件很有挑战性的研究工作。

---

① 顾明远著:《绿叶集——顾明远教育随笔（三）》，福建教育出版社2013年版，第56页。

郭戈是二十世纪八十年代末就学于西北师范大学的博士生，是一位真正爱好学问并很有感觉的学者。他在学期间发表过许多论文，并经常到我家讨教问题，所以我比较了解他。他从毕业到现在，虽然调换了不少工作岗位，但一直没有放弃对教育学术的执着追求，曾先后研究李廉方等教育家，兴趣教育、教材编写等问题。这本《兴趣教育论》是郭戈在其早年硕士论文的基础上，持续钻研四十年，以宽阔视野和深厚积累，基于历史和个人体悟，把教育学和心理学中的基本概念、基本理论进行了一番全面、深入的总结和研究，形成的一本很有分量的学术专著。我读过之后，觉得有几点值得肯定。首先，作者作为一个教育学人，注重从理论上去把握兴趣与教育的关系问题，对兴趣教育尤其是兴趣教学的一系列现象予以理性说明和理论阐述，能够植根于实际又高于实际，具有较强的指导借鉴意义。其次，本书研究兴趣教育注重从理论体系上进行考察和梳理，形成了一个较为完整的结构或体系。这很重要，也很不容易，并不是每项课题研究都能够做到如此。再次，本书特别重视历史方法，总结了以往教育家的思想经验，搜集了大量的文献资料，很有说服力，也说明作者平日很用心积累相关材料。从次，本书还有系统和跨学科观念，基于教育学视角，吸收了哲学、文艺学、社会学特别是心理学等相关研究成果，对于我们认识问题很有帮助。最后，作者研究的是无功利性质的兴趣问题，并且其长年对兴趣问题感兴趣，从一九八三年开始至今，先后发表了几十篇有关文章，最终四十年磨一剑，也体现了他无功利的研究旨趣和好之、乐之的学术境界。这一点在当下学界尤其值得提倡。是为序。

Ⅸ 高师院校教学改革刻不容缓*

收到闫青寄来的信、书稿和文章已经二十多天了。近半个多月的时间里，我就先后反复地翻读着这封热情洋溢、给我带来很多温馨、快慰的信和她这些年发表在《光明日报》《中国教育报》等报刊上多篇题材多样、内容丰富、文采斐然的文章，以及她行将付梓的新著《高师院校教学改革研究与实践》一书的书稿。我的心情是十分高兴和振奋的。因为，闫青在西北师大博士毕业、离开兰州，回到她的故乡河南已经五年了。在这相当漫长的五年时间里，尽管我们之间也常通话，联系不断，并使我从她对我通报工作、生活有关情况和对我的问候致意的言谈中，感受到她对我仍一如既往的关切之心和炽热真挚之情，但到底受时空条件的限制，交流的信息毕竟有限，其间也仅在二○○六年暑假中见过一次面。对她在这五年时间里，她在自己的工作岗位上，究竟教了一些什么课，作了哪些教育调查研究，进行了些什么项目、什么课题的科学研究，写过和发表了哪些文章等方面的情况，在我，则是通过读了近两年里她先后寄给我的有关文字材料之后，才对她的工作、生活乃至所思所想等精神状况有更为清楚、具体的了解。并进而在精神上分享着她这些年经她自己的不断努力、勇猛精进所取得的种种丰硕成果的愉悦。而这些，又正是我所十分需要的。所以总地说，我读了她寄来的这些文字材料后，我内

---

* 此文系作者为高闫青著《高师院校教学改革研究与实践》（中国矿业大学出版社2013年版）一书所写的序言。

心是很有一种满足感和充实感的。

闰青这本将要付梓的新著共有四编二十章，大概有二十多万字。其内容均为闰青近些年在自己的工作岗位上所承担的河南省高等教育教学改革和教师教育课程改革项目所完成的研究成果。所以，闰青说，本书是在她所作的关于高师院校课程设置与教学改革相关研究项目的基础上完成的。她把此书定名为《高师院校教学改革研究与实践》，应该说，这是不无道理的。把这些研究成果结集出版，使之能造福他人，贡献社会，更是很有意义的事。不过，我通读了全部书稿后，想到其中尽管有“心理咨询”教学体系的改革研究和“国培计划”培训模式的研究这两个方面的内容，但其第二编和第三编应该说是主要的、基本的。这分别为学前教育专业教学体系的改革研究和高师学前教育专业课程改革研究。而这两个方面的内容是很有特色，极具系统性和完整性的特点的。故我曾想到本书的书名是否可考虑改为《高师学前教育专业课程改革研究》，我觉得如用此书名似可更显本书是一本教育专著的色彩，而有关“心理咨询”“国培计划”及诸项附件内容并不妨放在其中。

我在上面提到此书的第二编和第三编很有特色，其实全书内容也是如此，这是我读了全部书稿后得到的一个最深刻的印象。这个特色是什么呢？简单地讲，就是该书极具实践性，密切联系实际，很有指导实践和实际教育活动的价值。

在我看来，教育学作为一门学问，由于教育在人类社会生活中存在的广泛性，教育的知识、理论是十分丰富多彩的。这些有关教育的知识、理论绝对不是一本书能包容得下的，而必然是由多门学科组成的一个学科群方能承担。而这个学科群是由宏观、中观和微观这三个不同层次组成的。不同层次的教育知识、理论之间，不仅相互制约、密切联系，而且有各自不同的性质、作用、地位和任务。就宏观的教育知识、理论来说，其任务是统观教育全局，明确研究对象、确定研究范围、厘定术语概念、阐明客观事实、揭示教育规律。其微观层次的教育知识、理论则必须密切结合教育实际，对教育实践具有切实的指导作用。前者以富有理论性为主要特点，后者则以实践性为根本要求。然而，多年来，人们对于上述这些并无清晰明白的认识，而是“胡子眉毛一把抓”，把有关教育的知识、理论统统纳入一本叫《教育学》的书中。其结果只能导致就宏观而言，见事不明，说理不清，概念含混，结构无序，理性不足；就微观而言，脱离实际，对教育实践指导十分乏力。这不能不说是今天教育学所面临的真正的现实问题，不能不使人感到难堪和尴尬。而本书四编内容，在我看来，其阐述的教育知识理论均应属微观层次，其内容必须十分注重理论与实际的结合，使学生学了这些知识、理论之后，不仅理论上搞清楚了，而且具有可操作性，有切实临场实施实践的作用。正是在这个意义上，我们可以说，《说文解字》上解释的：“教，上所施，下所效也”一语，是十分确切的，教育实在也就是仿效之学。

闰青的这部书还有其他一些优点和特色，但在我看来，上面所谈到的实践性、极具指导教育客观实际的意义是其显著的特色。我以为这本书的看点在此，亮点在此，它的学术价值也在此，作为本书作者的高闰青通过此书所作出学术贡献也主要在此。在我看来这对一本书和它的作者来说也就够了。然而，这说来容易，却又是很不容易做到的，这也正是作为一个教育学者的她十分难能可贵之处。我为此要在这里给予我的这位很有才华很有毅力并胸怀绚烂教育梦想的女弟子祝贺并致以深深的祝福。

X 农村幼儿园教师专业化水平亟待提高*

一般来说，幼儿教育是指对三岁至六岁幼儿实施的教育，又称学前教育。从宏观上讲，它是由幼儿园、家庭和社会共同来实施的一种现代教育理念和现代教育事业。它是人类教育的一个组成部分。有关它实施的理念、思想、主张、学问也是教育学学科群中的一个分支系统。

在人类历史上，从总体上看，人们在思想上把幼儿作为一个教育的客体对待，把人的幼儿时期视为人生过程中一个重要的发展阶段进而认为应当予以重视、关注、悉心加以研究。人们对于幼儿生活、幼儿教育提出较为系统的科学主张、并将理念付诸推行和实施的时间并不太长，至今也才三四百年时间。

这也就是说，在漫长的历史时期里，幼儿生活、成长在各自的家庭环境里，他们生于斯，长于斯，不能说他（她）们与教育不发生关系，但是幼儿教育普遍处于一种随机的自发、自流、自在的状态，应该说大体是符合我国的历史客观事实的。

然而，要说在我国历史传统中，也有重视幼儿教育的一面，却也不无一定的历史事实和根据的。这是因为，所谓历史，所谓社会，到底是一个多元的复合体，而不会是一个清一色的单一存在。特别是历来有尊重知识、尊重文化和尊重教师传统的

---

* 此文系作者为高闰青著《农村幼儿园教师专业化发展研究》一书所写的序言。

我国必然会有此种历史情况的。这也就是说，人们既然有尊重知识、文化的传统习惯，就必然会注意幼儿教育。我在这篇为闫青《农村幼儿园教师专业化发展研究》一书写的序里，就想来谈谈这方面的情况。其目的是能使社会了解和学习这一良好的传统，这对目前我国蓬勃发展的幼儿教育事业有所助益。

我国历史上有十分重视幼儿教育的传统，家喻户晓、流传至今的“孟母三迁”的故事，应该说是一个著名的范例。《三字经》里“昔孟母，择邻处。子不学，断机杼”说的是：古时候，孟子的母亲为了使儿子有个良好的学习环境，曾三次为选择邻居而搬家。一次，孟子逃学，孟母气愤地把织布机上的梭子折断，以此告诫孟子学习不可半途而废。这展示在人们面前的就是一幅十分生动感人的幼儿教育画卷。

修身、齐家、治国、平天下，是儒家修己安人之道的集中表述和具体步骤，是中国古人立身处世最服膺的思想理念。家国一体，治家成为治国的一部分。为了治家，中国古代产生了一系列家训，其中，最负盛名、流传甚广的，应数北齐时期颜之推所著的《颜氏家训》一书。

《颜氏家训》，意在持家、治家。而在该书作者颜之推看来，治家之要，首在教育子女。故在《颜氏家训》一书中，《教子》被列为全书的第一篇。其中反映了许多颜之推的教子之道，概括起来他有关幼儿教育的思想有这样几点。一是认为教育子女应当趁早，在他看来，无论个人品行，还是文化知识，都应及早注意教育培养。颜氏正确指出，如果少时不加教育，一味溺爱，成年之后，“终为败德”，无可挽回。二是认为教子应严慈结合，即教育要与关爱相结合，“父母威严而有慈，则子女畏惧而生孝矣”。三是主张对子女应当一视同仁，一体对待，不可薄此厚彼，也不可厚此薄彼，即不可以偏爱偏宠。也就是说对于比较聪明者，作为父母自可赏爱，就是对于顽鲁者，也当矜怜，不可歧视，不可冷漠待之。

在家训中，颜之推还有很多观点值得肯定，譬如他反对遗弃女婴，他认为女儿也是上天所赐，如果遗弃了，上天也会予以惩戒。又如，他反对请巫师祈福求神，祛灾免祸，他禁止家人搞“符书章醮”之类的迷信活动。他告诫子孙为人要诚实守信，实事求是，要名实相符，做事要有度。肠不可太冷，腹不可太热，要以仁义为尺度。个人应时刻注意修身养性，读书求学。一个人的本领就是通过知识学习，体验仁义之道而取得的，并且进而可以齐家、治国、平天下。

从诸葛亮的《诫子书》到颜之推的《颜氏家训》，从司马光的《温公家范》到曾国藩的《曾文正公家书》，每一部流传至今的前人家训中，都有告诫子孙为官先思报国，莫贪钱财，勤俭节约，敦品励学。他们认识到，金银财宝，高官厚禄，都不是让子孙享福受用的事物，一个人只有具备优良的品质，读书求知，施行仁义，才能行正于世，俯仰无愧。这是他们人生经验的总结，也是对子孙的谆谆教诲。

中国古人对儿童教育的重视，还表现在许多社会贤能之士、志士仁人所悉心培养的优良家风、种种教子之道的故事传说以及有关文字的记载之中。我这里想要说的是清代著名画家郑板桥教育他的孩子的故事。

郑板桥在五十二岁时始得一子。对于这个儿子，他当然非常疼爱，但却从不溺爱，而是经常通过各种方法来培养儿子自立的能力。

当儿子长到六岁时，郑板桥就让儿子学着洗碗。由于儿子长得不高，他还特地为他做了个小板凳，让儿子站在小凳上洗碗。当儿子长到十岁时，他为儿子准备了一对小水桶，要让儿子每天挑着小水桶把大水缸挑满。此外，他还经常教导儿子要勤奋学习，以便将来能够自立于社会。

后来，郑板桥去山东潍县（今山东省潍坊市寒亭区）做知县，把儿子托付其弟看护。由于路途遥远，不能经常和儿子见面，他便经常给弟弟写信，明确指出要教育孩子自立，并为儿子立下三条规矩：

一是为人要“忠厚悱恻”，“驱其残忍之性”；

二是在学习上要向那些学而有成就的“佳子弟”学习；

三是要学会平等待人。即使家里佣人，小孩也应当平等对待，不可凌虐他们，凡鱼飧果饼，宜均分发给他们，使大家欢喜跳跃。

郑板桥在临终时还念念不忘教儿子自立。他病危时，要求儿子亲自做几个馒头给他吃，但儿子从没有做过馒头。他就要儿子向厨师请教。当儿子将做好的热气腾腾的馒头端到父亲床前时，郑板桥已经咽气了。儿子悲痛地大哭，突然发现茶几上有一张纸条，他拿过来一看，只见上面写着：“淌自己的汗，吃自己的饭，自己的事情自己干；靠天、靠人、靠祖宗不算是好汉。”原来郑板桥早已写好了纸条。

如前所述，幼儿教育虽古已有之，但以幼儿园为标志的幼儿教育，则是一种现代教育理念。十九世纪德国著名教育家福禄培尔就被誉为“世界幼儿教育之父”。由他首创的幼儿园，成为全世界幼儿教育重要的普及形式。一八三七年，福禄培尔在勃兰登堡创设了收托一岁至七岁儿童的教育机构，并于一八四〇年首次命名为幼儿园（kindergarten）。其意为让儿童像大自然万物在花园中一样自由茁壮地成长。此名，通行国际并一直沿用至今。这一幼儿教育机构的建立是福禄培尔学前教育思想的体现与结果，继福禄培尔之后，西方又出现了一些如意大利教育家蒙台梭利这样的著名幼儿教育家。十九世纪中叶，西方在福禄培尔等教育家的影响下，幼儿教育机构得以迅速发展，在西方各国的大城市都先后建立了幼儿园。

我国一直到清末才建立幼儿教育机构。在二十世纪上半叶，幼儿教育机构虽有所增加，但数量仍较少，发展也缓慢。大面积的幼儿教育仍处于自然生长的状态。幼儿园教育要出现全面自为的状态，还有相当长的路要走。而农村幼儿园教师专业化的问题正是其中需要着重解决的一个具有普遍性的大问题。

闫青的这本以河南省为例的专著，正是在为解决此问题所作调查研究基础上的一个重要成果。二〇一二年，闫青著有《河南省农村教育热点问题研究》一书，对当时河南农村存在的一些热点问题作了系统调查研究，该书共分四编，其中第四编即为河南省农村幼儿教师职业认同与队伍建设研究。此书应是这项内容的后续研究。本书是一本既有理论又有实际，极富理论深度，也极具实用价值的著作。我以为此书不仅可供河南省使用，而且也对全国其他地区颇有参考和使用的意义。

幼儿教育的健康发展，牵涉到的问题是多方面的。而在我为闫青这本著作写这篇序时，我联想到中国农耕时代一些重视幼儿教育的事例。所以，就也把这些有关的故事写在这里，为了在推进中国幼教事业发展的当下，使幼教工作者也能以此作为今日思想和工作的参照。因为在我看来，这些故事中的人，正是我国历史上幼儿教育工作真正的自为者，是值得我们引为同道和学习的楷模。

XI　教育科学工作者要关注教育活动中的语言现象*

人类的社会生活，说到底是一种文化生活，其结构复杂而有序，内容广泛而丰富。由于语言是以人为其载体的，所以，语言便随人之于世界各地的存续和分布，而成为无所不至、无处不在的最普遍的一种社会现象。还由于语言的功能主要是用来状物、表情、达意，它既可帮助人们认知客观世界，也可借以阐发对世界的多样感受；既是人之赖以思维的工具，也是人与人之间进行思想沟通、信息交流的手段。所以在这里，我们完全可以说，语言不仅是社会的一面镜子，而且是心灵的一面镜子；不仅是社会存在和发展的基本条件，而且是文化的重要内容和不可或缺的表现形式。

正是基于以上认识，我常常想到如下两点。

其一，语言研究是人文社会科学研究的基础。人类以人的存在和发展为其基本内容，而以人的存在和发展为中心所出现的各种社会现象（包括历史的、现实的，本国的、外国的，个体的、群体的）自然成了人文社会科学的依归，成了其研究的对象。而于其中，我以为，不仅是对社会现实生活的把握与拓展，需要依靠语言功底和语言艺术，而且就是开展人文社会科学研究工作，也需要把正视和研究有关语言问题作为其先决条

---

* 此文系作者为李保强著《教育格言论析》（武汉大学出版社2009年版）一书所写的序言。

件和必备基础。

其二，语言研究需引起教育科学研究者的关注。就教育领域而言，语言从来就是作为其基本教育现象的教育活动的有机成分和根本手段，教育领域中的至理名言更是其重要内容之所在。我这里所说的至理名言，也就是本书作者李保强所指的格言。在我看来，格言作为一种语言形式，可以是一种教育活动的手段和工具；而由于它是语言中的一种精品，一种人之心中所有而口中常道的至理名言，为人们所心悦诚服地接受，无疑也应是教育活动的重要内容和突出亮点。总之，教育科学工作者不能不关切教育活动中的语言现象。

格言，是人类智慧库中的瑰宝。人们常说，劳动创造了语言，我以为格言只能为劳动的智者所创造，是人类智慧的缩影。千百年来，人们在自己的生活实践中，总结、创造、阐明和锤炼了这些金子般的话，有的镌之书碑，有的流之口头，传颂后世，启发来者。格言的魅力，就在于它常以精辟而深邃的语言来议论人生、阐发真理，给人以启迪、力量和鼓舞，一句透彻的格言可使人迷途知返，投向光明，进而立志奋发，创出伟业。因此，凡格言都有极深刻的教育作用。世界上，甚或没有一个伟人不受到格言的感召。

教育格言作为一种语言文化，无疑也是人类格言宝库中的一个组成部分。但因其自身的特点、形成过程和结构形态及多样化的功能，又可以拿出来作为单独的一项来认识。保强的这本著作就是针对教育领域中的格言进行理论和现实问题论述的一本专著。故其书名也就称为《教育格言论析》。

保强有志于教育格言问题的理论研究已有相当长的时间了。对于这个问题，他以前曾做过较多的思考和研究，也发表过不少基础性的文章。二〇〇三年至二〇〇六年，他在西北师范大学教育学院攻读博士学位期间，又确定以“教育格言及其现实问题研究”为博士论文的选题。经过进一步的艰苦探索与认真研究，他得出以下基本认识：（1）教育格言闪烁着人类教育智慧的光芒；（2）教育格言在历史考验中不断走向成熟；（3）教育格言折射出教育文化的本真色彩；（4）教育格言结构不一，体系相对系统完整；（5）教育格言功能多样，但又具有一定的局限性；（6）教育格言现实问题突出，吸引着人们去关注和思考；（7）教育格言的辉煌有赖于教育思想者的艰辛工作。其铺陈的具体内容极为充实与丰富，其逻辑严谨，论据有力，结论亦正确可靠。其博士论文，在评审过程中，被一致认为是一篇难得的优秀论文。而现今其在博士论文基础上又有新的发展，更臻完善，值得嘉许。

保强在入西北师范大学攻读博士学位之前，就已晋升教授职称，并有多部专著出版。他具有很坚实的理论基础和专业能力，在攻读学位期间，仍孜孜不倦，日夜用心，谦虚谨慎，好学深思。他是山东曲阜人，为人诚恳，品质优秀，在他身上很明显地体现着许多优雅的传统道德余韵，深受大家赞佩。值此2009年新年伊始，得悉他的这部基于博士论文的书稿即将出版问世，我作为他的导师，内心感到无比的高兴和欣慰，故愿将其推荐给各位读者，并要在此给予他深深的祝福。

Ⅻ 教育学研究要从“熟知”到“真知”*

本书作者河南大学教育科学学院王星霞副教授于二〇〇四年至二〇〇七年在西北师范大学攻读教育学博士学位期间，依据其平素的学习志趣、读书心得和有关资料的积累，在考虑以后的研究方向和博士论文撰写问题时，曾和我谈及她的兴趣与注意力主要趋向于学校的发展和变革这个方面，以后的论文也就打算写这个方面的问题。在这种征询我的意见的谈话中，我根据对她有关情况的了解，赞同她的这个意愿，并认为这样的研究也是水到渠成、势所必至的事。在以后一年多的时间里，她就集中时间与精力于此道，孜孜矻矻、兢兢业业、执着追求、辛勤耕耘，终于及时、很好地完成了一篇二十多万字的以《学校发展变革研究》为题的博士论文。论文不仅顺利通过，而且获得好评。在她已毕业两年后的二〇〇九年七月间，星霞从河南打来电话告诉我，她的这篇论文经过进一步修改、充实和完善，将在科学出版社正式出版问世，并要我为此书作序。我作为她的博士生导师，听到这个消息，内心自然是很为她感到高兴和欣慰的，两年前星霞在这里刻苦读书而又紧张愉快生活的情景也不禁一幕幕在我的脑际油然出现。

王星霞之所以确定以学校教育的发展和变革问题作为自己

---

* 此文系作者为王星霞著《反思与前瞻——学校发展变革研究》（科学出版社2010年版）一书所写的序言。

研究的方向，是经过认真思考的，她的这个选择，在我看来，也是完全准确和恰当的。

星霞在其所撰写的论文一开始就这样说：“在人们的现实生活中，学校是一种常见的并与人们的关系颇为密切的教育场所与文化存在。”似乎，学校的发展与变革问题给人的印象是，研究这类人们眼皮子底下的问题根本算不上新奇，更非前沿的尖端性的课题。

但是，作者又接着指出：“学校是什么？学校怎样产生与存在，它的来龙去脉怎样？它的发展变化的机制与动因为何？在目前一浪接一浪的学校改革浪潮中出现了哪些问题，其原因如何？对于这些问题，由于人们很少对之作过专门系统的研究，未能对它作出理性的探讨与概括，所以多年来缺少系统、完整的理论认识，而多停留在感性的、经验性的认识阶段，而这个问题的研究与探讨正是教育学原理研究的题中应有之义，从事教育学原理的研究者有必要对此问题作出回应。”

以上这段话，便可视为作者王星霞之所以要研究这个问题的基本回答。这段话看似平常，其实深含哲理，它和哲学家黑格尔所说的下面一段话的意思是完全一致的。黑格尔说：“一般人在日常生活中，不知不觉间曾经运用并应用来帮助他生活的东西，恰好就是他所不真知的。”[①]“熟知但不是真知”的现象是经常发生的。黑格尔分析其原因时说：“就是在认识的时候先假定某种东西已经熟知了的，因而就这样地不去管它了。”“这样的知识，既不知道它是怎么来的，因而无论怎样说来说去，都不能离开原地一步……被不加考察地认为是熟悉和有效率的

①［德］黑格尔著，贺麟、王太庆译：《哲学史讲演录》第一卷，商务印书馆2017年版，第27页。

东西，既构成固定的出发点又构成固定的归宿点。”①要使对象从熟知变为真知，唯一的办法是认真地研究。

我以为上面黑格尔所讲的这段深含哲理的话，也便是本书作者王星霞之所以要研究这个问题所依据的思想、认识上的基础。对此，无疑我是很赞同的，并且以为本书的一个重要亮点也就在于此。

最后，我认为还有必要借用另一位著名哲学家怀特海的话来表示我和他所持的同样的一种见解。他说：“分析显而易见的事情需要非凡的思想和智慧。”我认为，分析和研究学校这种教育现象的存在、发展和改革这样一类问题也正是这样，也同样需要非凡的思想和智慧，而不是仅有皮毛之见和浅尝辄止者所能成事的。本书作者王星霞也正是在这里表现了她的思想和智慧。其实，整个来讲，教育学原理所要研究的正是存在人类社会的、最显而易见的教育这种社会现象的学问，它要从一般的角度给人们讲些最显而易见又不为人们所真正知晓的教育理论知识，要取得和研究这种理论知识需要站得高、看得远，需要具有提其神于太虚而俯之的高远视野和非凡的思想与智慧，认识这些知识也需要相当的思想和智慧。对教育的最一般、最原则的基本认识，即基于大源大本的真知灼见和宏观的洞见是也。

星霞不仅已涉足其中，且已在其间耕耘多年，其中甘苦难易已颇有体会认识，这是很可宝贵的收获和进一步发展的基础与条件。我深愿她今后能在此领域更加勇猛努力，好学深思，乐此不疲，与时俱进，取得更加丰硕的成果。

---

①［德］黑格尔著，贺麟、王太庆译：《精神现象学》上卷，商务印书馆2011年版，第23页。

XIII 从文化和人的视角研究教育与社会发展问题*

兰州交通大学马克思主义学院院长蔡中宏教授曾先后就读于兰州大学哲学系和西北师范大学教育学院。他在西北师大学的是教育学专业，攻读的是教育基本理论博士学位。读博期间，他撰写了一篇以《论教育与社会发展》为题的博士论文。岁月不居，时节如流，中宏从西北师大读博毕业，又已过去整整四年多的时间了。

二〇一二年十月间，中宏来看我时又和我谈到他当年写这篇论文的一些事。他说，四年来这篇论文一直挂在心上，未尝有所淡忘，不断思考着其中的有关内容，总想把它作进一步的修改和完善，也不断注意看书学习。在最近一段时间，结合学习和思考所得，又加写了一章“学习型社会：教育和社会发展的共同目标”，作为其中的第六章。经过这样一番思考、增删和补充，他决定改为《教育与社会发展研究——基于文化和人的视角》这个名称来付梓。他要我为他的这本新著写一篇序，我的内心为此感到十分欣慰和高兴，也为中宏几年来致力于不断学习，以求更加完善而付出种种努力的敬业精神所感动。

为了写这篇序，两个月来，我不断地翻读中宏送来的这部书稿，面对着这部我曾不止一次地看过、早已相当熟悉的文字，

* 此文系作者为蔡中宏著《教育与社会发展研究——基于文化和人的视角》（中国社会科学出版社2013年版）一书所写的序言。

我想起了中宏当年在西北师大就读的情景和他撰写这篇博士论文的过程。一个对知识对学问深怀敬意，对教育学的理论知识怀抱执着学习、一心求索态度，精神向上、意志坚强、奋发有为、努力上进、思路清晰、思想开阔、业务功底扎实而又为人正派、心地善良的勤奋好学者的形象，不时生动地出现在我的脑际。的确，在我的头脑中的蔡中宏就是这样的一个人。

就以这篇论文或说这部书稿来说，我以为中宏从一开始就是怀抱着极其热情的态度的，他谦虚谨慎、虚怀若谷、思考再三，是做到心中有数，做了充分准备以后才确定了这个研究题目的。在整个研究过程中，他搜集阅读了不少有关书籍、文章资料，经反复阅读、思考后才写出论文提纲。我作为他的导师，正是在这个基础上尊重了他的这个题目的选择的。他在撰写过程中，更是表现得兢兢业业、一丝不苟、十分认真，有关理论观点多次找我交谈交流，而由于他本身已充分具备撰写此文的实力，如应有的知识理论基础，理解、处理有关理论问题的学术水平和文字功底等，因此我相信他能写好这篇文章，尽管文章写得十分艰苦，但最终还是顺利且胜利地完成了的。所以说，他撰写的全部经过，我不仅十分清楚，也表示过赞许，而对其结果我也是肯定和满意的，认为这是一篇有相当质量和理论价值的良好作品。这些我以往说过的话、表过的态，我觉得今天仍有必要在这里明明白白地再说一遍，并用文字表述在他的这本新著之中。

教育是人类社会赖以存在和发展的基础。它是一个民族及其文化发展、进步的一种根本的动力。在历史的长河中，教育作为社会文明的重要手段，为推动人类文明进步发挥了巨大的作用。正是在这里，中宏准确地把握住文章的内涵和主旨，这是难能可贵的。

当然，不可否认，教育和社会发展之间的关系问题是一个大题目。做这样一个大题目的文章，是不容易的，也是不难找出其中某些不足之处的。因为其中确实也有不少问题在理论上不易讲清楚，比如其中教育事业与社会政治的有关内容就是如此。

最近，我在修订我的著作中也发现了同样的问题。同样是值得我在有关内容上作必要的调整和修改的。所以，我在这里指出书中的某些不足之处，实有愿与本书作者和读者共同思考有关问题和共勉之意。

另外，鉴于社会发展在本书中是个关键词，对社会发展的内容和含义的认识极具重要意义。我在这里还想把我的有关理解也说一说，借作补充与参考，并与作者和读者朋友交换意见、交流看法，以求教正。在我看来，所谓社会发展，其内容是十分广泛，较难取得一致的看法。但在二十一世纪的今天，人们已不难看清人类社会发展如下的一个普遍的趋势：从农业社会向工业社会的转变；从人治社会到法治社会的转变；从一元社会向多元社会的转变。这既是世界历史发展的普遍趋势，也是人类社会进步发展的潮流。中华民族要振兴就必须顺应这一潮流，谈论教育与社会发展之间的关系，也不能不首先看到这一点。因为这不仅是教育和社会发展之间的切入点，也是教育事业发展的根本方向所在。不知我说的这些，中宏以为然否？

中宏的这本新著就要出版面世了，我不仅为此感到高兴和欣慰，并要在这里对他表示衷心的祝贺。

XIV 文化理念视角下的教育学原理体系建构*

一、教育学原理研究的缘起

我这一辈子的学术研究，花费心力最多的就是在教育学原理领域中。我大学是在教育系学习的，那时候教育系开设的课程不是太多，有教育概论、中等教育、教育统计、中外教育史、心理学等课程。最主要的一门课是教育概论，相当于我们现在的教育学，其内容大致有十几个专题，如中国的扫盲问题、小学教育问题、中等教育问题、师范教育问题、教育经费问题等。对于刚刚进大学的学生来说，这些内容都是我们不太了解的，所以听起来也很感兴趣。但我听完这些内容之后，感觉不是很满足，总觉得这些课程内容只是各种各样材料的堆积，有些零散。例如，课程中师范教育和中等教育、教育经费之间的内在联系在哪？当时老师和课本讲得并不是很清楚。而且这些材料大都是经验性的、常识性的知识，老师讲得多一点可以，讲得少一点也可以；学生听得多一点可以，听得少一点也可以。

问题的症结在哪？这些内容缺乏逻辑、缺乏理论。为此我在大学读书的时候就想，我们学教育学的人和不学教育学的人究竟有什么不同，比他们高明在什么地方，我着实想不出来。学外语的，经过大学四年的专业学习，在外语的听说读写译等

---

* 此文系樊改霞对本书作者胡德海教授的访谈整理，原载《苏州大学学报》（教育科学版）2022年第4期，选入本书时有改动。

方面受到专业训练，一般都可称为懂外语的专业人士，到中学去教外语大都是能胜任的。但教育学专业的学生则对什么是教育之类问题的理解五花八门，大抵是一无所知的。我个人的看法，我们学教育学的人比不学教育学的人高明之处应在能从理论上说明相关的教育问题，对人类社会的教育有系统完整的认知，但当时偏偏没能做到。后来我反思，我们学教育学的人，最根本的应从理论上去把握教育，对全人类的教育现象予以理论说明。

大致在大学三四年级的时候，学校来了很多苏联教育专家，他们来给我们讲课。以前中国老师开设的课程名称是教育概论，苏联教育专家用的教材就是凯洛夫的《教育学》，所以开设的课程名称也叫教育学，教育学这个名称因此就在国内流行开来。凯洛夫的《教育学》有四个部分，第一部分是教育概论，第二部分是教学论，第三部分是教育论，第四部分是学校管理与领导。这四部分也是当时苏联教育专家给我们授课的主要内容。将这四部分内容统称为教育学，想想看这个名称和内容符不符合？我认为是名不副实的，学前教育放哪里去？特殊教育放哪里去？还有家庭教育呢？

教育学是什么？在我看来，教育学是人类一切教育现象之学，就好像语言学一样，一切语言现象都在语言学里讨论，对不对？显然，凯洛夫的教育学的四大块不等于人类全部的教育现象。所以凯洛夫的教育学只是个名称，是名不副实的，在逻辑上概念的内涵和外延不一致。当时苏联专家讲，教育学专门研究学校教育。若只是学校教育，为什么书名不写学校教育四个字，所以当时我又很困惑，教育学究竟是什么？当时从中国老师给我们授课的内容当中没得到理论上的启发，从苏联专家给我们讲课内容中，又感觉到教育学的名称和内容之间是有矛盾的。这就促使我进一步思考这个问题。

二、教育学原理的两个基本理论问题

由于各个国家的文化教育传统不同，形成了不同的研究教育学问题的方法，也形成了风格迥异的“教育学”形态。我所理解的教育学应该是一般的、普遍的教育学，是对各种各样“教育学”形态的概括和抽象。从时间上讲，它包括人类自古及今乃至未来一切纵向存在的教育现象；从空间上讲，它包括地球上一切国家、一切民族、所有地域内所存在的教育现象、教育问题；而从教育对象来讲，它存在于社会所有个体从生到死的全过程之中。家庭教育包括在内，学前教育、小学教育、中学教育、大学教育、研究生教育、老年教育、社会教育都应包括在内。

二十世纪九十年代，我发表了一篇文章《教育概念和教育学体系问题》，主要讨论教育学概念和教育学体系问题。我认为做学问首先应该把概念搞清楚，概念搞不清楚，教育学体系也建不起来。在这个认识下，我指出我国教育理论界受苏联教育学的影响，认为教育学是一个科目、一本书，是和教育科学并不相同的概念，在这种理论中教育学只是教育科学体系中的一个分支学科、一个子系统。教育科学较之教育学来说，具有更高的层次、更广泛的外延，是教育学的上位概念，它是一个由众多分支学科所组成的学科群，属于综合科学。因此，教育科学与教育学两者的研究范围、研究对象有大小宽窄的不同。我认为，这种观点是错误的。教育学和教育科学此二者应是同义语，教育学和教育科学此二者讲的是同一回事而不是两回事，这两个概念完全是同一的，我们不能把此二者分割开来去认识。教育学是教育科学的简称，而教育科学乃是教育学的全称而已。“教育学”这三个字中的“学”指的便是科学、学问或学科之意。正如心理学就是心理现象的科学，物理学就是研究各种物理现象的科学，它们是一个道理。因此我下定决心把教育学概念搞清楚，教育学是教育科学，它是由众多的教育学科组成的一个学科群，就好像生物学一样，由植物学、动物学、微生物学等组合起来成为一门生物学，又如物理学由声学、光学、电学等组成。所以，我认为教育学要彻底解释它的对象，就必须坚持教育学即教育科学，它是诸种教育学科的总称这一理论观点。以此为理论前提，才能在研究对象问题上避免陷于内涵与外延不一致的逻辑矛盾和严重的理论混乱状态。文章发表以后，很多同人纷纷来信表示同意我的观点，这给我很大鼓励和启发。我认为我的观点正是许多人心里所想却又无法言说的，而我说出来了。可见，教育学概念和体系问题，困扰着许多学者并引起了他们的反思。所以从那时起我就想写一本书，把我所理解的讲出来、讲清楚。我从二十世纪八十年代开始写，写了十四年，直到九十年代才出版。

教育学是一门学科，在当今时代教育学存在的显著标志便是成为一个独立的教育学体系。教育学体系是教育学研究的范围和学科，是教育学的各个分支学科构成的一个有机联系的整体。目前教育学体系形成了理论教育学、部门教育学、边缘教育学和应用教育学这一现代教育科学系统的基本结构。其中“理论教育学”属于宏观层次的研究，包括教育学原理、教育哲学等学科；中观层次的研究包括部门教育学诸如高等教育学、中等教育学、初等教育学等学科，边缘教育学诸如教育心理学、教育社会学、教育经济学等学科，以及教育活动与过程论如教学论、学习论、课程论、教师论等；微观层次的研究是“应用教育学”，包括教育管理学、教育统计学、教育评价学及各门学科教育学等。

教育学原理在教育学体系中居于其他学科不能替代的主干的、基础的地位，其任务是理顺教育学体系本身的一些概念和理论关系。没有教育学原理这个基础，教育学这个体系便建立不起来。越是重视实践就越要重视理论，实践越是具有探索的性质，越触及社会的深层和人们文化心理结构的深层，就越要强调理论对实践的指导作用。教育学原理最核心的作用就是要回答两个基本问题：什么是教育学？什么是教育？我的《教育学原理》归根结底也是讲这两个问题。依据教育学原理的这两个核心问题，教育学原理的研究对象，一是教育学自身的问题，明确“教育学”的性质、任务、对象、体系、基础等问题，只能由教育学原理这门学科来承担；二是教育的基本问题，教育学原理从总体上阐明教育的基本理论、基本规律和基本方法，从总体上、根本上回答教育是什么、为什么要教育以及如何教育的问题。把这两个问题讲清楚了之后，作为老师的我们站在教育学课堂的讲台上就不会脸红，不会愧疚。

在我看来，讨论什么是教育，其实质是讨论教育的本质问题。二十世纪八十年代以来，我国有过关于教育本质的争论，大致分为两个时期：前半期主要围绕教育和其他社会现象的关系展开；在后期，我们对于教育本质的讨论则转到了教育的内在矛盾。一九八一年的时候，我在《关于教育的本质属性问题》一文中，反对那种把教育的社会属性只当作阶级斗争这一历史现象的反映的观点。思考“什么是教育”这个带有根本性、终极性的问题，就必须要把人类社会自古迄今一切教育现象尽收眼底，仅仅站在社会的视角，容易忽视教育对个体的生长和人生发展的意义，从而不能把握教育的整个质的规定性。此后，基于对教育存在形态的功能和作用的认识，我认为传承社会文化是教育最根本的使命，也是教育最基本的功能和作用。

文化概念最初由英国发端，后在美国流行，然后传到苏联。但是因为苏联当时社会的主要矛盾是阶级矛盾，所以苏联学者对文化概念是抗拒的。我们国家学术界直到二十世纪八十年代才重新理解文化概念。借助于文化学的理论，我找到了自己教育理论的根基。我认为，文化是人类社会的本质属性之所在，教育归根结底是人类一种特有的文化传递的形式、手段和工具。教育不但绵延了人类的文化，而且文化通过教育的活动得以创新。教育不仅借由文化的运用使人能成为人，而且社会的存在与发展也经由教育的实施而使社会的生命维持下去。也正是教育，将前代人对客观世界认识的成果，以语言文字的形式记载下来，加入人类认识的系列之中，以各种形式传递给后代人，使后代人能够把前代人的认识终点作为自己的起点，对客观世界的认识不断发展、深化，从而实现人类认识的世代连续。因此，教育的本质是通过传承文化使个体社会化的活动，并促进社会的发展和个体的全面发展。

三、文化理念视角下的教育学原理体系建构

当我界定了教育学的概念和教育的概念后，需要进一步回答教育从什么地方起源。这个问题我在《教育起源问题刍议》和《论教育起源于人类社会生活的需要》两篇文章中讨论过。在我国教育理论界有较多的关于教育起源的研究，譬如，教育

的生物起源论、心理起源论、劳动起源论。我认为教育起源于人类社会生活的需要，产生于个体对文化生活的需要。我这样思考的依据有三个。从哲学上的需要理论来说，首先，我们的生产活动都源于需要，人对衣食住行有需要，才有了生产满足这些需要的资料的生产活动。也可以说，人的历史就是需要产生、发展的历史。人的一切活动的出发点和归宿都是为了满足某种需要，人的需要是社会的需要，这也能体现人的本质所在。其次，从文化学的角度来看，社会现象说到底是文化现象，社会也是各种文化的集合体，文化是人类社会的本质属性所在，文化的传播与传递促进社会的发展，教育则担任了传递人类文化的重任。最后，教育起源的另一个原因是社会个体的社会化需要教育。人是一种社会动物，只有在社会中才能生存，人作为社会化的动物有两种需要，一种为满足基本生存和繁衍后代的低水平需要，一种为提升精神世界的高水平需要。教育作为一种培养人的社会活动，可以使人不断成长、完善，进而达到精神富足。

如果我们从历史的维度去看，原始时代有教育，但是原始时代没有老师、没有学校，这时候的教育处于不知而行的自在状态，它存在着但是人们没有注意到，人没有能动地去认识教育的存在，这时候的教育是自在教育，美国学者孟禄将这种教育称为适应性教育。学校教育的出现标志着自为教育的产生，学校教育体现了人类对教育活动的能动行为和自觉的态度。

社会的进化是由“不知而行”，进而“行而后知”，再进而“知而后行”的形态演进的，我们现在已经进入了“知而后行”的阶段，社会的不断进步，生产力水平的提高，学校教育和社会教育将同步发展，学校教育从其产生到以后的发展过程，同样遵循从简单到复杂、从低级到高级、从自发到自觉的发展规律。一种有目标、有计划的全民教育将会展现在我们面前，从宏观上讲，教育将成为全社会的事业，我们对于教育的自觉性将会更高，这个阶段的教育，不局限于对儿童和青年的一般学校教育，它会发展为一种终身教育，形成家庭、学校、社会的整个教育体系。总体而言，自在教育是人类历史上出现最早、层次最低、形式最简单的教育形态，也广泛存在于人类社会的各个历史阶段。自为教育则以学校教育的出现为标志，是人类教育进入自觉阶段的产物。人类教育总的发展趋势是由自在教育向自为教育发展，是从“自在之物”向“为我之物”的发展，这是历史的必然。

从横向的角度来看，教育形态就是教育现象，是可以被人们感知的教育的外在形态。对于教育现象的讨论不得不提到教育本质，一切事物都是现象和本质的对立统一，我国学者们对教育本质问题的讨论非常丰富，但是鲜有谈及教育现象。讨论什么是教育的问题，这要求我们既看到教育的本质，也要看到教育的现象，并且要通过对教育现象的认识得出教育本质的结论来。通过现象认识事物的本质，这是唯物辩证法的一般要求。人类教育作为一种文化现象，由教育活动、教育事业、教育思想三种形态构成。教育活动是最基本的教育形态，人类社会最初出现的教育现象可以称为教育活动。教育活动可以是自觉、自发的，可以是自在、自为的，也可以是有计划或无计划的。而教育事业是一种人类自觉自为，一种更高级的教育形态，与教育活动是紧密相连的，它是有序化、规范化、目的化的教育活动。两者的区别在于，教育活动属于微观领域，教育事业属于宏观领域；教育活动是人类教育实践活动的中心和基础，教育事业的功能是管理教育活动、调控教育活动。教育思想则是教育活动和教育事业的理论形态，它是人们有关教育的认识和见解，是一种有关教育的意识形态，它本质上是人类社会已存在和可以预见的教育现象、教育规律在人们主观上直接或间接的反映。教育理论由三个大问题支撑，即什么是教育——为什么要教育——如何教育，通过这三个问题可以将所有的教育见解、教育思想统筹起来。总体而言，教育活动是人类最基本的教育形态，教育事业是人类一种层次较高的教育形态，教育思想则是教育活动和教育事业的理论形态。

教育的本体功能就在于传递社会文化。进而在研究中，用结构学原理剖析了教育功能的层次性。教育的功能分三个层次。首先，教育的本体功能在于传递社会文化。在此基础上，教育对个体首先发生作用，在“文而化之”中促使其成为“文化人”，即“成人”和“成才”，此为教育第二层次的功能。成人的含义在于“文化成人”，人只有在后天获得文化才能有禀赋的发展，才能成为社会的人，成为社会中合格的一员。家庭教育、学校教育和社会教育都是成人教育。但是教育光成人是不够的，教育必须要使得人在成人的基础上成才，使人的文化素质不断得到发展与提高，以自身具有的内在素质为条件去创造、发展社会生活。人只有成才才能将自己的聪明才智发挥出来，为社会创造财富，为社会做贡献。假如光成人，个个都成人，都是好人，但是没有本事，那么这是不行的。人必须“学会生存”，而且必须“继续生存”。人不仅必须超越自身物种的局限，超越自然状态下存在的局限，而且必须不断超越以往人类“文而化之”的水平的局限，所以在成人的基础上必须要成才。最后，教育对社会的作用是教育第二层次功能派生的结果，表现为两个方面：一是极大地提高全民族的文化素养，二是为社会培养各级各类人才。对社会来讲，假如每个人都成人了，社会水平就提高了。社会的功能建立在个人的基础上，所以它是一个本体的能力。这个问题一定要搞清楚，过去的理论研究都是将社会功能和其他各种功能分开的，我总觉得是冲突的。我着力关注个人的功能，个人成人成才，全体人民生活文化水平得以提高，社会才能够进步发展。正如水涨船高，水是个人，船是社会。我们以前过于强调社会，把个人丢了，这是空谈，这样教育是错误的。不落实在个人基础上，社会是空的，所以个人和社会的关系问题过去也常常混淆了。《学记》当中有这么一句话："三王之祭川也，皆先河而后海，或源也，或委也，此之谓务本。"夏商周时期王室祭祀的时候，首先是祭小河，然后祭海，因为大海的水是小河流进去的结果。用这个道理来说明教育功能中个人与社会的关系就清楚了。

教育与自我教育，二者在理论上既有区别，在实践中又具有互补性和统一性。其基本区别就在于教育在文化传递、继承过程中的师授性和他控性，而自我教育则是人对人类文化继承吸收的自控性和自授性；前者从社会整体出发，而后者则从社会个体着眼；前者具有被动性，后者具有主动性；前者以外因为主，后者则以内因为主。同样，二者之间也存在着相互依存、相互消长、循环不已的辩证关系，这和中国古代"太极图"所蕴含的事物阳往阴来、辐辏轮转、终坤始复、循环无穷的辩证关系正相符合。这样我就解释了人类文化的传承现象及个体的文化提升过程，教育的发展由大、宽、强至小、细、弱，而随之自我教育的发展过程则是由小、细、弱逐渐走向大、宽、强。在人的成长过程中，教育和自我教育都是必不可少的，从纵向来看，个人在接受学校教育的过程中，都是按照一定阶段，先以接受他人教育为主，慢慢地自我教育的意识得以发展。从横向来看，在具体学习活动中，我们都是由不知到知，由知之甚少到知之甚多，一个“教育—自我教育—再接受教育—进一步自我教育……”的连环关系由此形成。在教育事业快速发展的今天，我们必须要重视自我教育。自我教育是提高自己的最重要的手段，了不起的人才一定程度上都是自我教育的结果。从小学到大学毕业，是一个学习自主性递增，他主性递减的过程，教育者的主导作用由强到弱，受教育者的主体作用由小到大。教育和自我教育就如同硬币的正反面，是紧密相连的。如果完全靠老师培养，这种人成为低级人才可以，只需要懂得技术上的操作；高级人才则必须进行自我教育，依靠自我完善。

就教育学的生命力来说，基本上取决于教育学理论的坚实程度和科学性，理论不深刻不彻底，教育学就难以建立起宏伟的科学体系。教育学原理作为构建教育学理论的学科，需要从其基本概念到基本理论上给教育学以恰切的学科定位和透彻的理论阐释。教育学原理所阐明的理论观点对教育学的其他分支学科来说，是共同适用的，它对其他分支学科具有普遍指导意义。因此，稳定教育学的大厦，彰显教育学的学术尊严，首先要争取在教育学原理领域求得一个合格的分数。

四、对于青年学子学习教育学原理的建议

读书治学当以“先立乎其大者”最为重要。研究教育学原理，我个人的体验是应该站得高、看得远，走向大系统、大思路、大视野，在精神上当有一股“判天地之美、析万物之理”的豪气与激情。我们要切实弄清人类的一切教育现象，就一定

要把它放在更广阔的背景下进行剖析，对教育的认识，就是对人、人类社会、宇宙世界的认识。同时，“先立乎其大者”也要求治学要把握根本意旨，从根本入手。

对初涉教育学领域的人而言，我认为要做到以下几点。

第一，要有对教育的最基本的理论认识，只有从根本上把握住教育学的基本概念和基本原理，读书、治学方能收到纲举目张、提纲挈领之效。[①]所以，研究教育学原理的学者要具有一种通透灵动的心灵气象，一种兼容并包、兼收并蓄的胸襟和气魄，要具有超越学科局限的宏观视野，一种从整体出发把握关键问题的领悟力。我想，当我们的学养、眼界、胸襟和气度熔铸为一体，才能有真正的学术，也才能谈得上有真正思想的学术和有学术的思想。

第二，教育是育人的社会活动，有价值的教育研究一定要做到“关注人”。教育要“以人为本”，就是“把教育与人的幸福联系起来，与人的自由联系起来，与人的尊严联系起来，与人的终极价值联系起来，使教育真正成为人的教育，而不是机器的教育；使教育不只是人获得生存技能的一种手段，而且还能成为提升人的需要层次、丰富人的精神世界的一种途径。以现代人的精神培养现代人，以全面发展的视野培养全面发展的人，乃是以人为本的应有之义”[②]。尤其是我们的教育学原理，更应该把研究的重心放到人身上，更加注意研究人，研究人性，研究人心，研究文化，发展人学和文化学；只有把人、人性、

---

① 张永祥:《胡德海先生治学思想探析》,《当代教育与文化》2011年第3期。

② 康宁、杨东平、周大平、周作宇:《教育理念的反思与建设》,《教育研究》2003年第6期。

人心和文化研究透了，我们才能懂得“什么是教育”和“什么是教育学”之类的问题，才算得上稍稍入了一点教育学此类学问之门。并且，我以为，用人、人性、人心和人心产生出来的文化来解释社会和历史，人类才会真正懂得自己所处的社会以及自己开创的历史。但是在人类教育漫长发展的过程中，绝大部分的时间，教育活动却从来都是目中无人。

第三，希望年轻的学者在研究道路上有坚持，做到先沉思而后言说。我写《教育学原理》这本书时反反复复写了十几年，有许多问题，我常常说服不了我自己，我便间隔一年两年再写，写完之后感觉到还是不行，问题还没有解决，又继续思考，多一段时间的学习和思考，思想和功力也会有所长进，进而更趋充实与成熟。真正能说出自己的话，就意味着要有自己的思路、立场、视角、观点，就需要将独立思考本身作为一种信念来坚守。“言说”的前提是“思”，独立思考是一种理性表现，要求一切信念都要经过怀疑、分析、论证等环节，符合理性思考的要求。只有坚持独立思考，才能保证信念的科学性。凡经不起独立思考和害怕独立思考的信念，都是必须抛弃和需要修正的。独立思考与盲目信仰针锋相对，坚持了独立思考，盲目信仰不攻自破。通过独立思考形成的科学信念，在思想上得以扎根，一般不易动摇，具有坚定性，能经得起大风大浪的考验。我自己安慰我自己，成就一件作品，需要愚笨和坚守，学者治学的最高境界，就在于对学术的无穷乐趣，在学理上有所追求和不可压抑的激情，不抱任何功利的目的，却愿意为它付出毕生的精力。

第四，我想说希望未来的研究中，对于教育学原理的讨论更全面一些。目前我们教育学原理的研究思路还是太窄，一定要思路打开，要敢想，要把道理说清楚。从历史上看，几乎所有重要人物提出的教育思想，都是从哲学、政治学、伦理学、心理学等学科吸取养料，加以融合和统一，从而构成其理论基础。教育学原理的研究需要哲学和其他各类社会科学的支持，及至一切其他学科的支持。如果要总结我个人的治学经验，我的功夫并不在教育学自身，而主要是在“诗外”，即陆游说的“汝果欲学诗，工夫在诗外”。教育活动是以人为对象，人的复杂性和文化的复杂性，决定了教育活动的复杂性。当我们探索复杂性，把复杂的道理讲清楚了，教育学原理这个学科才能真正与时俱进，成为人们所期盼所欢迎的学术门类。

XV 教育中的知识问题首先是一个知识观问题*

人类教育乃人类文化传递、继承的一种手段。教育事业在现当代，所传承的又主要是作为文化重要内涵和组成部分的知识文化。因此，知识问题、知识文化问题成为现当代教育最需把握的基本问题。而所谓知识问题和知识文化问题，从根本上讲，或者说其首先是一个知识观问题。这个问题直接影响着学校教育的目的、内容、课程设置、教学方式及效果评估等诸多方面。从深层次上讲，它还影响着人在教育中的存在方式。正是从这里，可以看到研究这个问题的必要性。

作者抓住基础教育课程改革中的知识观问题，首先分析了现阶段我国基础教育存在的困境，表现为：课程知识日益与学生的日常生活相隔离；课程知识过于单一化而与学生精神需求多样化之间存在矛盾；课程内容呈现较为注重知识“结果”，而相对漠视知识创生的过程及其条件等。作者进而指出，上述诸多基础教育的知识问题都与其所秉持的课程知识观密切相关。从知识观来看，客观主义知识观是造成我国基础教育上述诸多困境的认识论根源，同时，其自身也面临着诸多理论困境。由此，要解决基础教育所面临的诸多知识问题，就十分有必要反思、转变乃至重构我们的知识观。作者辩证分析了建构主义知

---

* 此文系作者为张永祥著《基础教育课程改革知识观研究》（中国社会科学出版社2018年版）一书所写的序言。

识观和后现代主义知识观对我国基础教育改革的理论和实践价值。最后作者提出知识观的时代蕴含来回答“我国基础教育课程改革需要什么样的知识观”这一基本问题。作者综合运用哲学、文化学、人类学、心理学、教育学等多学科知识和视角，将知识与人的关系置于知识观的中心，从仅仅关注知识本身转向更加关注教育中知识与人的生存与发展之间的关系，从人的文化本性、人的生存与发展对文化知识的需要视角，阐明了人与知识的关系、知识之于人的价值、人习得知识的路径与方式等问题。整体来看，作者理论视野开阔，思虑周全，材料翔实，观点合理，是一部有一定理论水平和实践价值的专著。

从事教育理论研究，思考教育中存在的有关重大问题有其必要性，而正面的言说则尤为重要。现在，永祥在他博士学位论文的基础上，经过反复推敲修改，把他对有关教育问题的思考作了一次有系统的言说和发表。这对于作者来说，自然是一件好事。德国著名社会学家马克斯·韦伯曾说过，在学术工作上，每一次“完成”，其实就是“新问题”的提出。学术研究无止境。期盼永祥以此为起点，在相关研究领域取得更大的成就。

是为序。

XVI 乡土教材编写的意义和主要特点*

由庆阳市教育局组织推动，由于俊德、刘强、李炳祥三位先生编著的《我的家乡是庆阳》就要出版面世了，它作为庆阳市一套自编的乡土教材，就要和广大读者特别是庆阳市中小学生见面了。

《我的家乡是庆阳》是丛书名，也是此自编乡土教材的总题目，其下有《悠久历史》《乡土风韵》《红色热土》三个分册。从这三个分册的书名，人们就可以看到编著者的思路和用心，是旨在通过对这三本书的学习了解，使生于斯、长于斯的庆阳年轻一代学子对自己这个从小就非常熟悉的所在和家人祖先乃至族群共同托命寄身的家园，在思想上能获得一个具有纵向和横向完整特点的清晰认识。

我以为，这套乡土教材内容作这样的设计和安排，是符合庆阳历史社会实际的，也是与编写乡土教材的本意相一致的。并且我以为，出版这样一套书，不论对庆阳市教育界，还是文化界，乃至庆阳市全社会来说，都称得上是件喜事和好事，值得一切关心、热爱庆阳地区乡土文化建设事业的文化工作者、教育工作者和社会各界人士予以积极关注，并应为之感到高兴。

我之所以这样说，用一句话来讲，就是庆阳需要这样一套

---

* 此文系作者为卢化栋主编《我的家乡是庆阳》（共三册，甘肃教育出版社2012年版）一书所写的序言。

书，在庆阳市学校读书的学生需要读读这套书，需要了解一下这套书里说的这些人和事，也包括其中提供的知识。之所以说庆阳需要这样一套书，是因为有了这套叫《我的家乡是庆阳》乡土教材的编写和出版，从此一个作为原生态存在的、自在的庆阳就被赋予了文字化、知识化、理性化的形式而具有了文化的生命，从而就有条件以一套书的形式出现在世人面前，走进人们的精神世界，也就有可能使人们打开理性和情感的大门，更全面、更深刻、更具有历史感地去感悟庆阳、接近庆阳和把握庆阳，而不再对庆阳只是一种外在的、感性的自然存在体。如此，这对于一个作为认识对象的庆阳来说，自然是层次上的一次提升，而对于作为认识主体的读者来说，他们在对庆阳这个客体的认识过程中，在认识手段上无疑又获得了质的升华，在认识结果上也获得了前所未有的飞跃和深化，以致可以从表面上的熟悉进入更深的认识领域，使自己对庆阳这个非常熟悉的家园从自在进入自为的认识阶段。德国哲学家黑格尔曾说，“一般人平时所自以为很熟悉的东西”，其实“恰好就是他所不真知的”。“熟知但不是真知”的现象，是经常发生的，也如庄子所言：“鱼不知水。”黑格尔分析其原因时说：“就是在认识的时候先假定某种东西是已经熟知了的，因而就这样地不去管它了。”那么，怎样才能使对象从熟知变为真知呢？黑格尔认为唯一的办法是对对象进行认真的研究和学习。

我所引黑格尔所说的话，对庆阳人尤其是广大年轻学生来说，其情况恐怕也正是这样，他们对自己的家乡庆阳恐怕也会存在着一个“熟知但不是真知”的问题。所以我说，他们需要读读《我的家乡是庆阳》这样的书，我说这话所持的主要理论根据也即在此，这也就是我们的学校教育中之所以需要为学生自编一套地方乡土教材题中应有之义。而我也就是从此普遍意义上来肯定这套教材编写的意义和价值的。这是我要在此指出的第一点。

另外，由于想到人都不是生活在真空里面，总是生活在一定时间和空间条件下的，地方或曰乡土教材的主要特点除以人为本这条之外，应是其时间和空间二者的统一，而时间又具有过去、现在和未来三种时态。因而，在我阅读书稿的同时，我曾想到编写乡土教材应怎样处理昨天与今天、传统与现实，即古与今的时间关系问题。因为这个问题客观存在，而且已经摆在面前，而我经过思考，总地以为，编写地方或乡土教材，其内容固然要谈到今天，但主要以谈昨天为主，既要谈到现实的状况乃至巨大的建设成就，但主要以谈传统的东西为主，其理由主要有二。首先，对于今天的学生来说，最需要的就是人文精神，就是文化传统，就是对自己的家乡故土知根知底的了解与认识；其次，人们居住的乡土和家园又极富人文气息和历史传统，且最让他们感到亲切无比，并易于为他们所接受。总之，以讲传统和历史为主应是乡土教材在处理时间问题上的准确定位。讲到“传统”，所谓“传统”究竟是什么意思呢？我以为，“传统”虽然产生在过去，但必然是影响甚至决定着今天生活的东西，而不是和今天完全无关的东西。这种东西，既有可能是行为准则、思维方式，也有可能是价值取向等。所以，传统也不是脱离于人之外的“传统”，而是与人的血脉生命紧紧相连的，是促成、渗透和标志人存在的东西，所谓“传统即我们，我们即传统”就是此意。传统文化与现代精神文明建设的关系，一般认为传统文化为现代精神文明建设提供思想资料。其实，传统文化不仅为现代精神文明建设提供思想资料，而且是现代精神文明建设的出发点和现实基础，因为任何一代人都不是从零开始的，都是在既定的历史条件下开始生活的。正如黑格尔所说："我们之所以是我们，乃是由于我们有历史。"黑格尔这里所讲的历史，指的就是民族的记忆，也就是传统的意思，所以我们在这里不妨把它看得重一点，把它明白提出来。在这里，我还要谈及有关历史的一点粗浅见解。什么叫历史？广义而言，人类的过去时历的集合便是历史，这个历史是历史的自在的原态，这是真正的初始意义上的历史。但这个历史已是绝对无法原样重现了，犹如生活无法完全原样复制出昨天一样，而且这个历史也无法保留一个副本。这种状态的东西无法副本化地制造，也没有空间可以保存这个副本。那么我们今天人所常说的和看到的历史是一种什么历史呢？其实只是一种遗留态的历史，即是一种以物化符号为之凝固下来的东西。历史自身并不留传下来，留传下来的只是凝聚着历史文化信息的符号，其具体存在形式可以是正史典籍、档案、回忆录、传说、文艺作品、墓葬、古建筑、化石、历史博物馆藏品以及现代的声像资料等。就庆阳来说，庆阳的历史，自然可以以各种凝聚着历史文化信息的符号予以表现和遗留、留传下来，而地方乡土教材无疑是其中一种十分重要的形式和载体，并且必然是为当地人所最喜闻乐见的一种历史文化。

具体到《我的家乡是庆阳》这套书来说，其中的《悠久历史》和《红色热土》两个分册的书名就已经明白告诉世人，这套乡土教材讲的也主要是庆阳的历史，或说是庆阳历史上的事情。就是其中所讲到的风土人情、风俗习惯乃至种种仍然散落、弥漫于庆阳各处异时的、物质的和非物质的文化创造、精神成果，说到底也还是历史的遗存，凝聚着的主要还是庆阳人祖先的聪明智慧和世代庆阳人极富人情、人性味道和以人为本、天人合一的和谐精神。《我的家乡是庆阳》这样来处理“古”“今”时间的关系问题，在我看来，无疑也是准确的、正确的。

至于上面已提到的人所生活的空间条件问题，实际上在乡土教材中指的是人们生活的地理环境或用另一种说法说是个地域性问题。地理和地域在这里具有共同或一致的含义，两者都共有一个“地”字，两者的中心词都在这个“地”字上。这个“地”字在这里的主要含义又是什么呢？据我的理解，在我们中国人看来，即为“水”“土”二字。我们中国人讲水土，实际指的是地，是地理环境和地域条件。也就是说，“地”主要是由“水”与“土”这两个成分组成的。由于每个人都生活在一个具有相对特殊的地理环境之中，这就意味着，每个人都必然为一定的水土所依托、所滋养，每个人都先天地和一定的地理环境或地域之间存在着鱼水般的关系问题。不仅那个地域的山山水水和风花雪月都会无微不至地给人的心灵以最直接最有力的沐浴和影响，人也必然会为此对之怀有最深厚最真挚的感情，所谓饮其水者思其源，也就是这个意思。所以，我们可以说，地域性对每个人来说，也是与生俱来的东西。中国文化的多元与“和而不同”的格局，是中国文化传统的特点，也是中国文化之所以能够生存发展和丰富多样的重要原因。而植根于地域性上的乡土文化便是培育中国文化多元的土壤和其生长发育的源头所在。正是在这个意义上，地域性或曰地理环境便成为乡土教材编写的根本依据和主要特点之一。

作为乡土（地方）教材的《我的家乡是庆阳》，它要向人们介绍、述说的对象是庆阳，其中所说的都是有关庆阳的事，都是先后在庆阳这个地方发生过的事和遗留下来的东西。总之，它要反映的客体是庆阳，而庆阳这个被反映的客体又实在太巨大太复杂，从纵向看，我们且不说其历经沧海桑田变化，年代极其古老的洪荒时代，就作为周之先人后稷之子不窋所属之地时算起，它作为周先祖农耕文化的发祥地和中华民族的发祥地之一，就已有四千多年之久了，有着十分悠长的历史；从横向看，它有两万七千多平方千米的土地面积，在悠长的历史发展过程中，不仅发生过种种神奇的自然演变，也经历过朝代更替、制度更迭的社会变迁。其中，种种可泣可歌的风云变幻、人间祸福真说得上层出不穷，令人神往，不胜述说；而凝聚着庆阳人勤劳智慧的种种文化创造成果，说得上璀璨无比，丰富多彩，动人心弦，同样为庆阳人永远感到骄傲。然而这样一来，一方面决定了《我的家乡是庆阳》这套乡土教材内容的丰富性，同时也决定了编写这套教材的艰巨性和艰难性。之所以这样说，是因为不论作为自然存在的庆阳还是社会历史中存在的庆阳，在它的背后还有太多至今不为人知的秘密，仍有许多值得人们继续探索和究诘的领域，把庆阳这部大书读懂读透，殊非易事，也非一朝一夕之功。我以为客观地讲，我这里说到的这两个方面在这套教材里都必然会有所反映。我相信读者在学习、阅读的过程中当会对此有所觉察。本套书编著者在他们对自己故土家园诚挚热爱基础上焕发出不懈努力和认真敬业的精神，在时间十分紧迫和人力并不充足的条件下，终已为读者提供了这个读本，已为庆阳市自编乡土教材的建设建造了一个很好的平台，这是首先应予肯定的，值得为之庆贺。

据我所知，此套书的策划和着手编写，始于二〇〇九年下半年。是年八月，庆阳市教育局聘请李瑾瑜教授和我为编写顾问，并嘱我作序，厚意殷殷，铭感在心，也令我不胜惶恐。而自此之后，我与此套书的编著者，特别是其中的于俊德先生就有了较多的接触和交谈机会，并得读于俊德先生先后送来的书稿，这对我来说，无疑是提供了一个很好的学习机会。在此过程中，我时时感到庆阳不仅是个得天独厚、天造地设的所在，而且其山川地貌、自然景观尤别具格局，另有特色，处处可见大自然留下的鬼斧神工和令人惊叹不已的神奇伟力。其凝重的历史感和弥漫四野的浑厚气氛常扑面而至，不禁使我内心为之肃然起敬，叹为观止，从中受到的启蒙和教益是很多的。我在此过程中对照着书稿内容的阅读，就乡土教材编写的意义和其所具有的主要特点问题作了些思考，把它写出来，作为一篇序文呈现在现在的读者面前，借作交流与求得教正。

XVII 为甘肃省教育学研究会论文集喝彩*

甘肃省教育学研究会是由甘肃省内从事教育学的教学和研究工作人员组成的一个群众性学术团体。它是全国教育学研究会（现中国教育学会教育学分会）在甘肃的分会，并曾经是甘肃省教育学会的团体会员。一九七九年八月二十六日至九月六日，来自全国各地的数百名教育学界的学者、代表齐集兰州，济济一堂，举行全国教育学研究会成立大会暨第一届学术年会，甘肃省教育学研究会即与此同时在兰州宣告成立。

在党的十一届三中全会正确路线指引下，我国已进入了一个新的历史时期，党对我国群众性学术事业空前重视，对广大教育工作者深切关怀与充分尊重。和国内其他领域的各种群众性的学术团体一样，甘肃省教育学研究会也是在这一背景下成立的。

自一九七九年成立至今的二十多年来，甘肃省教育学研究会理事会几经换届，但其常务理事会均能一贯坚持其为会员和为教育学术事业服务的初衷与本会章程所确定的宗旨，积极组织开展各项满足广大会员需求的教育学术活动。从一九八七年算起，本届理事会，就曾先后在本省的兰州、金昌、庆阳、天水、庄浪、甘谷等地主持召开学术年会达七次之多，并曾两次

* 此文系作者为《教育论丛》（内部资料，甘肃教育学研究会2000年编印）所写的前言。

组织出版过有关学术论文集。多年来，我会广大会员对省教育学研究会是十分关心和爱护的。他们都把研究会视为自己的组织并积极参与研究会组织的各项活动。正是由于以上原因，省教育学研究会仍在发挥其作用并继续焕发其自身充沛的活力。

然而，当我们回顾起以往的活动和工作时，我们必须永远记住和深切感谢曾经大力支持、慷慨资助过我们的金昌市、长庆油田管理局、兰州铁一中、天水林校、庄浪县、甘谷县等党政领导和朋友们。正是由于有了他们的支持和帮助，我们的各次年会才得以顺利召开，论文集也才有条件出版。所以可以这样说，以上市、县、单位的这种义举，也直接为我省教育学术事业做出了贡献。

甘肃省教育学研究会第十一次大会是一九九九年十月在甘肃省甘谷县召开的。甘谷县是我国人文渊薮之所在。正是基于对教育事业和人文学术精神的尊重与弘扬的崇高愿望，甘谷县委、县政府的同志们向省教育学研究会和全体与会同志伸出了慷慨支持之手。这样，深藏并流露在甘肃广袤的社会民间的这种尊师重教的崇高精神又一次使我们深受触动，感佩不已。

纵观本论文集，主要特点我以为：一为数量多；二为内容广泛，涉及许多学科、知识领域；三为许多文章谈的是个人长期从事教育教学工作的亲身感受和经验，读来颇觉具体、亲切；四为不少文章不仅具有实践指导意义，并且有思想、有见解，理论上也有相当深度；五为文字大都朴素、自然，具有可读性，有的文字则堪称精练、精当而内涵丰富、充实。只是由于本文集字数有限，不能悉数收集，只能忍痛割爱。

论文集汇编的文章是从许多篇文章中精选出来的。出版本文集，经过组织集稿、审阅筛选、筹措出版经费与联系安排出版事宜等一系列烦琐的过程，书稿交付后还有繁重的数次校对工作，而其中为此付出最大辛劳的应推本届理事会副理事长兼秘书长的西北师范大学焦瑶光副教授和学会副秘书长、常务理事、兰州医学院高桂云副教授。本书之成，应当也在此对二位先生为此付出的诸多努力，深致谢意。

XVIII 为一线教育工作者潜心钻研和大胆言说点赞*

二〇〇八年六月的一天下午，西北师范大学原校长白光弼教授打来电话并随后来舍下晤谈。他告诉我，他的家乡临夏州和政县和政中学有位语文老师叫李逢忠的，写了一部有关教育问题的书籍，请他审阅。他已看了一遍，现在想请我再看看，看看值不值得出版，并希望我读后能为这部书稿写一篇序，以作评价。

接受光弼教授的这个嘱托，我先后花了个把月时间把这部定名为《清晨的钟声》的书稿，从头至尾好好读了一遍，有的地方还做了反复翻阅。当我读到一半的时候，“此书稿写得不错”的印象和作者孜孜矻矻、不遗余力完成此巨作的苦心可感之念就在我的脑际自然地出现了。

这部书稿谈了些什么呢？该书共六章，而其基本内容，我认为可以用这样一句话来概括：这是一位对我国千千万万孩子的健康成长怀有真爱的有心者，对目前我国教育事业存在的情况和有关发展问题所表示的一种忧心，以及为今后其情况的改善所作的一番潜心的思考和坦率的言说。

中国目前教育事业存在着什么样的问题呢？书稿作者从其自身的经验出发，从自己亲历的教育实践中，首先深切感到，

---

* 此文系作者为李逢忠著《清晨的钟声》（人民教育出版社2009年版）一书所写的序言。

对千千万万个孩子来说，我们今天事实上并没有能够为之提供一个可以使其得到充分健康成长的教育环境和社会条件。正因此，书中也就有“如花的生命猝然凋谢”“常在中学飘，哪能不带刀”之类惊心动魄文字的出现与表述。总之，在书稿的作者看来，学生生活的家庭环境、家长的素质、学生生活的学校内外环境以及教师的素质，都存在着太多的问题，不容人们忽视，更不容人们乐观。而这正是作者李逢忠常怀忧心之所在。

“知我者，谓我心忧。
不知我者，谓我何求，
悠悠苍天，此何人哉！”

作者引用《诗经·王风·黍离》中的这几句诗句，所表示的忧虑心情，也正在此。

作者所表示的这种“心忧”，有没有道理呢？会不会是出于其个人神经上过分的敏感或某种“幼稚天真”而成为无稽之谈和无的放矢呢？不是。作者在这里是列举了大量足以使人们惊醒和深思并说明问题的实例作了尽可能的和必要的分析的。对于这些，我们不应视而不见、置之于不顾。

其次，我们不仅在事实上、在实际生活中有不足，就是在办学理念和有些教学理念上，在作者看来也是问题多多。他说：“忽然有一天，我发现，我们当今的社会不缺乏理论、学说、思想、主义，我们当今社会最大的问题是缺乏正确的常识。”“在当今的中国，许多动听的思想、理论与现实之间存在太大的差距。”我认为作者的这些看法也并非是无病呻吟，而是颇有感悟的结果。

作者写这部书曾自比于《皇帝的新装》中的那个敢说真话、实话的天真无邪的小孩，并申明不想作那些聪明的大臣和狡猾的骗子。这种特立独行、非之于不顾的品格，肯用独立理性的眼光判断是非、决定取舍、选择立场的用心，都给人留下了深刻的印象。而正是这些促使我对本书作出肯定性的评价。

七月，在学校放暑假期间，李逢忠曾先后两次从和政来兰州我家，与我当面交谈其书稿的事情，我听取了他有关情况的介绍，也告诉了我读后所想到的一些问题与建议。他回去后来电话告诉我，有些内容与结构已作了些调整与修改，他的态度既谦逊也很认真。但是，我想“尽美矣，又尽善也”（《论语·八佾》）的颂词是有的，但这样的创作不但没有，而且也根本不会有。我以为对这本著作也应作如是观。

最后，我还想表达这样一个意思，文化的最佳境界应该是：百川奔流，各领风骚，自由选择，自然更替；学者需要自我，学术需要有独立的学术精神。而如问及中国的教育，谁最有资格来评判、来言说这样一个问题，则我以为，生活在第一线的教师是天然的、最有资格者。那些对千千万万教育对象怀有真情与深爱者，对教育事业的命运具有深切的崇高责任心和使命感，且又有相当学养和理论思维品质的身在第一线的教育工作者，他们对教育事业所作的潜心思考与言说尤其值得珍视，我们应该对他们的思考与言说表示应有的深情与敬意。

XIX　论文首先要让人看得懂*

金萍博士在二〇一一年四月二十五日给我打来电话，告诉我她在其博士论文基础上作了一番增删修改而成的书稿——《多维视域下翻译转换能力发展与翻译教学对策研究》，就要在中国人民大学出版社出版问世了，她要我为她的这本处女作写一篇序，并随即送来她的这本书稿。我甚乐意为之，并要在这里向读者简单介绍一下我所认识的这位作者的其人其文，和对她提出的些许期望，以表示我对她出版此书所分享到的快乐和祝贺之忱。

金萍是一个什么样的人呢？她是西北师范大学外语学院的一名青年教师、副教授。她的大学阶段是在西北师大的校园里度过的。她先是在外语学院英语专业学习，后留校任教，成为一名教翻译课的英语教师。她旋又以在职教师的资格考取西北师大教育学院教育学博士研究生，攻读其中以英语教学论为研究方向的课程与教学论专业。在此期间，她既要作为一名教师给学生上课，又要作为一名博士生参加有关学习活动。这种读书与教学兼顾、求学与施教并行的读博生涯，负担很重，对于一个青年学者来说，需要克服的困难是不会少的，摆在她面前的也必然是一条充满艰辛的磨砺之路。但是，几年来的事实告诉我们，这些所谓面临的困难，对金萍来说，似乎都不算什么

* 此文系作者为金萍著《多维视域下翻译转换能力发展与翻译教学对策研究》（中国人民大学出版社2012年版）一书所写的序言。

问题，也仿佛都不在话下，都被她逐个消解、顺利地走过来了。金萍志存高远，资质聪明，乐观向上，又能认真读书，终以优秀的学业成绩和出色的毕业论文，赢得学界的赞赏和好评，取得学位，成为一位合格的教育学博士。从中，我们也不难看出她的自信、淡定和非凡的应对工作与生活的能力。

此前，金萍的论文，我并没有读过，我是在最近半个月里才读到的。尽管如此，我对金萍写的论文，首先在思想上就具有信心，抱着一种“一定能写好”和“质量一定不会差”的期待。若干年前，我曾在她一年级时为她们班上过一门叫“教育学原理”的教育课程。依据她当时上课的有关表现，让我对她作出头脑清楚、思维清晰等素质的认定。在我看来，一个人的文章能不能写好，多读书固然十分重要，但首要的一条是文章的作者要头脑清楚，思维清晰，也就是说他要有相当的“聪明度”。有了这一条，什么文章主旨，什么合理结构，什么逻辑联系，乃至什么学术性、科学性等方面的问题就都比较好解决。否则，就必然是痴人说梦，给人带来的只能是一头雾水的文章。现在，经过这半个月来我对她论文的审读，我认为，我事先的这个判断和估计还是准确的。在我看来，金萍在一年前完成的这篇论文堪称是一篇颇有质量的上乘之作，难能可贵，可喜可贺，值得为之感到高兴。

近十几年来，我接触和读到的博士论文可谓不少，我最集中或者说首先要指出的一个意见就是，任何论文首要的一条就是要让人看得懂，看得下去。古人云“言而无文，行之不远”，而文章写得让人看不懂，读不下去，或读而不知所云，是一步也迈不出去的。金萍的这篇论文，或者说当下的这部书稿就不存在这个问题。不仅如此，由于她的思路清晰，思维缜密，整篇文章也组织得非常合理，先后有序，结构严谨，文字表述也颇见功力，具有很强的说服力和可读性。

现在，展现在青年学者金萍面前的人生道路可以说不仅是明确的，也是十分美好的，那就是在目前教学和科研的道路上继续走下去，并在不断求索、努力学习中充实、完善自己，而这也便是一条通向读书、教书、著书，永远和书打交道的学者之路。一个人能够一辈子和书结缘，和书打交道，不仅是幸运的，也是幸福的。我在这里还要告诉金萍的是，在读书、教书和著书三事中，以读书为最重要，因为只有读好书，才能教好书、著好书，才算得上是一个真正的学者，算得上是一个读书人。而读书人或说读者是一个最美好的身份。历史上有许多伟大人物，在他们众所周知的声誉背后，往往有一个人所不知的身份，便是终身读者，即一辈子爱读书的人。我希望金萍会是这样的一个人，并相信她在今后的人生道路上会把握住这个前进的方向。我祝愿并相信金萍在今后的人生道路上会走得越来越好。

中编　人文之思

I 什么是哲学*

哲学，我是一九四九年进入大学读书时开始学习和接触到的。它一开始就是作为学校所要开设的一门课程和学生需要学习的一种学问走进我的学习生活和认识世界的。然而，也由于它一开始就以其特有的思辨性强烈地吸引着我，我学习它、思考它不仅不觉得枯燥无味，反而表现得兴趣盎然、情有所钟、心有所系、有所醉心。故此后六十多年里，我先后也读了一些哲学书籍和文章，思考过一些有关哲学理论方面的问题。其中就有如“什么是哲学”“我们为什么要学习研究哲学”和“怎样学习研究哲学”这样三个方面的问题。现在，我把这三个方面的问题又形诸文字，写成文章，目的是对自己平时所学和所思作些归纳和整理，以加深自己的认识和记忆，以使自己在对这些问题的认识上增加一些明白性和确定性，并也期望能以之与哲学学习的同好者交流沟通，求得大家的一些教益。

哲学家霍诺留斯说：“是什么？为什么？怎么办？这就是哲学的一切。”对于这位哲学家说的这句话，我是深表赞同的。因为在我看来，第一，它很符合人们的思路，符合人们的认识要求和认识规律。是什么，为什么，怎么办，人们不论对客观事物的认识，还是对一种学理的认识，不都是依照这样的思维规则、思维要求和思维顺序一步步来的吗？第二，学习研究哲学，这三个方面的问题，是必然要首先接触到，需要为之作一番思考，力求

* 此文原载《中小学课程教材研究》(内部刊物)2012年第4期。

弄清楚的三个根本性问题。我以为，一个人真的在思想上把这三个方面的问题弄得比较清楚了，并在精神上感到思考这些问题有种乐趣，就谈得上对哲学有了基本的认识。因为，这三个方面问题的内容如果在自己的头脑中留有深刻的印象，线索清晰，井然有序，并不混乱，这就意味着你对哲学的认识有了一个很好的框架和基础，以后如有什么新的认识就可在此认识的基础上，把它添加进去，完全有作适当增删和调整的空间余地。所以，关于哲学这部分，我就完全根据这三个方面去组织有关文字的材料，以求较系统完整地说明。而在梳理有关文字的过程中，也必然会表露我的一些思考和认识，这是要顺便说及的。

一、什么是哲学

日本有位学者曾经这样说过，给哲学家出难题，最好的办法就是问他“什么是哲学”。这句话的意思，我以为起码有两点：一是回答哲学是什么是很不容易的事，难以概括全面，揭示概念的本质；二是就算给哲学下了定义，也不一定能为他人所接受和肯定。这个问题的答案只能是仁者见仁，智者见智，各说各的。的确，就我所接触的有些哲学教科书和某些如《哲学通论》《哲学概论》的著作看来，情况也确实如此。总觉得对什么是哲学这一哲学最基本的问题，是一个一直只有相似说法，却没有一致答案的问题。

冯友兰说，哲学、宗教都是多义的名词。对于不同的人，哲学、宗教可能有完全不同的含义。人们谈到哲学或宗教时，心中所想的与之相关的观念，可能不大相同。张岱年说，哲学是一个译名，其西文原字出于希腊，本是爱智的意思。后来西洋哲学家所立的哲学界说甚多，几乎一家一说。其实那些都只是一家哲学之界说，而不是一般哲学之界说。

但是，在我看来，给哲学下定义尽管是个难题，而且对什么是哲学的回答历来言人人殊，但对什么是哲学问题的思考和作出自己的回答仍然是有必要的。譬如，胡适就说，哲学的定义从来没有一定的。他暂下一个定义："凡研究人生切要的问题，从根本上着想，要寻一个根本的解决，这种学问，叫作哲学。"例如行为的善恶，乃是人生一个切要的问题。

他还说，因为人生切要的问题不止一个，所以哲学的门类也有许多种。例如：1. 天地万物怎样来的（宇宙论）；2. 知识、思想的范围、作用及方法（名学及知识论）；3. 人生在世应该如何行为（人生哲学）；4. 怎样才可使人有知识，能思想，行善去恶呢（教育哲学）；5. 社会国家应该如何组织，如何管理（政治哲学）；6. 人生空间有何归宿（宗教哲学）。

后来，胡适对这一定义略有修正。一九二三年，在题为《哲学与人生》的讲演中，他说："哲学是研究人生切要的问题，从意义上着想，去找一个比较可普遍适用的意义。"①冯友兰接着上面的话，对哲学是什么的问题，也还是作出了自己的回答的。他说："至于我，我所说的哲学，就是对于人生的有系统的反思的思想。"②张岱年也说出自己的看法："总各家哲学观之，可以说哲学是研讨宇宙人生之究竟原理及认识此种原理的方法之学问。"③

---

① 胡适：《哲学与人生——在上海商科大学佛学研究会讲演》，《东方杂志》1923年第20卷第23期。

② 冯友兰著，涂又光译：《中国哲学简史》，北京大学出版社1996年版，第1—2页。

③ 张岱年著：《中国哲学大纲》，中国社会科学出版社1994年版，第1页。

张岱年还认为，中国古来并无与今所谓哲学意义完全相同的名称。先秦时所谓“学”，其意义可以说与希腊所谓哲学约略相当。《韩非子·显学》：“世之显学，儒墨也。”其所谓“学”，可以说大致相当于今日所谓哲学。先秦时讲思想的书都称为某子，汉代刘歆辑《七略》，将所有的子书归为诸子略，于是后来所谓“诸子之学”，成为与今所谓哲学意谓大致相当的名词。

到魏晋时，有玄学的名称，与经学、文学、史学并列。所谓“玄学”，意谓约略相当于今之哲学。

到宋代，又有“道学”“义理之学”“理学”等名称。张岱年认为，所谓道学、理学或义理之学，其内容与今所谓哲学甚相近。清人将学问分为义理、考据、辞章三类，所谓义理，即是哲学。

张岱年认为，如所谓哲学，专指西洋哲学，或认西洋哲学是哲学的唯一范型，与西洋哲学的态度方法稍有所不同者就是另一种学问而非哲学。中国思想在根本态度上实与西洋的不同，则中国的学问当然不得叫作哲学了。不过我们也可以将哲学看作一个类称，而非专指西洋哲学。可以说，有一类学问，其一特例是西洋哲学，这一类学问之总名是哲学。如此，凡与西洋哲学有相似点，而可归入此类者，都可以作哲学。以此意义看哲学，则中国旧日关于宇宙人生的那些思想理论，便非不可名为哲学。中国哲学与西洋哲学在根本态度上未必同，然而在问题、对象上及其在诸学术中的位置上，则与西洋哲学颇为相当。

根据以上所述，对于哲学是什么这个问题，下一步我从两个方面来考虑和安排，一是首先对某些必要的文本材料做点介绍，二是再叙述一下根据有关材料所作的梳理。

（一）文本材料的介绍

中国古代，并无“哲学”这个名词，它是十九世纪西学东渐的结果，而且是从日本引介过来的。大家知道，日本明治维新后走的是一条学习西方文化的欧化道路。十九世纪七十年代日本最早的西方哲学传播者西周首次用汉字“哲学”二字来表述源于古希腊、古罗马的西方哲学学说，而中国晚清的学者黄遵宪等人又将这一表述介绍到中国来，并为中国学术界所逐渐接受，开始用它来表述中外古今的哲学学说。“哲”，在中国传统文化的文本中是聪明、智慧之意。中国上古时期的历史文献《尚书》中《皋陶谟》记载大禹时说：“知人则哲，能官人，安民则惠，黎民怀之。”《孔氏传》解释说：“哲，智也。无所不知，故能官人，惠爱也。爱则民归之。”因此，把“哲学”二字放在一起其意就是智慧之学。

但是，在古希腊，哲学的原词是“φιλοσοφία”，拉丁化为“philosophia”，音为“斐拉所费亚”，此“philosophia”是由“爱”（philo）和“智慧”（sophia）两字所组成，联结起来意为“爱智慧”。按照德国现代著名哲学家海德格尔的考证和说法，古希腊早期思想家赫拉克利特大约最早用过“φιλόσοφος”这样一个形容词，这个形容词应译作“爱智慧的”“爱智的”，就像爱银子的、爱荣誉的一样。在古代希腊人看来，哲学和神话是一对孪生姐妹，均起源于好奇。宇宙现象林林总总、经纬万端、气象万千、变幻莫测，使人不得其解。于是人们产生了好奇之心，设定了问题所在，并且溯本追源，不断思索，穷究下去，从而产生了哲学，所以哲学就是对智慧的爱。在神话诗篇里，我们可以看到，古希腊早期自然哲学用来阐明宇宙生成的词汇早就出现了。不过，神话和哲学，在最初虽然探索着同类的问题，使用着同样的词汇，但两者的思维方式却完全不同。神话通过直观的方式，把这些自然物形象化、神化，于是，天变成了天公——乌兰诺斯（Ouranos），地变成了地母——该亚（Gaia）。哲学的、思辨的宇宙发生论，思维方式却与此完全相反。它一开始就把自己的理论放在经验和理论的基础之上，重新恢复了自然的本来面貌，开辟了理智主义的、现实主义的道路。他们是自然哲学家而不是神学家。从克塞诺芬尼开始，希腊的思想巨匠大都以反对人神同形、反对愚昧迷信为己任。直到公元四世纪，基督教取而代之，成为罗马官方信仰。

哲学家这个名词同样不是我国固有的，是从日本输入的philosophia的译名。我国固有的只有“哲人”“圣人”等几个词，大致相当于希腊的sophos（智者），与philosophia（爱智者）不同。所以，严格说来，中国至今还没有philosophia的观念，一般说“哲学家”时指的要么是看相算命的先生，要么是那些被认为绝对正确的天生圣人，如周文王、周武王、周公、孔子等。周文王、周武王、周公、孔子当然有他们杰出的智慧，是智慧的人，却也不能等同于爱智慧的人。哲学家虽然是philosophia的译名，实际上却被理解成sophos，而不是爱智者。在外国有苏格拉底、柏拉图、亚里士多德等鲜明的爱智者做典型，在他们的影响下有很多人是爱智的。在中国，有明智、谦逊的高明之士，却缺乏苏格拉底类型的爱智者，因此哲学家在相当多的人心里并不是爱智者，中国哲学要前进一步，实在有必要学习西方哲学发展中的这个传统，以为借鉴。

（二）必要的引申和梳理

1. 哲学应该有其对象

我以为要回答什么是哲学的问题，首先要问一个哲学应不应该有一个对象的问题。提出这个问题，我以为是很自然、很正常、很应该的。而且我的看法是：哲学应该是有其对象的。因此我对有些人说的哲学根本就没有固定的对象的观点，是难以同意的。因为如果说哲学根本没有固定的对象，也就难以说清它何以会在人类社会中出现，这样人们更难于认识、把握它了。而且，不论把哲学定义为“智慧之学”还是“爱智之学”，智慧从何而来，爱智因何而起，都要在理论上有个交代。

冯友兰说哲学就是对于人生的有系统的反思的思想。这个固然也对，因为不管智慧或爱智，都必然是人们又思又想的结果和行为。古希腊大哲学家柏拉图说，只有那些一心一意思考事物本质的人，才能称为哲学家。也可说哲学离不开思想的反思和反思的思想。但我以为，哲学首先是一种精神文化，一种学问，从古希腊、古罗马到当今各国都是如此。把这种学问安排到高等学府里去进行讲授、研究，哲学也就成了高等学校课程表上的一门学科，并且必然同时又会是人们进行专门学习、研讨的一个学术领域和一种学术专业，正如今天人们看到的教育学、心理学的情况一样。我经常听到说“哲学是理论化、系统化的世界观”“哲学是认识论”“哲学是语言分析”“哲学是人学”“哲学是意识形态”“哲学是自然知识、社会知识和思维知识的概括和总结”“哲学是一种理性思维并且是理性思维的最高形式”。我总觉得，不管怎么说，不管怎样给它下定义，我们首先总得肯定它是一门学问，至于这门学问的内涵特点是什么，那是下一步来讨论的问题。

说到这里，我已经对什么是哲学这个问题说出我的部分看法了，概括一下，那就是：在我看来，哲学是一门自古以来就在人类社会生活中客观存在的学问，这种学问尽管和其他学问相比颇有自己的特点，然而也不是无缘无故产生的，因此必然有其对象。哲学的对象是什么呢？我以为就是人类所赖以生存和生活的所在即自然、社会和人类自身。固然，许多科学门类也都以自然、社会和人类自身为研究对象，如物理学是研究自然界物理现象的学问，化学是研究自然界化学现象的学问，生命科学则以自然界中所存在的生命现象作为研究对象，政治学以社会生活中的政治现象作为研究对象，经济学又以社会生活中的经济现象作为研究对象，教育学又以社会生活中的教育现象作为研究对象，而心理学、语言学、生理学等又以人自身的心理现象、语言现象和人的生理状况为研究对象。哲学和以上所讲的这些实证的科学和具体的学问不一样，它是一门抽象的学问，也是一门高深的学问。它要解决的是人类同客观世界打交道的一些最根本的问题。哲学要解决的最根本的问题是什么？我以为，在古代，是人与人所生存的世界的关系问题。为了解决这个问题，要弄清楚世界的本质是什么，于是哲学便有了宇宙论或宇宙观的问题；要弄清楚人类自身的意义是什么，于是哲学有了人生观的问题；要弄清楚主体与客体关系的内容，于是哲学便有了认识论的问题；要弄清楚人类社会发展历程的奥秘，于是哲学有了历史观的问题。总之，哲学归根结底是要解决人对人自身、对自然界与社会的认识问题。认识问题之外还有作为认识主体的人对客观世界的适应与控制、改造问题。哲学说到底，总要以人和人生的需要为依归，总要以人对客观世界的认识和控制这个中心为出发点的。哲学是反映时代精神的，是时代精神的精华。

哲学是人借助于反思方式对自身本性的理论表述。人要追问自身的终极意义，满足自身的根本追求，表达自身的精神本性，就必须借助于哲学的理论反思方式。

2. 哲学是反思

哲学是一种思维，是一种追根究底的思维，不仅要问是什么，并且还要问为什么，这是一种反思性的思维。

哲学，作为人类的自我意识，是理性精神的直接表现。如果用康德的术语来比较，我们不妨说，西方哲学偏于“纯粹理性”，偏重于追求知识，中国哲学偏于“实践理性”，偏重于追求道德。前者多描述自然界的必然，后者多强调精神领域的自由。

中国哲学是内省的智慧，它最重视的不是确立对于外部世界的认识，而是致力于成就一种伟大的人格。所以，和西方哲学相对而言，它并不重视对于客观对象的分析、区分、解释、推理，并不重视对于对象实体及其过程的精确陈述，而是把最高的真理理解成一种德性的自觉。它始终不曾脱离人的社会关系，不曾脱离伦常情感的具体实践和具体感觉。

科学和哲学的区别，不仅在于科学是微观分析，哲学是宏观考察，科学着眼于个别，哲学着眼于整体关系。不过两者之间最主要的区别还在于，科学是满足实用需要的技术工具，它力图客观地反映客观世界，以便实践地改造世界。它的使命是尽可能地对世界作纯客观的描述。而哲学则是实践着的人的反思，是人的自我意识的系统化。它不仅要求了解客观世界（包括个别及其整体），而且要求了解人在这个客观世界中的位置，人和客观世界的关系，人的价值和意义，以及世界上的事物及其整体对于人的价值和意义。

所以哲学的中心是人，是人类学的本体论。它不仅认识物，并且用人的尺度来衡量一切事物，力图确定一切事物的价值。哲学不仅描述，而且是一种价值定向。所以一个哲学体系，不仅必然反映出一个时代、一定社会的人的相互关系，以及他们的信仰和理想，包括他们的憧憬、苦恼、忧虑和希望，并且后者常常是前者围绕着它旋转的核心。

哲学是反思，哲学的发展是反思的深化。反思是一种抽象的思维活动，一种不断的反复思考。在黑格尔看来，哲学上的反思和一般的思想是不同的。他说："哲学的认识方式只是一种反思——意指跟随在事实后面的反复思考。"这个"事实"并不是感性的具体事实，而是一种现存的知识。因此，反思以思想的本身为内容，力求思想自觉其为思想。①应把反思看作是对思想、精神、认识的一种思考、分析。在我看来，反思是人类精神生活达到很高阶段的产物，是人类精神自觉的开始。它对客观世界是如何去认识、去把握的呢？我以为靠的是思辨、思想和反思。这种思辨、思想和反思有两个主要的特点：一是从宏观出发，统观全局；二是追本求源，揭示本质。追求的是客观世界和人自身中的真、善、美的东西。所以，哲学家之所以为哲学家的唯一标志是思想，他的主要特点是沉思，而决不是任何其他的东西——地位、薪水、职位、头衔、权势、威望或者著作的多少。

罗素曾说：阅读哲学之后，我仿佛感觉到由山谷的小天地中解脱出来，看到了多彩多姿的新世界。这既可说明哲学思想所可焕发出对人的思想的震撼作用和超常力量，并且也正可说明哲学家罗素对哲学思想是多么的醉心和衷心热爱。

3. 思考普遍性问题是哲学的开始

黑格尔说："哲学以思想、普遍者为内容，而内容就是整个

①［德］黑格尔著，贺麟译：《小逻辑》，商务印书馆2009年版，第7、38页。

的存在。”“什么地方普遍者被认作无所不包的存在……则哲学便从那里开始。”①罗素也说：“当有人提出一个普遍性问题时，哲学就产生了，科学也是如此。”“提出普遍性问题就是哲学和科学的开始。”②哲学所讲的普遍性主要是指把世界（包括人在内）作为一个整体来考虑的这样一种范围最大、层次最高的普遍性问题的普遍性。科学所讲的普遍性、规律性是较小范围的普遍性，但只要是思考普遍性问题，就有着哲学的起点。古希腊的哲学，原本把科学包括在内，哲学与科学尚未分化，原因之一就是它们都是讲的普遍性。这就是人们总觉得哲学距离现实生活比较遥远抽象而不切实际的根本原因。但是另一方面这种关于整个世界的普遍性问题又经常渗透到人们的现实生活中，特别是一些好奇心较强的人们的现实生活中。这就表明，即使是最大最高的普遍性也是与具体的、个别的事物和现象相联系的，表明哲学是与人们的现实生活相联系的。在当今市场经济繁荣、科学技术日益发达的时代，人们一方面热衷于对功利的追求，热衷于对具体东西的占有，另一方面也常常要追问人生的意义究竟何在，追问一些最大的普遍性问题。有一位大富豪甚至感叹自己精神空虚，一无所有。另有一位企业家站在上海金茂大厦的顶层还念着唐代诗人陈子昂的诗句：“前不见古人，后不见来者，念天地之悠悠，独怆然而涕下。”这都说明生活在现实世界中的人，大都会做哲学的思考。

黑格尔也说过，我知道很多美妙的科学，但不知道有比哲

① [德] 黑格尔著，北京大学哲学系外国哲学史教研室译：《哲学史讲演录》（第一卷），生活·读书·新知三联书店1956年版，第93页。

② [英] 罗素著，崔权醴译：《西方的智慧》，文化艺术出版社1997年版，第6、14页。

学更美妙的科学了。到了现代，罗素也说，一切可靠的知识属于科学，一切超出可靠知识范围的信条属于神学，但在神学与科学之间有一块双方争夺的无主地段，这就是哲学。

4. 西方哲学思考源于惊异

两千多年前古希腊大哲学家亚里士多德在其著作《形而上学》一书的开头有一段千古不易之论："古今来人们开始哲理探索，都应起于对自然万物的惊异；他们先是惊异于种种迷惑的现象，逐渐积累一点一滴的解释，对一些较重大的问题，例如日月与星的运行及宇宙之创生，作成说明。一个有所迷惑与惊异的人，每自愧愚蠢（因此神话所编录的全是怪异，凡爱好神话的人也是爱好智慧的人）；他们探索哲理只是为想脱出愚蠢，显然，他们为求知而从事学术，并无任何实用的目的。这个可由事实为之证明：这类学术研究的开始，都在人生的必需品以及使人快乐安适的种种事物几乎全都获得了以后。这样，显然，我们不为任何其他利益而找寻智慧；只因人本自由，为自己的生存而生存，不为别人的生存而生存，所以我们认取哲学为唯一的自由学术而深加探索，这正是为学术自身而成立的唯一学术。"①

古希腊最伟大的百科全书式的哲学家亚里士多德还说过："由于惊异，人们才开始哲学思考。"柏拉图也说过，哲学始于惊异，惊异是从无知到知的"中间状态"。完全无知，不会起惊异之感；完全知道了，也无惊异之可言，只有在从无知到知的这一过渡状态中，才产生了惊异。

哲学究竟源于一种什么样的惊异呢？对芝麻绿豆大的一点

① ［古希腊］亚里士多德著，吴寿彭译：《形而上学》，商务印书馆2009年版，第5—6页。

小事、小问题容易惊异好奇的人比起对任何事、任何问题都麻木不仁的人来说，显然更具哲学头脑，更有哲学的起点。但哲学为哲学，或者严格意义上的哲学，乃是属于对世界整体性把握这样一种范围最大、程度最高的普遍性问题的惊异。或者倒过来说也一样，有了对这种普遍性问题的惊异好奇，就意味着哲学问题的提出和哲学的产生。

哲学源于实践，这样说当然是正确的，但它并不是与亚里士多德所说的哲学属于惊异的观点互相对立、互相矛盾的。人只有在现实生活中，在实践中（指人生的一切活动，也包括日常生活）才有可能产生惊异，但仅有现实生活和实践并不一定产生惊异。有的人尽管生活着、实践着，却麻木不仁，很少有惊异之心，这种人就缺乏哲学头脑。说人天生有好奇心，这是就广义而言。人的好奇心有强有弱，好奇心非常弱的人是难以步入哲学殿堂的，他们的现实生活也是很贫乏的。只有在现实生活中，在实践中对事物易起好奇心的人，才可能成为有哲学头脑的人。把哲学起源于实践同哲学起源于惊异对立起来，用前者来否定后者，这种观点并不正确。

古希腊人求知的动机为闲暇中对自然之惊异而追问究竟，这样便成为哲学中之宇宙论，由宇宙法则之发现而落实下来便成为科学。中国之学术思想起源于人生之忧虑。《易传》说“作《易》者其有忧患乎”，此非仅作《易》者是为此，忧患是追求学问的动机与推动力。至于学的内容，古希腊主要是对自然的知解，而中国主要为自己行为确立规范。

5. 中国哲学与西方哲学差异很大

西方哲学注重思索自然，早期的西方哲学家都是自然科学家；中国哲学则强调思考人与社会，古代的中国哲学家皆为政治家、教育家、军事家、历史学家、社会活动家、文学家等。西方哲学易犯的毛病是用自然比拟社会，把自然科学的原理方法勉强推广于社会；中国哲学易犯的毛病是用社会比拟自然，直至把社会规范推想于自然（这在易学传承中最为显著）。

西方传统哲学从“物理学”出发，始终崇尚形式逻辑，具有清晰、确定、明快、冷峻等特色。但难免带有机械论倾向，即使黑格尔那个高级的辩证法体系也不例外。中国传统哲学从“人学”出发，始终崇尚辩证逻辑，具有深沉、浑厚、整观、圆润、富有微妙性等特点。

在中国哲学里，“哲学是指人对宇宙（可能世界）、社会（生存世界）、人生（意义世界）之道的道的体系和名字体系”。中国哲学很独特，它的核心是人生观而不是宇宙观，它的侧重点是社会观而不是自然观，它的重点研究对象是“人”。

与西方的人本主义不同，中国的人本主义是作为传统文化存在的，而不是作为反传统思潮出现的。更重要的是，中国传统哲学所研究的“人”，从来不是孤立的、个体的、孤独的“人”，而是群体的人或人的群体，是社会的人和人类社会。简言之，中国的传统哲学是从相互联系入手把握和规定人的本质的，中国哲学所研究的是联系中的人或人的联系，其最高宗旨是寻求人际关系的稳定、有序、和谐，所以中国的哲学，可称是辩证的人本主义或有机和谐的人本主义。

中国哲学初看平易，有时几乎不像是“哲学”，但实际上，它却有着令人惊诧的深度与广度，有着世所罕见的丰富性与多样性，堪称既独特又博大，既平易又高深。有些学者用西方哲学观点清理中国传统哲学，甚至改铸中国哲学的本来体系，把中国哲学搞成了板块式结构：1. 本体论；2. 认识论；3. 方法论；

4. 社会史观。而关于社会人生的理论则经常省略掉。于是，中国传统哲学的本来思路恰恰被颠倒了，其原有的理论重心发生了根本性的转移，使中国哲学饱受削足适履之苦。

西方哲学史家历来不能正视中国古代哲学思想的价值。例如黑格尔就公然说，中国古代哲学不属哲学史。胡适则明确申明，中国哲学在世界哲学史上有自己特定的位置。他指出世界哲学可分东西两大支。东支可分中国、印度两系；西支可分希腊、犹太两系。后来犹太系加入希腊系形成欧洲中古哲学，印度系加入中国系形成中国中古哲学。再以后，西方的犹太系和东方的印度系，都逐渐衰微。西方哲学与中国哲学逐渐生成欧洲近世哲学与中国的近世哲学。世界哲学的将来，就由这两大哲学系统的发展变化而定。

我们不认为我们的理论是一种具有自我个性的独立哲学形态，我们总是用西方的眼光看自己，以西方哲学为模式去硬套我们的理论。经过这样改铸、剪裁的结果，我们的哲学不仅面目全非，而且完全失去了我们自己所特有的哲学思维的意义和价值。

其实，哲学从来就没有什么固定的模式，西方哲学自身从古代到现代就经历了多种不同理论形态的变革，以诗歌的形态、本体论的形态、认识论的形态、逻辑学的形态、语言学的形态等。可以说“哲学”曾经什么都“是”过。我们能说哪种形态是标准的模式？如果要用一个模式去套，其结果不仅会得出西方以外（确切地说是“欧洲”以外，更严格说来是“西欧”以外）没有哲学的结论，就连西方自身也会得出这样的结论。果然，西方现代的一些思想家就提出了所谓“上帝死亡了”“人也消失了”“哲学终结了”的看法。

西方哲学属于范畴化、逻辑化的概念思维；中国哲学属于义理性的悟觉思维。概念化的逻辑思维，讲求分析，注重思维的形式规定；义理性的悟觉思维，讲求融通，注重思维的义理内容。在西方哲学中，适应它们两极化的思维方式，像主观与客观、思维与存在、精神与物质、现象与本质这些对立的方面，在发展中渐渐被分裂了，变成两极化的存在，最后，“世界”也随之走向了分裂。这才形成西方近代唯物论与唯心论的对立派别和所谓“两条哲学路线”的斗争。中国哲学并不存在这种情况，这是因为东西方的思维方式本就不同。按照中国的思维方式，一个“道”贯穿其中，一切都处于融通的关系，“世界”从未走向分裂，也不可能分裂。我们硬套西方模式的结果，只能使我们的哲学失去它特有的意义。真正说来，西方在特定条件下形成的这一模式，套在中国不合适，套在西方的古代哲学和当代哲学同样也不完全合适。

还有一个所谓“哲学基本问题”的理解问题。哲学的“基本问题”究竟是什么？有观点认为是“思维与存在的关系问题”，这似乎是哲学的天经地义。其实这是一种误解。哲学的历史告诉我们，哲学研究的问题很多，哲学的对象不断变换，哲学的主题也在不断转移。我们只能说，哲学思考的问题总是与人、人的生存状态、人的本性追求、人的生活意义等相关联。至于它以什么为主题，并没有先驱性的规定，那是要由人的具体生存条件和历史发展状态决定的。这是属于哲学这种理论特有的性质，在这点上，哲学与其他所有学科都不同。

重要的是我们要把握中国哲学的总体精神和独特风格。

我认为，无论是西方哲学或中国哲学，作为哲学，它们都是立足于生命活动，都在追求生命本性的完善，只是侧重面不一样，表达方式有所不同，这样才形成了后来不同的哲学理论。西方哲学注重于生命的外向价值，讲求“知物”，认识物的存在本性，所以它们着重发挥了“理性”的认知功能，发展了知识论的对象意识，由此形成了“存在论”形态的哲学。中国哲学注重的是生命的内在价值，讲求的是“悟道”，体悟事物“生成变化”的机理，由此发挥了“心性”的悟觉作用，形成中国以“道”为核心的“生成论”理论。

6. 哲学的三大传统

正像整个人类文明的摇篮是北非的尼罗河流域、南亚的恒河流域、西亚的两河流域和东亚的黄河流域一样，哲学的最早发源地也是在古代的东方。古埃及、古巴比伦，特别是古印度和中国是闪烁着人类最早哲学智慧之光的国家。古代东方有过灿烂的经济发展的历史。古代东方国家的农业、水利灌溉业、建筑业的发展不但造就了一个繁荣的物质文明时期，而且也促进了科学的发展，特别是数学和天文学的发展，使人类在实践基础上对自然界的认识获得了前所未有的成果。与此同时，人类对于社会现象也获得了一定的知识。在自然知识和社会知识积累和系统化达到一定程度的时候，人类一般抽象思维能力开始发展成为哲学的思考。稍晚于东方但是很早也产生了哲学思维，且以其哲学思考持续久远，影响广泛而著称于世的古希腊哲学，其后从其发展并盛行于欧洲的西方哲学，与中国哲学、印度哲学并称为三大哲学传统。

7. 小结

概括以上所述，对于什么是哲学这个问题，我们大致可认为，哲学是一门智慧之学或称爱智之学，它以客观事物（包括自然、社会和人自身）为对象，其特点是在对客观世界作宏观的全局的统观和对其普遍性与内在本质的深入揭示。理性的思索（思辨、思考和反思）是其根本的手段和方式，这既是智慧的追求，所追求的也就是智慧，即真、善、美的东西。

哲学作为一门学问，在其现实性上是具体的，具有时代性和民族性，不存在统一的哲学。古今中外的哲学是有区别的。不同的哲学有不同的侧重点，古代希腊哲学主要讲宇宙来源和宇宙的构成。近代欧洲哲学则侧重讨论认识论问题。中国古代哲学无论儒家、道家都把重点放在人生论上。《周易》里哲学的中心是人生论，宇宙论、认识论、人生论、历史观等全是围绕人生的问题展开的。

从以上所述的有关看法，也可以这样来看待哲学家，那就是哲学家的贡献不在于他解决了什么问题，而在于他提出了什么问题。所谓哲学是“智慧”之学，即是问题之学：发现问题、提出问题、研究问题、解决问题。这是人的智慧最集中、最主要的体现。苏格拉底之所以成为西方哲学智慧之星，并不是因为他创造了什么了不起的哲学体系或哲学理论，而是由于他开辟了哲学的新天地，开创了哲学以问题为中心的对话时代。“认识你自己”“自知其无知”，从问题中引导人们去思考，启发人们开动脑筋，寻求答案。哲学反对任何人以现代救世主自居，而只是鼓励每一个人自救，自己寻求自己的信仰，从问题中开发人们的聪明才智，探索社会问题与人性的奥秘。故苏格拉底式问题的对话，一直为后人所传颂与赞赏。

对什么是哲学问题迄今尚无统一看法，但仍有必要对之作出自己的界说。

定义是一种解释和概括。所谓解释，就是对特定事物及其关系在思维中的再现。再现的结果便形成解释事物及其关系的概念。解释性概念的内涵，并不仅仅由特定事物的抽象观念构成，而是由许多反映特定事物及其关系的判断构成，它是一个思维的判断系列。正确的解释，应该是排除非本质性、偶然性因素，反映事物的特征及必然性关系，这也就是作出科学的概括。给一个概念下定义，就是对概念所代表的一类事物及其关系作出解释和概括。

可是，正因为这样，在思维中对事物及其关系的任何解释和概括，就都只能是一种不完整的、不全面的抽象。这就是对概念的定义总是不全面、完整的原因。什么是哲学？哲学不仅要从对象、客体的性质、关系去解释，还要从主体的认知、感受、情感、境界去解释。揭示这种关系的性质和特征，可以作出一系列的思维判断，从多方面作出概括。这种解释和概括是极为丰富的，抽象的过程可以说是无止境的。“哲学”这个概念虽然三千年来有许多人不断作出解释，其内涵已经相当丰富，但是它并没有穷尽抽象过程，所以还要继续解释下去。

按照解释学原理，任何解释都包含着解释者的主观看法。不过，无穷无尽的解释过程并不妨碍我们在实际生活中使用“哲学”这个概念。因为在实际生活中使用概念，总是在某种特定的关系和情境中使用，因而总会具体关涉到哲学的某一方面特征。在一般情况下，要把握它的最重要的特征。在特殊情况下，只要把握它的某一特殊方面的特征就可以了。譬如，当你说出“这个人很有哲学头脑”这一判断时，你无须把哲学解释为主体与客体的关系，也无须同时说出“哲学是爱智之学”，而只须把握其人某一方面的特征也就可以了。从这种意义上说，哲学家们给哲学所下的各种定义，对人类生活都具有指导和启发意义。

一个人只要肯认真严肃地思考时代和各自的国家向自己提出的各种问题，他就是一个有哲学头脑的人，一个过着充实生活的人。哲学在我看来不是什么需要中西哲学家们携起手来共同攻关的课题或学科，而只应该在相互交流和彼此对话中进行各自的创作。

II 我们为什么要学习研究哲学*

在西方，从古希腊时期起，长期存在着一种为知识而求知识，为真理而求真理的非功利的学术传统。譬如大家听到过的，有一位向大数学家欧几里得学习几何的学生，在为学伊始就向他的老师提问：学几何有什么用处？欧几里得听了后对他的仆人说：给这位先生几个钱，因为他想从中得实惠。尽管如此，我们今天还是要学习、研究这个看来有点功利色彩的问题。这是因为在我看来，学习思考一门学问，应该是有目的的。而目的性的明确直接有赖于对学习意义的认识，在这里我们不要采取无目的、无意义的这种理念。相反，对意义认识得越清楚，学习、思考的目的越明确，对学习、思考任何一门学问都只会有好处而无坏处。学习思考哲学这门学问也是这样。

对于为什么要学习哲学这个问题，我想从两个方面来思考和回答：首先是看看哲学这门学问其本身的功能何在，它对我们人类具有何种意义；其次再回答一下我们学习、思考哲学这门学问的目的问题。前者是思考、回答这个问题的第一步，或者说，是一个前提条件。如果探究的结果说哲学本身并不具有任何作用与功能，那我们也就用不着去学习、研究它了。比如，我们学习、研究生命科学、心理科学也要先问一下生命科学、心理科学这些学科、学问本身有何种功能和作用。如果说这些科学、学问本身并无功能和作用可言，人们也就用不着去学习、

* 此文原载《中小学课程教材研究》(内部刊物)2012年第5期。

研究它了。但是，如果答案不是这样，而是说，人和自然界中的生命现象，如动物、植物、微生物等各方面的关系息息相关、密不可分，自然界中的生命圈是人得以出现、进化的直接源头，并且是人类得以生存、发展的基础条件，人类的衣食住行生活资料之所需直接依赖于这个生命圈中的动植物之所赐，而生命科学就是以这个生物圈为研究对象，可以说明其存在的情况，揭示其发展变化的规律的一门学问，那么人们就会从自身的需要和切身的利益出发，自然想到学习、研究这门学问了。我们学习、研究哲学这门学科或是学问，我以为首要的一点也要考虑一下它本身是否具有功能与作用，它具有何种功能与作用。其浅显的道理就是这样，所以弄清楚它本身是否有作用、功能和具有何种意义再决定要不要去学习和研究它是个先决条件，是个前提。

那么，我们学习、研究哲学究竟有没有意义呢？对此，我的认识是：哲学这门学问在人类社会中是有其功能与作用的，我们学习它、研究它是很有意义的。我的这种认识的根据是什么呢？我的根据是哲学这门学问在人类历史上已经存在了几千年。几千年来，古今中外都有不少人热心地学习它、思考它、研究它，在几百年来的大学里，也始终把它作为一门专业和一门课程进行讲授，人们对它的学习、研究始终不断。如果它没有其作用与意义或者说对人们（或称人类）没有用处，人们何必去学习它、研究它呢？但是，在我看来，哲学自身所具有的功能作用，与上面提到的如生命科学这种学问的功能、作用并不是一样的。生命科学以生物圈为研究对象，其功能表现为揭示生命圈中各种生命现象的存在及其规律性。人们之所以重视学习、研究这种学问，正是因为生命科学这种功能表现对人类是有直接裨益和实在的好处的。哲学则不然，哲学以自然、社会、人生为对象，它认识把握客观事物的视角是宏观的，统观全局的，揭示的是事物一般的普遍性和本质的东西，用的是思辨、反思和沉思这种手段。它出之于思想，获得的也是思想上的一种价值判断，即一种观念形态上的东西。这种思想成果并不像生命科学中的基因学说那样直接用之于稻米蔬菜之类生产领域，便可获得丰收和大面积增产。若以实证科学的标准衡量哲学，它的确视之不可见，听之不能闻，搏之不得其体，穷之不可致诘，用之不切人生。在自然科学家看来，哲学思想淡乎其味，参乎其神，出诸空言，依之无据。所以，思考哲学本身的功能、作用问题首先就要看清楚思想、理性、思维、思辨这些最为抽象的、最难以捉摸的、最不具体的、看起来也最无实际用处的东西究竟有何作用。我以为谈哲学的功能、作用的问题，所要集中思考的问题首先在此，最值得我们思考和认识的问题也正在这里。

最近我看了一篇李铁映同志写的题为《哲学的解放与解放的哲学》的文章，他在文章中说："总之，哲学不是鱼肉，让人脑满肠肥；哲学不是黄金屋，让人腰缠万贯；哲学不是花瓶，点缀你的客厅。哲学是利剑，披荆斩棘，势不可挡；哲学是大海，波涛汹涌，奔腾不息；哲学是小溪，翠鸣山谷，余音袅袅；哲学是清茶，沁人心脾，明智醒神。哲学是一把圣火，始终燃烧着人们的精神！"①

人们一看便知，李铁映同志的这篇文章写得十分漂亮，颇

---

① 李铁映：《哲学的解放与解放的哲学》，载李铁映著：《法治探索——人大五年（2003—2008）》，中国民主法制出版社2017年版，第172页。

有文采。而且，李铁映同志以上这些文字表明他绝不是一个哲学无用论者，相反，他把哲学的功能、价值、作用看得很高。但是，由于他在文章里对哲学本身蕴含的作用与功能用的是比喻的语言，甚至是诗的语言，比如说哲学是利剑、是大海、是一把圣火，但对哲学功能、作用具体之所在仍然需要进一步探索。比如哲学何以是利剑、是大海、是一把圣火，它何以有如此锐利的锋芒，何以是如此宽广的领域，又何以燃烧起来是如此的光焰无际，可以照亮寰宇，永不熄灭。我以为这恰恰是在我们对哲学功能、作用问题进行认识的过程中，值得进一步去思考和认识的问题。

我认为哲学之所以有功能、有作用，之所以为许多人所醉心，恰恰就在于这些不为人所看重，在人们看来比较远离实用性的思想、理性、思维、思辨这些东西本身。李铁映把哲学比作利剑，其实指的就是思想之利剑，并不是人们手上把握用来表演的那种太极剑，或武士们手中用以驰骋沙场的利器；李铁映把哲学比作大海，我们只能把它理解为思想智慧之海洋；而所谓圣火，当然也就是思想的圣火，智慧的圣火了。

西塞罗曾说："哲学，人生之导师，至善之良友，罪恶之劲敌，假使没有你，人生又值得什么？"我以为同样只有把哲学理解为能给予我们思想和智慧，给予我们理性的思维和思辨以及心灵和灵魂这些精神上的东西的学问才是准确的。因为所谓哲学，本来就是对智慧的追求和理性的思索，本来就是一种智者之思。"人只不过是大自然中最柔弱的一根芦苇，但他是会思想的芦苇。"这是近代法国哲人帕斯卡尔（B. Pascal）在《思想录》里的一句名言。芦苇极易受到风雨摧折，正如人之难免老病衰亡，遭遇磨难，经历不测，但是人能够"思想"，由此却可以改变一切。宇宙虽大，可以容纳于我心中之一念；历史虽久，可以涵摄于我当下之所觉。人生之路，道阻且长，唯有思想可以焕发光明，烛照生命意义，展示生命境界。他还说过：“思想形成人的伟大。”

“凡是心灵反映着世界的人，在某种意义上就和世界一样伟大。”“思想——人的全部尊严在于思想。”

“思想可以美化灵魂，正如鲜花可以美化房间。”

柏拉图在《会饮篇》中说：“谈哲学和听人谈哲学，对于我向来是一件极快乐的事，受益还不用说。此外的谈话，尤其是你们这班有钱人和生意人的谈话对于我却是索然无味的。”

以上许多大哲学家的言论，其实都是在肯定哲学的价值和它能给人以思想、智慧的功能与作用。人之为人总要有一个精神品位问题，总要确定对精神思想的追求，正是这种追求提升着人的精神品位和灵魂的境界。哲学在历史产生的初期，曾经是人的全部精神活动的母体。在许多哲学家看来，思想、灵魂、理性、智慧是第一位的，一切奢侈品都会给精神活动带来不便。一个人如果太看重物质享受，就必然要付出精神上的代价。而人的肉体的需要是很有限的，无非是温饱，超乎此便奢侈，而人要奢侈起来却是没有尽头的。我以为正是从这里可以理解柏拉图为什么听人谈哲学觉得津津有味，而与有钱人和生意人谈话总觉得索然无味。

在人类文明的精神坐标上，哲学一向是以充任人类思想和行为的根据、标准和尺度而自期自许的，也就是以“崇高”的理论表征而自期自许的。哲学在历史产生的初期，曾经是人的全部活动的母体。黑格尔说，哲学以思想、普遍者为内容，而内容就是整个的存在。思想的自由是哲学和哲学史起始的条件。

上面这个问题说过了，接着还要问一个它的功能和作用是怎样表现的。具体地讲，它对人类的个体有作用呢还是对人类群体有作用；还是它既对人类的个体有作用，又对人类的群体有作用？提出这个问题的根据是什么呢？也就是说，我为什么要问到以上这个问题呢？我的回答如下。第一，一门学问如果其本身确有功能与价值，那么，其功能、价值、作用只能是对人类来说的，而人类的存在有个体和群体两种方式。第二，在我看来，社会中存在的各种学问，客观地讲，对人类都是有益有用的，即对人类是有价值与作用的。一般地讲，既对人类的个体有作用又对社会群体有作用。但是也必须看到其中有的学问的作用主要地、直接地表现在对人类的个体方面，如果对群体方面也有作用的话，只能是间接次要的。而有的学问的功能、作用则相反，主要地、直接地、第一位地表现在人类的群体方面。我以为，对于学科功能、作用问题的思考应该看到这一点，各类学问对个体与群体的作用、功能并不是一样的。比如，学校中开设的生理卫生、音乐、美术、体育、读书、认字这些课对人类个体即每个学生是有直接好处的，对个体身心的健康成长是大有裨益的，这种学科与学问的功能、作用首先表现在学生身上。对社会群体有没有好处呢（即有没有功能和作用呢）？应该说也有好处，就是说也有其功能和作用，但都是间接的、第二位的。小学生、中学生学习英语、语文这种功课、这种学问，对学生的好处和作用、功能也是第一位的、直接的，因为小学生、中学生学会英文、语文，他的读、写能力提高了，他们将终身受益。当然，如果每个小学生这些方面的素质提高了，对社会来说也将是大好事，但其功能、作用是直接作用于小学生、中学生的结果，对于社会群体来说是第二位的事。但是，据我看，社会中有的学问首先直接裨益于社会的某种群体，而并非首先有益于个体。

哲学对人类的作用，在我看来，既表现在人类的个体身上，也表现在人类的群体方面。这也就是说，对哲学的学习和思考，对世界、人生根本道理的关心不论对个人，对社会、国家、民族都是有作用、有好处的。首先从群体的视角来看，大家也都知道，恩格斯曾说："一个民族要想站在科学的最高峰，就一刻也不能没有理论思维。"[①]同样，一个国家要想站到世界的前列，更是一刻不能没有理论思维。在科学成为技术进步、生产力提高的决定性前提的今天，尤其是这样。一个民族，一个国家，没有思想巨人，就犹如一个人没有健全的头脑，没有灵魂，它就不可能走上正确的发展道路，就找不到符合国情的正确路线，就制定不出科学的发展战略，就不可能有现代科学技术的高度发展。一句话，这样的国家就不可能走快速发展的道路，使经济无比繁荣，走到世界的前列。这就是整个近代史给我们的启示。

在这里，我们还有必要提及和重温以下某些事例，以及我们所应进行的某些思想上的反思和必须取得的某些思想认识。

其一，英国广播公司（BBC）一九九九年九月在世界范围内通过网络评选一千年来最伟大的思想家，结果马克思、爱因斯坦等人得票在前十位，其中没有中国人。从思想家给人类提供新思想、新方法的多少及其深刻程度，是否有自己独特的体系，其传播的广度与推动社会文明进步程度等角度看，应当说这一评选结果基本上还是公正的。这次评选的结果也向我们表

---

①《马克思恩格斯选集》第三卷，人民出版社2012年版，第875页。

明：有思想巨人，才有国家富强。我们必须实事求是地承认，近一千年特别是近五百年来，西方国家发展速度是很快的，而我国自从近代鸦片战争至新中国成立，国家积贫积弱。这种情况确与这期间我国涌现出的世界级思想大师太少不无关系。美国出版的《世界名人大词典》（一九八四年版）和英国《人民年鉴手册》（一九八五年版）在全世界评选人类有史以来最伟大的思想家，排首位的都是中国的孔子，而孔子的出现让中国在全世界至少领先了一千年。

大思想家的出现要有许多条件，除了深刻改造自然和社会的伟大实践，宽松的政治环境，适宜的社会文化土壤和善于向别人学习的精神，还有赖于整个民族崇尚理性的价值取向和整体较高水平的理性思维能力。

在我看来，有思想巨人，才有国家富强。今天，我们国家最缺的是什么，是理性、是大思想家。体育要从娃娃抓起，崇尚理性的精神和对理性的兴趣也必须从小培养。各方要帮助青少年学会分析问题，正确进行抽象、概括、推理，学会独立思考，提高他们的理性思维能力，这是一个人非常重要的素质，它直接关系到我们这个民族未来的兴衰。

一个民族哺育出来的大思想家、大哲学家，是这个民族理性思维的领头羊，他们的见解如能获得尊重，他们的创新思想如能付诸实施，对社会无疑会起到巨大的牵引作用。任何一个国家科学技术的繁荣，社会的飞速发展，无不是由于对其大思想家，对其理性行动的尊重；而一个国家之所以会停滞不前，无不是由于对其大思想家不尊重或缺乏思想家。

其二，日本学者汤浅光朝在英国著名科学家贝尔纳和丹皮尔研究成果的启发下，对达姆斯塔特和赫旁萨编的《科学技术编年表》上所记载的一五〇一年至一九五〇年的重大科技成果做统计学研究，把凡是重大科学成果数超过同期世界平均水平百分之二十五的国家，称为“科学活动中心”，把保持其为“科学活动中心”的时期叫作“科学兴隆期”。据此他发现，近代以来，科学活动中心在世界上发生过五次大转移（表2–1）。

表2–1　科学活动中心转移表

序号	科学兴隆期	国家
一	一五四〇年至一六一〇年	意大利
二	一六六〇年至一七三〇年	英国
三	一七七〇年至一八三〇年	法国
四	一八一〇年至一九二〇年	德国
五	一九二〇年至今	美国

资料来源：陈文化著：《科学技术与发展计量研究》，中南工业大学出版社1992年版，第231—232页。

其实，如果把这些国家“科学兴隆期”前后的历史联系起来加以考察就不难发现，除了科学技术在世界上占领先地位外，它们在思想、观念上也给人类提供了大量新的、深远的影响；政治、社会状况也一度成为全球关注的热点；经济活动也在一个时期内是全世界较为繁荣的。出于这些原因，在一个时期内它们曾先后是世界上最具有影响力的国家，从这个意义上，也可以把它们称为“世界的中心”。

这些“世界中心”形成的历史，清晰地展示出这样一条共同的道路：社会生产力发展到与原有的旧体制再也不能相容时，一场大的思想运动就会逐步掀起，涌现出一大批为新时代奠基的思想巨人。深刻的思想运动，导致人们观念的根本改变。接着进行政治变革，推翻旧的政治制度，建立新的与社会进步方向一致的社会政治制度。政治变革的成功，又推动了科学、技术的进一步蓬勃发展，最终促进经济的空前繁荣。

十四世纪，意大利首先爆发了一场历时三百年，声势浩大、影响广泛而又深刻的思想运动，这就是征服了全欧洲的文艺复兴运动。它至今在世界上仍有广泛影响，使意大利成为当时世界文化的中心。它在一定程度上也对全人类具有永恒的意义。一大批思想巨匠，以哲学上的变革为先导，高举“世俗文学”和“现世艺术”的大旗，高喊人文主义的口号，以“人”为本反对以“神”为中心的世界观，认为追求快乐和享受是人的本性和权利，是社会发展的动因。他们以尘世需要和情欲的论点对抗中世纪的禁欲主义，以个人自由发展的思想对抗封建专制和教会独裁，使人们的思想从封建神学中解放出来，为人类自身的智慧和才能的发展开辟了广阔的前程。达·芬奇是其中一位空前的、举世无双的天才。他曾说：“醉心于实践，不要科学的人，好像一个没有舵或指南针上了船的舵手，他永远搞不清（船）究竟飘向何方。”他提出“科学是统帅，实践是士兵”。意大利于一五四〇年成为世界科学活动的中心，科学兴隆期一直保持到一六一〇年，前后达七十年之久。

英国在意大利文艺复兴思潮的冲击下，也涌现出了许多跨时代的大思想家，如空想社会主义者莫尔，现代实验科学的真正始祖培根以及大哲学家霍布斯和洛克、大文学家莎士比亚等。通过一六四〇年至一六八八年的革命，英国资产阶级取得了政权。一六六〇年，英国成为世界科学活动中心，其兴隆期达七十年之久。一七六〇年至一八三〇年，英国进行并率先完成工业革命。一八七〇年，它的工业产值占世界工业生产总值的百分之三十一点八，从此英国开始了所谓的“日不落帝国”的历史。

文艺复兴后，法国在十七世纪至十八世纪又爆发了启蒙运动。一大批思想巨人——伏尔泰、孟德斯鸠、狄德罗、卢梭、笛卡尔等大师辈出，群星灿烂。法国于一七七〇年成为世界科学活动中心，为期六十年。一八二〇年起，法国进行产业革命，一八五〇年至一八九〇年法国经济进入高潮期，十九世纪六十年代法国工业产值仅次于英国，居世界第二位。

在启蒙运动走向尾声时，随着康德、黑格尔、马克思等巨人的相继出现，世界思想中心又转移到德国。德国于一八三〇年至一八五〇年爆发了资产阶级革命，与此同时，德国出现了雅可比、高斯等世界一流大数学家。一八一〇年，德国成为世界科学活动中心，进入科学兴隆期，为期九十年。德国只用四十年时间就完成了英国一百四十年完成的工业化过程。接着德国进入了经济发展的高潮期（一八八〇年至一九二〇年）。一九一〇年，德国工业总值仅次于美国，居世界第二位。

相对而言，哲学是德国人的强项，正如小说是法国人的强项。至少从十八世纪一直到二十世纪，德国人一直居于哲学思辨的顶峰。康德、黑格尔、费尔巴哈、马克思等人哲学体系之完整与逻辑思辨程度之高，实无其他民族人士出其右。

一九三八年，爱因斯坦在《物理学的进化》中说：“提出一个问题往往比解决一个问题更为重要，因为解决一个问题也许是个别数学上或实验上的技巧问题，而提出新的问题、新的可能性，从新的角度看旧问题，却需要创造性的想象力，而且标志着科学的真正进步。”而这些在爱因斯坦看来只能是哲学智慧所赐。

美国于一八二九年至一八七〇年爆发了亦称新英格兰文艺复兴的文艺复兴运动，这个时期史称“改革时期”。随着南北战争爆发，全国统一，美国于一八九〇年成为经济大国，二十世纪二十年代成为世界科学的领头羊。

以上我们看到了由哲学所孕育培植出来的理论思维和民族精神的伟大力量，具有对内动员民族力量和对外展示民族形象的重要功能，也正是这些才构成了一个国家综合国力的重要部分。

一个民族赖以生存与发展的精神支撑，是一个民族实现共同理想和发展目标的内在动力。一个民族、一个国家如果没有自己的精神支柱，就等于没有灵魂，就会失去凝聚力和生命力。在漫长的历史长河中，中华民族一直就具有一种勇于在逆境中抗争、奋进的优秀传统和伟大精神，并且也正因为此，我们才能披荆斩棘，一往无前，大踏步向前不断迈进。

哲学的学习和研究对于个人特别是对于从事理论工作、从事教育学术研究的同志来说同样是非常重要的。从积极方面来说其重要意义概括起来就是：它可以使我们学会、养成和适应去过一种对人类来说极为宝贵的心智生活。而从消极方面来说，按德谟克利特的说法，医学治好身体的疾病，哲学解除灵魂的痛苦。可在我看来，哲学可以治愚，治人由愚昧、愚蠢带来的种种庸俗与浅薄。这里所说的心智生活，就是心灵生活（头脑、理性）和智力生活（灵魂、超越性）的合称，也就是所谓的精神生活。心智生活的特点具有内在性和非功利性，它是一种内在生活，而不像肉体（物质）生活、社会生活那样是外在生活。它是没有功利目的的，心智的使用、真理的探究本身就是目的，并且能够从中获得最大快乐。

心智生活能使人获得一种内在的自由和充实。一个人唯有用自己的头脑去思考，用自己的灵魂去追求，在对世界的看法和对人的态度上自己做主，才是真正做了自己的主人。同时，如果他有丰富的内心世界，便在自己身上有了人生快乐的最大源泉。心智生活还能使人获得一种内在的自信和宁静，仿佛有了另一个更高境界的自我，能与自己的外在遭遇保持一个距离，不完全受其支配，并能与外部世界建立恰当的关系，不会沉沦其中，也不会去凑热闹。这就是所谓定力。现在学界有一些人，自以为是指导时代的风云人物，但没有内心的心智生活，因而就没有一贯的学术志趣和精神立场。一个没有灵魂的人，怎么能充当拯救别人灵魂的导师呢?

人生就是人为生存和发展而进行的活动。这是一个从生到死的过程。起点是生，终点是死。人生复杂易变，不能只是跟着感觉走，还要有理性、理想和原则，有生存的精明和方策。真正有远见、有价值的人生，是经过反思的人生，是有哲学和科学指导的人生。在人生的道路上，物质的贫困，带来的是穷苦，固然不值得津津乐道；哲学的贫困，带来的则是浅薄，精神上的浅薄，尤其令人感到可悲。蜗居的痛苦，失却的是生理机能的舒展，呼吸系统的自如；哲学智慧的匮乏，失却的则是心灵的家园、精神的归宿。

哲学智慧是把人生作为宇宙的一个运动质点的某种赋形思维，是在如此无垠而又辉煌的大背景下寻觅自身理想的运动轨迹的总体坐标系，是在这般宏阔视野的大度胸怀下，观览、体验世间酸甜苦辣、悲欢离合、生老病死、阴晴圆缺的大试炼！是唯一的地地道道既无盘剥他人，又不被他人盘剥的人生专利！

昭昭大才者，不一定是心怀坦荡者；而富于哲学智慧者，必是临终也能微笑着告别人间的人，大才智给人生以创造生命效价的一半自由，哲学智慧一旦成为生存智慧的“统帅”，给予人生的则是一个整体的世界。

学习、思考哲学的意义讲过了。现在，再来说说“我们学习、思考哲学的目的是什么”这个问题。

学习哲学、思考哲学的目的何在呢？目的就在提高哲学素质。哲学素质无疑与人的先天生理特点、禀赋相关，具有一定的生理基础，但是如果不通过后天的哲学学习和教育，它是不可能在人身上体现出来的。所以，在我看来，哲学素质是人们在先天禀赋的基础上，通过后天的哲学学习和教育而获得的相对稳定的品质。这里的品质，包括哲学知识、哲学能力和哲学品格三个层次。

掌握一定的哲学知识，是进一步形成多方面的哲学能力和哲学品格的基础，就此而言，哲学知识的掌握确实构成了哲学素质的一部分。所谓哲学知识，包括对哲学这门学科的研究对象、思维特点、基本概念、历史发展以及著名哲学家的个性人格等的了解。哲学知识的掌握和哲学能力的形成是分不开的。哲学能力，可以分为高低两个层次，初级的哲学能力涉及一个人哲学文献的阅读能力、哲学学说的评价能力、哲学道理的发展能力、哲学原理的应用能力和哲学论文的写作能力等；高级的哲学能力包括抽象思维能力、创造能力和审美能力等。在掌握了丰富的哲学知识，形成了多方面的哲学能力的基础上，最终会养成一个人一定的哲学品格。它是哲学知识和哲学能力的升华，意味着一定的世界观、人生观和价值观的确立。它表现为“爱智之忧”“高远的气度”“高明的识度”和“高雅的风度”。

同科技素质、艺术素质、道德素质、法律素质等相比，哲学素质具有如下特点。

第一，统摄性。所谓统摄性就是哲学素质高于或超越其他各类素质，并为人们获取和提高其他各类素质提供原则、视点和方法。究其根源主要在于哲学拥有比其他学科更广博的研究领域。哲学“仰察宇宙之无穷，俯究万类之运动”，或为司马迁所说，能“究天人之际，通古今之变”。它往往从整体上、根本上研究包括自然界、人类社会和人的精神活动在内的世界。它虽然不是包罗一切科学并凌驾于其他科学之上的“科学之科学”，但是它确实比其他具体科学站得高一些，看得远一些。

第二，思辨性。各类不同学问，基于不同的思维方式而各有不同的侧重点，如道德、法律素质注重原则规范，以实践理性为主；科学素质注重求真求实，以理论理性为主；艺术素质注重形象和直觉，以审美感性为主；而哲学是最高瞻远瞩的智慧，它既区别于感官直接的认识和神话的幻想意识，也区别于实用性的知识和技能。哲学家黑格尔曾经把哲学比喻为“密涅瓦的猫头鹰”，认为它只是在“黄昏时候起飞”。它说明了哲学是反思的活动，是沉思的理性。这种理性注重概念和逻辑，讲求抽象和概括，是思辨的理性。而所谓思辨，它是指这样一种心理机能，即逻辑地组织且传达思维成果，以明彻或严整的逻辑推理过程来说服人。思辨为文哲之学的第二生命（第一生命为思想），思辨对于理论家之息息相关，大概可媲美于听觉之于琴师、视觉之于画家、味觉之于高级厨师。这是一种近乎天分，或不经长年刻意修炼便不可得的职业敏感或素质。这是基本功，也是看家本领。故，一个人既无思辨天赋，又不愿刻苦训练，他尽可去干别的，就千万不要去当理论家，因为肯定无大出息。

第三，渗透性。哲学素质比其他素质更能渗透到别的素质当中，并且起到实际作用。比如，抽象的逻辑思维能力会使文学作品去尽铅华更显深邃；锐意求新的创新能力会使科学发明推陈出新；视角独特的审美能力，会使艺术创作历久不衰，永放异彩。今天，我们发现哲学不断地同其他学科交叉而形成交叉学科，如生物哲学、法律哲学等，这充分说明哲学素质具有广泛的渗透性，即贯穿力。

哲学固然区别于其他素质，并且在整个文化素质中占有极为重要的地位（有人甚至认为哲学素质是文化素质的核心），起着其他素质无法代替的作用。但是，其他素质的地位和作用也不容忽视。其实，包括哲学素质在内的所有素质，都各有侧重，各有短长，它们是相互支持、相互补充和相互渗透的。哲学素质和其他素质的关系或许可以用诗人卢梅坡的诗句来描绘——“梅须逊雪三分白，雪却输梅一段香”。梅雪相映，方能成趣，方为奇观。

Ⅲ 我们怎样学习、研究哲学*

有人曾说过："是什么？为什么？怎么办？这就是哲学的一切。"联系到我们今天学习、研究哲学的内容，就是首先要弄清楚哲学是什么，为什么要学习、研究哲学和怎样学习、研究哲学这样三个方面的问题。当然，就哲学这门学问来说，在我看来，也不只是这三个方面问题。但是，弄清楚这三个方面的问题，它无疑是最为重要的，也是完全符合人的认识规律的。提出这样三个方面问题的思路，其本身就是一种很正确的哲理性思路。

任何哲学家都不是天生的，他们同样都前有古人、后有来者，处于人类文化传承的中间位置，是历史中的一个环节。他们的思想是前人思想的进一步发展，也必然会发展为后人的思想。哲学思想并不是孤立的，是发展中的活东西，有它的过去和未来。过去的东西并不是死掉了，而是通过批判、扬弃其消极方面，发扬其积极方面，提高到新的阶段，走向未来。

显然哲学决不只是要闭门造车建构一个自圆其说的符号系统。哲学要求了解世界与人生的真相，把握智慧，追求理想，为未来找到一个指路的指南针。因此，我们也就很有必要来研究一下怎样学习、研究哲学的问题。

---

* 此文原载《中小学课程教材研究》（内部刊物）2012年第6期。

一、学习研究哲学要学习哲学史的著作

恩格斯说，一个人要想获得哲学的修养，除了学习哲学史以外别无他法。

人们常说，物理学史并不是物理学，数学史也不是数学，各种专门科学的历史很显然并不是那门科学。而哲学史和哲学的关系则完全不同，哲学的历史就是哲学本身。离开了哲学，哲学史也就成为干枯的纪实，不以深厚的哲学史为根基的哲学也就只能是浅薄的专业化的思辨。哲学和哲学史的关系恐怕就是这样。

哲学作为一门成熟的学科，自产生至今，已经经历了几千年的发展。在这几千年的时间里，出现了形形色色的哲学思潮和派别，并且也留下了不少称得上经典的著作。这些经典著作，起到了为哲学奠定根基或者开辟新方向、新境界的巨大作用，是今人了解哲学这门学科的源流所必不可少的参考。叔本华说："只有从那些哲学思想的首创人那里，人们才能接受哲学思想。因此，谁要是向往哲学，就得亲自到原著那肃穆的圣地去找永垂不朽的大师。"康德虽然认为哲学是不可学习的，但他随即又说"除非通过历史的方式"，他实际上还是肯定了通过阅读哲学经典著作来学习哲学的方法。

就哲学这门学问的历史发展来说，提出最初的哲学问题，或者最早用哲学的方式思考问题的哲学家，在哲学史上起到了为哲学奠基的作用。他们无疑是最早的经典作家，他们留下的著作，也自然是最早的经典著作。随着人类社会的发展，新问题不断提出，或者对原有问题提出了新的解决方案，导致在不同的历史时期又会出现新的哲学流派。这些新的哲学流派的开创者，也属于哲学经典作家，他们的著作同样可以被视为经典著作。

学习哲学史，就是要读哲学史的著作，就是要阅读哲学史上的经典著作，就是要读书，就是首先要认真地读点书。在现代社会读书学习、阅读书籍不仅是人类精神活动的重要表现，而且是人类获得知识的主要渠道。任何一门学问，我们了解它的最行之有效的方法，就是去阅读与之有关的各种书籍。因为作为人类精神活动的产品——一门学问要表现自身，都需要通过一定的媒介，如音像、图片、光盘和书籍等。而在所有这些表现形式中，书籍无疑是最主要的形式。高尔基说："书是人类进步的阶梯。"别林斯基说："书是我们时代的生命。"这些话，都十分清楚地肯定了书籍和阅读的极端重要性。哲学作为一门学问，也和其他学问一样，主要是通过书籍来表现的。我们要进入哲学的王国，也需要首先阅读哲学书籍。人生不能不读书，不读书的人生肯定没有资格叫完美的人生。同样，对哲学的认识和思考，也必须建立在"读书学习的基础之上"。那种自以为不读前人的著作，只凭一个晚上的冥思苦想就能构造出一个全新的哲学体系的想法，只能是痴人说梦。今人之所以能超越古人，并不在于个体天才的超常发挥，而主要在于今人有条件站在古人的肩膀上，因而能够看得更远、更全面、更深刻。所以，那种天马行空、师心任性、玄妙莫测而不留痕迹的"原创性"思想，并不一定是有真正学术价值的思想。真正站得住的思想总是在与前人和同时代人的艰苦辩难和反复对话中建立起来的。哲学家就是那种善于站在每个人，尤其是其他哲学家的角度看世界的人。

总之，我们把一门学问中的最重要的著作称为经典著作，它们是由经典作家所写的具有开创性或带有总结性的著作。一般来说，在一门学问中，往往有以下几种不同类型的著作。第一，开创型或奠基型。这是一门学问中最少的，但也是最重要的著作，是由该门学问的奠基者所撰写的。第二，反叛型。这类著作不是对前人思想的简单继承和发展，而主要是反对前人主张，反对传统，另立门户。这类著作对于我们了解这一门学问的发展，也是非常重要的。第三，发展型。这类著作虽不像第二类著作那样具有鲜明的反传统的性质，但也不是对传统和前人观点的简单继承，而是在前人的基础上有所创新和发展，这类著作也不能忽略。第四，追随型。这类著作较少创新，主要是继承前人的观点，加以通俗化的解释。我们要了解一门学问，上述四种著作都可以阅读，特别是前三类，尤其是第一、第二类著作是最为重要的，值得我们认真加以阅读。

在中国古代的哲学著作中较为经典的，如春秋战国时期的《论语》《大学》《中庸》《孟子》《老子》《庄子》《荀子》《韩非子》等，秦汉时期董仲舒的《春秋繁露》、王充的《论衡》等，两宋时期张载的《正蒙》、朱熹的《朱子语录》、陆九渊的《象山先生全集》，明清时期王守仁的《传习录》和《大学问》、黄宗羲的《明儒学案》和《宋元学案》、王夫之的《张子正蒙注》等。

在西方古代的哲学著作中较为经典的，如柏拉图的《理想国》《申辩论》《斐多篇》，亚里士多德的《形而上学》，阿奎那的《神学大全》等，近代的如但丁的《神曲》、薄伽丘的《十日谈》、蒙田的《随笔录》、马基雅维利的《君主论》、莫尔的《乌托邦》、培根的《新工具》、洛克的《人类理解论》、康德的《纯粹理性批判》和《逻辑学》、费尔巴哈的《基督教的本质》和《未来哲学原理》等，现代的如叔本华的《作为意志和表象的世界》、尼采的《权力意志》、孔德的《实证哲学教程》，实用主义派詹姆士的《实用主义》、杜威的《经验与自然》、罗素的《我们对于外部世界的知识》等，以及马克思主义的哲学著作如马克思、恩格斯的《一八四四年经济学哲学手稿》《关于费尔巴哈的提纲》《德意志意识形态》，恩格斯的《反杜林论》《自然辩证法》等。

要读好哲学经典著作，除了有刻苦的精神和持之以恒的韧性，还需要勤于思考的习惯。哲学作为智慧之学，说到底就是反思，不断地反思。把二者概括起来就是“好学深思”四字。

二、学习研究哲学要养成勇于怀疑，敢于批判的精神

不断地怀疑，不断地提出新的问题并且对问题进行批判性地思考，可以说是哲学的真精神。哲学的怀疑和批判，不仅指向人们的常识，而且指向一切成见、迷信和权威。哲学不崇拜任何东西，它试图对一切事物和现象，包括人们的各种识见，都加以批判地考察。正如阿基达莫斯所说，哲学是对习惯的攻击性武器。在展开这种批判的考察的过程中，哲学诚然依赖于批判理性。但是即使是批判理性，哲学也不是无条件地给予信赖的，它始终没有忘记对这种批判理性本身进行怀疑和批判，没有忘记这种批判理性本身所具有的局限性和可错性。

哲学虽然不能脱离常识，且常识当中包含着丰富的哲理内容，但是哲学毕竟是对常识的一种“超越”，一种批判性的超越。正如黑格尔所说，哲学的特点就在于批判人们以为很熟悉而实际并未真正了解的东西。常识当然是为人们所熟悉的，但是“熟知”并不意味着“真知”。哲学之所以要打破常识的限制，超出常识的眼界，就是因为在它看来，在人们日常生活中很有用处的常识，其实往往是对“真理”的一种遮蔽，一种不

自觉的遮蔽。因此，哲学要求我们对于常识进行批判。

在对常识不断地加以怀疑并且最终超越常识这一点上，哲学和科学是有一致之处的。例如，在很长一段时间里，人们一直相信地球是宇宙的中心。但是，科学家却对这一见解提出了大胆的质疑，由此有了著名的“太阳中心说”。可以说，勇于怀疑，大胆地设问，批判地思考，是一切科学的共同特点。但是，却没有哪一门科学能够像哲学一样就整个世界提出一连串问题。同其他科学相比，哲学所提出的问题，具有最彻底的“穷根究底”的性质。同时，哲学提出的问题范围，也往往比其他科学更为广泛。因此，哲学不仅能够“超越”常识，而且在一定意义上能够“超越”科学。我们要想真正步入哲学的王国，也就不能满足于达到一般科学的水平，满足于科学的提问方式和习惯，而应当对科学本身提出问题。

哲学所要研究的问题十分广泛，一个想对哲学有所把握的人，就不能不经常地提出各种各样的问题。当一个人能够经常地运用自己的理性，对各种迷信、信念以及圣人或权威的意见加以批判地怀疑的时候，他也就真正进入“哲学的状态”了。如果不对假定的前提进行检验，将它束之高阁，社会就会陷入僵化，信仰就会变成教条，想象就会变得呆滞，智慧就会陷入贫乏。当然，这里所谓的怀疑和批判，并不是目的，而仅仅是我们追求真善美的手段。我们不能为怀疑而怀疑，为批判而批判。如哲学史上有种极端的怀疑论（如休谟）因为不断地怀疑而最终导致对一切问题都不敢做出明确的断定。而且我们在进行怀疑和批判的思维活动中，实际上动用了许多知识和原理，它们或作为我们论证的前提，或者作为论证的工具在起作用，而并不可能对它从头开始重新进行批判地审查，这是我们要注意的第一点；其次，这里的怀疑和批判，绝不是无根据、无道理的任意的怀疑和胡乱批判。批判，在这里就是指认真的研究、考察、审思。怀疑，是指在未对某个问题进行深入研究之前，要暂时对之加以存疑，而不是匆忙地、武断地下结论。在进行哲学思辨的过程中，我们必须充分尊重客观的经验事实，不能违背事实，或者对客观事实作出歪曲的、随意的解释。批判的质疑主要是一种精神态度，一种对待现实的精神态度。有了这种精神态度，我们才不会满足于躺在教条、迷信的温床上睡大觉，而能够经常地对我们身边的种种事物和观念进行批判地考察。

三、学习研究哲学要以哲学家为引路人——模仿效法

学习思考哲学，要自觉地、有目的地为自己确定几个哲学家作为效法的榜样。阅读他们的传记，了解他们的哲学生活，从他们对待哲学的执着与痴迷中感悟哲学的价值和魅力。仔细阅读他们的著作，同他们进行思想交流和对话。一部伟大的著作，其中必定流动着理性的血液，跳动着时代的脉搏，蕴含着历史的沧桑，躁动着一个不朽的、永不安分的灵魂。在书中，也必定潜藏着一颗值得交往的心灵。读它们，就是在与哲学家进行思想的交流和对话，是心灵与心灵的沟通，思想和思想的碰撞，人格与人格的互补。我们凭着理智与学识，更凭着心灵与人格去读、去领会，让哲人的智慧之火点燃我们，又让我们的智慧之光照亮他们。这样我们从哲学家的书中才能读出智慧的力量，读出人格精神，读出历史沧桑，也可以读出浓郁的诗情。哲学家和政治家是不一样的，哲学家都是些有真性情的人。他们怪异的行为，乖张而又不无偏颇的见解主张其实都表露着

这些哲人们纯真的天性和他们为人处世的真面目。

树立榜样，效法哲学家们，绝不意味着对他们无原则地盲目崇拜，相反，还可以并且要敢于对他们提出质疑。在阅读他们书籍的时候，做注解，写短评，写随想等，都是很好的方式。必须明白，对哲学家的质疑和对他们的尊重并不是冲突的，相反，这种质疑更加显示出我们对待真理的态度。

其实，在我看来，对历史上的思想家、哲学家的崇拜是可以提倡的，也是应该的。在历史上，文化领域从来都存在着对英雄的崇拜这种事。这里的英雄概括来说，就是伟大人格，确切地说就是永恒价值的代表者或实现者。永恒价值乃是指真善美的价值而言，能够代表或实现真善美的人就可以叫作英雄。真善美是人类文化最高的理想。所以英雄可以说是人类文化的创造者或贡献者，也可以说是使人类理想价值具体化的人。

英雄不但指豪杰之士，而且包括圣贤在内。中国过去特别崇拜圣贤，因为中国特别注重道德，所以特别崇拜道德价值的实现者。崇拜不是崇拜别人所有、自己所无的，乃是崇拜别人和自己所共有的。别人有，自己也有，不过别人所有的比我自己深切著明，足以代表启发我之所有。所以黑格尔说："崇拜是一种精神与精神上的交契。"

崇拜英雄基于认识英雄，没有思想学问智识眼光，就不能够认识英雄，因此也就说不上崇拜。因为认识英雄是很难的，所谓"千里马常有，而伯乐不常有"。世上的英雄甚多，真正能认识的并不多，何况英雄又常常不愿为人所认识，他们素来不讨好群众，更不怕被群众误解。群众的误解，反而证明他的伟大。爱默生说："做伟大的人，就是被误解的人。"（To be great is to be misunderstood.）所以只有英雄才能够认识英雄，只有英雄才能崇拜英雄，此即谓“同声相应，同气相求”。

英国有句名言：“没有一个人在他仆人眼里是英雄的。”依照黑格尔的解释：“这并不是因为英雄不是英雄，乃是因为仆人只是仆人。仆人所以不能认识英雄，正因为他自己不是英雄。”

凡是根本反对英雄、抱定主张绝对不崇拜英雄的人，就是“英雄盲”。这和生理学上所谓“色盲”是一样的。英雄是人类理想价值具体化，“英雄盲”就是价值盲。价值盲是一种精神病态。

哲学史、学术史上崇拜英雄的事例是很多的，在中国就有孔子对周公的崇拜，孟子对孔子的崇拜，王安石对孟子的崇拜等。

我以为，在人群中，真正具有远见卓识的思想家只占少数，或者说是少数中的少数。因此，能勇于怀疑，进行深思熟虑，并具有敢于批判的精神战士也总是凤毛麟角，寥若晨星。之所以有此情况，既有后天生活环境的原因，恐怕与人的先天素质及个人的性格等方面的因素也不无关系。西洋有一句古谚：你能引马就水，但不能强马喝水。（You can lead a horse to water, but you cannot make it to drink.）意思是说，没有思想的人，别人不能强求他有思想。

然而思想是可以启发的，思考问题的兴趣和习惯也是可以培养的，思辨的能力也是可以不断提高的。总之，在我看来人的精神生活不仅是人们生活中的重要构成因素，而且其本身也可以得到逐步提高。

Ⅳ　人文社会科学研究者的全部尊严在于思想*

四百年前，法国思想家、哲学家帕斯卡尔曾说，人不过是一根芦苇，是自然界最脆弱的东西，但他是一根能思考的芦苇，用不着整个宇宙都拿起武器来才能毁灭他，一口气、一滴水就足以致他于死命了。然而，即使宇宙毁灭了他，人却仍然要比致他于死命的东西更加高贵得多。因为他知道自己要死亡，以及宇宙对他所具有的优势，而宇宙对此却一无所知。因而，我们全部的尊严在于思想。正是由于它而不是由于我们无法填充的空间和时间，我们才必须提高自己。因此，我们要努力好好地思想，这便是道德的原则。

帕斯卡尔在这里的意思是十分清楚的，他告诉我们，人与包括动物在内的所有自然物的本质区别，就在于人具有思维的能力，有其思维的产物——思想，而这正是人的力量所在、人的价值所在，并且是人的尊严所在。帕斯卡尔一生体弱多病，只活了39岁，但在身后却给自己留下了高耸入云的纪念碑，他的《思想录》给无数人带来心灵的慰藉。

我认为，我们如果赞同帕斯卡尔以上的观点，那么，我们，特别是人文社会科学研究者就应当很自然地想到以下几点。

---

* 此文系作者为刘庆昌著《教育思维论》（广东教育出版社2008年版）一书所写的序言。

第一，把思维作为对象和科学问题来研究具有客观的必要性和重要意义。

第二，要进行所谓的学术研究、学术创新，除需一定的外部条件，诸如自由宽松的政治文化氛围、必要的经济支持、健全的信息资料以及学者要保持内心的自由和独立的人格之外，还取决于学者本人思维的素质与能力。正是在这里，我们可以说，头脑起决定作用；也正是在这里，我们可以说某人“是块搞科研的料”，而有些人则终非其才。创新是学术的生命，这是人们常说的一句话。人们也常为诸多不尽如人意、阻碍学术创新的现实状况而慨叹，为诸多“泡沫学术”和“垃圾学术”而惊心，在这里固然可以找到其产生的思想理念及制度上的原因，如“计划学术”和“全民学术”。但研究者素质的低劣和思维能力的平庸、弱化，也不能不说是主要的原因所在。

第三，人文社会科学的功用更深层地体现为“无用之用”，目前的着力点应在人文素质和思维能力的开发与提升上。

第四，思想是一种尊严。人的最大的耻辱是不善于思考；人的最大痛苦是思想被压制，有话不能说；人最幸福、最光荣的就是自己的思想得到别人的承认、赞同、肯定和拥护。

思想是重要的，尤其对于知识分子。赫伯特·费格尔在报告中说，爱因斯坦曾经对他说过：要是没有这种内部的光辉，宇宙不过是一堆垃圾而已。在俄国哲学家看来，人不是世界可以忽略不计的渺小部分。别尔嘉耶夫在《自由精神哲学》中说，人是由三部分构成的，是三维的人，是精神—灵魂—肉体的有机体，而精神、思想自然属于最高的位置。对于知识分子来说，这意味着什么呢？就是独立、自由，就是陈寅恪所说的“独立之精神，自由之思想”，这是一种操守的坚持，它隐含着一种对外部的有原则的固守与对抗，因此，它不可能惧惮任何压力。正是这个东西，在陈寅恪先生看来，“历千万祀，与天壤而同久，共三光而永光”。

思维问题是一个重要的科学问题，它值得研究是毋庸置疑的。而人类对于思维科学的研究，还远远落后于自然科学和社会研究。因此，它为人们留下的研究空间是巨大的、宽广的。

本书作者刘庆昌博士现为山西大学教育科学学院教授，二〇〇二年至二〇〇五年他在西北师范大学教育学院攻读教育学原理方向博士学位期间，博学、审问、慎思、明辨，一心致力于教育学术的学习与思考，并确定以“论教育思维”为博士毕业论文的题目。为研究这个问题，他搜集了许多资料，思考了许多未被人们注意和思考过的问题，结撰了近二十万字的博士论文。他在这个领域持之以恒，耕耘得极为辛苦，论文概念明晰，思路清楚，结构合理，论说精当，构建了作者想要言说的体系，终于蔚为大观，完成了自己的夙愿。我以为选择这样一个题目来做博士论文，其本身就表明了作者对教育理论、对理论思辨的爱好和具有这种能力的自信。实际上，庆昌对此问题的研究，颇具心得，也颇有收获，论文得到评阅者的高度赞扬。据我所知，他在就学于西北师范大学之前就已开始了这项研究，发表过不少相关文章，在西北师范大学三年读书期间又作了更集中、更系统全面的研究。由于庆昌在此学术研究领域具有时间上的一以贯之的特点，所以他的成果便随之具有一定的长远性、持久性。现在他把它作为一本专著出版，使它走向更广阔的空间，则意味着为它增添了更广泛的影响力。我闻知此事，内心感到无比的高兴，并愉快地应庆昌之请作了以上的一番言说，以表示我喜悦的心情，并作为对此书和作者的衷心祝福。

V 人文社会科学学者应是一种什么样的人*

时间真的有如白驹过隙，过得很快。庆昌自二〇〇五年在西北师大教育学院攻读教育学原理博士学位毕业至今已十三年了。在这十多年时间里，他置身于教育教学工作第一线，并担负着有关教育管理的诸多行政事务。但他在这些工作之余，一直未忘学习与研究，始终认真治学、潜心学术，孜孜不倦、耕耘不息，已先后出版了《教育者的哲学》《教育知识论》《教育思维论》《广义教学论》《教育工学》等教育学术专著。在此过程中，我们不能不对其所表现出的专心致志、锲而不舍的敬业、为学精神和业已取得的斐然成绩留下深刻印象，并给予充分的肯定。

在庆昌的这些著作中，我们可以看到这样一个特点：它的基本内容和他所表现的学术旨趣、学术功力和其思考所及的重心，主要在知识、思维、哲学这些方面；他的教育研究主要是一种理论研究，而这种教育理论研究无不与知识、思维、哲学这些更为宏观的理论问题紧密联系、密切相关。这本《教育哲学新论》便是他二十多年来以哲学的方式对教育相关问题所做思考的心得概括与总结。因此可以想见，这本新书的问世在作

---

* 此文系作者为刘庆昌著《教育哲学新论》（科学出版社2018年版）一书所写的序言。

者至今的学术生涯中占有何等重要的地位！

本书从结构上说，包括绪论在内，由四部分组成。即管窥教育哲学、论教育、论教育者和论教育学。绪论部分所要表达的便是作者的教育哲学观。后三部分内容则是作者对教育、教育者、教育学分别所作的分析与阐释。作者申明，这不是一本教育哲学的教科书，而是一本旨在表述作者本人教育思想和教育理论的专著，可供教育研究者，大学教育学专业的本科生、研究生阅读。

基于以上这个简单介绍，读者朋友自然也可想见，本书和作者以往一些著作一样，是一本用心之作。而且作者尤会以其独特的视角，独辟蹊径的思路，酣畅淋漓地将本书的内容呈现在读者朋友面前。察前人之所未察，发前人之所未发，亦言前人之所未言，会在理性上使人得到深刻的启迪。在这方面，我想就请读者朋友自己去品读、发现和思考。我这里就不再作具体的介绍和言说了。只是由于作者是一个惯于和善于对教育作理性审视的学者，也不由得在这里引发了我对一些有关问题的联想和言说。此联想所及的便是人文社会学者应是什么人的问题。下文就这个问题和大家作点交流。

读了庆昌的这本著作后，联想到人文社会学者应是一种什么人的问题。我首先想到英国著名哲学家罗素曾说过的一句话："一个人是和他的了解和思考相等的，也就是说你了解和思考着什么，你就是什么样的人。"

我还想起了十八世纪法国著名思想家卢梭的话："无论就男性和女性来说，我以为实际上只能分为两类人：有思想的和没有思想的人，其所以有这种区别差不多完全归于教育。"

我之所以想起罗素和卢梭说的这些话，原因就在内心是赞同的，正如我也赞同哲学家费尔巴哈说的“人就是他所吃的东西”一样。当然，费尔巴哈说的“所吃的东西”，我以为不能把它理解为人们通常所用的食品，而是指精神食物而言。正是基于这一点认识，我们可以从一个人的读物大致判断他的精神品级，也可以从他所写的作品中认识其人，判别出他是什么样的人。一个在阅读和沉思中常与古今中外哲人文豪倾心交谈的人，与一个只读明星逸闻和凶杀故事的人，他们当然会有着完全不同的内心世界，并且也可以说他们生活在完全不同的外部世界中。因为世界本无定相，它对于不同的人呈现不同的面貌。正是在这样一种认识的基础上，我们完全可以同意这样一个理念：凡是用心灵反映世界的人，在某种意义上，就和世界一样伟大。

卢梭对人的划分方法，我以为和罗素上面说的话，在精神上也是相通的，实际上都在肯定人的精神价值，肯定人的高贵之处在思想、在灵魂。在这方面，思想家们的有关言论还有很多，而且大多思想认识一致。

“人只不过是一根苇草，是自然界最脆弱的东西，但他是一根能思考的芦苇。”这是法国思想家帕斯卡尔的一句名言。他的意思是说，人的生命像芦苇一样脆弱，宇宙间任何东西都能置人于死地。可是，即使如此，人依然比宇宙间任何东西都高贵，而有思想正是人类尊严和价值的最高体现。我们当然不该也不能否认人的肉体自身生活的必要，但是人的高贵却在于他有思想和他有灵魂生活。作为肉体的人，人并无高低贵贱之分；唯有作为有思想、有灵魂的人，由于内心世界的巨大差异，人才分出了高贵和平庸，乃至高贵和卑鄙。

珍惜内在的精神财富甚于外在的物质财富，这是古往今来一切贤哲的共同特点。丰子恺先生说的下面一番话其意也同样在此。丰子恺曾说：人生像一幢三层楼的房子，第一层是物质的，第二层是精神的，第三层是灵魂的。世间大多数的人就住在第一层，一辈子忙于锦衣玉食，尊荣富贵；少数人如学者、艺术家等，他们不肯做本能的奴隶，而专心学术文化；更有少数人对于第二层还不满足，还要爬上楼去探求人生的究竟。无疑，丰子恺先生说的这番话对我们有关人生价值与意义问题的思考也是很有启迪作用的。

有思想，其实就是指生命的有灵性或说是有灵性的生命，所以思想和灵魂实际是一体两面的关系，并在总体上包括在精神生活之内。常听到的一个说法："这个人有自己的头脑"。这其实也是一个意思，只是这是一个比较形象的说法。有思想的人，往往是和有头脑的说法混在一起使用的。

一个有头脑、有思想的人常会以人生、社会、世界作为自己思考的对象，他的大脑可以包容整个宇宙，并在此基础上构建起自己比较系统、完整的世界观、社会观、人生观，并以此来观照大千世界和客观事物。站得高，看得远，能洞察万事万物幽微之理，表现得内心特别强大而不会随波逐流、趋炎附势、俯仰由人。

其实，世间的一切学问，从宏观来看，无论哲学、科学、艺术，其着眼点虽不同，表现方式虽各异，要说其共同的目的，总在使我们对世界获得明确的认识，对人世获得合理的态度，对思维获得严密的方法。学问全境，就是对宇宙、人生全境的探讨与追求，各门学科不过是由各种不同的方向和立场去研究全部的宇宙和人生而已。

但是，我对卢梭说的"差不多完全归因于教育"也不完全赞同。我的看法是既归因于后天的教育，也与人的先天禀赋、神经类型有很大关系。一个人如先天禀赋不良，纵使受了很多很好的教育，也不能保证其必有思想。同样，一个人有学问不同于有思想，有学问的人不一定有思想。有些很有知识学问的人看不清事物背后的逻辑规律，看不清事物的根本和是非，这都说明思想和学问并非可以等同，它们并非在同一层次。但是，有思想的人虽不一定在某种学问上有专长，但一定有超越一般学问家的见解。不过，有思想有头脑的人还需努力学习，接受教育，不断提升自身的素养，使自己成为一个既有思想又有学问的人，因为思想总要以学问为寄寓与依托。但一旦他有了学问之后，则这种学问会更加彻底与深刻，成为一种有思想的学问或说有学问的思想，使思想与学问融为一体，成为人们真正需要的真学问，而其作者便是既有思想又有学问的持有者。而所谓教育，也应包括其人生经历和阅世之所得在内，而其经历中所受过的寂寞与坎坷尤为重要。总之，一个人之所以会有思想，除了教育一途外，也需要先天赋予的资质和后天生活中所经受的磨砺的支持。

思想，是人类从野蛮人向文明人过渡中逐渐发展起来的一种能力，也是只有人类才具备的能力。然而，对人来说，思想是比简单的生存所需付出的体力劳动艰巨得多的一种劳动，是对形而下的生存的一种形而上的超越和升华。这对人无论如何是一种不太愿意接受的考验，所以人是能不思想就不思想的。人一旦出现了某种特殊的形势，或出现了刺激他的思想的“问题”，这形势会要求他作出抉择；他如果不作出抉择就要威胁到他的生存，或那“问题”强烈地吸引他，他如果不解决就会寝食难安，那么“形势”和“问题”实际上迫使他思想了。

思想这个东西是只有思才能得之。不思、不会思和不肯思的人是不会有什么思想的。而且这种思不是一般的思，而是反反复复、呕心沥血、追根究底的一种深湛之思，是对思索结果的升华与提炼。这个过程绝不是一个轻轻松松、轻而易举的惬意过程，而是一个极不平静、经历着环境逼迫、伴随着痛苦的过程。因为人都有惰性，一般说来，人是能不思想就不思想的。一个人能过得去，特别是环境优越，诸事顺利的人，一般不会在这个上头去自讨苦吃的。正因为这些原因，每个时代、每个社会都有思考和不思考的人，人也就可以划分为有思想和没有思想的人了。

我写了以上这一大篇文字，用意何在呢？概括地说，既对作者为学为文及其作品表示了肯定之意，也在这方面对作者今后所从事的学术事业提出了我的期待：精益求精，与时俱进，更上层楼，努力做到如丰子恺先生说的“还不满足，还要爬上楼去探求人生的究竟”那样。并有在以上所言说的问题上与大家作点学术思想交流之意。

是为序。

VI 关于什么是儒家传统修养问题的学理解读*

“修养”，即古人所称的修身。它和修己、克己、成己等词的含义是一样的、一致的。它原本就是一个传统的概念，确切地说，是先秦儒家学说所主张的一种思想理念，限于伦理道德的范畴。

先秦儒家传统修养理念，集中反映了我国优秀传统文化的基本精神和根本要求。作为中国传统文化的一部分，它不仅源远流长，影响深广，而且其本身就具有博大精深的理论体系。其思想理念涉及我国古代哲学、伦理、文化、教育等诸多人文社会科学学术领域。几千年来它与中华民族的精神文化生活及整个社会精神文明建设密切相关。它的理论与实践不仅为历代知识分子所熟知和广为应用，并有其深刻的思想理论意义和学术价值，很值得作为一项专门课题来研究和认识。

“修养”一词在今天人们的社会生活中具有广泛性，它可以应用到思想、政治、道德、知识、技艺等方面，还包括一个人在待人、接物、处世过程中所显现的风度、仪表、言行、举止等方面的文化内涵，而不光指道德品质。在今天，它由于仍为人们所普遍接受和使用，而有了与往昔相比更为丰富的内容和崭新的含义和意义。

---

* 此文原载《中国教育科学》2019年第2期。

有鉴于传统修养在现实生活中所一贯具有的重要意义，笔者想从学理上对它作一番较为系统、完整的梳理、解读和深究已非一日，而虑及这在客观上又必然是篇涉及面极广的大文章，操作起来费时费力，难度之大不难想见，故一时也不无踌躇与迁延。我之所以终有此项课题之作，对作者来说，这是一种知难而进，勉力为之之举。由于长期以来受中国传统文化熏染，以致我藏诸内心的对中华优秀传统文化，特别在其中起主导作用和占主体地位的儒家思想文化由衷敬仰和热爱。幸学界方家硕彦有以鉴之并教正焉。

我这里所说的“学理”二字，主要是指哲学和教育学方面的学术理念，其意就是要从哲学和教育学的角度来对流传于中国历史上数千年之久的传统修养理念作一番大致的梳理与解读，以使其更显系统、完整和清晰。

一、“修养”是一种传统文化，并非来自外国，它是中国的土特产

在中国，“修养”是悠久传统文化中的一个传统的概念，并且是其中的一个核心概念。它所反映的是先秦儒家有关道德思想的根本主张。

这是本文对什么是传统修养问题所要做出的第一个回答。

在这里，我以为，我们不妨首先探讨、了解一下“传统”是什么。

“传统”二字，简言之，就是过去流传到现在的东西。历史是一条长河，是一个不断地纵向发展的过程。传统在人们生活的过去、现在、未来的历史过程之中流动。传统在时间上当然是和过去相联系的，但它并不等于过去，它虽然产生在过去，

但必然是影响甚至决定着今天生活的东西。这种东西，既可能是行为准则、思维方式，也可能是价值取向等。因为任何人都不是从零开始，都是在既定的历史条件下开始生活的。正如黑格尔所说："我们之所以是我们，乃是由于我们有历史。"

传统从其内容和性质上来看，它是人类文化的积聚，人类精神所创造的每一种文化成果都积聚在传统之中。而文化的流变有如一江逝水，总是处在不断的吸收、融合、变化、发展之中，不可能停止或中断。我们必须懂得，传统并非只有守旧性质，它和创新不是对立的。中国的文化和中国的文化传统，就是一个在传统的基础上创新的过程。每一次创新都以传统为根基，而每一次创新和对外来文化的每一次吸收，也都会构成传统的组成部分。正因为这样，传统是人类智慧的结晶。如果我们把文化看成一个系统，那么，可以说，传统与现实同在。古人的智慧对现代人类活动依然产生着影响和具有指导作用。中华文明是人类历史上最辉煌绚丽的文明之一。它正是这样的一种传统文明，其思想文化传统源远流长，影响至今。

所以，中华传统文化在中华民族生命史上具有相对恒定的文化特质。其内在结构和深层因素是不会发生根本变化的。它是一种肇始于过去、融通到现在、直达于未来的一种价值趋势和观念之流。新旧交融性是其一大特点，相对的稳定性，是传统文化的又一大特点。它能超越王朝的更迭与学派的争论而长久延续，不随时光流逝而被历史所淘汰，因此广泛的社会性是第三个特点，其第四个特点是伦理的认可性。

但是，对二十世纪和二十一世纪的中国来说，人们谈到的所谓传统文化，主要还是相对于今天在中国所客观存在着的一种外来文化即西方文化（西学）而言的。正因为此时的中国有了西学，才出现了与之相对应的中学，中学也就是指中国传统文化，特别是其中的精神文化和学术文化。所以，在二十世纪和二十一世纪的今天，人们说到传统文化也就包含原有的、固有的意思，即原有的固有的文化之意，而所谓中国传统文化也就成为中国原有的固有的文化了。

在十九世纪之前的中国，我们固然不能说在长期历史发展过程中没有受到过外来文化的影响，但是，主导整个中国人民社会生活的基本上是清一色的本土的固有的民族文化，这是可以断言的。但自从一八四〇年鸦片战争之后，由于封闭的国门被打开，情况就不同了。西方文化自此不断从欧洲一些国家和美国、日本传入中国。所以，在今天的中国社会里，我们讲文化，不能不看到，不仅存在着原来就有的、由中国人自己所创造的文化即中国传统文化，也大量存在着一种原来为中国社会所无，并非由中国人所创造的西方文化及外来文化。所以，所谓传统文化在二十世纪后期的人们的观念里，首先是相对此时中国社会中出现和存在的这种外来文化来说的。否则，如果此时的中国社会也和十九世纪之前那样，只存在单一的本土文化，也就不会有什么传统不传统、传统文化和非传统文化这样的话语出现了。

总之，所谓传统文化，在当今中国，是相对于外来的西方文化来说的。而从根本上来说，它是指几千年来，在中国这块土地上，由中国人所创造并广泛影响着中国人民的社会生活、精神生活的一种属于中华民族的文化存在，亦即中华文化。

中华文化，源远流长，而儒家思想在中华文化史上具有举足轻重的地位。不了解儒家思想便无法了解中华文化的特质、优点及局限。

正像西方思想文化的源头是希腊一样，在先秦儒家看来，中国传统文化发端于尧、舜时期。孔子以为，中国对后世影响深远的文化文明的内容，大都可以从尧、舜那里找到源头。《中庸》用“祖述尧舜，宪章文武”这两句话来概括孔子思想的渊源是十分恰当的。

而中国从尧舜时代开始的古代文化，是一种以人生道德问题为中心的社会伦理型文化。这个特点在《尚书》一书中就有清楚明白的表达。《尚书·尧典》中有“克明俊德，以亲九族，九族既睦，平章百姓”，《尚书·舜典》中“契，百姓不亲，五品不逊，汝作司徒，敬敷五教，在宽”，另外《尚书·太甲下》中还有“德惟治，否德乱”等语，这些反映的正是这种以人性为基础，以人生道德问题为中心的社会伦理精神。而中国古代文化文明主要体现在诗、书、礼、易、乐、春秋的“六经”之中。“六经”之名，始见于《庄子》，是指总结古代文化遗产的六种经典著作（后来《乐经》散佚，只剩下五经）。六经是中国古代文明的丰碑，全面反映了上古时代中国政治、经济、教育、文学、史学、哲学、宗教、科技生产等各方面的情况，代表了当时世界文化的最先进水平。

《汉书·艺文志》说儒者流：“游于六经之中，留意于仁义之际，祖述尧舜，宪章文武，宗师仲尼，以重其言。”

孔子以前，中国文化已经有两三千年漫长历史。韩非说：“殷周七百余年，虞夏二千余岁”（《韩非子·显学》）（近人或谓作虞夏七百余年，殷周二千余岁）。孔子的工作正是对尧舜以来夏、商、周三代文化积累的重要总结。这具体表现在对可为中国古代思想文化最高成就标志的“六经”的整理工作上。

孔子崇尚“六经”，对“六经”相当精通，并用以授徒。

六经中的不少内容，也是儒家思想的直接来源。《诗经》这部我国最早的诗歌总集，就是由孔子删定的。其中的《烝民》一诗中说的“天生烝民，有物有则，民之秉彝，好是懿德”谓人人生来不是有罪而是有德，认为人人具有朴素的好德之心，应发扬人的这种好德之心，以达到人际关系的和谐。这首西周时期的古诗和以后孔子的仁德思想一致，应视为是儒家伦理思想的渊源。

春秋（前七七〇——前四七六）及战国（前四七五——前二二一）时代是中国古代历史上一个重要转折点。这个时期学术思想的发达主要表现在出现了“处士横议”“百家争鸣”的局面。

先秦百家，扼要而归纳之，实为两大派。一派是法先王的，如儒、道、墨等流派；一派是法后王的，如法家、兵家、纵横家。法后王的学派，是一种适应于战时体制的学术。作为对比，法先王的诸学派，则是从夏、商、周三代的和平时期概括出来的学术。

春秋战国时期中国人智慧与激情碰撞，群贤毕至，佳作迭出，魅力闪烁，百家争鸣，各美其美，互为对峙。各派之间互为呼应，自由发挥，又互为吸收，颇有“岸草青青对沧波，一曲晴琴谁来笺”的气势，为中国文化打下了深厚的基础。尽管这个时期多是冲突、动荡的乱世，然而理论之繁茂和学术之昌盛，令人着迷。

中国传统文化形成在商周时期，到了春秋战国时期，传统文化的基础已经奠定。与西方文化相比，中国传统文化较早摆脱了“神”的统治，脱去“神”的痕迹，表现出浓重的人文气息。

在世界文化史上，中国人较早地把眼光从“神本”转移到

“人本”上来。

“九曲黄河万里沙，浪淘风簸自天涯。”（唐刘禹锡句）中国传统思想文化犹如一条波澜壮阔的大河，当我们沿着大河溯流而上，追寻源头时，就会发现那里原来是质朴无华的远古暨三代（夏、商、周）。自这源头之处，自这天涯之所，中国传统思想文化的大河又一路“纳细川于巨流”，形成气势磅礴、一泻千里的壮阔景象。

儒家最主要的特色是：传统主义、文化主义、教养主义、人本主义和主仁爱。儒家也反聚敛，反苛政。由于儒家是从整理三代历史出发来形成自己的理论体系（道、墨诸家近于儒家），所以，若是就君权制约与自由议政的思想素材而言，儒、道、墨诸家才是不折不扣的改革派，他们其实是春秋战国时期的未来学。所以天下统一后，儒学昌盛并非偶然。

儒学是古老的，它是中华民族的传统文化之一，几千年来都是支撑中国人的主流思想，是人类古老文明的重要组成部分。儒学又是年轻的，它有着蓬勃的生命力和巨大的现实意义，在世界各国、各民族、各种文明交往的过程中为人类文明的进步提供了丰富的文化营养。儒家思想自孔子创立以后，主要朝着两个方面发展。一个是孟子的“反求诸己”；一个是荀子的“以礼显仁”。汉以后到宋明时期，孟子思想的传承成为儒学发展的主流。“反求诸己”从某种程度上代表着整个儒学，因而，孟学在一定程度上又是儒学的代名词。

孟子自幼受儒家思想的熏习，对儒家思想产生了浓厚的兴趣，后又“私淑孔门后学”，以继承和光大儒学为毕生追求，形成了以“民本”“仁政”“王道”和“性善论”为主要内容的孟子学说，为儒家学说的发展立下了不朽的功勋。孟子学说在儒家学说的传承过程中起到了承前启后、继往开来的作用，它与孔子学说结合在一起，形成了中国儒家学说的基础——孔孟之道，成为中华传统文化的主干。孟子有渊博的知识和很高的道德修养，在中国学术史上影响至深。他的思想对中国哲学、政治、教育思想的发展、民族道德观的形成产生了深远的影响。

孟子的基本主张是“仁义内在，性由心显”，特别注重心的作用。

关于中国传统文化的中心内容和根本性质问题，梁启超曾说过“内圣外王之道”一语，包举中国学术之全体，其旨在内足以修养而外足以经世（梁启超：《庄子天下篇释义》，《饮冰室合集·专集第十八册》），应该说这是对儒学的核心精神极其准确和十分妥帖的概括。

“内圣外王”最早见于《庄子·天下篇》，它由两个命题组成：一是“内圣之学”，主要指个体的道德和学问修养；二是“外王之道”，主要指对理想社会的向往和治理国家的规范。它实际是历代儒家的“治世”主张。儒家认为，“内圣之学”必然可以推进“外王之道”。把个人品德修养与国家政治统一起来，以实现“修身、齐家、治国、平天下”的政治理想。因此，以“德”治天下，是道德介入政治，并为政治服务，成为儒家政治文化的基本特征。这种“德治”观念的含义是：以道德作为治理国家的基本手段和方法，并建立起一个人们普遍遵守的、以“仁义礼智信”为基本道德规范的理想社会。

其实，由“内圣”扩展到“外王”的思想，儒家创始人孔子在《论语》一书中早就有了构想。孔子曾说，他对人最感忧虑的，就在于“德之不修，学之不讲，闻义不能徙，不善不能改”（《论语·述而》）。他认为，要成为有道德的人，不仅应当“修己以敬”，即修养好自己的品质，严肃认真地对待一切事物，而且应当“修己以安人”，达到“修己以安百姓”（《论语·宪问》），即养成高尚的道德品质之后，还必须使百姓得到安全和安宁。这“修己以安人”“修己以安百姓”正是“内圣外王”之道的真谛。他的“修己是起点”，做的是“内圣”的功夫。“安人”“安百姓”是理想的实现，完成的是外王事业。“修己”的含义与“克己”“成己”相同。“以安人”“以安百姓”则可说是儒家“外王”思想的初始。后来，《大学》所说的“治国、平天下”是对上述思想的进一步发展。

内在修养与外在事功的一致与和谐，是孔子理想人格的最高层面。由内圣通向外王，是内圣的延伸，这是儒家学问的基本纲领。内圣外王是孔孟所追求的理想人格，他们作为这一理想人格的开辟者，对内圣外王之间的不同，尚缺乏清楚明晰的认识，往往以为随着内圣之学的实现、外王的社会政治事功也就自然跟着实现。对内圣外王之学建立起较为完整的理论体系的著作是《礼记·大学》。《大学》的三纲领与八条目，对先秦儒家而言，代表着内圣外王之学的阶段性总结，而对宋明理学而言，又构成新的圆圈的圆心。

儒家道德修养文化，最终具体地反映在《大学》之中，现节录如下：“大学之道，在明明德，在亲民，在止于至善。知止而后有定，定而后能静，静而后能安，安而后能虑，虑而后能得。物有本末，事有终始，知所先后，则近道矣。古之欲明明德于天下者，先治其国；欲治其国者，先齐其家；欲齐其家者，先修其身；欲修其身者，先正其心；欲正其心者，先诚其意；欲诚其意者，先致其知。致知在格物。物格而后知至；知至而后意诚；意诚而后心正；心正而后身修；身修而后家齐；家齐而后国治；国治而后天下平。自天子以至于庶人，壹是皆以修身为本。其本乱而末治者，否矣。其所厚者薄，而其所薄者厚，未之有也！”《大学》中的这段文字，朱熹认定：盖孔子之言，而曾子述之（二百零五字）；其后的传十章，则为曾子之意，而由其门人记之（一千五百四十六字），两者共一千七百五十一字。

这是一段总结性的文字，对于修身的目的、意义以及如何做的先后步骤等方面的问题，做了概括性的阐述。“修身、齐家、治国、平天下”这九个字充分说明了修身的重要意义：只有修好了身，成为“内圣”，才能实现“治国、平天下”的“外王”理想。这也就是儒家的“内圣外王”思想。

孔孟认为，人生的辉煌和价值取决于个体的主观努力，更取决于人自身的修养与教育，修养与教育本身是人的价值的体现，它伴随着整个人生历程。人首先要意识到自己与禽兽的区别，人为万物之灵，五行之秀，人在世界上是最伟大、最崇高的，人是世界的中心、社会的主体，人有自己的自立、自尊和自重的人生准则，其根本原因在于人有仁义、道义。

自孔孟以来，“为己之学”确以“制心”为第一要务。宋明理学，无论程、朱、陆、王，莫不以此为要旨。“为己之学”是传统儒家思想的精粹。孔子之学最核心的部分是什么呢？现代儒学著名学者徐复观先生曾说他自己到临死前才体悟到：原来是“为己之学”。

不仅是儒家，在先秦时代，除法家外，其余墨、道二家代表人物，对于人类社会的道德都持积极的肯定态度，对人的道德修养也都具有共识，他们也都主张和倡导人的道德修养。

下面让我们看看墨、道两家代表人物在这方面的一些言论和见解。

在先秦曾与儒家并称显学的墨家代表人物墨子，曾著有《修身》《习染》等文来专门谈论道德修养问题。他说："君子察迩而迩修者也。见不修行，见毁，而反之身者也。"他说："世之君子欲其义之成，而助之修其身则愠。"他还说："谮慝之言，无入之耳；批扞（捍）之声，无出之口""所令（善）非身弗行"，即自己知道不对的不要去做。此外，他还主张"赖其力者生，不赖其力者不生"，提倡勤劳和节俭，反对"恶恭俭而好简易，贪饮食而惰从事"，提出"俭节则昌，淫佚则亡"，认为"志不强者智不达，言不信者行不果"，"士虽有学，而行为本焉"。

老子所著的《道德经》是道家主要经典，它认为："重积德，则无不克。""含德之厚，比于赤子，蜂虿虺蛇不螫，猛兽不据，攫鸟不搏"。老子很强调"自知者明"，"胜人者有力，自胜者强"。他还说："圣人无常心，以百姓心为心。""修之于身，其德乃真；修之于家，其德乃余；修之于乡，其德乃长；修之于国，其德乃丰；修之于天下，其德乃普。"以上这些都足以说明修养是一种传统文化，也是中国传统文化中的一个核心概念。《道德经》不仅反映道家有关道德思想的根本主张，也反映了它是先秦时代墨道各家的共识。

"修身"的原意大概是指身体的外在修饰，如衣服冠履之类。中国古代有"礼"的传统，古人行礼时是很讲究的。今存《仪礼》一书所收"士冠礼""士相见礼"等篇，都对"士"的外在修饰有很详细的规定。"礼崩乐坏"后，各派思想家都对"礼"的传统加以改造，其结果是使原来讲身体外表修饰的"礼"变成了精神上的修养。前引孔子、墨子、老子三家的话，显然都是精神上的状态——"家""义""德"。不但如此，孔子的“修己以敬”也和墨子的“修其身”有相似之处，同是以“君子”为对象。“君子”在孔、墨时代则是以“士”为主体。这不是说“士”以外的人完全不需要修养，荀子便说过：“臣下百吏至于庶人，莫不修己而后敢安正。”《大学》也说：“自天子以至于庶人，壹是皆以修身为本。”但是先秦诸家论精神修养，主要是以知识人为对象，则是不成问题的。所以，在今天来说，对一个知识人来说，特别是教师来说具有重要的意义也就毋庸置疑了。

二、修养作为一种教育思想，从教育理论上讲，它是一种自我教育

这是我们对什么是修养这个问题所作的另一种回答，也是本文对什么是儒家传统修养问题所作的教育学解读。

笔者以为，现代儒学著名学者徐复观说他到生命的最后阶段才体悟到儒家学说最核心的部分原来是“为己之学”，这个见解是十分准确和深刻的。儒家修养理论在道德实践上要求自律，在求学、求知、技术、文化上主张自求自得则更具有“为己之学”的根本特点。什么叫“为己”？简单讲就是一切求之于自身。一个人有没有道德，有多高的品行操守，要靠自己的努力来决定。一个人有没有知识文化、技术技艺，有多高的知识、文化水平，也要靠自己去求、去得，才有结果。所谓“为己之学”，所持有的就是这样一种思想主张。所以，既然是这样，它作为一种教育思想或者理论，就可以被理解成是一种自我教育。所谓自我教育，是指人的学习、求知这种活动，是以学习者为主体来主动地进行的，它和以外因为主的教育活动在理论上是有区别的，尽管教育和自我教育这两者在实践上是紧

密结合的。

在教育理论上，教育和自我教育是一对具有相互依存关系的并列概念，其共同的上位概念是文化和知识、技艺、思想、理念等。也就是说，教育和自我教育都是人类文化的传承手段，它们的共同点就在这里。但此二者又因各自具有不同的质的规定性，而存在着根本的区别。具体来说，教育的根本特点是在其文化传递、继承过程中的师授性、他控性；而自我教育与此不同，其根本特点是对知识、技艺、思想、理论等精神文化的继承吸收的自控性与自授性。前者从社会整体出发，后者则从社会个体着眼，从人接受知识和文化的角度来说，前者具有被动性，后者则有主动性；前者以外因为主，后者则是以自取、自求、自助的内因方式为主。

人非生而知之，人们的这一特点，决定了任何人都要接受一定的教育。否则，他就不能成为人，不能成为生活中合格的一员。这也决定了人类社会不能没有教育。然而，由于人的境遇的不同，每个人的学校教育的时间和层次都会不相同，有的人能有条件在学校接受老师很好的教育，使得自己成为对社会有用的人才；但也有的人无此条件，靠着自己努力学习，取得了学业上、技艺上、学习上的非凡成就，从而成为出类拔萃的人才。这些自学成才者也就是靠自我教育取得的结果。著名历史学家钱穆仅小学毕业，没有上过中学、大学，但他后来是北京大学、西南联大的教授，这完全是他靠自己努力学习、不断进行自我教育的结果。著名文学家沈从文仅是初中毕业，他后来之所以成为著名文学家和西南联大的教授，同样也是自我教育的结果。

沃特·斯科特爵士曾说："每个人教育的精华部分，就是他自己教给自己的东西。”而这一名言其实适用于每一个在文理科或艺术领域内的成就卓著者。一般来讲，学校里获取的教育仅仅是一个开端，其价值主要在训练思维并使其适应以后的学习和应用。别人传授给我们的知识远不如通过自己的勤奋和坚韧所习得的知识深刻久远。靠劳动得来的知识将成为一笔完全属于自己的财富，它活泼生动、持久不息、永驻心田，是仅靠被动地接受别人的教诲所无法企及的。这种自学当然需要才能，但更能培养才能。一个问题的有效解决有助于探索其他问题的解答，只有这样，知识才能转化为才能。无需设备、无需老师，自己积极地努力学习就是唯一的关键所在。

事实上，孔子、孟子也是接受他人教育很少的人，他们都是自学成才者。孔子说“吾十有五，而志于学”，这个“学”，不是在学校读书求学，而主要是自学，是“三人行必有我师焉”，是“入大庙，每事问”。孔子学无常师，到处访求名师指点，“问礼于老子，习乐于师襄”。他对待学问的精神是很感人的。他不认为自己是个圣人，但他自认是个“诲人不倦”“学而不厌”的人。孔子不仅乐于学、刻苦自学，而且懂得怎样去学：“温故而知新”“学而不思则罔，思而不学则殆”。这些他都努力做到了，他渊博的学问和深邃的思想学说都是他自求、自得、自学的结果。

这种情况说明，在人类社会中既有教育这种用于传承人类文化的手段，也有自我教育这种传承人类文化的手段。二者缺一不可，并且都是客观存在着的，人们是不应对之视而不见、置身于其中而不顾的，反而必须在教育理论上予以肯定和做出充分的说明。

根据以上内容的说明，我们不仅可以看到在教育学史上，历来存在着两种不同的教育观，由外而内和由内而外的教育观，而且可以看到两种不同的教育家：主由外而内和主由内而外的教育家。

教育学史上，表现为由外而内的教育观，把教育比作制造物品的过程，有“铸人”之意。英语instruction一词其意与此相一致。instruction一词词头的in，是“注入”（instill）的意思，再从此意出发，在教育理论上，又自然导致产生“教师本位”或称“教师中心”的教育思想。

由内而外的教育观，把教育比作植树种地，有“树人”之意，英语education一词，其意与此相一致。education的第一个字母“e”有“引出”（elicit）的意思。苏格拉底的“产婆术”（maieutic）思想反映的正是这种教育观。在苏格拉底看来，人是有思想的，知识是一种“自我认识”。他采用问答法（即谈话法）进行教学，其意是让学生自己去寻找答案。所以苏格拉底的教学原则是“教师的暗示”和学生的“自助”。夸美纽斯在《大教学论》中讲得更加生动形象，他把学生的“主动性”“自觉性”作为一条原则提出来。他说：“凡是强迫孩子去学习功课的人，他们只是给孩子们很大的害处，因为他们能够期望着什么呢？假如一个人胃口并不好，却又被迫吃食物，结果便是疾病与呕吐而已，至少，也会不消化，不痛快。反之，假如一个人饿了，急于要吃食物，他就立刻可以把食物加以消化，容易把它变成血肉。”夸美纽斯在这里十分强调教师要注意学生的求知欲望和热情，后来裴斯泰洛齐、福禄培尔发展为“展开说”“形成说”，并到杜威发展为“儿童中心主义”。

这种情况不仅在西方出现，在中国教育史上也有各执一端的类似情况。其中可以以荀子和孟子二人作为代表。荀子提出了性恶论，他认为人生来本性是恶的，人之所以为善全靠后天努力。他说："人之性恶，其善者伪也。"人性中生来就有"好利""嫉恶""好声色"等不好的欲望。他明确指出天性是天生的本质。他说："生之所以然者谓之性。"由此，荀子非常重视教育的作用。他认为人与禽兽的分别以及人与人之间的区别不决定于天生本性，而决定于人的学习和教育。他说："为之，人也；舍之，禽兽也。"他甚至认为人的贵贱、智慧和贫富之分都取决于教育。"我欲贱而贵，愚而智，贫而富，可乎？曰：其唯学乎！"由此可以看出，荀子特别重视教师的地位与作用。

和荀子的教育观相反，孟子是一位"性善论"者，他认为人性生来就是善的，人生来就有不学而能的"良能"和不虑而知的"良知"。仁、义、礼、智等道德都是人原有的本性。他由此得出了"人皆可以为尧舜"的结论。孟子是个非常重视学习和自我教育的教育家。孟子从性善论出发，论证了教育在人性发展中的作用。他认为既然生来就有仁、义、礼、智各种善端，因此教育的第一步功夫就是引发原来的善性。"学问之道无他，求其放心而已矣。"孟子主张"君子深造之以道，欲其自得之也""自得之，则居之安，居之安，则资之深；资之深，则取之左右逢其源"。这说的是，学生要想得到高深的造诣，必须依靠正确的学习方法。有了这种方法就能自觉地有所得。自觉地有所得，就能牢固地掌握它而不动摇，牢固地掌握它而不动摇，就能积蓄很深；积蓄很深，就能取之不尽，左右逢源，达到自觉地学、灵活地用的境界。

正是因为孟子和荀子这两个人的教育观并不相同，在修养这个问题上，孟子所要解决的问题是：人为什么能"为仁由己"？而荀子所要解决的问题是：为什么必须对人"约之以礼”？孟子着眼于解决修己与安人的可能性问题，而荀子所要解决的是修己与安人的必然性问题。而在荀子看来，只有肯定人性是恶的，“约之以礼”才能成立。

儒家把修养叫修身，也叫修己、克己、成己，儒家认为它是思想文化传承的手段，主要靠自己的主观努力，靠自己的格物、致知、诚意、正心，而不靠外力、他律。孔子说：“君子求诸己，小人求诸人”，又说：“古之学者为己，今之学者为人”，这些都表达了孔子的这一思想。他的“为己”不是要人自私自利，而是要人修己，做一种身心修养自家受用的学问。“为人”则是以智求知于他人的学问，时流风尚不是孔子所关心的学问。《大学》说：“物有本末，事有始终，知所先后，则近道矣。”这里的“物”和“事”指的是什么呢？指的是“在明明德”和“在亲民”二事，指的是“修己与安人”这两者，而这里的“本”和“始”指的则是“修己”“明明德”和“内圣”。从教育理论的角度来看，其本质都是一种自我教育。

三、修养的含义和主要特点

（一）修养的含义

以上说的，所要表达的主要是这样两个方面的意思。一是先秦儒家思想文化固然是中国传统文化中的重要组成部分，并且是中国传统文化历史长河中的主流和主峰，但它也不是无本之木、无源之水，而是有其来自、有其产生的历史原因的。从尧舜开始到春秋战国这段中国传统思想文化存在与发展的过程，便是儒家思想文化得以产生和出现的根源所在。而传统修养也同样，它固然也是儒家思想文化的重要内容，但儒家思想文化和传统修养这种思想文化之间也同样存在着一种“体”与“用”

的关系问题。说传统修养对传统儒家思想文化是“用”，用孔子的话来说，它是“仁之方也”。这“方”，用现在的语言来说，乃是指用它来传承儒家思想，是手段。二是表明儒家思想文化的中心内容是以“修身为本”的“内圣外王”思想，是一种用来克己、成己、修己的为己之学。这是我国历史上出现的一种重要的道德教育理念，也是很重要的教育思想。这种教育思想，从教育学理论上来讲，它是一种自我教育。由于这种教育思想在中国历史上占有重要影响与地位，致使中国自古以来就有明显的以学论教、以学代教的传统心理习惯。中国历史上有一部很著名的教育理论著作——《学记》，而不叫《教育论》或《教学论》；清末中国成立了统管全国教育事业事务的教育行政机构不叫“教育部”而称“学部”，便是人们可见的两个例证。

至此，我们对什么是修养这个问题，也就可以做出如下的理论概括和界说了。所谓修养，它在学理上，简言之，即指人们在实现自己人生目标的过程中，有鉴于自身在道德、知识、技艺等方面实际存在的不足与缺陷，为提高自身在真、善、美、德、智、体、知、情、意、行等方面的精神文化素养所自觉付出的努力活动和过程，以及通过这种努力和过程在自身所形成的积极成果。或者也可以这样来界定：修养是人们为了充实、完善、提高自己在身心方面的精神文化素养所自觉采取的一种自我调整、自我学习、自我教育的文化手段和取得的文化成果。

对于以上的概括和界说，有必要做以下两点说明。

1. 我们可以把“修养”一词作为一种活动、一种过程来看，也可以把它作为在这种活动、过程中产生的一种结果。在社会生活中，当人们说到“修养”二字时，人们常常是从这两个不同视角来认识和看待的。然而这两者之间是存在着明显的不同的。前者的“修养”是动态的，它表现为一种努力、活动和过程，是个动词。而后者的“修养”则是非动态的，是个名词。刘少奇在《论共产党员的修养》一书中使用的“修养”，是作为活动和过程来使用的，所以，论共产党员的修养实际上也就等同于论共产党员的自我学习、自我教育、自我改造之意。而如果把“修养”二字作为人们所已实际取得的成果和成就来理解和使用，如人们常说的此人有很高的政治修养，有很高的艺术修养、学术修养、道德修养等，则此“修养”和人们常说的水平、素质、造诣、成就等概念同义。把“修养”一词作为人们所付出的一种努力、一种活动和过程，此“修养”的英译词可用self-cultivation来表示，把“修养”一词作为人们所已取得的成果和成绩来理解，则可用accomplishment一词示之。

2. 我们所讲的“修养”，主要是指以思想、政治、道德修养为中心的人们文化知识、精神上的全面修养，事实上在肉体、自身形态上也需要不断充实、完善、调整自己，而且人类从来就是这么做的。所以，修养是包括身心内外两个方面的，晨练、跳舞、打太极拳、做保健操、化妆就是从生理上、形体上对自己进行调整。居里夫人曾说：十七岁时你不漂亮，可以怪罪于母亲没有遗传好的容貌；但三十岁了依然不漂亮，就只能责怪自己，因为在那么漫长的日子里，你没有往生命里注入新的东西。居里夫人所说的往生命里注入新的东西是什么呢？很明显是知识、文化、思想，也就是读书和自我修养。

从某种意义上说，读书其实与化妆有着一定的关系，读书是引申意义上的化妆，读书注重的是内在，而化妆注重的却是外表。一内一外，均是为了获得“美的享受”。单纯从读书和化妆的关系上论，两者既相统一又相矛盾。从统一面来看，读书与化妆均是为了美的表现，可谓是殊途同归、目的一致。但另一方面，二者又具有本质上的区别，一个注重内在的长远恒久，而另一个则追求的是“短、平、快”，靠美的外在形式来追求别人的认同，忽略了美的积淀给人的愉悦本质。

其实，读书与化妆辩证存在，读书是化妆的升华，是化妆最高层次的追求。林清玄在《生命的化妆》一书中提到，女人化妆有三个层次，其中，第三个层次的化妆就是改变气质。多读书、多欣赏艺术、多思考，对生活的乐观态度、心地善良，这些都能有效地提升一个人的气质。其实，无论男女，读书才是美的最高享受，而外在的化妆可作为腹有诗书升华的点缀，所以我们切勿舍本逐末，得不偿失。

颜值高不是天生的，父母给的再美好的颜值也不能保你一辈子。一般说来，颜值高，最终要靠读书得来的品味和气质，要靠人的自我修养。其实动物、植物也在不断进行机体和性能的自我调整，不然就难以适应环境，难以生存和发展。

（二）修养的主要特点

1. 修养是先秦儒家思想家、教育家为人们的生活、社会环境的安宁和谐，着眼于社会个体道德完善而设计的社会伦理和文化教育安排。它在理论上确认，强国先要强民，强民先要强魂。如果每个社会成员都讲道德，都讲道德修养，国家、社会自然会得到安宁与和谐。它实际上是人们在社会生活中为协调个人与他人、社会的关系，以使自己更加完善并加强自主性、自为性、自强性的一种必不可少的手段。由于这种“修养”的结果必然直接有利于社会生活的优化与健全，因此，它无疑对任何人都具有普遍性、永恒性，就是说任何人在客观上都需要进行自我修养。但是，人们对此缺乏自觉的清晰的认识。

2. 修养从政治上、思想上讲，也就如人们所常说的，它实际上是政治、思想、道德的自我改造。但这种改造，完全基于主体的自觉和自愿，而不加任何外力到。这是一种基于对人的尊重的自我教育。有一位哲学家曾讲道，凡只讲改造他人而不讲改造自己的人，都是狂妄之徒或“愚而自用”的人，是任何有独立精神和主体意识的人所不能接受的。

3. 任何修养活动，对每个社会成员来说，都是社会文化的内化过程，都是一个以文化为手段进行自我补充、自我充实、自我调整的活动过程。因此，进行修养活动，需要个体具有一定的知识、理论和文化作基础，并且要十分注意向他人学习、向书本学习、在实践中学习，不学习就不能把握和认识道德的知识和原则。孔子说：“博学而笃志，切问而近思，仁在其中矣”，“君子学以致其道”，都是这个意思。

4. 永不自满、永不知足、反躬内省、反求诸己，是人们进行自我修养的重要特点，是修养者主动性、积极性产生的基础，也是修养者所必备的重要品质。孔子说：“不患人之不己知，患不知人也”“不患人之不己知，患其不能也”“君子病无能焉，不病人之不己知也”“君子求诸己，小人求诸人”，这讲的都是一个意思：人应该严格要求自己，唯恐自己无能，不要为别人不了解自己而忧愁；而是要了解别人，以便向别人学习，即“患不知人也”。所以孔子又说：“见贤思齐焉，见不贤而内自省也。”这种自谦、自责的品质和态度，确实是道德修养上人人应有的，人人应该学习的。

还有“吾日三省吾身”“三人行，必有我师焉”，是说要经常检查自己、督促自己，并虚心向别人学习，诸如此类，都是他或他的学生的经验之谈。

5. 修养无止境。人们进行修养，目的是正确认识自己，并在此基础上充分发展自己，不断充实、完善自己，以能成为善待他人、实现时代和社会发展所需要的积极成员为目标。说到底，修养是做人和做事的需要，也是一个人在社会生活中能求得更好生存和发展的需要。一个人担负的社会责任越多越重，修养的要求也越高。而社会在不断地变化、发展，社会的文化也在日新月异地进步，社会对人们的要求也越来越高。这个情况决定了任何人的修养不仅是必要的而且是永无止境的，真的可以说生命不息，修养不止，这是人生的基本特点，也是修养的基本特点。一个真正懂得修养的人，应该始终抱定活到老，学到老，修养到老的勇猛精进、自强不息的积极态度。

四、传统修养的哲学基础

中华民族屹立于世界东方五千年，虽然经历了盛衰变迁，但始终绵延不绝。从文化角度来看，它必然有其足以自存的思想基础。

中华民族不是靠血缘，也不是靠宗教凝聚的，而是靠文化凝聚的。中华民族，正是由不同血缘的宗族、部族、种族逐步在文化认同的基础上形成的结果。而这个中国文化的源头在先秦时就已基本形成，以后只是有些损益而已。先秦文化是后世民族整合的基础和出发点。

中华文化首先把握“生命”，而希腊文化则首先把握“自然”。《尚书·大禹谟》说：正德、利用、厚生。这当是中国文化生命里最具根源的观念形态。因为向生命处用心，所以对自己要正德，对人民就要利用、厚生。正德、利用、厚生这三事实则就是修己以安人、修己以安百姓这两事。正德是道德的，利用、厚生是政治的，这就开启了后来儒家的“内圣外王”之学。正德是内圣事，律己要严，利用、厚生是外王事，对人要宽。这个观念形态也可名为“仁智合一”的观念形态。

周公的制礼，最基本的就是确定人伦。人伦的两个纲领是亲亲之属、尊尊之等，由此衍生出五伦。亲亲、尊尊是文制，人道由此确定，“人统之正，托始文王。”孔子说：“郁郁乎文哉，吾从周”，点出它的彻上彻下的“意义”，此即由亲亲以言仁，由尊尊以言义。这是仁义的文制根源，则其含义即不为亲亲、尊尊文制所限，而广大无边。遂从这里开辟出中国文化生命的全幅精神领域。

传统修养思想在我国历史上之所以能够长期存在，影响深远，这并非偶然，而是集中反映了中华民族赖以自立自强的民族精神的必然结果。

古人曾说“国有与立”，一个国家必有立国的基础。在一个民族的精神发展中，总有一些思想观念受到人们的尊崇，以至成为人们生活行动的指导原则。这些思想观念能够激励人心，所以被称为民族文化的指导思想，亦可称为民族精神。

民族精神必须具备两个条件：一是有比较广泛的影响；二是能够激励人们前进，促进社会健康存在与正常发展。

一个民族应该对自己的民族精神有比较明确的自我认识。那么，中华民族主要精神是什么和表现在哪里呢？

我认为，中国的民族精神基本上凝结在《周易·大传》的两句名言之中，这就是：“天行健，君子以自强不息”“地势坤，君子以厚德载物”。传统修养正是反映了中华民族赖以自立自强的这种民族精神。

孔子的学说何以能发生这样巨大的影响？孟子说他是“集大成”者。清初学者陆陇其认为“孔子集列圣之大成”。总之，孔子融合了前代的优秀文化成果，继承、总结了原始社会后期直至夏、商、周三代的文化传统。其中就包括上面所说的这种民族文化精神。

《周易·大传》也称《易大传》，是一部饱含中华智慧的哲学著作，是儒家哲学的先驱。《周易》的《经》是在孔子以前就有的，它的“传”，如《系辞》《文言》等，也是儒家所作。《周易》的哲学思想就出现在“传”中。早期儒家学派的哲学主要反映在《周易》里。孔子现实的人生追求与《周易》是一致的。

《周易》乾“大象”说：“天行健，君子以自强不息。”坤“大象”说：“地势坤，君子以厚德载物。”这两句话的意思是说天道的特点是乾健，地道的特点是坤顺。君子要像天道那样自强不息，要像地道那样厚德载物。自强不息与厚德载物，对天、地来说，是自然本性，不须思为，本然如此。对人来说，则非自然本性，必须通过思与为方能达到。人的自强不息与厚德载物是有一定的内容，并不是虚玄空洞的。自强是说君子应该用我之强，不断修养自己的德行，完善自己的人格，以达到君子乃至圣人的大境界。厚德载物也是这样的意思，提示人们要培养自己广大宽厚，克让包容的人格。乾、坤两卦卦辞和爻辞讲的全是自强不息和厚德载物。这两种德性若融合于同一个人身上，那人便是《周易》中理想的君子。一个自强不息和厚德载物的人，必然具备仁、义、礼、智四德。《周易》中其他关于德行修养的要求也都不出自强不息和厚德载物这两条的范围。自强不息与厚德载物后来成为儒家学派理想人格的核心，是中华民族传统文化的精神基石。

五、传统修养在中国传统文化中的地位

作为中国传统文化的一部分，传统修养在中国传统文化中有着特殊的地位。可以这样说，不了解中国几千年来的传统文化，就不可能深入了解传统修养；而不了解传统修养，也就谈不上对中国几千年来的传统文化有真正的认识。

中国文化是一种以人生道德问题为中心的社会伦理文化。中国人谈论道德问题甚至可以上溯到春秋战国时代之前。中国古代思想家、教育家们有关道德教育的思想，其主要特点是集中落实到个人的道德修养上。在中国历史上，孜孜以求社会政治的清明，个人道德的充实，人格的伟大，情操的完美的，莫过于以孔子为代表的儒家学派了。

几千年来，从孔子到孙中山，历来的思想家、教育家们在论述他们的伦理道德思想，论述教育和道德问题时，无一不是首先着眼于“修养”问题的解决，并以此为基础的。在长期的社会生活中，人们对人的道德思想表现进行评论时，也无不以有无“修养”为标准和根据。我国传统教育的一个突出特点就是把道德、政治、教育放在首位，并且把这三者融为一体。这就决定了“修养”在社会生活中的重要作用和重要地位，也决定了如果离开道德上的自我修养，就不可能正确认识和把握中国传统伦理道德教育和中国传统教育的理论和实践，甚至可以说不可能正确认识和把握中国的传统文化及其基本内涵。

中国传统文化以儒家学说为基线。儒家文化之所以能植根于神州大地，与儒家在文化整合功能上所具有的容纳百川的巨大活力有关。先秦儒学、两汉经学、宋明理学、现代新儒学，是儒学历史演变中几个主要形态。儒学在历史上不是一成不变的，但有其自身质的规定性，即不变的一面，也就是为各时期

儒家不同流派所共同认可的内容。无论哪一派儒学都重视道德的价值，强调道德修养与伦理教化，并以“圣人”这一理想人格作为努力的最高标准。孔、孟、荀都以此自勉，并教育其学生，他们教学的核心内容就是以德性为主体的自我完善。

成为“圣人”不仅是儒家，也是道家、法家的共同主张，不仅为历代帝王所提倡，也普遍为士大夫所憧憬和认同，成为众多世人的处世哲学。其强劲的贯穿古今的渗透力实在令人惊叹不已。

中国传统文化是我们民族先贤在五千年里生存、在中国这片土地上积累下来的智慧，我们的祖先通过它传授给子孙们如何与天、地、人和平共处，如何遵循自然规律，发挥人创造美好生活的才能。

由于中国传统文化不同于古希腊文化和中东文化（古希腊文化注重人与自然的关系，中东文化注重人与神的关系，中国传统文化注重人与人的关系，把人与社会作为研究的主要对象），因此我国的传统修养偏重道德水平的提高，相对忽视对自然的探索和研究，这也是事实。中国传统文化具有尚虚倾向，作为中国传统文化主流的儒、道、佛三家，在认知和价值取向上，都重内求，轻外知；重主观精神，轻客观世界；重道德完善和社会和谐，轻实事功利和自我存在。在诸如主观与客观、精神与客观、道德修养与功利追求等一系列对应范畴中，前者相对于后者为“虚”。所谓中国文化之虚倾，亦即谓中国文化在这些价值取向上，偏向取其相对“虚”的方面，而轻视相对实的方面。但是，中国传统修养历经几千年而不衰，就足以证明它自身的价值。它那雄厚的哲学基础，博大精深的儒家学说，圆而神的智慧、温润而恻怛的悲悯之情和天下一家的情怀，吸引了多多少少的专家、学者为之倾心。它培养出来的像范仲淹、文天祥那样一大批顶天立地的中国古代知识分子，他们那种以天下苍生为己任的坦荡胸怀，又倾倒、鼓舞了多少有志之士！不仅如此，儒家文化和传统修养也吸引了各行各业的志士仁人；在中国历史上出现数不胜数的确有优异素质的儒将、儒臣、儒商、儒医。他们都以具有儒家所倡导的精神气质、儒者风度为荣，并以修身养性等道德规范来严格要求自己。儒家思想就其作为中国过去的传统思想而言，乃是尧、舜、禹、文、武、成、康、周公、孔子以来最古最旧的思想。然而，就其精神实质，就其所蕴含的人文价值和其在现代及今后的发展而言，也可以说是最新的思想。在今天，我们完全可以在修养问题上，得到现代与古代的交融，最新与最旧的统一。

在笔者看来，“克己修身”是中国传统文化最值得珍视的思想财富。它应该作为中华民族对世界文化的重大贡献，起到有利于人类生存发展的作用。更应当通过教育，大力唤醒长眠已久的中华古典文化传统所蕴含的人文与精神道德境界，如仁义、诚信、博爱、自我约束、对物欲的正反意义的认识，以及天人合一的宇宙观等，使这些古老的民族文化智慧在国民伦理道德中发挥强大的感化作用，使中国人民在全球化的今天有自己精神上的立足点。既与世界各种优良文化广泛交流，又不随波逐流、盲目效仿，在强势大国的商业文化中，我们的世风能保持自己的道德伦理的文化精髓，在现代化的转型中能走出自己民族特色的道路。

具有悠久历史的中国传统文化，是我们一笔巨大的精神财富，其中包含着许多值得我们继承和汲取的精华。

其一，中国传统文化具有强大的凝聚力。它把生活在九百六十万平方千米土地上的众多民族熔铸成为一个血肉相连的整体——中华民族。

其二，爱国主义是中国传统文化的一个特别突出的主题。

其三，中国传统文化提倡积极进取的精神和对社会的责任感。《周易》的“天行健，君子以自强不息”，《论语》的“士不可以不弘毅，任重而道远”，《孟子》的“生于忧虑，死于安乐”，《荀子》的“人定胜天”等都提倡积极进取精神。霍去病的“国家安宁，乐无央兮”，诸葛亮的“鞠躬尽瘁，死而后已”，韩愈的“以国家之务为己任”，范仲淹的“先天下之忧而忧，后天下之乐而乐”，陆游的“位卑未敢忘忧国”等都是以国家社稷、民生民瘼为己任的社会责任感的体现。

其四，中国传统的世界观注重世界的整体性、系统性，注重事物的变化、发展和相互联系，具有朴素的辩证思维方法。

其五，中国的伦理道德，提倡尊老爱幼、与人为善、豁达大度、谦虚谨慎、勤劳俭朴、克己奉公，反对专横跋扈、损人利己、蝇营狗苟、鼠目寸光、骄奢淫逸、图谋私利。

其六，中国传统的价值观，肯定知识的价值，认为获取知识是人生的乐趣，肯定劳动技能价值，尊重劳动成果，主张在为国家、为社会贡献中实现个人的价值等。

中国文化基于德本文化，德本文化基于人性向善，人性向善基于人性本善。

孔子在中国古代确实是一位非凡的智慧的集大成者。在我国封建社会的发源期，他就以人与人之间的关系为纲，对当时的社会制度、文化教育、道德修养、礼仪风俗等诸多方面进行全面系统的思考，并做了言简意赅、精辟深邃的表述，以致他的政治学术思想一直影响到后来两千多年的中国社会。他的许多为人处世的见解和教育求知的思想，至今对人们生存的价值取向、生活的风俗习惯都起着不可低估的影响。

孔子相信道德的力量，相信教育的力量，相信艺术的力量，相信文化传统的力量，相信人与人之间高度负责的道德标准。

儒学是一套全面安排人间秩序的思想体系，从一个人自生至死的生命过程到家、国、天下的组成与治理，都在儒学考虑的范围之内，因此可以说儒学渗透到中国文化的各个层面。

迄今为止，还的确没有第二个人像孔子这样深刻长远地影响着中国的文化和思想，甚至不仅影响着中国，还投射到境外。两千多年来，朝代更迭，帝王更像走马灯似的你方唱罢我登场。但孔子始终受到尊崇，他的思想，他的学说，被代代传承，“天不变，道亦不变”。有一位叫张甲坤的学者曾在其哲学著作《中国哲学——人类精神的起源与归宿》一书中这样说：中国哲学作为中华民族之总的智慧，决不是封建王朝的东西，它既产生于封建王朝之前，也不会因封建王朝之结束而结束。这确实是一个正确的论断。

长期以来，许多人认为儒家思想妨碍了中国二十世纪的民主转型。进入二十一世纪后，仍然有一部分人认为，在以儒家思想为主流的中国传统思想与现代民主之间存在着不可调和的矛盾。这种基于文化相对主义和文化决定论逻辑的观点，除了有其逻辑和事实方面的问题外，还有一个错误的理论前提，即对于儒家思想本身的歪曲与误解。

管好一个社会，人好重要还是制度好重要，这历来就有争论。其实这两者之间是可以双管齐下、并行不悖的。因为，民主政治制度，是制度；传统道德修养，是道德。这是两个不同的独立主体，是两码事。它们的功能与作用不同。它们之间的关系不是谁修正谁、谁影响谁的问题，而是相互补充、相互协作的关系。就像建房的木匠和瓦匠一样，不是木匠修正、影响瓦匠，也不是瓦匠修正、影响木匠。他们修正、影响的是房子，而不是他们彼此之间。他们只是各司其职、同心协力把房子建好。古往今来任何一个有头脑的人都不会偏废一端，忽略二者的作用。民主制度与道德修养二者共同针对的对象是人。他们要修正、要影响的是人，是执政的人、掌权的人。当道德修养对政治制度实际运作中的人不起作用时，民主制度的实际运作就会起到强制的作用。因此，民主制度比道德修养重要得多。它的作用遥遥领先于道德修养。当然，民主制度也非常需要道德修养的配合补充。改造人性之恶，是民主制度和道德修养的共同使命。其实，关于道德与法治之间的关系问题，孟子就说过“徒善不足以为政，徒法不能以自行”这样的话。何况，对今天的中国人来说，道德不是太多了、太泛了，而是太少了、太缺了，道德永远不会太过。道德有如水银泻地，无孔不入；又似春雨细绵，润物无声。人作为万物之灵离不开道德维系。中国文化的精深处在于把道德推向“慎独”，“慎独”之极致，可以使人仰无愧于天、俯无怍于人，可以使人执着于人之尊严的最大化，以求事事处处凸显“人之为人”的庄敬自强。须知，人间的美德永远是世界上最美好的东西，永远值得人们为之敬仰，为之肃然起敬。

中国先哲有言：“以道化民者，民亦以道归之，故尚自然”“以德教民者，民亦以德归之，故尚让”“以功劝民者，民亦以功归之，故尚政”“以力率民者，民亦以力归之，故尚争”。说明国家有道，民情和顺；国家无道，民意乖戾；从善如登，从恶如崩。

判断一个社会的好坏，最重要的是标准，要看居于社会支配地位的社会集团的善行的多寡及整个社会对公认的恶行的容忍程度。这是判断一个社会道德状况的基本尺度。

在人类历史上，对良善社会的向往，各民族都是一致的。两千余年的探索使我们明白，良善社会的根基是权力不能为恶。

以上所引邵雍的这些话，揆之于中国的民心走向和民情民性的情况，大抵如此。这既是一种历史的经验，也曾是一种历史教训。实在可以引以为戒，尤其值得执国柄者再三思之。

但是，从历史纵向发展和广大群众的人情人性来看，狂悖也只能是一时的、短暂的，总要让位于理智，清醒总要代替蒙昧与无知。二〇〇一年七月一日是中国共产党成立八十周年，为了庆祝这个日子，由中央电视台等单位主持的一个由几万人参加的晚会，在北京大学一个广场举行。其间节目主持人分别让北京大学一位男教授、一位女教授和一位男大学生各说一句最想说的话。这位男教授说的是“修身、齐家、治国、平天下”这样九个字。这位女教授说的是“自重、自爱、自立、自强”这样八个字。这位男学生说的是“为国学习、努力自爱”这八个字。三个人说的都是中国传统文化，说的都是儒家学说中的修身养性的话。而共同传达出的信息是知识分子和广大青年学生对中华传统文化无比热爱的心声。

一九九九年秋，笔者曾到设于北京密云县（今密云区）密云水库旁溪翁庄镇上的北京市圣陶实验学校参观访问。这所学校的校长告诉笔者，他们这个学校就是以教学生以国学知识为特色的内容而知名的，学生读的就是四书等传统典籍。学生年龄最小的仅七八岁，大的也才十二三岁，这些学生均从全国各地赶来。有的学生因年龄太小，生活尚不能自理，需要成人照料，这些照料学生的人也就由家长花钱请来。这种情况也自然地让我看到蕴藏在中国人民内心的对传统文化的热爱。

以上这两种情况正好比尽管有人很起劲地反对中医、中药，可老百姓有了病照样会去看中医、吃中药，而不去理会那些反对中医、中药的声音一样。也好比社会上尽管西医、西药到处可见，可同仁堂这个中药铺照样开门营业，顾客盈门，门庭若市，生意并不萧条一样。

事实上，我们的社会完全可以并且应该是这样：市面上既可以有西医、西药，也可以有中医、中药；人们既可以西装革履，也可以着中式服装；既可以到西餐馆吃西餐面包，也可以照样在家吃中餐馒头、饺子。用不着反对人们吃中国饭、穿中式便服、看中医、吃中药的，就是要反也是反不了的，因为几千年来形成的民族习惯和民情、民性、民心如此。在今天，人们的日常生活是如此，他们的文化生活特别是他们的精神上的需求又何尝不这样呢。

衡量一个社会的文明是否底蕴深厚，一个重要的尺度就是看它是否有海纳百川、包容万象的气度。

上面所反映的是蕴藏在人民群众中的这种思想情感的一两个例子。后来，“以人为本”思想及建设和谐社会的治国理念就是这种正确历史走向的重要说明。

“以人为本”思想和建设和谐社会治国理念之所以正确，正因为它反映了社会存在的根本要求和真谛所在。因为一个正常的社会、文明进步的社会，原本就是要以人为本与和谐的，而不是以非人为本和争斗为本的。中国传统文化中“天人合一”的思想就是这样告诉人们的。其实，不仅人间正道是和谐，就是人类和自然之间的关系也应是一种和谐的关系，而不是一种征服和掠夺的关系。这个道理，当今的中国人看得越来越清楚了。

习近平同志强调要加强中华优秀传统文化教育，多次指出中华优秀传统文化是社会主义核心价值观的基础和源泉，要认真汲取中华优秀传统文化的思想精华和道德精华。他特别指出："泱泱中华，历史悠久，文明博大。中华民族在几千年历史中创造和延续的中华优秀传统文化，是中华民族的根和魂。"①习近平同志的这些话同样表明了党中央有关文化理念的清醒、理智与正确。

二十世纪的学术思想昭示我们，真正深刻的、有见识的思想家不是浮在潮流表面的声名赫赫的人物，而是潜光含章、剖视时俗之弊，把握民族精神底蕴的人物。

孔子已矣，遗韵流芳！人类的先行者三步一拜、五步一叩，他们身后留下"立人极于天地"的浩然正气永远值得我们敬仰。人类之长成从兽性、人性发展到人格性，人类之轨迹从生物进化、智力进化发展到精神进化，人类之精神从功利境界、道德境界发展到天地境界，应该归功于这些先行者的殉道苦行，他们净化自己，也净化人类，成为人类尊严的旗帜。

孔子死时，鲁哀公致悼词："呜呼哀哉！尼父，毋自律！"

子贡说："夫子之不可及，犹天之不可阶而升也。"

孔子死后几百年，第一个走进孔子故里，向孔子作拜谒和礼敬的是著名史学家司马迁。他说："余读孔氏书，想见其为人。适鲁，观仲尼庙堂、车服、礼器。诸生以时习礼其家。余

---

① 习近平：《在庆祝澳门回归祖国15周年大会暨澳门特别行政区第四届政府就职典礼上的讲话》，《人民日报》2014年12月21日。

祇回留之不能去云。”又说：“天下君王，至于贤人，众矣。当时则荣，没则已焉。孔子布衣，传十余世，学者宗之。自天子王侯，中国言六艺者，折中于夫子，可谓至圣矣。”他引诗经上的诗句：“高山仰止，景行行止，虽不能至，然心向往之。”表达了他对孔子真诚的崇敬。

笔者接触西学名著不多，究其可敬之处不少，但总觉得不及中学名著之可亲可爱。我读孔孟的书，身上常感有一种暖意，捧读《大学》《中庸》《论语》《孟子》等儒家经典著作，感受着他们致广大而尽精微，极高明而道中庸，既有崇高的价值理想，又有切实的百姓日用的伟大思想，常感浑身通透气爽、神为之旺、气为之壮。我正是读了这些书后，为避免徐复观先生说他一生尊崇孔孟儒学，而不曾前往孔孟故里拜谒“三孔”而留下终身的遗憾，特于二〇〇一年春专程从兰州到山东曲阜、邹城二地。我在那里待了七八天，住在曲阜师范大学，在曲阜师大几位老师朋友陪同下，去曲阜的“三孔”等处，心中不止一次地背诵着司马迁的《孔子世家赞》这篇短文。我走在当年孔孟生活过的土地上，感到无比亲切，一种“‘高山仰止，景行行止’。虽不能至，然心乡往之”的情绪时时洋溢心间。也不止一次想到孟子曾说的“自生民以来，未有盛于孔子也”，“吾未能有行焉，乃所愿，则学孔子也”。二十多年前，我的《人生与教师修养》一书，连同今日写的这篇文字，从内心深处来说，也是崇敬孔孟之情所使然。

Ⅶ 中国传统文化的主要内容、基本特性及其价值意义*

一、中国传统文化的概念

说到我对中国传统文化的关注和兴趣，确实是真的，我现在读的仍多是文史哲方面的书，且以中国书为主，以中国的古书为主。我对中国传统文化的接触，可以追溯到我上小学的时候。小学毕业后，我在补习班读了一年书，在那里读了一些关于传统文化的书。当时老师对我们的学习抓得很紧，要求很严，每天要讲一篇《古文观止》上的古文，并要我们背下来，然后要我们隔天写一篇文白不限的文章。这样一学期下来，我学习了一百多篇古文，其中有七八十篇还能背下来，还写了不少文章。经过这样的训练，我有了一定的古文底子，从此对中国传统文化产生了兴趣，也为自己今后的学习打下了较好的基础。中学时期，我继续接受一些国学方面的训练，这样就对中国传统文化有了些倾向性的关注。我真正比较深入、系统地接触中国传统文化，是从一九九一年在甘肃省高校师资培训中心给教师讲授“人生与教师修养”课程开始的。为了把这门课程讲好，我在二十世纪九十年代的十年中集中读了这方面的一些书，较广泛地学习了中国传统文化方面的一些主要著作和有关理论知

* 此文系高闰青对本书作者胡德海教授的访谈整理，原载《当代教育与文化》2020年第2期，收入本书时有删改。

识，如《大学》《中庸》《论语》《孟子》等古籍以及朱自清的《经典常谈》，蒋伯潜和蒋祖怡的《经与经学》《诸子与理学》，梁启超的《中国历史研究法》等著作，对中国传统文化也有了较多的接触与了解。但中国传统文化博大精深，内容丰富，我知之甚少，且是些皮毛之见。在这个领域中，我仍是个求学者，不敢说对此有什么研究，这里只是作些交流和切磋而已。

文化是延续一个民族的精神命脉，凝聚一个民族的精神纽带，滋养一个民族的精神家园，发展一个民族的精神动力。关于什么是传统文化，我认为在今天的中国是相对于一种非传统的文化来讲的。因为从一八四〇年鸦片战争后，原来封闭的国门被打开，尤其是十九世纪六十年代以后，许多先进的西方文化传到国内。一八九四年中日甲午战争后，国人对于西方文化的学习表现得尤为主动和执着，所以许多“洋”文化就源源不断地传进来了。于是，这时的中国社会就出现了两种文化：一种是中国的传统文化，一种是西方的外来文化。所以，在二十世纪和二十一世纪的中国人，说到传统文化这个概念时，都是相对于当时社会中已出现和存在的一种来自西方的外来文化来说的，也是指中国几千年历史中原来就有的一种文化来说的。这种文化，其包容的内涵可以很广，凡过去存在过的事物，诸如衣食住行、风俗习惯等，几乎都可以纳入这个范围。因此可以说，所谓的中国传统文化，从根本上来说就是由中国人自己创造的文化，几千年来在中国这块土地上长期广泛地影响着中国人民的社会生活、精神生活，是一种文化总体或文化存在，亦称中华文化。

中国传统文化或称中华文化，源远流长，博大精深，多元丰富；多元文化之间又互相吸收，互相交融，其领域极其广大。

我们几千年的文明史就是依靠这种文化不断地传承延续下来的。中华文化鲜明的特点就是它的民族性。它是中华民族生生不息、发展壮大的精神命脉，是中华民族的“根”与“魂”。

二、中国传统文化的内容、特点及精神内涵

（一）中国传统文化的内容

上面谈传统文化概念时，已经谈到中国传统文化的内容极其广泛。但从其典籍来说，我们不能不说，中国古代文化主要体现在《诗经》《尚书》《礼记》《周易》《乐经》《春秋》六经之中。后来，《乐经》散佚，只剩下五经。六经是中国传统文化最主要的载体，也是中国古代文明的丰碑，全面反映了上古中国政治、经济、文化、教育、文学、史学、哲学、宗教、科技生产等各方面的情况，代表了当时世界文化的最先进水平。六经又称“六艺”，这是汉朝人的说法。贾谊《新书六术》曰：《诗》《书》《易》《春秋》《礼》《乐》六者之术谓“六艺”。

中国传统文化的内容，就其基本的典籍来说，随着时代和文化的不断发展，又集中在“经、史、子、集”四大部类，也就是人们常说的“十三经”、诸子百家以及诗、词、歌、赋、散文等几大方面，这些可统称为传统文化的“经典”，这也就是人们常说到的中国的“国学”。

谈到“国学”，我认为它是中国古代学术的统称。但这个词，其实大概也是二十世纪初期才产生的一个概念。试想，在汉唐盛世或者在所谓康乾盛世，何来什么“国学”？只是后来时过境迁，在“中学”与“西学”发生激烈的碰撞且“中学”受到生存威胁的情况下，“国学”这个概念才迫不得已地产生了。总之，“国学”这个概念是在与“西学”的区别和对立中建

立起来的。章太炎和胡适促进了“国学”概念的建立和传播。国学复兴的背后是对西学的困惑和失望。

（二）中国传统文化的特点

谈到中国传统文化的主要特点，如果我们把它和古希腊文化所注重的人与自然，亦即人与物之间的关系和中东文化所注重的人与神之间的关系作比较，则中国传统文化很明显的特点就是人与人之间的关系，即把人与社会作为主要关注的对象。中国古代的一些思想家、哲学家、教育家等贤哲之士，把自己的聪明才智几乎都放在对人与人之间的关系和人与社会之间的关系的思考和研究上，即怎样才能使人与人之间、人与社会之间的关系和谐。

中国文化首先把握“生命”，而希腊文化则首先把握“自然”。《尚书·大禹谟》有言：“正德，利用，厚生，惟和。”这应该是中国文化生命中最根源的观念形态。因为向生命处用心，所以对自己要“正德”，对人民就要“利用，厚生。”“正德，利用，厚生”，这三件事实则就是修己以安人、修己以安百姓这两件事。“正德”是道德的，“利用，厚生”是政治的，这就开启后来儒家的“内圣外王”之学。“正德”是内圣事，律己要严；“利用，厚生”是外王事，待人要宽。这个观念形态也可命之为“仁智合一”的观念形态。

周公的礼制，最基本的就是确定人伦。所谓“人伦”就是人与人之间的关系。人伦的两个纲领是“亲亲之杀，尊贤之等”，由此衍生出五伦。“亲亲”“尊尊”是文制，人道由此确定。故前人说“人统之正，托始文王”，即因周公制礼故也。孔子曰：“郁郁乎文哉，吾从周。”进而他得出彻上彻下的“意义”，即“由亲亲以言仁，由尊尊以言义”，这是中国古代言仁义的文制根源。其含义即不为“亲亲尊尊”文制所限，而广大无边，遂从这里开辟出中国文化生命的全幅精神领域。

这个特点在《尚书》一书中有非常清晰的表述。《尚书·尧典》云：“克明俊德，以亲九族。九族既睦，平章百姓。”《尚书·舜典》中的帝曰：“契，百姓不亲，五品不逊，汝作司徒，敬敷五教，在宽。”《尚书·太甲下》曰：“德惟治，否德乱。”这些话语所反映的就是这种以人性为基础、以德性为中心的社会伦理精神。

五经中的《诗经》，是我国最早的一部诗歌总集。《诗经·大雅·烝民》有言：“天生烝民，有物有则。民之秉彝，好是懿德。”是谓人人生来不是有罪而是有德，认为人人有朴素的好胜之心，应发扬这种好胜之心，以达到人际关系的和谐。这首西周时代的古诗与后来孔子的仁德思想完全一致，可视为是儒家伦理思想的渊源。

以上这些，可以说明中国传统文化从尧舜时期开始，就具有道德、人伦的主要特点。后来以孔孟为代表的儒家学说更是继承并发扬了这一历史文化的特点，因此儒家学说可以说是一种关于道德、人伦问题的思想学说了。总之，中华文化是一种基于以道德为本的德本文化，而德本文化又基于人性向善，人性向善又基于人性本善。人性是什么？简言之，即人的普遍性，人的共性。

（三）中国传统文化的精神内涵

关于中国传统文化的精神内涵，不少专家学者有着精辟的论述。通过学习，我认为中国传统文化基本精神内涵有这样几点。

第一，“人文”精神。中国古代“人文”精神的产生和中国历史的演变是同步的。早在炎黄时代就已蕴含“人文”精神的萌芽。经过尧舜时代、夏、商、周直至春秋末期，“人文”精神得以以系统而完整的理论形式出现，这要归功于春秋末期大思想家、大教育家孔子。他继承商、周“人文”精神，又有创造性的发展。孔子以后，不仅在儒家学派，而且在其他学派和各个学科领域里，“人文”精神又有了新的发展和创新。

第二，“自然”精神。中国古代各个学派都从不同的方面探讨人与自然的关系，即所谓“天人”关系。这不是偶然的，因为中国古代物质文化、制度文化和观念文化都离不开农耕的物质基础。

第三，“奇偶”精神。如阴阳、动静、左右、上下、盈亏、贵贱、尊卑、行知等。在中国传统文化中，不但哲学将奇偶有机结合，而且奇偶精神也浸透于其他文化的构成之中。

第四，“会通”精神。中国传统文化是中华各族人民几千年来共同创造的结果，同时也吸收了国外的优秀文化。从我国先秦时期学派之间的相互吸收、相互融合、共同发展，到当今时代人类命运共同体的建设，体现的都是一种“会通”精神。

大家知道，儒家学说在中国传统文化中占主导地位。因此，谈中华文化的精神价值，我认为可以以儒家学说的精神价值为代表。孔子是儒家的创始人，是人道的启迪者，是影响中国文化、教育、哲学发展的万世师表。他的思想致广大而尽精微，是中国古代思想的结晶。孔子的思想一言以蔽之，是以治平为本、以仁为核及以和为贵。我认为抓住这三个方面，就抓住了孔子思想的核心。懂得这三个方面的有关内容和精神，对中华文化的精神内涵就大体明白了。与此相关的内容极其丰富，我不可能在这里展开来谈，只能在这里简单扼要地说一说我的认识，以与大家交流看法，交换意见。

“修齐治平”是孔子思想的精华。什么叫“修齐治平”呢？就是《大学》一书讲的“修身、齐家、治国、平天下”。怎样能做到“修齐治平”呢？纵观孔子的相关言论，大致可以归纳如下：一是在国家治理上，要实行仁治而不实行暴力政治；二是在经济上主张由小康到大同；三是在伦理道德上注重伦理关系和道德修养；四是在教育上主张“有教无类”。所谓“有教无类”，就是使受教育者的权利平等，人们受教育的机会均等。两千五百年前就有这种打破贵贱等级制度的开放教育思想，真是难能可贵。

孔子思想的核心是个“仁”字，或者说“仁”就是孔子思想的核心所在。什么叫作“仁”呢？就是“爱人”或曰“仁者爱人”。怎么个爱法呢？总的原则是“推己及人”“将心比心”“泛爱众”，并且要从自己与对待他人两方面做起。从自己方面来说就是“己所不欲，勿施于人”；从他人方面来说就是“己欲立而立人，己欲达而达人”。这样，从自己方面来说就是“忠”，从对他人方面来说就是“恕”，实行的就是所谓的“忠恕之道”，这就是“内圣外王”之道。而其结果就可达到人际关系的和谐与社会的安宁。

治平之本、仁爱之核，必须通过“和”来理顺各种关系，处理各种冲突，从而达到冲突融合而和合。《论语》载：“礼之用，和为贵。先王之道，斯为美。”用“和合”来保证治平之本、仁爱之核的贯彻和实现。

三、中国传统文化的价值意义

谈到中国传统文化的价值意义，不少专家学者都总结了许多很好的观点。结合他们的观点，我认为应该注意以下几个方面。

一是中国传统文化具有强大的凝聚力。它把生活在约九百六十万平方千米土地上的五十六个民族融合成为一个血脉相连的整体——中华民族，并把中华民族的灿烂文明绵延五千年不绝，成为历史上唯一一个不曾中断的文明古国。

二是中国传统文化提倡爱国主义精神和社会责任感。《礼记》中的《礼运》所描述的“天下为公”，屈原的《离骚》“亦余心之所善兮，虽九死其犹未悔”，顾炎武的“天下兴亡，匹夫有责”（原文为“保天下者，匹夫之贱与有责焉耳矣”）等，都表达的是忧国忧民的爱国主义精神。诸葛亮的“鞠躬尽瘁，死而后已”，范仲淹的“先天下之忧而忧，后天下之乐而乐”等，都体现了家国情怀的社会责任感。

三是中国传统文化提倡积极进取的精神。《周易》的“天行健，君子以自强不息；地势坤，君子以厚德载物”，《论语》的“士不可以不弘毅，任重而道远”，《孟子》的“生于忧患，死于安乐”，《荀子》的“人定胜天”等，都提倡积极进取的精神。

四是中国传统文化注重伦理道德。儒家“己欲立而立人，己欲达而达人”的“仁爱”思想，墨家“兼相爱，交相利”的“兼爱”思想，都提倡尊老爱幼、与人为善、克己奉公等人伦精神。

五是中国传统文化具有朴素的辩证唯物主义思想。中国传统世界观无论是注重世界整体性、系统性的“春观万物之生，秋观其成，天地为之乎？物自然也”，还是注重事物变化、发展和相互联系的“祸兮福之所倚，福兮祸之所伏”，体现的都是朴素的辩证唯物主义的思想。

六是中国传统文化具有包容博大精神。中国传统文化不仅有“容乃公，公乃王，王乃天，天乃道，道乃久”的包容精神，也有“苟日新，日日新，又日新”的自我更新精神，还有“四海之内皆兄弟也”的重视天下和谐的开放思想，都体现了中华文明的胸襟宏阔、海纳百川的精神内涵，也是中华文明经久不衰的根源所在。

在中国传统文化中，儒学是一套全面安排人间秩序的思想体系，渗透到中国文化的各个层面，从一个人自生至死的过程到国家、天下的组成与治理，都在儒学考虑的范围之内。儒家的学说好像家常便饭，看似平淡无奇，但是像阳光、空气和水一样，百姓日用而不知，可没有它们，人们一天都过不下去。

孔子去世后，葬在曲阜城北泗水南岸。之后，孔子的弟子和其他一些鲁国人迁往孔子墓地居住的有一百多家，这块地方便被命名为“孔里”。鲁地的人每年都要来这里纪念孔子，那些儒生也经常在孔子墓地举行诸如演习礼仪、祭祀、射箭等各种活动。孔子墓地的面积约有一顷（约今三点三万平方米），当年孔子居住的堂屋、弟子生活过的内室，都被当作圣庙，收藏孔子的遗物，包括衣冠、琴车、书籍等。

尤让我感动的是，孔子去世后，弟子们为孔子服丧三年。三年期满，大家在墓前痛哭了一场，然后相别离去。而子贡却在墓旁盖了一所小屋，又守了三年的墓，才依依不舍地拜别而去。

每当我读到这些文字资料时，就会遐思此情此景，想到人世间在两千五百年前有如此高尚、纯真的师生情谊，不禁为之感慨不已，且不止一次为之动容。几千年来，孔子在中国历史上具有如此崇高的地位，并非偶然，是仁者精神的一种体现。

司马迁是第一个走进曲阜感悟孔子仁者情怀的史学家。他说："余读孔氏书，想见其为人。适鲁，观仲尼庙堂、车服、礼器，诸生以时习礼其家，余祗回留之不能去云。"又说："天下君王，至于贤人，众矣。当时则荣，没则已焉。孔子布衣，传十余世，学者宗之。自天子王侯，中国言六艺者，折中于夫子，可谓至圣矣。"司马迁写在《孔子世家赞》里的这些文字，我小时候就读过；这些话，都曾强烈地影响过我。每读孔孟书籍，我都能想见其为人及其人格的伟大。我正是读了《论语》《孟子》等著作，从中得到些感悟，对他们具有了亲切和崇敬的心情，而同样念及《孔子世家赞》上"'高山仰止，景行行止。'虽不能至，然心乡往之"这句话，使我产生了想到曲阜、邹城二地去凭吊这两位中国思想史上伟大的思想家和教育家的念头。二〇〇一年，我终于实现了这一次邹鲁之行，在曲阜师大住了七八天，多次到"三孔"等地瞻仰、拜谒、学习、参观、访问，心灵上又得到了一次净化，也了却了我一桩心愿。

四、中国传统文化对一个人为人处世的价值意义

以上所谈的都是中国传统文化、中华文明的价值意义方面的问题。中国传统文化、中华文明对一个人为人处世的价值意义，当然也属于中国传统文化、中华文明的价值意义问题的范畴。不过，这两个方面的问题是有区别的。前者是从历史、时代、社会的角度来谈的，谈的是一种综合当今历史社会发展状况的宏观价值意义问题，而后者则是着眼于社会个体从微观来谈的。我们谈中国传统文化、中华文明的价值意义，我认为既要从宏观的方面来看，也应该从个人角度来看，两者结合起来，就比较全面了。因为中国传统文化、中华文明客观价值意义本

来就是从宏观着眼、从微观着手的。只谈宏观的，不谈微观的，那就会使价值意义显得空泛、落空；反过来，只谈微观，只谈对个人为人处世的价值意义，不谈对社会、时代、历史的价值和作用，就会无视它更大的历史价值和时代意义。上面我所谈及的内容主要是表明，中国传统文化、中华文明，从其在历史上所表现的情况来说，它不是一种有悖于时代发展要求的文化，不是一种逆历史潮流而流动的文化。蕴含于其中的和平、和谐、开明、革新、开放这种文化内涵，同样为今天的时代、历史发展所需要。因为人类历史发展的趋势表明，社会文明和社会进步的内涵正是以这些东西为基础、为条件的，也是以和平、和谐、开明、革新、开放为时代、历史特色的。我们回顾中华文化文明史所得到的和平、和谐、包容、开明、开放这些主要的启示，绝非偶然，而是有其深刻的历史、文明原因，并以中国传统哲学为基础的。

张载是北宋时期一位很著名的哲学家。他的哲学观深刻反映在他的“有象斯有对，对必反其为，有反斯有仇，仇必和而解”这四句话中。我认为这是中国人的一种哲学观，一种和平、和谐的哲学观。中国哲学是一种基于“天人合一”理念的“和合”哲学，与西方的一分为二的哲学观是不同的。

在中国文化发展史上，“和合”文化源远流长，是中华文化精神的精髓，亦是传统文化的精华。《国语·郑语第十六》称：“商契能和合五教，以保于百姓者也。”意思是说商契能把五教加以和合，使百姓安身立命。研究、弘扬和推广“和合”文化，对于推动社会的长治久安和国家的安定团结，推动世界和平发展，具有重要的时代意义，也可使中华“和合”文化在解决人类的冲突中走向世界，并使世界认同中华文化的“和合”精神。

自商周以来，中国有一种国风，即道德的价值高于一切。靠着这种国风，中华民族成为世界上最伟大的民族，而且除了几个短时期外，一直是光荣地生存着，没有任何一个民族能望中国的项背。而人们的社会生活不仅会比较有序与和谐，而且也显得比较有尊严和无比高尚。

正是在这种以道德价值为主文化的影响下，中国人十分注重个人的修养，“修身”成为“齐家、治国、平天下”的前提和基础。下面我来谈谈个人修养问题。

《礼记·大学》有言：“自天子以至于庶人，壹是皆以修身为本。”这是儒家对人的修养问题所持的根本主张。也就是说，在儒家看来，任何社会成员都要讲修养。任何普通百姓都要讲修养，被称为“天子”的当政者更要讲修养。其所以然的道理我不展开来讲，主要讲很重要的一点就是每个人都有一定的社会地位、身份，因此每个人都须尽自己作为一个社会人的一份责任。如果每个人都在各自的社会位置上尽好自己的这份责任，那社会就和谐了。如一个人在家，对父母来说就是处在子女的位置上，对兄长来说就是弟，对子女来说就是父或母，那他就应对父母、兄弟、子女等各方面关系的人有一个应尽的责任，这是一种什么责任呢？主要是从伦理道德角度来规范的责任，也可称为行为准则，因此就要遵循“父义、母慈、兄友、弟恭、子孝”这套社会道德体系。如果他是一个天子、社会的君主，或是一个君主之下的臣子，那他就必须遵守“君君、臣臣”的道德规范。所以，从这个角度来看，所谓“君君、臣臣”，其本义都是指君、臣都应遵循的行为规范，即君要像一个君的样子，臣要像一个臣的样子，不能乱套。如果“君不像君”“臣不像臣”，社会就乱套了，就不和谐了。确定这套办法的目的是使社会安宁、和谐。孔子讲过一句话：“夷狄之有君，不如诸夏之无也。”这也说明，只要一个社会有文明的秩序，哪怕国家乱了，人还是有规矩的，社会重建也不难。

中国文化拿什么走出去？有人说有八个字可以走出去：“天下情怀”和“和谐理念”。这种文化输出的结果可使“三和文明”——家庭和睦、社会和谐、世界和平成为人类文明发展的最高境界。

因为每个人都要讲修养，都要尽为人之道，所以“做人”这两个字就经常出现在中国人相互交流的口语中。它作为一个常用的文化词语，不仅在我国民间而且在学界也有很长的历史了，甚至可以说不少人对它已经是耳熟能详了。譬如陆九渊就这样说：“人生天地间，为人自当尽人道，学者所以为学，学为人而已。”学为人和讲修养，意思是一致的，目的是要处理好人与人、人与社会之间的关系。

怎样处理好人与人之间的关系呢？孔子的办法有两条：从消极方面来讲，就是“己所不欲，勿施于人”；从积极方面来讲，就是“己欲立而立人，己欲达而达人”。总的原则是“推己及人”，也就是“将心比心”，把别人也看作一个人来对待。

在这里我们可以很清楚地看到，儒家讲修养，着眼的是自己与他人、即“己—人”之间的关系问题，而尤其着重于“己”，即“自己”这方面的解决，这就是“尽己之学”的真谛。也就是说，在处理、解决“自己”与“他人”之间的和谐问题时，首先要解决自己这一方面的问题，即首先要正视自己。

这种思想和古希腊苏格拉底提出的“认识你自己”的思想是一致的。这也是人类最本质的品格——正视自我，正视自己的文明素养、精神内容和文化结构。所谓修养，并不是一个人比别人多认识一些字，多读几本书就说明他更有修养，而是说一个人总体素质的表现，是投射于一个人举手投足细节中的一种文化质感。正是这种文化内涵、文化质感，能够“以安人”和“以安百姓”，从而使我们所处的现实得以改变，使我们个人具有高雅的气质和高贵的形象。

正是基于以上所说的这个思路，我曾经把孔子所说的“己欲立而立人，己欲达而达人”作了一番推演，便是这样一个形式：自爱、自尊、自立、自达、自强；爱人、尊人、立人、达人、强人。意思就是：对自己来说或者对自己的做人来说，最重要的是要做到“自爱、自尊、自立、自达、自强”这十个字。这是首要的，但还不够，还要“爱人、尊人、立人、达人、强人”，这样自己与他人之间关系就全面、完整了。或者也可以这样来表达：自爱爱人、自尊尊人、自立立人、自达达人，自强强人。

对于孔子这十二个字，做这样一种形式的推演和表述，我思考过很长时间，不少地方也这样说过。不知我讲得对不对，但我说出来是为了向大家请教指正。我认为这样来表述，一是简明扼要，便于记忆；二是可能在表述上、形式上更完整些。当然也可以再补充一些内容，如自信信人、自救救人、自重重人等。

我认为在“做人”方面，自立、自强是最为重要的，但如何能自立、自强呢？其前提必须是自爱、自尊。一个人不能自爱、自尊，是立不起来、强不起来的。什么叫“自爱”呢？用中国传统文化的语言来说就是“知耻”二字。不自爱、不自尊说到底就是不知耻。所以我把它们放在“自立、自强”之前。同样，关爱他人，尊重他人也应是为人处世首先要注意的事情。一个人做官做到省委书记、部长这一级了，如果不能自爱、不能自尊，成为腐败分子，你说他能算自立、自强的人吗？一个人只有首先能自爱和自尊，才能自省、自立和自强。一个人有了自爱和自尊，才能有“为人”的基础。

一个人除了“为人”之外，还有个“做事”的问题。一个人对社会的责任和贡献主要表现在“做事”上。“齐家、治国、平天下”，讲的就是做事的问题。“做事”也就是为社会服务。一个人只讲做人，不讲做事，虽然是个好人，但对社会无所贡献，也算不上是一个完整的人。但中国传统文化在“做人”和“做事”二者之间关系的处理上，首先重在做人，其次在做事。传统文化认为人做不好，事业也不会做好。这仍然是个道德为先的思路。把这个思路推演开来，就有譬如“文如其人”“艺如其人”等说法，认为文章要做得好，首先要把人做好；球要打得好，首先要做好人；字要写得好，首先要把人做好。做人不正派，字也不会写好。柳公权说的“笔正先要心正”，就是这个道理。体育界的人士有这样一个说法，“学立正、齐步走，就是学做人”。连齐步走都练不好，何以为人？我们这里所说的“做事”“做学问”“做官”也包括在内。

古人讲做事，首先要做到“尽职尽责”，做好自己分内之事，做到名实相符，同时还要有创造性。把“做人”和“做事”合起来讲，那就是“顶天立地做人，继往开来创业”。

中国传统文化讲“做人”和“做事”的思想是很丰富的，不可能在一篇文章中讲得完整全面，我这里也仅就其某些重要的方面有所提及罢了。

中国传统文化这个话题更是一个大课堂，内容极其丰富，也十分复杂，我前面说的也仅仅是一孔之见，仅作为就这个问题所作的一些个人言说。

Ⅷ 孔子的生平和历史地位*

一、孔子的生平

孔子（前五五一——前四七九，名丘，字仲尼）是中国历史上最重要的思想家、教育家，同时也是世界最重要的文化名人之一。孔子的生平很有典型性，了解他一生的经历，有助于了解他的思想脉络乃至中国哲学、教育发展的大背景。关于孔子的生平，《史记·孔子世家》记载最详，但也有不确切之处。现据《左传》《论语》及《史记》等其他篇章，对其一生的经历，大体可以订正归纳如下。

（一）孔子先祖是宋国贵族，因政治避难而移民定居到鲁国。宋国是商朝遗民国，鲁国是周公的封地，所以宋与鲁都是保存传统文化最多的国家，几乎可以说是商周古典文化的两个活的博物馆。春秋时期列国都到宋、鲁“观礼”“观乐”。孔子及其家族始终处在这个传统文化氛围极浓的环境里。

孔子的父亲孔纥（hé），字叔梁，是鲁国的下级武官，以力气大闻名。传说孔纥已有九个女儿和一个儿子，可这个儿子患有足疾，孔纥很不满意，于是他就和新娶的妻子一起到曲阜东南的尼丘山求天神另赐一子。后来果然又生了一个儿子，孔纥以为这是尼丘山上求来的，于是就取名为丘。仲字是排行，

---

* 此文原载甘肃省教育学研究会编：《教育论丛》（兰州大学出版社2000年版）。1999年为我国教育家孔子诞辰2 550周年。本文即为此纪念而作。因考虑到版面有限，2000年出版时该书删去了其中孔子的思想学说部分。

表示“第二”。孔子的父亲曾在鲁国担任陬邑（今山东曲阜）宰。孔子就出生在那里，“生而首上圩顶，故因名曰丘”。“圩”即堤埂，“圩顶”形容人们的头顶高起，这样的头型也就是西方人所说的“苏格拉底式”，这真是一种巧合。这是孔子所以名丘的又一种说法。

（二）孔子幼年丧父，家境困顿，这使他学会了吃苦的本领。孔子说：“吾少也贱，故多能鄙事。”《论语·子罕》《史记·孔子世家》载：“孔子贫且贱。及长，尝为季氏史，料量平（计算轻重多少）；尝为司职吏（管牧场），而畜蕃息。”这种经历使他经受了生活的磨炼和意志的考验。

“儒”本来只是一种职业，而不是一个学派。《汉书·艺文志》云：“儒家者流，盖出于司徒之官，助人君顺阴阳、明教化者也。”随着周代王权的衰落和战乱的开始，各种传统职官纷纷失去权位，这种助人君“明教化”的司徒之官及其附属人员也就逐渐流落民间。这就是“儒”的前身。

“儒”在民间以相礼（襄礼）为业。它的职责是维持并传授礼仪。在古代宗法社会，丧祭是社会生活中的大事，因此，“儒”在丧礼祭礼中也就不可或缺。《墨子·非儒》说：“富人有丧，仍大说（悦），喜曰：‘此衣食之端也。’”这不是无端的讥讽。孔子曾教导学生们要做“君子儒”，不做“小人儒”，可见早期儒者中确有不同的档次。

孔子也曾以相礼（襄礼）为谋生手段。《论语·子罕》云：“出则事公卿，入则事父兄，丧事不敢不勉，不为酒困，何有于我哉！”

这应是当时一个普通儒者的生活概况。

“儒”成为一个学派，得力于孔子，并始于孔子。

（三）大约三十岁时，孔子开始创立私学。在他之前，“学在官府”，在他之后，“学术下移”（这意味着中国第一代哲学家、教育家的诞生及中国哲学、教育学术流派滥觞）。《史记·孔子世家》《史记·仲尼弟子列传》等均说孔门“弟子盖三千焉，身通六艺者七十有二人”（或“受业身通者七十有七人”）。这可能是孔子办学四十余年的收生总数。刚开始时办学规模不一定很大，收的学生也不一定很多。颜路、曾点、子路、冉有、子贡等就是他最早的学生。

（四）孔子三十五岁时，鲁国因贵族“斗鸡”事件引发了政变（事见《左传·昭公二十五年》）。贵族季氏赶走了鲁昭公，昭公奔齐。孔子因鲁乱不止，也自鲁至齐。后来，齐国的大夫“欲害孔子，孔子闻之。景公曰：‘吾老矣，弗能用也’。孔子遂行，反乎鲁。”（《史记·孔子世家》《左传·昭公二十五年》）

（五）孔子四十三岁时，鲁昭公死于流亡途中，鲁人拥立定公。此时鲁国由季氏当政，而季氏的家臣“益轻季氏”。当时，“鲁自大夫以下皆僭，离于正道。故孔子不仕，退而修《诗》《书》《礼》《乐》，弟子弥众，至自远方，莫不受业焉”。

（六）五十一岁至五十六岁，孔子得到鲁定公的信任，在鲁国从政。他历任中都宰、司空、大司寇，甚至代行过宰相一职；曾参与鲁“夹谷之会”，摄“相事”（首席顾问和总襄礼官）。在从政期间，孔子最重大的政治举措是“堕三都”。他依据传统礼制，建议平毁三桓（鲁桓公之孙分化出的三大家族：季孙氏、孟孙氏、叔孙氏）的三座违制城邑。这三邑事实上在家臣手里，平掉它们，三家是愿意的。于是，叔孙氏率先执行。季孙氏也表示执行，但家臣率该邑叛变；平叛后，亦顺利平毁。最后，孟孙氏借口自己的城邑是鲁国的北大门而拒绝平毁，孔子的计划遂半途而废。三家的关系事实上没有摆平，这无疑是促使孔子陷入政治困境的重要原因之一。

由于孔子为政时“张公室，抑私门”，这不能不从根本上与掌权的新贵（尤其是季氏）发生矛盾，后来孔子无法在鲁国继续为政，离鲁而去。

（七）五十六岁时，孔子由一群弟子护送，开始“周游列国”。先到卫国。不久，有人“谮孔子于卫灵公”。住了十个月，孔子离开卫国，前往陈国。

途经匡地时，因为误会而受到包围。弟子们惊惧，于是就有了那段著名的演说：“文王既殁，文不在兹乎！天之将丧斯文也，后死者不得与于斯文也。天之未丧斯文也，匡人其如予何！”

解围后，过蒲，月余，又返卫。“灵公与夫人同车，宦者雍渠参乘，出，使孔子为次乘，招摇市过之。孔子曰：‘吾未见好德如好色者也！’”由于地位还不如太监，所以孔子离开了卫国，前往曹国。

途经宋国时，宋司马桓魋曾为自己定做了一个超豪华的石椁。孔子虽赞成厚葬，但对如此奢靡越礼也不赞成，就说：“若是其靡也，死不如速朽之愈也！”（事见《礼记·檀弓上》）以致桓氏“欲杀孔子。”“弟子曰：‘可以速矣！’孔子曰：‘天生德于予，桓魋其如予何！’”可能桓魋只是示威而已，但孔子仍然微服离去（参见《孟子·万章上》《史记·宋微子世家》《史记·孔子世家》）。

孔子离宋，一路前往郑国。郑国有人喻之为“丧家之狗”，孔子笑纳了这个有同情意味的比喻。

此后去陈国，大约过了一年，吴王夫差伐陈，取三邑而去，后来吴王又在会稽打败越王勾践。从此陈国处于吴、楚、晋等大国交争之中，很不安定。孔子在陈国住了三年，离陈去卫。

去卫途中，恰逢卫国属地蒲邑叛乱，叛军威胁孔子不准去卫国，孔子被迫应允，但出蒲后仍然前往卫国。“灵公老，怠于政，不用孔子。”

此时，晋国的赵简子攻伐中牟，中牟宰佛肸叛变，使人召孔子。孔子准备前往佛肸处。子路劝阻反对。孔子解释说：“不曰坚乎，磨而不磷；不曰白乎，涅而不淄。我岂匏瓜也哉，焉能系而不食？”真正硬的东西是磨不伤的，真正白的东西是染不黑的，前往佛肸处未必就会同流合污，我难道是架子上的葫芦吗，怎么能挂在那里只看不吃？他的郁闷心情由此可知。后来，闻赵国两位“贤大夫”被杀，他又犹豫不去了。

回到卫国后，卫灵公故意问军阵之事，孔子说：“俎豆之事则尝闻之；军旅之事未之学也。”第二天再次对话，卫灵公见飞雁“仰视之，色不在孔子”。孔子立即起身，又去陈国。（《史记·孔子世家》《论语·卫灵公》）

六十岁时，鲁国当政的季桓子病，死前吩咐季康子召回孔子，但季康子出于种种考虑，只召回了孔子的学生冉有。于是，孔子继续在陈、蔡、叶等国之间辗转。在此期间，饱受长沮、桀溺、荷蓧丈人这般隐士的讥讽。

孔子住蔡三年。后因战乱，困于陈蔡之间。“不得行，绝粮。从者病，莫能兴。”后来，到了楚国。据说楚昭王曾想以七百里地封孔子，被令尹子西劝阻。在此期间，孔子还受到楚狂接舆的讽劝。

六十四岁时，孔子再次抵达卫国。此时“孔子弟子多仕于卫，卫君欲得孔子为政”，但孔子在路上却对子路讲了一番

“名不正则言不顺……”的大道理。显然他是不打算在卫国为政的。因为此时卫灵公已死，而新君是其孙子不是儿子（儿子流亡在国外），这本身就是“名不正言不顺”的，他不愿使自己处于不义境地，这番话其实就是一种表态。同样的表态见于《论语·述而》中关于伯夷、叔齐“求仁得仁”的回答。

（八）六十八岁时，冉有为鲁国打了胜仗，季康子听从了冉有的建议，迎孔子返鲁。前后十三年，孔子又返回了故国。归国后，“鲁哀公问政，对曰：‘政在选臣’。季康子问政，曰：‘举直错诸枉，则枉者直’”。季康子患盗，“孔子曰：‘苟子之不欲，虽赏之不窃。’然鲁终不能用孔子，孔子亦不求仕。”

他回答鲁哀公、季康子时皆直言不讳，哪壶不开提哪壶，人家当然“不能用”孔子，而他亦心灰意冷，不再求仕。

孔子六十八岁回到故里，潜心整理传统文化典籍，精心编审教材（“六经”），直到七十三岁去世。他死时，鲁哀公致悼词：“呜呼哀哉！尼父，毋自律！”鲁哀公说：“我感到多么孤独，今后向谁请教啊！”学生们在孔子墓旁搭起草房，守丧三年，分别时都痛哭难舍。子贡不忍离开，独自又住了三年。子贡说：“夫子之不可及也，犹天之不可阶而升也”，表达了学生对自己老师无限的怀念和敬仰。

生于孔子去世一百多年后的孟子，对孔子十分尊崇，他以孔子的继承者自命并自豪。他叹息自己出生得太晚，他说：“予未得为孔子徒也，予私淑诸人也”“吾未能有行焉，乃所愿，则学孔子也”。在他看来，“自生民以来，未有盛于孔子也”。而孟子一生的处境与进退，也与孔子十分相似。成年以后从事私人讲学，中年以后怀着政治抱负游历四方，但不见用。晚年回到故乡从事教学和著述活动。

二、孔子的学术技艺成就

从以上所述孔子一生处境与进退的经历可见，他的政治生涯是极不顺利的。他屡遭磨难，受尽坎坷，想力挽当时“礼崩乐坏”“天下大乱”的狂澜局面，也未做到。他在那个动荡不宁的时代呼吁恢复传统，未免显得不合时宜，他的学说对于正在进行武力兼并战争的各国君主来说是一种早产的治国方案。他的学说的巨大历史影响，是在他去世后才逐渐显露出来的。

一般来说，成功的思想家，未必能够在政治人事中左右逢源，他们生活在理想国中，他们站得更高，看得更远，更能用历史的眼光看问题，因而难免对现实政治持批判立场。这就是孔子能为“万世师表”而难容于当世的原因所在。并且，在当时充满暴力、凶杀、争夺的社会环境中，像孔子那样注重道德价值的哲人是无法适应政治的。当时成功的政治家往往是一些不道德者，孔子是无法与这些政客周旋的，因而孔子从政必败。所以说，孔子并不是一个成功的政治家。

但是，孔子从政的挫折，对孔子又有积极影响。孔子走出鲁国，开阔了视野，拓展了“天下”的观念，强化了“大道为公”的思想，因而使自己的学说更有普遍意义。他愈受坎坷，思想也愈深沉。可以说，没有孔子走出鲁国的曲折经历，也就没有后来能够流布四海的孔学体系（孔子在周游列国途中的演说，构成《论语》一书的基本支柱）。

孔子是中国历史上最伟大的思想家、教育家。孔子的思想，全部体现在他为人师表的全部生涯中。

孔子在青少年时期就显示出作为教师的个人魅力。《史记·孔子世家》及《左传·昭公七年》都记载了当时鲁国大夫孟釐子对他的高度评价。据《史记·孔子世家》载：

“孔子年十七，鲁大夫孟釐子病且死，诫其嗣懿子曰：‘孔丘，圣人之后……吾闻圣人之后，虽不当世，必有达者。今孔丘年少好礼，其达者欤？吾即没，若（你）必师之。’及釐子卒，懿子与鲁人南宫敬叔往学礼焉。”如此说来，孔子的教师地位实际从17岁就开始奠定了。他边当学生边当先生，而他最早的学生竟是社会地位比他高的同龄人。

孔子独立承担了整理传统文化典籍的繁重任务。这使他成为名重一时的大学问家，从而有力地奠定了他作为“第一教师”的社会地位。据《史记·孔子世家》载：

> “孔子之时，周室微而礼乐废，《诗》《书》缺。（孔子）追迹三代之礼，序《书传》，上纪唐虞之际，下至秦缪（秦穆公），编次其事。曰：‘夏礼吾能言之，杞（传说中夏朝的遗族）不足征也。殷礼吾能言之，宋不足征也。足，则吾能征之矣。’观殷、夏所损益，曰：‘后虽百世可知也……周监（参考）二代，郁郁乎文哉，吾从周！’故《书传》《礼记》自孔氏。”

> “古者，《诗》三千余篇，及至孔子，去其重，取可施于礼义，上采契（殷的始祖）、后稷（周的始祖），中述殷、周之盛，至幽、厉之缺，始于衽席（指家庭生活）。故曰：‘《关雎》之乱（治理、整理）以为《风》始，《鹿鸣》为《小雅》始，《文王》为大雅始，《清庙》为《颂》始。’”

> “孔子晚而喜《易》，序《彖》《系》《象》《说卦》《文言》。读《易》，韦编三绝。曰：‘假我数年，若是，我于《易》则彬彬（指文质俱备）矣。’”

孔子序《易传》未必是事实，但他开启的《易传》义理化的思路却是毫无疑问的。除了这些正统的学术学问以外，当时人们见了不晓来由之文物、异物，都向他求教，而他总能详尽解答，全都言之有据。这就难怪他享有极高的声望。

孔子还有出色的艺术天赋和音乐素养，而乐教恰是传统文化及传统教育极重要的组成部分，这无疑也是孔子作为一代宗师的优势条件。据《史记·孔子世家》载：

“孔子学鼓琴师襄子，十日不进（不进行新课）。师襄子曰：‘可以益矣。’孔子曰：‘丘已习其曲矣，未得其数（旋律意蕴）也。’

“有间，曰：‘已习其数，可以益矣’。孔子曰：‘丘未得其志也’。

“有间，曰：‘已习其志，可以益矣。’孔子曰：‘丘未得其为人也’。

“有间，曰：‘有所穆然深思焉，有所怡然高望而远志焉。’曰：‘丘得其为人；黯然而黑，几然而长，眼如望羊（洋），（心）如王四国，非文王其谁能为此也？’师襄子辟席再拜，曰：‘师盖云《文王操》也！’”

“孔子语鲁大师：‘乐其可知也。始作翕如，纵之纯如，皦如，绎如也，以成。’”

“（《诗》）三百五篇，孔子皆弦歌之，以求合《韶》《武》《雅》《颂》之音。礼乐自此可得而述，以备王道，成六艺。”

“使人歌，善，则使复之，然后和之。”

他能从乐中准确判断出作品的意蕴、志向乃至主题人物的形象和为人。他甚至能指点鲁国太师（乐官长）怎样指挥音乐：开始演奏时，注意乐音的配合与调式的把握；放大了声音（“纵之”）时，则要注意音质纯正，音节明朗，力求余音袅袅不绝，以此便能构成完美的音乐境界。由于孔子深谙音律，所以由他编写的《诗经》教材，一般都能按照原有的旋律、调性配乐歌唱，“礼、乐自此可得而述，以备王道，成六艺”。孔子说：“吾自卫返鲁，然后乐正，《雅》《颂》各得其所。”这是他结束流亡生活后所办的一件大事。除乐器外他也留意声乐，听到谁唱歌好必让人家再唱一遍（“复之”），然后自己也起唱，这说明他在声乐上同样精益求精。他只是在有丧哭之日才“不歌”。他善于用音乐艺术的语言表达自己的思想感情。他临终之时还唱出了催人泪下的歌：“太山坏乎！梁柱摧乎！哲人萎乎！”这样以歌咏志，本是先秦的普遍风气，只是能达到孔子这种自如境界的，实在不多（中国人在日常生活中的放歌之声，是随着文明的进化而递减的，到唐宋以后，像孔子那样的放歌，已未免有狂放之嫌乃至有点不可思议了）。

孔子本人是德智体美全面发展的。他的身体很好。他以礼、乐、射、御、书、数等教导学生，而他自己对射与御也十分在行。当时有人说他：“大哉孔子，博学而无所成名！”孔子听到后表示同意，并说：“我何执？执御乎？执射乎？我执御矣！”（我有什么成名的专长呢？不过学过射器，学过驾车罢了，我算个驾车的专家吧！）孔子还说：“不试，故艺。”由于没有参与政治（试即任用），所以在技艺方面博学多能。这倒是一句实在话。

同时言语之间孔子也表现出他对自己射、御等技能充分的自信。

孔子特别注意学习和教育的方法，为人们树立起“好学”的楷模形象。《论语》中这方面的语录是很多的。他不认为自己是“生而知之”的天才，他说他只是一个好学者而已。他的学习方法，包括“多闻”“多见”“多师”“学而时习之”“温故而知新”，学而思与思而学，“一以贯之”“毋意”（不臆度）“毋必”（不武断）“毋固”（不固执）“毋我”（不自以为是），乃至多闻缺疑（包括“不知为不知”等）。这些都成为中国古代传统教育中的至理名言。他说的“不愤不启，不悱不发”正是汉语“启发”一词的由来。

在教学活动中，孔子的思想、学问、人品三者是合而为一的，要了解他的思想学说，主要依靠体悟。而这种“体悟式”的教学，对教师有非常高的要求，毕竟使学生心服口服是件极不容易的事。而孔子终其一生，在弟子群中都一直享有崇高的威望。

三、孔子在中国历史上的特殊地位

孔子死后，立即受到人们（首先是弟子们）的崇祀。在孔子的坟墓附近逐渐形成村落（“孔里”）。人们按时祭祀孔子，世代相传。这个过程完全是自发形成的。因此，“尊孔”运动起初出于一种自发的心态和深厚的文化情结，并不是出于统治者的倡扬。

孔子去世后，弟子们皆视为父丧，为之服孝三年。机敏过人的子贡竟然守坟而居达六年之久。如此师生情谊，举世罕有。“弟子及鲁人往从冢而家者百有余室”，这种凝聚力是超乎任何行政命令的力量的。此后儒门弟子举行各种大典都集中到孔里，又立庙祭礼，“至于汉，二百余年不绝”。应该说，这二百年的尊孔，预示了中国文化的大趋势（尊孔实质是尊崇传统），而汉代皇帝及后代皇帝的尊孔，只是因势利导而已。

司马迁亲眼看到了诸生在孔庙“以时习礼”的情景，“低徊留之”，颇为感慨，认为“可谓至圣矣。”这就是一位中国最优秀的历史学家对一位中国最重要的思想家、教育家的盖棺论定之语。它不掺杂有偏见或逢迎之意（司马迁父子崇尚道家哲学），是客观的和公允的。

其实，早在战国时期孔子就被视为“圣人”（见《庄子》等书）。秦统一六国后的“焚书坑儒”，针对的是“百家语”，并不专对儒家，更不专对孔子。秦朝享国仅十五年。秦亡后，汉高祖刘邦即以太牢之礼祀孔子。汉武帝独尊儒术，孔子的地位急遽上升，事实上成为民族公认的先知者和精神领袖。

两汉持续约四百年时间。此后，儒家独尊的局面被打破，但孔子的封号却有增无减。

唐代三教并尊，儒的独尊地位被彻底否定，但孔子反被破格封为“文宣王”。

宋、元、明、清时期，儒学复兴，孔子成为“大成至圣先师”。

无论儒学的发展影响如何曲折，孔子的历史地位却都在上升。这是一个很值得注意的文化现象。代表孔子思想的主要文献是《论语》。而二十篇《论语》是我们今天研究孔子学说的最可靠的依据。

Ⅸ 略谈为师之道及其根本*

自一九九一年三月至今的十个年头里，我一直在甘肃省高等学校师资培训中心为省内十几所高校青年教师讲授“人生与教师修养”课程。因为在我看来，“修养”一词，并不是一个外来语，而是中国数千年文化中的一个传统概念，并且是其中居于中心地位的一个核心概念。如果人们要对源远流长的中国传统文化特别是在其中居主流地位、起主导作用的以孔子为代表的儒家学派的思想文化有较清晰的认识，就必须在理论上对修养问题有较全面明白的理解，而如果真正能对“修养”概念在理论上认识深透了，那么也就可以说把握住了中国流传数千年之久的传统文化的中心。所以，十年来，我讲人生与教师修养问题，除了必须涉及的有关教育、政治、伦理、美学和有关人学及人生等方面的知识理论之外，我还较广泛地接触了中国传统思想文化。其中，我对中国传统文化的历史反思，其内容主要是几千年一直占主导地位的儒学思想、儒家文化，而其核心或理论基础便是对中国哲学的省察。

经过多年来的思考与梳理，我认为，中国传统文化，特别是其中的儒学文化，基本上是一种伦理型文化，并且主要是一种关于如何做人的文化。而其做人之道，说到底主要是修己安人之道，或称内圣外王之道。具体说就是要求人们在处理自己与他人之间关系问题上，要把握“己欲立而立人，己欲达而达

* 此文原载《西北师大报》2000年3月31日。

人”“己所不欲，勿施于人”这种“推己及人”的精神。

所以，我们也就可以把儒家的做人之道，具体分为如何对己和如何待人这两个方面，而其中的如何对己方面尤具根本的意义，是正确待人的先决条件。正由于这个缘故，儒家的修己安人的做人之道，也可以称为成己之道、修己之道、或克己之道。

儒家思想文化要求对己的原则是：自爱、自尊、自信、自立、自达、自强。所要求对待他人的原则是：爱人、尊人、信人、立人、达人、强人。把这两方面结合起来，即自爱爱人、自尊尊人、自立立人、自达达人、自强强人，这成为中国传统文化特别是其中占主导地位的儒学思想做人之道的根本要求。中国传统文化源远流长、博大精深，但并非杂乱无章，纷然无序，而是有其内在联系，自成体系的。我所梳理和认识的其中心问题，根本要求和体系结构就是如上所述的这些。并且我还以为，综观古今中外教师生命的全过程和社会、历史对教师职业的根本要求，也可以用“自立立人、自达达人、自强强人”这十二个字来概括。这就是说，任何教师客观上都要走这条共同的为师之道。但作为教师的每一个个体，从思想到行为，其为师之道又有自为与自在的根本区别。讲师德、讲教师修养，无非是要教师从自在状态转化到自觉自为的状态，以更自觉地自立、自达和自强，从而更有效地立人、达人、强人，即为国家、社会培养人才。所以，我讲师德，特别是大学教师的师德问题，旨在讲清中国传统文化中的有关修养理论问题，而所谓师德，第一位重要的是做人问题。人们讲教师道德，首先应该在做人上多努力。离开了这一条，我以为都有舍本逐末之嫌。总之，我的基本观点是：做人是为师之本，根本不考虑做人问题，对一个教师来讲，特别对一个大学教师来讲，无疑是一个根本的缺陷。

X 略谈中华元典精神*

我在讲课时曾讲过，素质教育应从人文教育入手。作为我国的一名大学生和大学教师应知道一点中华文化发展过程中的元典精神。

所谓元典精神是什么呢？是指一个民族的“文化元典”所集中体现的原创性精神。在中华民族文化系统中，堪称中华元典的就是《周易》《诗经》《尚书》《礼记》《乐经》《春秋》等六经。诚如熊十力先生所说：“六经为中华文化与学术思想之根源。”唯因《乐经》亡佚，中华元典实为“五经”。与之相关的《论语》《孟子》《老子》《庄子》《墨子》等典籍也具有元典性质。

文化元典是特定时代、特定地域的产物，当以历史文献视之。“六经皆史”即此谓也。同时，元典的某些基本精神又能观照久远的岁月，反复地向后人施加影响，对该民族的价值取向、行为方式、审美情趣、思维定式造成深远而又常新的影响。元典的这种超越性并非某种因子所致，而是由其基本特质所造成。它们的思考指向宇宙、社会和人生的普遍性问题，而这些问题乃是各个时代的人们所始终关心的。这也就是说，元典讨论的是不朽的主题。而元典在回答这些始终困扰着人类的普遍性问题时，提供的是一种哲理式的框架，而并非实证性的结论；是一种开放性的原型，而并非封闭的教条。这使元典不致因内容

---

* 此文原载《西北师大报》2000年6月15日。

和形式的时代局限沦为明日黄花，而是以一种灵感的源泉赢得不朽性，一再发挥巨大的启迪作用。

由“五经”等典籍组成的元典精神，千百年来被中华民族一再实践，不断焕发出新的生命活力，从而成为一种古老而又常青的传统。尤其是在某些历史的转折关头，元典精神，或者说元典精神的某些侧面，会因新的时代条件的激励，更放射出灿烂的光辉。

“现代化”给人类带来的并不是单一的进步，而是善恶并进、苦乐同行的矛盾过程。此正所谓“省忧喜之共门兮，察吉凶之同域”。我认为，我们尽管已在进行现代化的建设，并且即将跨进二十一世纪，我们仍有必要知道一点中华文化的人文精神、中华文化的元典精神。而拒绝认识和拒绝承认这种必要性都是站不住脚的。

XI 什么叫人文精神*

今天，我们既需要科学，需要科学文化和科学精神，也需要人文文化和人文精神。那么，什么叫人文精神呢？这篇文章主要就这个问题来作些论述。

我们今天谈论人文精神、人文教育的问题，从历史上看，起码要涉及中外两种不同的思想资源。这两者的中心含义并不完全一样，但都必须在这里谈到。

一、西方的“人文主义”及其人文精神

“人文主义”（humanism）一词，在西方首先发端于南欧的意大利。由意大利人彼特拉克于十四世纪首先阐明，以后逐步演绎为与欧洲中世纪盛行的“神文主义”相抗衡的一种新思潮。

十四世纪至十六世纪，以复兴湮没千年之久的古希腊罗马古典文化为外观的“文艺复兴”运动，首先在资本主义生产发展最早的南欧意大利兴起，进而扩展到整个西欧。发生在中世纪末期的这次“文艺复兴”具有文化转型意义，它高张“人文主义”旗帜，赞扬人的价值与尊严，其著名口号是“我是人，人的一切特性我无所不有”，并由此倡导人权，以与中世纪君临一切的神权相抗衡；以此为开端，意大利各大学增设了修辞学、哲学、天算学等世俗学科（即人文学科），从而对神学在大学里的绝对地位提出挑战；文艺复兴还针对教会宣扬的禁欲

* 此文原载《江苏教育学院学报》（社会科学）2010年第3期。

主义，力主追求人的现世幸福，论证个人自由发展的合理性，反对以神为中心的经院哲学和禁欲主义的人性论，构成文艺复兴时期市民世界观的基础。“文艺复兴”是欧洲走出中世纪，跨入近代社会的先声，而人文主义则被视为欧洲近世文化精神的前奏曲。它反映了新兴市民阶层冲决封建罗网的要求。

作为文艺复兴的主要思想旗帜的人文主义，对于长期处于神学蒙昧主义的精神桎梏中的人们，起了很大的启蒙作用，它使得被神学压制得非常窒息的人们的智慧开始复苏。人文主义者提出的主张、观点在我们今天看来，也许是幼稚的、肤浅的，但在当时却需要有极大的理论勇气，因为它的锋芒直接指向神学的精神专制。归结起来，西方的人文主义思想有如下几个特点。

1. 歌颂人的伟大，赞扬人的价值，提倡尊重人的尊严。这种思想我们从文艺复兴时期的哲学家和文艺家的作品中处处可以看到。十五世纪意大利的人文主义者波焦·布拉乔利尼（Poggio Bracciolini）在其《论高贵》一文中，曾经这样说：“人的高贵不是在于他的出身，而是在于他自己的功绩。”莎士比亚在《哈姆雷特》中写下了对人的热情的赞美诗：“人是多么了不起的一件作品！理想是多么高贵！力量是多么无穷！仪表和举止是多么端正，多么出色！论行动，多么像天使！论了解，多么像天神！宇宙的精华！万物的灵长！”

2. 提倡意志、个性的自由发展。关于意志自由的思想，早在但丁的《神曲》里已有表述。十五世纪意大利人文主义者瓦拉的一本书就名为《自由意志谈》。

3. 强调现世生活的意义，大胆地提出享乐的尘世要求。瓦拉针对禁欲主义关于享乐的不道德性的说教，针锋相对地提出

“不道德的享乐是不存在”的论断。伊拉斯谟在《愚人颂》中，在对天主教僧侣进行讽刺之余，鼓励人们及时寻欢作乐。人文主义者的反禁欲主义是和反对教会、僧侣的伪善结合在一起的。

人文主义的以上思想，正好是对中世纪天主教以神为中心，以天堂和来世为精神寄托，以禁欲主义为道德、戒条的一整套神学蒙昧主义的批判、反叛，这些观点在神学长期统治的黑暗长夜中，使人们在精神上感到极大的振奋，并且对神学从虔信变为怀疑，又从怀疑变为反对。人文主义反对神学蒙昧主义的斗争，不仅为资产阶级革命准备了思想条件，对于我们今天反对现代迷信仍可作为借鉴。人文主义者反神学的大无畏精神，在今天也仍然值得我们学习。而其所揭示的人文主义精神则具有全人类共同价值，也是人们今天讨论和追索的人文精神问题的最重要的一种思想资源。

“人文主义”与中世纪的“神文主义”相对应，在人与上帝、人与自然的关系中，高扬人的意义，尤其强调个人价值和人的现世幸福。其思路，上承古希腊的古典民主和建立在原子论基础上的个性主义，下启十八世纪启蒙运动的自由、平等、博爱和近世民主精神；同时又诱发了享乐主义、物欲主义以及因现世精神的扩张而导致终极关怀的失落。继文艺复兴而起的宗教改革，其新教伦理以禁欲主义的节俭、勤业精神，号召人们在俗世创造财富以完成上帝交付的“天职”。新教伦理除有批判封建独断的旧教的意味之外，也包含着对人文主义走向现世享乐主义极端的一种校正。可以这样说：文艺复兴的人文主义和宗教改革的新教伦理，共同构造了西方资本主义精神，为西方文化的现代转型奠定观念基础。时至十九世纪末叶，当西方实现工业化以后，人文主义被再度召唤，成为对工具理性和实利主义片面膨胀的“现代病”的一种反拨。

二、中国的人文传统

如果说人文精神在西方是一种反中世纪宗教神学文化传统的结果，那么，它在中国则是中国文化所固有的一种传统。中国文化中早就有人文传统，这也就是说，比起西方文化在这方面的情况，中国的人文传统颇具“早熟性”和“先着性”。中国古代人文精神的产生和中国历史演进是同步的，早在炎黄时代就蕴含“人文”精神的萌芽。远在周代，与殷商时期的尊神重鬼思想相对应，“重人”“敬德”观念应运而兴。中国文化传统之源是春秋战国时期的诸子百家，在古代，中国“人文”二字与指自然状态和自然法则的“天文”或“天道”相对应，语出《易·贲》：“文明以止，人文也。观乎天文，以察时变；观乎人文，以化成天下。”这指的是人类社会的各种文化现象，尤其是精神文化现象。中华文化的主流，“天道”与“人文”不是截然两分，而是彼此契合的，人文以天道自然为起点，人文法则出于对天道自然的仿效。在天人关系问题上走的是一条“循天道、尚人文”的路线。在远古时代，中国人特别是中国的哲人便已从自然和社会现象中认识到了文化对于社会治理的极端重要性和普遍意义，认识到了文化是创造人类共有精神家园的重要武器。

同其他民族一样，中华先民也经历过“万物有灵”和神权至上的阶段，产生过自然崇拜，又产生过图腾崇拜，更发达的则是祖先崇拜，却不见上帝创世说的痕迹。

古代思想无论在东方还是在西方，都有一个共同的特点，就是不满于当时灾难深重的现世生活，把希望寄托在对于彼岸世界的信仰上面。在西方，这个彼岸是以宗教方式提出来的天国；在中国，这个彼岸是以伦理方式提出来的“先王世界”。前者是一个外在的世界，通向那个世界的途径是知识和信仰。后者由于它的伦理性质又获得了此岸的实践意义，基本上是一个主体性的、内在的世界，通向那个世界的途径主要是内省的智慧。

自古以来，中国人就对救世主之类抱着一种充满理性精神的怀疑态度。庄子的泛神论和孔子的怀疑论都反映了这个特点。孔子说：“敬鬼神而远之，可谓知矣。”他说出了这样一个事实：以“敬”为中心的天道观念并没有把人导向外在的宗教世界，而这也就是最高的智慧。从这种智慧产生了人的自尊、自信、自助感和荀子所说的“制天命而用之”的主体意识以及它的乐观主义的进取精神。

在中华文化系统，神创说没有得到充分发育，属于“子不语”范围，神创说不仅没有得到普遍尊信，而且被儒者视作异端邪说。与此同时，又特别注目于对人的肯定，高度强调人在宇宙间的地位，所谓“人者，天地之心也”。这就确立了中国式的“人文精神”——一种与天道生机论相贯通的“人文精神”。

在孔子、孟子、荀子的思想中，人道思想已具有相当成熟的形态。他们不仅概括出“仁”这个体现中国伦理和政治思想中最高价值的范畴，而且赋予它一种反神权的意义。在某些方面，这个范畴的内涵甚至超越了古代，具有与文艺复兴以后的西方人道主义相近的色彩。例如，近代法国启蒙思想家狄德罗就曾说：“人道就是一种对于人类的仁爱精神。”应该看到，这种泛爱人类的思想，在西方古希腊罗马时代的人道主义中，由于奴隶制度的存在，还未能形成。但中国的孔子却早就说过

"仁"的意义就是"爱人"，就是"泛爱众"、就是"博施于民，而能济众"。在孟子看来，人也就是"我善养吾浩然之气"的主体人格修养，就是"居天下之广居，立天下之正位，行天下之大道"和"富贵不能淫，贫贱不能移，威武不能屈"的人生境界。中国传统文化的特点之一是非宗教性的以人为本的文化。中国传统文化的理性主义和人文精神，造就了中国传统文化的非宗教性的世俗性。它以人本主义排斥神本主义，以理性精神抵制宗教迷狂。中国文化关注现实人生，追求现世幸福，很少关心灵魂归宿和来世解脱；它肯定人生的价值，而不是否定人生，从不把虚渺的彼岸世界作为生存的寄托。文化的这种世俗性使得中华民族勤劳刻苦、富于务实精神、免于沦落到宗教虚妄之中。

中国文化关注的对象是人，有学者认为它主要是一种"哲学人类学"。以人为本的人文主义或人本主义，向来被认为是中国文化的一大特色，也是中国文化精神的重要内容。与古希腊文化注重人与自然的关系以及希伯来文化、印度佛教文化重视人与神的关系不同，中国文化侧重于人与社会、人与人的关系以及人自身的修养问题。中国哲学，无论哪一家思想，本质上都是一种人生哲学。从总体上看，以儒道两家为主干的中国传统文化，是一种伦理本位的文化，尤其以儒家为代表的以人为本的思想，在中国社会长期的发展过程中得到广泛的认同和创造性的发展。

更重要的是，与西方的人文主义不同，中国传统哲学所研究的"人"，从来不是孤立的、个体的、孤独的"人"，而是群体的人或人的群体，是社会的人和人的社会。换言之，中国的传统哲学是从相互联系中把握和规定人的本质的，中国哲学所研究的是联系中的人或人的联系。其最高宗旨，是寻找人际关系的稳定、有序、和谐，所以，中国的哲学堪称辩证的人本主义或有机和谐的人本主义。根据以上所述，我们可以看到，从“远神近人”、以人为本这一点而言，中国的人文传统与西方文艺复兴时期的人文主义似有相通之处，故借用中国古典的“人文”二字翻译西方中世纪末期兴起的新思潮humanism，不无道理。

然而，中国传统的人文精神与西方的人文主义并非一回事，其最大差异在于对“人”的不同理解上。简而言之，则可作如下概括：西方文艺复兴时期形成的人文主义以古希腊的原子论和雅典学派的人论为根据，强调人是有理智、情感和意志的独立个体，并从人性论出发，要求个性解放，摆脱封建等级观念，发展个人的自由意识；而中国的人文传统则把人看成群体的名字，不是个体，而是角色，得出人是具有群体生存需要，有伦理道德自觉的互动个体的结论，并把仁爱、正义、宽容、和谐、义务、贡献之类纳入这种认识中，认为每个人都是他所属关系的派生物，他的命运同群体息息相关，这就是中国人文精神的人论。

西方以强调个体价值为特征的人文传统，在现代化过程中曾经充分发挥其积极效应，同时，又引发出若干弊端；中国强调社会人格的人文传统，缺乏自发走向现代的动力，却有可能在经过现代诠释以后，为克服某些现代病提供启示。因此，不能简单对西方人文传统或中国人文传统一味褒此贬彼，而只能将它们置于历史进程中加以具体分析，并存在在现代生活实践中探索二者结合的可能性。

当今将讨论引上健康的轨道，还需要认识到以下两点。

其一，在具体研究现代化进程在人文领域以及人文文化与科学技术文化相互关系，物质文明与精神文明相互关系上呈现的实际状态及引发的问题时，有的论者归纳当下中国处于几个不同的人文参照系统的交点上：中国士人的儒道互补的道德与操守；中国民间社会的伦理规范；五四运动以来民主、科学的启蒙主义；现代化造成的与世界接轨的愿望，对欧美式人文传统某些价值观念的认同；共产主义社会理想对资本主义中违背人文传统的弊端的批判。这种分层梳理是有益的，但还需要深入下去，以厘清古今中外交会下的人文状态。

其二，对讨论涉及的学术前史（包括所使用概念的演绎史）作必要的反顾，如此才能“接着讲下去”，否则，有可能出现因讨论诸方使用同一概念而所包含的内容却风马牛不相及造成的笑话。例如，有论者立足“人文精神”以抨击时下的“物欲横流”，在义形于色之际，却很少遭到驳诘。西方人文主义的代表作《十日谈》在谴责中世纪教会的禁欲主义时，正面宣扬的恰恰是个人物欲的合理性。这里指出此点，并非反对时人倡导“人文关怀”和制约“物欲横流”，而是希望更自觉地对人文传统作历史的观照，特别注意三个转型阶段人文精神具体形态的联系性与差异性：（1）在文野交界之际（如古希腊、古罗马、中国先秦时期），人文精神表现在“人兽之辨”“人神之辨”中强调人的特性和地位，表现为以人文知识教育人，如中国周代以礼、乐、射、御、书、数等“六艺”教士，古罗马以文、史、哲、数培养自由公民；（2）在中世纪末期兴起的欧洲文艺复兴，中国明清之际的“破块启蒙”思潮论证人的世俗要求的合理性，以批判神学蒙昧主义、禁欲主义专制独断论；（3）在工业文明普遍向后工业文明转化的现代，与唯科学主义和拜金主义相抗衡，则有新人文思潮崛起。当下的人文精神讨论便是这一历史序列的自然延伸，今日的人文主义，哪些方面承袭了第一阶段的遗产，哪些方面受启迪于第二阶段的灵性，哪些方面是正宗的第三阶段论题，我们应作分层梳理，而不宜混为一谈，作超时空漫议。

三、人文精神的实质和其基本内涵

经过以上对古代中外有关人文思想资源的回顾与梳理，我们在这里对什么是人文精神这个问题该怎样表述呢？应该明确地说，在二十一世纪的现代应当尊奉的人文精神还是应“以人为本”为核心。而所谓“以人为本”的根本之点就在对“人的尊严”“人的自由”“人的需要”和“人是目的，人是中心”理念的张扬与肯定。

人文精神是以人为本，开放、和谐。开放是对封闭说的；和谐是对斗争说的，这里既有人际的和谐，社会的和谐，也有人与自然的和谐。而在人与自然的关系中突出人的主导地位，在人与社会的关系中突出人的权益，在人与人的关系中强调人格独立，在人与自身的关系中强调自我实现、自我超越的“人性逻辑”，这便是现代人文精神的核心。

“以人为本”就是以“人”为中轴与终极，就是把人看作目的，充分发挥人的主体性，提升人的精神境界。首先，就是对共同人性即人的本性的肯定。而研究人的本性，就是为了研究人应该怎样“按人的方式”生活，而这才是社会真正进步的象征。

爱因斯坦曾说：“社会的健康状态取决于组成它的个人的独立性，也同样取决于个人之间的密切的社会结合。有人这样正确地说过：希腊—欧洲—美洲文化，尤其是它在那个结束中世纪欧洲停滞状态的意大利文艺复兴时的百花盛开，其真正的基础就在于个人的解放和个人的比较独立。”①正所谓“以人为本”是兴邦哲言。

①［美］爱因斯坦著，许良英、赵中立、张宣三编译：《爱因斯坦文集》（第三卷），商务印书馆2017年版，第52页。

Ⅻ 人文精神及其低迷、缺失的历史、社会原因*

杨晓著的《语文课程中的人文精神——从理念到运行》就要出版问世了，这是她在西北师范大学攻读教育学博士学位期间撰写的博士论文基础上作了进一步思考和修改后所完成的一部有关课程教学论问题的专著，也是作为一个学者的她走向学术生涯的第一部著作和结出的第一个可喜的成果。这对她来说，无疑很有纪念意义，值得特别珍视。我是甚为此感到高兴的，并要在这里对她表示热烈的祝贺。

杨晓大学本科读的是中文系，学的是中文专业，曾在中学教过语文课，当过语文老师。一九九九年至二〇〇二年、二〇〇六年至二〇〇九年她分别在西北师大教育学院攻读硕士和博士学位，学的都是课程与教学论专业。几年来她从自己教师生涯，也从自己的读书生活中，对中学语文课程中人文精神所应具有的不可代替的重要意义和事实上的缺失与不足都有极深切的体验与思考。所以，可以说，她选择这个问题来作博士论文，不是偶然的，不是一时的心血来潮，完全是有感而发和深思熟虑的结果。读博期间，她目标专注、日夜用心、广泛阅读，收集的资料十分丰富，特别在第三年，她更读了不少“什

* 此文系作者为杨晓著《语文课程中的人文精神——从理念到运行》（甘肃教育出版社2010年版）一书所写的序言，收入本书时有改动。

么是人文精神”等主题的有关理论著作、文章，以期在自己的思想上进一步弄清楚人文精神的概念和准确把握有关理念问题，并作过不少实证调查，工作进行得十分有序，也十分艰苦。她好学深思，踏实认真，尤注意与人交流，多方请益，与我也多有探讨与交流，并请我为她这本以后准备出版的专著作序，厚意殷殷，盛情难却，今天我就应命来实践这个一年前的承诺。

在这篇“序”里，我要说些什么呢？我经过一番思考，总的是这样一个思路：除了要谈一点“什么是人文精神”的个人看法外，主要的是谈有关人文精神在今日我国为什么会有所低迷、缺失的问题。这是有鉴于人文精神在语文课教学中的缺失。既然这是个事实，是个现实问题，我就在这里对其缺失的原因作些思考；也有鉴于本书作者杨晓对人文精神的缺失多从自己对现实生活的亲身感受甚至是从读文学作品中得到体悟，我则要从较远的历史、社会角度作些思考与探索。我为此要说几句话。

二十世纪八十至九十年代，“人文精神”从一个相当专业化的思想史术语，开始向大众话语转化。九十年代初，许多报刊发出拯救“人文精神”危机的呼声，认为“人文精神的失落是今天人类面对的共同问题”。指出当时中国也呈现人文精神低迷的态势，因而有必要重建人文传统。于是便有对古今中外“人文精神”宝库的清理、选择和重铸。然而，要将这一具有深刻历史内涵，又富于前瞻性的讨论引向深入，首先要回答的一个问题便是，何谓“人文精神”。接下来才能讨论怎样才能与人的素质结合，使之内化为人们所具有的一种文化内涵。

如大家都知道的，“人文”二字，在我们中国文化语境里系泛指人类社会的各种文化现象。但我们今天人们所指有所低迷、有所缺失的“人文精神”中的“人文”概念与之似并不一样。今天人们讲的“人文精神”，其意有世界不能用科学概括一切，除了科学理性，还要有人文文化和人文精神。这里的人文就是要审思人生，对生命进行终极意义的叩寻，对人类的生存状况与命运进行全方位的深层观照。人文精神本质上是一种自由、自觉、批判的精神。所谓文化人主要就是指能置身于人类精神传统中进行思考的知识分子。思想才是文化产品及其影响力的核心因素。

人文精神的核心内涵是人为了适应和改善自己的生存状态和追求发展前景而生发和表现出来的文明程度的总和，属于认知关系的价值关系范畴。人最基本的需要是自身的生命的生产和再生产，人的最高目标和终极关怀是经过深刻漫长的历史过程所不断趋向的社会理想和人生理想。

人文精神以人为本，是多元、开放、和谐。多元是对一元说的，开放是对封闭说的，和谐是对斗争说的。人文教育就是要培养大写的人，精神上强健和舒展的人，使人的生命经教育更加情韵悠长、光明磊落。所以，我所理解的人文精神，其实质就是以人为本，强调要尊重人，充分肯定人的价值，重视文化教育；优化人性，提高人的素质和精神境界，树立高尚的人格理想和道德追求，使人得到自由的全面的发展。

人文文化和人文精神在人类历史上与人类文明和进步紧密联系在一起，成为社会文明与进步的象征与动因。情况之所以如此，就在于以人为本的人文文化和人文精神其本身就具有极其巨大的精神性的功能。如果说，“精神”是地球上人类开出的最美的花，那么，人道便是其中最瑰丽的一朵。

人文精神的基础是人类共同的人性，我们承认人文精神，是因为人类除了各自的个性和特定群体的共性外，还存在着超越了一切差别的共同性，就是通常说的“人性”。人性当然也可以说是人的天性，是人类与生俱来的本性，例如趋利避害、珍惜生命、恻隐之心，对真善美的追求等。正是这些共同的本性，产生了对社会生活的共同追求。

但为什么人性和兽性会共存于同一个主体之中呢？哲学家斯宾诺莎曾指出：“人们都有一种欲望，要追求对自己有利的东西。”马克思也认为：“致富的欲望是所有人的欲望。”斯宾诺莎说的“追求对自己有利的东西”，马克思说的“致富的欲望”，都是人类共有的本性。但是这种本性存在着两种截然不同的趋向：一个趋向是人们在追求对自己有利的东西的时候，如果不顾社会或他人的利益，甚至采取有害于社会或他人利益的办法来谋求自己的利益，那么，发展到极端，就会使人性蜕变为兽性；相反，如果能够在追求自己利益的同时，关心社会和他人的利益，有利于社会和他人，至少无害于社会和他人，那就意味着保持或发扬了人性。在人类社会的历史上，兽性的发展往往带来社会的混乱，甚至导致社会崩溃，赖有人性的发扬才得以维持社会的稳定和发展。千百年来，人们一直在苦苦寻求发扬人性抑制兽性的良药，以保持整个社会的不断发展和人类自身的和谐生活。古代社会的习惯法、自然法和近代的法律体系，历代思想家、政治家的著书立说，都表现出了这个共同的追求。提倡人文文化、人文教育，发扬人文精神，从本质上讲，都应视为人类这种努力的一个组成部分。

但人文精神在当代有所缺失，却也是一个不争的事实。究其原因，学科专业分工越来越细，越来越专，是造成今天这个局面的很重要的原因。请看国务院学位委员会一九九七年颁布实施的《授予博士、硕士学位和培养研究生的学科、专业目录》的规定，我国高校现在执行的学科门类有哲学、经济学、法学、教育学、文学、历史学、理学、工学、农学、医学、军事学、管理学等十二大类；十二大类下面再分为八十九个一级学科；八十九个一级学科下面再细分为三百八十六个二级学科。①试以“文学”门类举例，文学门类下面分为中国语言文学、外国语言文学、新闻传播学、艺术学四个一级学科，此四个学科所授学位均以“文学”称，即文学学士、文学硕士、文学博士。中国语言文学为一级学科，下面又具体细分为文艺学、中国古典文献学、中国古代文学、中国现当代文学、中国少数民族语言文学、比较文学与世界文学等八个二级学科。

为何学科专业越分越细？据说原因是现代社会知识爆炸，信息密集，人的精力只能应付其中的一点。因而学科与学科之间，同一学科的不同专业之间，也就自然隔行如隔山，大家各耕一块田，“鸡犬之声相闻，民至老死不相往来”了。据说，这就是为什么现在大学中文系里面，搞古代文学的不辨现当代文学，搞中国文学的不问外国文学，搞文学专业的不知《说文解字》《广韵》为何物的原因。

专业分工精细的好处是可以产生“专家”，但其弊端也正在此。什么叫专家？有人说所谓专家就是那些在很小很小的

---

① 2022年9月13日，国务院学位委员会、教育部颁布《研究生教育学科专业目录（2022年）》。这次修订后我国高校有哲学、经济学、法学、教育学、文学、历史学、理学、工学、农学、医学、军事学、管理学、艺术学、交叉学科等14大类；14大类下面分为117个一级学科，博士专业学位类别36个，硕士专业学位类别31个。——编者注

问题上知道得很多很多的人，而必然也是在很大很大的问题上知道得很少很少的人。事实上，所谓的知识经济时代急剧增长的知识量，极大部分属于自然科学与应用技术。而人文、社会科学知识量的增长毕竟还是有限的，根本原因是人类社会数千年的文明史早已验证：人文、社会科学归根结底要研究的还是自古及今的关于人，关于人与人、人与社会、人与自然的关系等问题。一切人文、社会科学永远离不开“人”这个轴心与终极。但现实却是：人文、社会科学受自然科学的影响与浸染似乎越来越大，不但分科越来越细，借助自然科学的研究成果或手段的兴趣也越来越浓（例如文艺学就出现过模糊数学、热力学、量子力学、场论、生态学等研究方法），专业分科太专太细，同时要求研究成果“量化”“细化”。其结果必然导致研究者只见树木，不见森林，视域的局限无形消减了作为人文社会科学必需的人文关怀。一个不争的事实是：由于文科专业分得太细，已使一般文史哲出身的学者无法议政，而社会大众也不再以政事请教人文学者，致使人文学者对社会政治问题不再有发言权；而另一方面，专治政经法及管理的学者又多与历史文化和学术隔阂太深，其发言议政习惯基于其本专业的操作层面讨论，不能自本自根，有体有用，因而往往缺失人文精神，脱离历史文化的命脉。而社会时代的发展又迫切需要具有跨越学科专业局限的会通型学者，也即为钱穆所说的“通人通儒”。对此，美国芝加哥大学社会思想委员会创建者乃孚（Johnll. Nef）教授曾作过精辟阐释：“任何一个时代都需要少数具有原创能力的思想家提出新的观念来界定与指引这个时代的学术与文化。这种新的思想往往是源自新的问题的提出，而这种新的问题又往往需要跨越几个学科的知识与训练才能得到完善的解答。”（转引自林毓生《中国传统的创造性转化》）。卓识方大器，浩博乃兼容。真正的学者是不能按专业归类的。在只耕一块田的“专家”堆里是不能够出现钱穆所肯定的“通人通儒”与乃孚所期待的“具有原创能力的思想家”的。

人文精神既是国民素质的表征，也根植于国民素质。既是教育的表征，也植根于教育事业和教育活动之中。优化的、注重个性发展的教育培植优良美好的人性和人文精神，“产业化”的教育生产线只会制造“标准件”，扼杀的是人的创造力和人们的人文精神。因此，语文课程中人文精神的教育问题值得作为一个课题来研究，毋庸置疑。

人文精神作为一种文化理念，在语文课程中如何贯彻、如何濡化、如何传承、如何运行，这基本上是一个实践问题，我以为本书（指《语文课程中的人文精神——从理念到运行》一书，下同——编者注）的主旨和重心也就在这里。本书作者杨晓把运行的过程作了具体分析，指出此过程包括课程标准、教材、课堂教学和教师素质（教师培训）等环节，把它视为一个有机的整体加以组合和论述，以使之灵活地转动、运行起来。本书思虑缜密，结构合理，独具匠心，难能可贵，值得肯定，亦颇见作者的思维和创造的功力。但我想到的是，学校语文课程人文精神教育系统的运转固然是个值得研究的学术性系统工程，但比起整个社会大环境中人文精神的状态到底只是其中的一个小部分，是以整个大系统为背景并受其制约和影响的。所以，我就从历史的视角说了以上这大篇的话，目的在与作者、也与读者朋友交流，并求指正。

XIII　人格即人之精神形象*

现在呈现在读者面前的这本书，是西北师范大学教育学院的副教授、青年学者李虎林于近年完成的一本教育理论专著。李虎林，甘肃甘谷人，大学本科毕业于西北师大教育学院，二〇〇三年他在取得教育学硕士学位后，又继之考入西北师范大学教育学院攻读教育学原理博士学位，二〇〇六年取得学位，毕业后留校任教。这本定名为《当代人格教育论》的著作，便是在他读博士期间完成的博士论文《当代人格教育的理论求索与时代建构》的基础上，经过几年的认真思考，修改、增删、加工、提炼而成。虎林在攻读博士学位期间，谦虚谨慎、踏实认真、好学深思，致力于读书和研究学问，平素行止端正，品学兼优。其间他思考过不少教育理论问题，发表过不少文章，而尤以有关人格教育、人格理论方面的问题为多，并醉心于从教育学理论的角度来界说和论述。他的毕业论文便是在此思考和积累的基础上完成的。我作为他的导师，既知他在此期间学术思考和研究的志趣已倾向并集中于此，也深知他在这方面经过长时期的勤奋学习，在思路整理、理论基础、知识认知和资料准备等方面都已具有相当的功力和积累，赞同他的这个研究志趣和朝此方向努力，并鼓励他在这方面去做进一步的耕耘、探索和开拓。这本专著便是他从读博以来为此辛勤耕耘和付出

* 此文系作者为李虎林著《当代人格教育论》（中国社会科学出版社2015年版）一书所写的序言。

许多汗水后结出的一个重要成果。这无疑也是虎林学业上不断取得成绩与进步，在学术道路上不断成长和不断走向成熟的标志。回首他近十年来的学习研究的过程和情况，我甚为欣慰。

人格，是在人们日常生活中经常使用的概念，也是本书最重要的一个关键词。“人格”二字其实并不见于中国传统的古籍之中，而是近代才从日本引入的。它对中国人来说，完全是个外来词、舶来品，到今天也才不过一百来年。但是，由于中国传统社会是个讲做人、讲道德、讲为人处世之道的社会，在中国传统文化那里，伦理原则是绝对的价值标准。主体对客体——包括人事、社会生活、自然万物、精神产品等以及进入人的认识领域的对象——无不以伦理原则、为人处世的道德表现和人的品性德行为最高的衡量尺度。这在儒家那里，更为明显，也可说这是儒家对中国传统文化的决定性影响。而讲道德、讲做人、讲人品的文化所要求的人必然是道德高尚、止于至善、品德优良、行为端正、人格健康伟岸乃至顶天立地的。就这样，这个更具表现力而与中国文字语境和意蕴又完全适应吻合的“人格”一词便很自然地为中国传统文化所接纳，成为中国传统文化中用以表征人的为人、道德、品行、人品等的同义语，并为中国文化所需要。百十年来，人格一词在这里入乡随俗，已真正被中国传统文化所同化、转化和消化而中国化了。

概括一下我们中国人对人格一词的界说，有些学者曾把它等同于“为人”“人品”“道德品质”这些概念，这无疑是有其道理和准确之处的。但我以为，还需要在这里再把它抽象一下，使它在含义上更清晰明朗些，也使它和西方现代文化中原有的内涵更接近。人格是什么？依我看，人格主要是对人的个体而言的，简言之，即人之精神形象也。其意是指一个人可以给人们从思想上感受到其思想、智慧、尊严、道德风貌等的精神性的客观存在。

由于人是灵与肉、肉体和精神的复合体，有物质的和精神的这样两种最根本的存在形式，人必然有两种可以表现于外，为人所见、所认知的存在物。所以我认为，任何一个人都有两种形象或标志，即一为表现人之身高、体重、肥瘦、面目美丑、形貌体态等肉体存在的形象。此种形象展现人前，使人一望便知你是谁，这种形象是你作为一个人存在于世的根本依据。但人不仅有此种形象，还有另一种形象存在，此即我这里说的精神形象存在。一个人的精神形象存在，我以为即为人的人格。人的人格不能为别人的肉眼所举目可见，也不为人的手所触摸可及，而需要人的思想去感悟，精神去认知，因为它是精神的而非实在的。但它又是客观存在的，这种存在只能依靠人们通过你所表现的思想言行进行认识和判断。而人的精神主要特点是什么呢？我认为就是个体的独立性而非依附性，也就是陈寅恪先生所说的“独立之精神，自由之思想”。所谓独立人格，很重要的一点就是主体意识上要有一种个人理性精神。在我看来，所谓精神，就是理性的完善表现，精神使人充实、执着、独立支持而傲岸不阿。人类的全部尊严是精神所赋予的，他们唯有听从内心的指令行动，哪怕头顶悬着指挥刀。人格是个人尊严、价值和道德品质的总和，是人在一定的社会中的地位和作用的统一。罗曼·罗兰说：“没有伟大的品格，就没有伟大的人，甚至也没有伟大的艺术家，伟大的劳动者。”在我看来，这些“伟大”统统以“理性”“思想”“精神”为条件、为基础，中西文化一概如此。所以，我也深以为“人格”一词实在是一个很有用的概念，不论对中国传统文化还是就西方现代文化来说都如此，它的确是一个为世界所通用的概念，很值得人们去进一步研究它并通过教育手段去实现它。

在这里，我不仅要指出“人格”一词既然来自西方，来自西方现代文化，它被引入中国之后使它具有了中国特点而有了不同民族、不同地域人的不同理解。并且在西方，由于对它的研究和界说涉及多门学科，人们对它的认识和界定从来就不是一样的，但不管怎样，东西方文化都要随各自社会的发展而发展，即是说都要与时俱进的，人们的精神、人的道德观念也会随之变化，则“人格”一词的内涵也就随之而不同，具有了与时俱进的特点，而这也就是我这里要说的人格的时代性。无疑，人格也是有其时代性的。

我以为，审视一下李虎林的这本著作，不能不说本书作者对人格理论和人格教育问题研究的着眼点和赖以立论的依据正在其与时俱进的时代性这点上。他的书名有“当代”这个时间概念，不仅是个证据，也正是他的这种认识和理念的必然反映。研究人格理论和人格教育问题，可以有不同的着眼点，也可以有各种不同立论的根据。如二十世纪著名教育家陶行知就曾大声疾呼，他倡议教育界“建筑起人格长城来，由私德的健全，而扩大公德的效用，来为集体谋利益”。著名翻译家、学者傅雷也曾提出：“把人格教育看作主要，把知识和技术的传授当作次要”，强调“最广泛的做人之道”，“坚持真理，拥护正义，守公德”。很明显，虎林在本书所阐述的见解和着眼点和陶、傅二先生是并不一样的，他比他们两位更宏观也更具时代性，他的着眼点和立足点是当代社会，他讲的是当代教育，他在这里要着重阐明的是当代人格教育。在世界多元文化融合的当代，有一条研究的道路是明了的，那就是越来越多的学者都开始从“人类”“世界”和“当代”的角度去研究和梳理问题，这也应该是我们今天讨论人格理论和人格教育的基本思路。我以为，虎林走的正是这样一种思路。

人格理论和现代人格教育都是大问题，值得探讨的问题有很多。所以，结合中国当代社会实际和教育实际，这个问题是很值得研究和予以阐明的。我希望虎林把此书的出版当作一个新的起点，在这个起点上还可以进一步扩大视野，充实其内容，深化其内涵。我相信诚实为人、严谨治学的虎林是会去这样做的。

XIV 什么是体悟*

我曾经在为自己一本著作写的前言中说过这样一句话：书，特别是作为一种比较严肃的学术著作，无非是作者向读者对其所同样关心的问题做的一次有准备的、系统的发言。所以，在我看来，现在呈现在读者面前的这本定名为《体悟教育研究》的书，也就是作者张华龙就体悟教育问题向人们和学术界做的一次系统的理论陈述和有准备的学术汇报。

我以为，做一次这样的陈述和汇报并不简单，绝非轻而易举。这是作者为此学习、思考了多年，作了长期研究、探索和准备的结果。二〇〇五年秋，华龙从浙江师范大学考入西北师范大学，成为教育学院攻读教育学原理博士学位的研究生。入学仅半年，他在谈及自己以后有关博士论文的选题、撰写等方面问题的思考时，就提到了体悟和体悟教育这两个概念，并向我表达了有关思考的起因、撰写旨趣和思考过程等。他告诉我，他之所以关注这个问题，是源于他在“教育史”这门课程的教学实践中得到的有关启示、体会和感悟。自此，他就注意搜集、阅读了不少相关资料，并于二〇〇三年和二〇〇四年分别在《课程·教材·教法》等教育期刊上发表过几篇有关文章。听得出来，他对此问题的研究，不仅已有明显的倾向性，而且看来已经思考过较长时间，并且相当的成竹在胸了。据此情况，当

* 此文系作者为张华龙著《体悟教育研究》（教育科学出版社2009年版）一书所写的序言。

华龙日后正式提出选择这项研究课题时，我自然是持赞同的态度的。但是，由于想到体悟教育这个概念并不为一般人所熟悉，把“体悟”和“教育”如何合理地联系起来，却也是个不小的问题，而其首要的关键问题则明显是在“体悟”二字上。所以，我曾不止一次地向他说，对这个问题的研究，客观上需要相当深厚的中西哲学史和历史、文化等诸多知识学问的支持和准备，而且需要他深思熟虑，进行极艰苦的比较、分析和综合研究。无此基本条件，这个问题不可能研究深透。而如果把这个问题真正研究深透了，客观上对教育学的基本理论研究能够作一次很有价值的探索和推进。应该肯定的是，华龙进行这个课题的研究是有意义的。

在我看来，作为人类的自我意识的哲学，是理性精神的直接表现。但是中西方的哲学又是各有其明显的特点的，如果借用康德的术语，西方哲学偏于“纯粹理性”，偏重于追求知识，而中国哲学则偏于“实践理性”，偏重于追求道德。前者多描述自然界的必然，后者多强调精神领域的自由。

中国哲学是内省的智慧，它最重视的不是确立对于外部世界的认识，而是致力于成就一种伟大的人格。所以，和西方哲学相对而言，它并不重视对于客观对象的分析、区分、解释和推理，并不重视对于对象实体及其过程的精确陈述。

体悟是什么呢？体悟乃是中国智慧和思维能力的一种传统，也是中国传统智慧和思维能力的优势所在。它在本能和认知、情感和理智、知识和哲学等诸多层面，给中国智慧提供了融贯和升华的奇妙通道，其核心是“内省”二字。我曾说过：“认识外部世界依靠理性，而认识内心世界（把握人自身）却离不开体悟、体验和直觉。”其意也就是说，我们的认识活动既需要借助西方智慧，也需要吸纳中国传统的智慧。它和哲学家张世英教授在其《天人之际：中西哲学的困惑与选择》一书中如下两句话的意思是完全一致的：“我以为中国哲学的发展应该在继续召唤西方主体性思想的同时，把主客二分和主体性同天人合一结合起来。我们既需要主客二分和主体性思想所带给我们的科学精神和现实精神，又需要超出主客二分的天人合一所给我们的高超境界，既需要在科学上、事业上孜孜以求，永不满足，又需要超越这种无止境的追求，在境界上求得自我满足。”

选题确定了，思路理顺了，目的明确了，以下就是按开题报告所确定的计划和步骤实施的问题了。在近一年半的时间里，作者先后参阅了三百多份中英文有关文献，整个撰写工作进行得尤为认真、艰苦、细致和有序，并终于在一年前的今天完成了全部论文的撰写工作。功夫不负有心人，一分耕耘，一分收获。华龙的论文不仅顺利获得通过，而且被一致评为优秀，获得很高的赞誉和评价。但是，与此同时，我又想到英文中commencement一词的含义，这个词可译为中文的“毕业典礼”，即英美各大学每年都要隆重举行的学位授予仪式，但此词却也有开始、发端之意。这意味着什么呢？我以为主要就是说，在追求知识和学问的道路上，并无终点，即便已经取得博士学位的学者，也同样意味着开始了一个新的起点。同样，这项题为《体悟教育研究》的研究工作，虽然已经告一段落，却仍还有不断修改、提高、完善的必要，而不是完美无缺的。

二〇〇八年七月，华龙在西北师大攻读博士学位的学业结束，获得了教育学博士学位后，又回到浙江师大从事教学与研究工作。二〇〇九年春节前夕，获悉华龙这篇博士论文准备付梓问世，我内心是甚感欣慰的。

今年兰州的初春阳气勃发，为五十八年来所最暖。兰州虽属内陆城市，人们仰望天际，亦可时见彩云成阵，看到湛蓝如海的黄河之水，盖亦是良辰美景之时也。遥想华龙现在工作、生活的南国，也是我的故乡，当更春光明媚、景色宜人，则尤使我不胜心向往之。值此一年中最美好的季节，就让我在此给我的这位沐浴在南国春风中的弟子致以春天的祝福，祝愿华龙在今后的日子里，更加奋发有为，学术精进。

XV “天下为公、学术为公、教育为公”理念的一次宏观展示*

二十世纪七十年代末以来，当历史的车轮已进入改革开放后二十来年的时间里，沉闷已久的中国教育学界空前活跃了起来。人们借助于新时期吹拂的和煦东风和落下的阵阵时雨，使得教育学术事业有如一株逢春的枯木，阳气上升、生机勃发，出现了一些青枝绿叶，呈现出一些从未有过的动人景色。许多教育理论工作者因缘际会，把握时机，顺势而为，振作精神，解放思想，对民国时期一些在社会上曾素负盛名、广有影响，在教育学术和教育事业的实践领域都卓有成就、颇有建树的教育家，如陶行知、雷沛鸿等的教育思想，进行了有组织、有规模的研究。“陶行知教育思想研究会”“雷沛鸿教育思想研究会”（以下简称“雷研会”）等组织的活动非常频繁、参与人员众多、氛围热烈，一时蔚为壮观。

我的《雷沛鸿与中国现代教育》是一本篇幅不大的小书，就是我在二十世纪九十年代参加广西雷沛鸿教育思想研究会及其组织的一些有关研究活动，在经历了近十年之久的过程后，所取得的一个小小的学习和研究的成果。书稿着手于一九九九年之初，完成于二〇〇〇年之冬，印行于二〇〇一年之秋的九月。

* 此文原载《教育研究》2021年第9期，原题为《雷沛鸿：一代为天地立心、为生民立命的人文巨匠》。

从时间上看，这是一本既跨越也连接着前后两个世纪和两个千年的作品。说来颇觉有些难得。时光荏苒，岁月易逝。如今，这个新的世纪，竟已悄悄过去二十余年了。这本小书从撰写到出版问世，竟已是二十年前的事了。

而在我来说，这本小书同样牵连着我近七十年来的一些思索，维系着我在前后两个世纪中的一些有关记忆和感受。三十年前的二十世纪九十年代，我参加的这近十年雷研会活动，是我近七十年学术生涯的一个重要组成部分，也是我引为十分愉快的一段学术经历。其间种种场景和遇到的人和事，至今仍历历在目，使我感到亲切，记忆犹新，难以忘怀。而最使我感到快慰的就要算这位广西籍教育家雷沛鸿先生。

雷沛鸿是个什么样的人呢？我这里要对他作点简单的介绍。雷沛鸿（一八八八——一九六七），广西人。在二十世纪二十年代至四十年代，他是广西教育界一位重量级人物，是在广西干过一番大事业的一位教育家。他先后四次担任广西教育厅厅长、广西大学校长等职。也曾是暨南大学、中山大学、中央大学、浙江大学等大学的教授，先后在日本、英国、美国留学达十多年之久。

雷沛鸿一生事业和社会活动的范围主要在广西。在广西，他虽然办过西江学院这样有特色的高等学校，在高等教育史上留下了浓墨重彩的一笔，但更为人所称道、为历史所铭记、在教育界留下深刻影响的，是他推行了一个前无古人，绝无仅有，在当时中国属最有创意之一、历时长达十年之久的国民基础教育运动。他推行国民基础教育运动是为了改造旧教育、改造旧社会，是为了救亡、救穷，为了提高全民族人民的文化水平。他为此决心完成一个“每一个人自出生以至老死均能与教育为缘的教育制度”。他“企图构成一个富有生长性、普遍性的民族教育体系”，以全部精力注重于“教育的大众化”，以实现“有教无类”“一视同仁”的教育理想，进而实现他“教育为公、学术为公、天下为公”的社会理想。

国民基础教育运动的建构和格局大致如次：从教育层次上说，包括学前、初等、中等和高等教育；从教育内容上说，包括爱国教育、生产教育；从办学形式来说，既有定式教育（学校教育），又有非定式教育（社会教育）；从教育对象来说，既有学龄儿童，又包括一切成人，并为经济文化特别落后的少数民族，进行特殊的教育训练；从实施方法上看，重视“学术劳作”，打破中国学术重思辨轻实践的传统，所实行的措施，必“由调查而假设，由试验而推广”；从实施的地域来说，不是一县或数县，而是整个一省，并终以其相当程度之成功影响全国，推行全国。他要求改变片面的、偏重于升学的体制结构。“前一层次的教育不应该跟着后一层次的教育跑，而后一层次的教育则应设法与前一层次的教育相衔接。每个层次都应该有弹性。”“为了适应地方建设的需要，工、商、矿、师范等专科学校应尽量设置。”

为了在全省推行“学制整组运动”和“民族教育体系构成运动”并“注全力于国民基础教育运动”，他首先创办了广西国民基础教育研究院，并自任院长，以使他的国民基础教育运动能在理论的指导下进行。经过十多年坚持不懈的努力终成正果，形成了一套具有科学性、时代性、实践性的民族教育体系。

雷沛鸿勤奋耕耘，历经风雨、呕心沥血、矢志不渝，为广西教育事业播下了文化种子，所灌注的心血和汗水，洒向邕江千水的爱、万山的情，感动着广西各族人民的心。他为广西人民带来的福祉和累累硕果不仅为广西各界人士所认可、肯定和赞许，更得到人们由衷的爱戴和尊敬，他的名字从此走进千家万户、穷乡僻壤、响彻广西大地。广西人民编写出优美的歌曲来歌唱他、赞颂他。其歌词有云："青山有情也敬礼。"曾任广西壮族自治区人民政府主席的韦纯束先生在他的一篇文章里写道，清末、民国时期，广西有三位教育家：一是郑献甫，一是马君武，一是雷沛鸿。后来又曾有人写题为《广西三杰》的文章，称马君武、雷沛鸿、梁漱溟为"广西三杰"。

还有，杨应彬先生在一次讲话中自豪地说："雷沛鸿是广西的光荣。"据说当时在场的韦纯束先生又立刻插话说："他是我们的骄傲。"

我在上面文字所引述的这些有关谈资言说、歌词口碑，都只想说明雷沛鸿在当年广西社会，人情民心，在他所处的人文世界中是最有地位的。人们对他一生价值的评价是肯定的。这说明雷沛鸿虽然其人已逝，但他的影响仍在，他的伟岸人格和他的伟大事功仍然活在广西人民的心里，仍然长留在广西的天地之间。

也正是这些，使我想到雷沛鸿这样一位留学英美等国达十多年之久的留学生，不满足于在宁静的书斋里当一名学者、教授，而是决心献身于民族的、大众的教育事业，以实现自己的社会理想和教育理念，这种舍小我为大我的崇高精神和伟岸人格，多么值得景仰、值得学习。

一九八八年是雷沛鸿诞辰一百周年，广西各界人士召开会议纪念他。据悉就在这次会议上，人们建议建立"雷沛鸿教育思想研究会"，为广西教育学会采纳。一九八九年四月十一日，雷研会正式在南宁宣告成立。自此，雷研会活动在教育厅原副厅长（后任广西壮族自治区人大教科文卫委员会主任委员）韦善美先生坚强有力的领导下，工作进行得踏踏实实、轰轰烈烈、顺风顺水、富有朝气、有条不紊、井然有序、硕果累累、成效显著。出现了最值得人们记忆、怀念的二十世纪九十年代这十年黄金时期。我就是在这十年中的一九九一年应邀从兰州到南宁开始参加雷研会的活动的。也就是在此前后通过读了不少由雷研会编印的如《雷沛鸿文集》《雷沛鸿教育文选》以及大量有关纪念文集之后，我才得以知道有关他的教育思想理念和极不平凡的教育实践经历。雷沛鸿其人其事从此映入我的眼帘、进入我的视野，成为我的一个研究对象和著述生涯的一个组成部分。我先后为此写的五篇文章和这本专著都是这个时期的作品。我写这些文字和我撰写其他著述一样，秉持的仍是“我手写我心”的原则，把我这十年从雷沛鸿先生那里学习到、认识到的心得体会，把已存在我心中教育家雷沛鸿的其人其事比较完整、系统地写出来，把它作为一个学术成果拿出来，用以向雷研会的朋友请教、和读者朋友交流。也在这十年里，我曾为此在南宁、哈尔滨、重庆、北海、北京等地参加会议。

参与雷研会活动的这段经历，在上面文字里曾提到，我是甚为肯定和感到愉快的。虽然花了些时间和精力，甚觉颇有价值和意义。因为通过这些活动，我对雷沛鸿的著作、道德、文章、思想、言行有了较全面、清晰的认识。我深以为雷沛鸿真正称得上是位教育家，认为他站得高、看得远、有思想、有魄力，他对自己家乡、民族、国家、人民有赤诚的爱，他才是我多年来一直念念在心要寻觅的一个教育家。

总之，我和雷沛鸿其人其事的交集便从此开始了。

后来我想到这段经历和与雷沛鸿其人其事交集的过程，颇觉值得回味。想到既有偶然性，也有必然性。说偶然性，譬如在籍贯上，我是浙江人，并不是广西人。且几十年来我一直在属西北地区的兰州这个地方工作，不论是前者还是后者，和广西在地理空间上都相距甚远。此前我也没有到过广西，对广西不论自然环境、社会人文生活状况都十分生疏。雷沛鸿的名字此前更没有听见过。然而，我却和雷沛鸿其人其事走在了一起，我终究成了广西雷沛鸿研究活动的一个积极参加者，被聘为该研究会的顾问，这些经历不是很使人觉得有些意外，有些偶然性吗？然而经我一番回忆，这事又并非只是偶然，而是有其客观存在的内在必然性。这个内在的必然性是什么呢？我以为就在我内心长期以来一直隐然存在着一个寻觅教育家的冲动。而我内心的这个愿望之所以产生，又不是偶然的，而是接受了老师教育、启迪、培养的结果。而我接受了老师教育、启迪这中间又是有故事的。下面我就来追忆这段有事事相因相接、已经过去将近七十年的往日故事。因为正是这段往事可以说明我对教育家雷沛鸿成为我寻觅、研究对象之间这种先后联系着的因果关系。

我记得很清楚，时间是在二十世纪五十年代初的一次上课。那时我在北京师范大学读书，是教育系的一个学生。担任我班“教育概论”课程的授课老师董渭川教授，对我们这些学生说过这样一番话：“学教育的人应该学习教育理论，应该了解中国社会的实际情况，应该懂得一些民情民意，知识面要宽，眼界要大。并且还要注意向教育家学习，读读他们的著作，看看他们的传记。每个学教育的人，心中总要装几个鲜活的教育家的形象，以学习他们献身教育的崇高精神和伟大人格。因为在他们身上存在着对教育的赤诚大爱和对广大民众的悲天悯人的人文情怀，这种精神、情怀、大爱是最能感化人、教育人的。所以，可以说，对我们学教育的人来说，没有这后一方面的学习，总是不够的、不完整的。”

董渭川先生这段听起来很平凡和普通的话语，不料竟一时深深地吸引了我、触动了我，使我深以为然，真正地入了我的脑，进了我的心，使我为之记了一辈子，内心从此产生了一个要寻觅教育家的冲动，并激发了我对一切献身教育事业者的深深敬意。也不由得从此把自己归到这类人中去了。我以为，这便是我的这位老师这种教化作用在我身上所表现的一个事例和故事。

距离董谓川先生这段话虽时日已久，但由于思想上存在着这个已经植下的根，我对教育家的寻觅之心并未因之泯灭和消失，而是仍然在东张西望、到处搜寻，时刻注意着的。我以为正是这个缘故，当我一次在一本杂志上读到一篇介绍雷沛鸿有关民族教育思想的好文章时，我的那根神经又顿时复活和兴奋了起来，精神为之一振，眼睛为之一亮。而等我读了《雷沛鸿文集》《雷沛鸿教育文选》这些著作之后，我是遭遇了一种电光石火般的冲击，一个鲜活的教育家形象就悄然地朝我走过来了，雷沛鸿的名字从此记在了我的心上，一时真有如一位天文学家发现了一颗新星一样充满着惊叹和喜悦。内心不禁这样呼喊起来：这不是我多年来念念在心、一心想寻觅的教育家吗？就这样，当年董渭川先生对我们这些学生的那番教言，在近四十年后的二十世纪八十年代末，在我这个他的学生的身上得到实现，结出了这样一个果子，这不能不激起我对这位师长这番教诲的深深记忆。

以上我用了不少文字和篇幅追溯了我和教育家雷沛鸿发生

交集的经过。我认为这是十分必要的，因为他是我此生学术生涯中唯一以人为对象的研究。而我与他素昧平生、本不相识，以前闻所未闻、见所未见，我必须对这两片不同部位的落叶，如何最终吹在了一起的先因后果、来龙去脉的情形在这里向读者朋友交代清楚，讲个明白。

文章写到这里，这篇文章的上一部分就算写完了。接下来要写的下篇，有必要接着向读者朋友交代一下二十多年来，我从教育家雷沛鸿那里学习到、认识到和所获得的一些研究体会，以及在二十一世纪的今天所应作出的一些回顾和自我反思，即是要说一说今天的我是怎样看待我研究雷沛鸿的这个问题。因为时序已从二十世纪到了二十一世纪，并且二十一世纪又已过去二十余年了。特别是我又考虑要重印本书的今天，这不论对读者朋友，还是对作为著作者的我来说都是有必要的。

我在上篇的文字中已经提到，我在二十世纪写研究雷沛鸿的论著，是对一个作为教育家的人的研究，或反过也可这样说，是对作为一个人的教育家的研究，属教育史学的范畴。而无论是人还是教育家，在他的身上都会有明显的社会印记即人的社会性、时代性，也会有他与众不同的特性即他独具的个性。而这些都表现在他的社会思想、教育理念和其教育实践之中。我对他是二十世纪三十至四十年代一位教育改革家的角色定位，所依据的就是这个思路。我认为他是二十世纪三十至四十年代中国一位最具宏观意识的教育改革家之一。我这个判断依据的同样是他身上所具有的社会性、时代性和个性表现。而对这本书来说，主要是写他的如下六个方面的内容：一是雷沛鸿的家世、生平事业及其所处的时代；二是雷沛鸿的社会理想和政治道路；三是雷沛鸿教育实践的思想准则与哲学特征；四是雷沛鸿教育思想的文化学术渊源；五是雷沛鸿教育思想的发展过程及其能够在广西得以实施的原因；六是雷沛鸿民族教育体系的理论与实践。

我的这本《雷沛鸿与中国现代教育》，就是按照这样一个思路和框架来设计的，并且郑重其事、严肃认真地写下来的。应该说，这本书就是在二十年后的今天来看，其内容和当年雷沛鸿实际存在的情况还是符合的、一致的。这本书在今天仍然值得重印面世，仍然具有其存在的价值。但它在客观上也存在某些缺陷和不足。值得笔者在这里作一番认真的回顾和检查，首先要指出的一点是没有把他和他同时代教育家做横向比较。因为不做这样的比较，就表现不出他在二十世纪三十至四十年代是一位最具宏观意识的教育改革家之一这样的角色定位，他在二十世纪三十至四十年代中国教育改革事业中所起的作用、地位、个性就很难充分表现出来。而本书只是就事论事，就雷沛鸿谈雷沛鸿，就雷沛鸿的教育思想与实践叙述其教育思想与教育实践。

我上面说到的本书存在的这种不足，由于自己后来有所意识到，在我写的《论20世纪中国的教育改革》和《论中国历史上的教育家》这两篇文章中得到一些弥补。如在《论中国历史上的教育家》一文中就有如下引述的内容："总的说，教育改革家的目光所及是在探索中华民族整个教育的出路，他们怀抱经国济民之志，一般都站在时代和社会的制高点上来思考教育问题……中国近代教育史上的教育家为数众多，却有不同类别，分属不同层次，这在笔者看来既是一种事实，也正是中国历史上第三批教育家不同于第二批教育家的主要特点之一。而这又和这时期的社会分工更趋复杂直接有关。"

在我的《论20世纪中国的教育改革》一文也有类似的内容，兹不赘述。

人类社会和教育事业发展到了二十世纪以后，任何国家都十分需要这样一批具有宏观头脑的教育战略家为之运筹设计、统一安排、科学管理。因而可以说，那些能从全局出发，视野开阔，可以统揽全局的宏观的教育家，此时是尤为需要和难得的。哲学家费尔巴哈（Feuerbach，L. A.）曾说："理智就是那个存在者的视野。你看得多远，你的本质就扩展到多远。"这也说明，学者只有视野开阔、胸怀全局，站得高、看得远，才能有大智慧、大气魄、大格局。

雷沛鸿是中国近代新式教育培养出来的新一代知识分子，其知识构成主要有三个输入渠道：一是少年时代在延师教读的家塾里和学馆中对中国传统文化的学习；二是在广州求学及出国留学对近代科学文化知识的系统学习，对近代世界各学派学术思想的研究，和后来多次对外国状况的直接考察；三是在参加实际革命斗争和教育实践中，对中国社会、广西社会情况的了解。这样的知识渠道，使他具备了较高文化素养的知识结构。

在雷沛鸿学贯中西的知识结构里，既有较广泛系统的近代自然科学知识（他在广东高等学堂、两广高等工业学堂、英国克里福学校所学专业为应用化学），又有丰富系统的社会、法律、政治、教育、历史、语言等近代社会知识（他获哈佛大学文科硕士学位）；既有古代知识，又有近代知识；既有坚实的"西学"基础，又有很好的中国文史知识素养；既熟悉中文，又精通英语。这是一个以近代社会科学知识为核心的中西贯通、古今并蓄的知识结构。这种知识结构可以使雷沛鸿较易于抛弃传统的偏狭无效的旧有观念，可以使雷沛鸿站在较高的位置，以较强的思辨能力去选择中西文化现有思想资料中那些适宜于中国社会问题的解决与个人人生观的文化因素，塑造出一种新的中国式的教育理论体系。

综观雷沛鸿的教育思想，就其学术渊源来说，主要有以下五个方面。一是形成和提出了“教育权利人人平等”“教育为民众所共享”的思想。这是雷沛鸿教育理论的核心和哲学基础。二是借鉴了各国资产阶级革命的历史经验和教育经验，研究了有关教育家的教育理论，形成和确定了其大众化教育思想的主旨，即通过改造教育来改造社会，教育改造与社会改造相辅相成。三是有分析地继承了中国古代传统的优秀的文化教育遗产。四是学习、借鉴了中国同时代教育家教育实践的经验。五是总结了中国原有教育的得失，创造出一套既适合国情又适合民众需要的民族教育体系。这是教育大众化思想的具体体现，是以教育改造促进社会改造思想的实践方案，是他在长期教育实践中对中国原有教育的不满而产生的对未来教育的设想。

雷沛鸿一生致力于教育事业，他以近代知识为依据，总结了辛亥革命失败的教训，针对国内民众失学失教、被剥夺教育权利的状况，立下以教育唤醒民众的志向，为广西人民构建了一个远大而又宏伟的教育蓝图。综合分析其教育思想的要点为：为谋教育的大众化，否定“学校与社会绝缘、教育与生活脱节、教育为少数人独占”的教育方式，实现“教育权利人人平等”，进而实现“教育为公、学术为公、天下为公”的社会理想。

他的教育思想也和他的宏观、宏大的教育实践相一致，也具有自成体系和博大精深的特点。历史上，广西“僻处南疆，去中原不知几千里。往者人文不昌，经轩罕至，重峦叠嶂，风气自囿。耕凿以外，鲜事诗书。太古淳朴之风，犹未尽泯。”然而广西“衡湘以南，万箭刺天，磅礴奇险，岿然独立，一空依傍，山川灵秀，钟毓人文，出类拔萃之士亦往往不绝。”而雷沛鸿，就是这样一个出类拔萃的英杰，他以他的辉煌教育实践和精深的教育思想，使广西人发出这样的心声：他是广西的骄傲！他是广西的光荣！其实，在我看来，他不只是广西的骄傲，也是中国的骄傲；他不只是广西人的光荣，也是中国人的光荣、中国教育的光荣。他的教育思想不只属于广西，也属于中国历史，属于中华民族。

我在上文说过，我写文章和专著，是本着一个“我手写我心”的原则，即我写的就是我心中的话，或说的是心中要说的话。我的这本《雷沛鸿与中国现代教育》的专著，说的就是一些我心中有关雷沛鸿其人其事的话。那么，在二十年后，在对本书将来重印付梓之时，如果有人问我雷沛鸿是个什么样的人呢？如果要我用一句话来归总，对雷沛鸿用一句话来概括和作结论，最想告诉读者朋友的是什么呢？那就是我这篇文章的题目所标示的：“雷沛鸿：一代为天地立心、为生民立命的人文巨匠。”他是中国二十世纪文化教育上空的一颗耀眼的巨星，一个对中华民族的教育有真爱的人，一个具有良知的中国教育家。二十一世纪的中国教育学界仍然值得记住雷沛鸿这个名字，也值得人们对他怀有一份真诚的敬意。

XVI “为天地立心，为生民立命”一语的教育诠释*

二十世纪上半叶，受当时国内外时政、局势的影响，中国社会先后出现了多位以广大平民大众读书识字为中心，以系统改革、构建中国体系为宗旨的教育改革家。其中广为人知和具有较大社会影响力的当推黄炎培、梁漱溟、陶行知、晏阳初。二十世纪五十年代初，我从大学课堂上对他们的教育思想和建立的有关事功开始略知一二，因而在我的头脑中首先留下姓名和印象的也是黄炎培、梁漱溟、陶行知、晏阳初这四位教育家。

事有凑巧，二十世纪八十年代末和九十年代初，竟然又不期而遇到了另一位和上面说到的黄炎培、梁漱溟、陶行知、晏阳初等同属一类型的广西籍教育家雷沛鸿先生。当我读了《雷沛鸿文集》《雷沛鸿教育思想研究文集》《雷沛鸿教育论著选》，以及关于他的纪念文集等文字资料之后，一个高大的教育家形象也就在我的脑际自然、生动地出现了。我在思想上不仅对雷沛鸿的教育思想与实践持肯定的态度，而且在思想上情感上感佩不已。我个人认为在现代中国教育史上，有如此见解与作为者，有如此气魄和大动作者，恐怕是不多见的。

整个二十世纪九十年代，随着我参加了由以广西壮族自治区教育厅原副厅长（后任广西壮族自治区人大教科文卫委员

---

* 此文系作者所著《雷沛鸿与中国现代教育》增订版后记。

会主任委员）韦善美先生为会长的广西雷沛鸿教育思想研究会（简称“雷研会”）组织推动的对教育家雷沛鸿教育思想的研究活动，以及我对雷沛鸿先生著作越来越多地阅读和思考后，我对雷沛鸿先生的总体的认识，也就越加明确和深化。我深以为他的教育思想堪称博大精深、内容丰富、见地深邃，不带一点教条气、学究味。他的学术思想、教育见解真正切合省情、国情、民情和民意，使我为之大开眼界、大受启发、大受教益，使我认识了中国现代教育史上又一个杰出的教育家，一个真正的贤哲之士。

我在这十年中，曾先后到南宁、哈尔滨、重庆、横县（今横州市）、北海、北京等地参加雷沛鸿教育思想学术讨论会，聆听和学习了与会学者有关研究的心得体会和宏论高见，也认识和结交了不少雷研会朋友。在这期间，我也先后写过五篇关于雷沛鸿研究的文章，并完成一本关于雷沛鸿研究的专著。我的这几篇文章和这本专著，就是在此期间进一步学习了雷先生的几本文集和参加了有关活动，对他的教育思想和教育实践深化了认识的结果。

我的这本问世于二〇〇一年的关于雷沛鸿研究的专著，到今天已过去整整二十一年了。该书原共六章，此次再版付印则在内容上有较多的增加与扩充，增至十章。之所以这次有较多的增删变动，和在二十一世纪的今天为什么还要重印再版此书，我在本书的前言里已有所言及和交代，我在这里不再赘述。

不过，我在这里觉得还有必要说到的是，我的这本关于雷沛鸿研究的专著之所以不叫“雷沛鸿教育思想研究”之类名称，而把它定名为《雷沛鸿与中国现代教育》，主要是因为雷沛鸿作为一位教育家，与他同时代的黄炎培、梁漱溟、陶行知、晏阳初这几位教育家相比，有自己的特点，却无逊色之处，完全可以与之比肩并列。其人其事，在中国现代教育史上，应占有其应有的地位。

雷沛鸿教育思想和实践最大的特点是什么呢？我以为可以用“宏大”和“宏观”这两个词来概括。他于二十世纪三十年代在广西一百零三个县的范围内进行了大刀阔斧的全面教育体制改革，就其场面的宏大和层次的宏观这点来说，雷沛鸿在中国现代教育史上是十分难得的一位。

宏大、宏观其实是一种现象，是一种表现在外面，人们可以看得到、感受得到的东西。而其背后的原因和本质，是雷沛鸿对当时中国社会存在的问题和教育有非常清醒、非常明确的认识，对今后中国教育走向和目标又有绝大的信心和科学的设计和办法。所以我说，他对当时广西乃至全国的教育来说都是一个有大抱负、大襟怀，对国家、民族、人民具有大悲悯心又肩负重大责任的人。而这些又基于他的一贯的信念——“天下为公，教育为公”——和其具有高尚的人格的结果。

这样的人，如果用北宋时期著名哲学家张载（横渠先生）的话来说，是一个“为天地立心，为生民立命，为往圣继绝学，为万世开太平”的人。为天地立心，立的是什么心？在我看来，按照雷先生的一贯思想和作为来说，立的是广大人民懂得知识、文化之心，要让那些不识字、无文化的人变得能识字、能读书、懂道理、有知识、有文化的人。为生民立命，立的是什么命？总的说，也是文化知识之命，不过结合当时国内面临的民族危亡的局势来看，也可以说立的是全广西男女老少救穷、救亡之命。

我之所以这么讲，有什么根据呢？我的根据是，在我看来，中国传统哲学讲天讲地，但归根结底讲的是人。而且大部分内容是讲人。在中国传统哲学中，天、地、人是三个重要的概念。《周易》的哲学思想无不由天、地、人三个概念表达出来。天、地、人被称为“三才”，意谓“三才”是最重要的存在。人是认识的主体，也是认识的重要对象。人在天地之间具有最重要的价值。在中国传统哲学中，是在充分肯定人们的价值的前提下讲天之伟大，地之伟大的。

而天地之间，除人之外，还有什么是宝贵的呢？是知识、是文化、是道德、是思想。故《周易·说卦》说“是以立天之道曰阴与阳，立地之道曰柔与刚，立人之道曰仁与义”。如果一个人只具有食、色本性，那只是生物学意义上的人，不是一个有知识、有文化、有道德、有思想的人。他就不是一个具有社会价值和真正生命意义的人了。所以我认为横渠先生说的“为天地立心，为生民立命”所要立的就是人的文化的心与文化的命。把雷沛鸿称为中国现代教育史上教育改革的先驱也好，或称为中国现代教育史上有杰出贡献的教育改革家也好，或称为中国现代教育史上杰出的教育家也好，他在中国现代教育史上，所干的其实也就是横渠先生所主张的“为天地立心，为生民立命”这两句话所原本包含的意思。我认为，雷沛鸿在中国现代教育史上所曾扮演的也就是这样的角色。他在中国现代教育史上，之所以应有其地位的道理也在此。总之，在中国现代教育史上，在我看来，雷沛鸿就是一个这样的人。

纵观雷沛鸿先生一生的经历，他在教育上建立的事功，主要是在二十世纪三十至四十年代的广西。在广西地区，他有很高的知名度，有很高的威望，也有很高的社会地位。有人说，在清末、民国时期广西有三位教育家，一为郑献甫，一为马君武，一为雷沛鸿；后来又有人说，在民国时期广西有三杰，一是马君武，二是雷沛鸿，三是梁漱溟。不管是前者还是后者，雷沛鸿均名列其中。他真是名满广西大地。这说明他为人们和社会所建立的功绩，是足为人们所敬仰和被历史所肯定的。

然而，几十年来，就全国范围来说，雷沛鸿的其人其事，就教育界来说，并不广为人知，雷沛鸿与诸多人物一样，被尘封、被遗忘了几十年。这既是雷沛鸿的不幸，也是一段历史的不幸。但是，趁着改革开放的春风时雨，特别在进入二十世纪九十年代，情况起了根本的改变，雷沛鸿身上的尘埃被拂去了，雷沛鸿的名字从此从广西走向了全国，雷沛鸿研究从广西走向全国，并被传播到海外。雷沛鸿教育思想的价值广为人们所知晓和肯定。雷沛鸿研究从当年的沉寂、冷落到逐步成为有热气、有温度的“雷学”。情况真的是今非昔比了。

这种变化的契机在哪里、原因又是什么呢？

其契机就在一九八九年四月十一日，这天成立了以韦善美为会长的雷研会。事在人为，什么事都是人做出来的。而组织机构是集中、积聚人力最有效的手段与工具。同时雷研会这个组织机构又有了最有力的组织者、推动者——韦善美。韦善美任雷研会会长至一九九八年。十年来，韦善美是雷沛鸿研究的总设计师，是推动雷研事业蓬勃发展的最强劲的内动力、内燃机。十年来在韦善美会长的领导下，雷研活动开展得有声有色，组织并形成了覆盖全国二十六个省市，远及海外的雷沛鸿研究队伍。雷研会组织研究、选编出版雷沛鸿原著五部、雷研专著两部、雷沛鸿传书三部、雷沛鸿思想研究文集三部，召开雷沛鸿教育思想学术讨论会七次。十年里，由广西雷研会组织、安排的许多雷研活动，我基本都参加了。在此过程中，我对善美一心向世人介绍这位久被尘封的广西教育巨星雷沛鸿先生，一心要把雷研活动推向全国，以使国内教育学术界人士更多地认识雷沛鸿先生，广为人们所知晓和接受的良苦用心是了然于胸的，并对为此事业不遗余力、贡献出了其全部的聪明才智的韦善美同志，由衷敬佩，深怀敬意。十年后，我又亲历和见证了韦善美使雷沛鸿研究走向全国、传播世界，确立雷沛鸿在中国现代教育史上的地位的重要时刻。

韦善美先生对雷沛鸿和雷研事业的贡献，如果用雷先生的遗孀、夫人马清和女士所说的一句话来概括，那就是“没有韦善美就没有雷沛鸿的今天”。雷研会朋友，山西籍学者高增德先生，他为韦善美写的追忆悼念的文章，用的是“假如没有韦善美”这七个字来做题目，其要表达的也同样是这个意思。

善美待人诚恳平易。在我和他一开始接触就有一见如故的感觉。他的为人处世，待人接物，正如他的名字一样，的确是既善且美的。所以，十年来，回顾我与他相识、相交的过程，我总觉得是一件可引为十分愉快和欣慰的事。然而，谁能想到，这样一位好会长、大好人竟然在一九九九年四月惨遭车祸，不幸离世。当我听到这个噩耗，想到他的遽然离去，以后再也见不到这个好友时，我的心总会感到异常难过，悲情难抑，痛楚异常。

韦善美先生离开这个世界，他的南国家乡，他的亲人和他的关于雷沛鸿研究事业已经持续二十多年了。时间并没有冲淡我对他的怀念和记忆。我仍然难忘韦善美其人其事，他的为人处世和高尚品德。我今天写的这篇文字，之所以也要在这里提到韦善美这个名字和其丰功伟绩，就有寄托和对之深表内心的怀念和纪念之意。

在本书中，我还要对十年来另一位雷研功臣，雷研朋友，雷先生的遗孀、夫人马清和（勤如）女士表示我对她的敬意和纪念之忱。

在这里我也要对为我打印此书稿，使之成书的西北师大教育学院的硕士研究生表示衷心的感谢。

下编　求索之路

I 读书、教书、著书：我的教育生涯和人生感悟*

值此人生耄耋之年，默念平生和已走过来的道路，虽说遭遇过诸多无奈和身不由己，但总的看来，我觉得读书、教书和著书三事作为此生生活的主要内容还是比较清晰的。而且此三者不仅先后相连，逐次出现，并且彼此联系，互为因果。而阅读、思考、求索自始至终，一以贯之。故也可视为我此生生命运行的基本轨迹。

一、读书生涯

我生于一九二七年九月二十九日，农历九月初四，是在浙江省金华市（当时为汤溪县）的一个农村出生长大的。六七岁到了该入学的时候，我就在本村的一个初级小学上学发蒙，开始读书。读高小的时候，我先在龙游县湖镇启明小学读书，后来则在本县的洋埠小学读书，并在那里毕业。

我的小学时代，正值国难当头，日本人虎视眈眈，大举侵犯中国，烽火漫天、血腥遍野的抗日战争时期。

我在初小读书时，全面抗战还没有爆发，但日本人张牙舞爪，想大举吞并中国的侵略野心，已是世人皆知、国人皆晓。老师上课时也会经常给我们讲民族危亡的严峻形势和爱国大义，教育我们要读书不忘救国，救国不忘读书。当时一些时兴的抗

* 此文原载《中国教育科学》2018年第2辑。

日歌曲，如《毕业歌》《义勇军进行曲》《大刀向鬼子们的头上砍去》《工农兵学商，一起来救亡》等，也已在学校教唱，我们也都学会了，并且我们还演出过《不当亡国奴》之类的话剧。总之，时局危急，和日本人这一仗是必然会打起来的。种种民族危亡的态势，我们虽是初小学生，都已感受到了。到了高小，战争就真的打起来了。战争打起来后，日本飞机到处狂轰滥炸，特别是飞机场、火车站和一些城镇，成为他们轰炸的主要目标。人们常可以看到，敌机从自己头顶上空飞过，并迅速从远处传来炸弹爆炸的巨响，于是“逃警报”成为人们当时惶恐不安的主因和面临的现实生活内容。学校为了安全起见，常把学生带到附近农村去上课，早上去，晚上回来。

在高小读书时，离学校不远有一所军人医院，里面住着从前方下来的许多伤病员，学校就曾组织我们前去慰问，给他们唱慰问歌曲。我还记得其中一首的内容是这样的：“你们正为着我们老百姓，为着千百万妇女儿童，受了极名誉的伤，躺在这病院的床上，日本强盗为着要灭亡我们全中国，他们是这样的猖狂……”学校也有教唱“往，吾愿往，国民义务不退身。全身勇气，一片诚心，小兵也愿当。为何要国？为何要民？想，大家想。人人怕死，人人偷生，国谁支撑？……”这样的歌曲。《在太行山上》这首歌我也是在小学读书的时候学会唱的。这些慷慨激昂、斗志昂扬的抗日歌曲，常把稚嫩的我们感染得壮怀激烈、热血沸腾，并从中受到了极大的教育和鼓舞。歌词中的“全身勇气，一片诚心，小兵也愿当，我今日先去做个好榜样”还曾使我这个小学生心中燃起一种纯洁的爱国心态和真诚的从军报国志愿。

回顾我在小学读书阶段，虽一般来说学习成绩还属说得过去，但由于年幼无知，自觉性不够，很长一段时间心思没有放在书上，白白浪费了一些时光，学得并不扎实。此阶段令我今日想来尚可感到较满意的，是在小学毕业后补习班里学习了一年。这一年，由于老师抓得很紧，他要求我们隔天做一篇作文，每天背一篇古文，并且要高声诵读。这样一个学期下来大概能背七八十篇，有些同学只能背下来一半的古文，我基本上全都能背下来。正是在这里，我打下了一定的古文底子，我的眼界也开阔些了，知道了原来在白话文之外，还有古文这样一种东西。所以，我学起来也很感兴趣，觉得很有收获。因此，在这一年的时光当中，我的数学、语文都打下了很好的基础，心中觉得真正有了底，似乎考任何中学都没有问题。高中时我们修胡氏宗谱，因为我的祖父在社会上有点名望和地位，所以需要给他在宗谱里撰写一个传记。当时这篇传记就是我用文言文写的。也是在我中学读书时，我的外祖父、外祖母去世后，两篇祭文也是我用文言文写的。这个基础就是在那个时候打下的。我在补习班这里，不仅老师语文、数学教得好，而且也十分重视常识教学，他把小学里各种常识，如历史、地理、天文、自然、社会等汇总起来，每天要求背四五十个，并记录在笔记本上，一学期下来，我们就能记住并默写出各种常识题，从此我在学习上就有了信心。

浙江省地处中国东南，杭州沦陷后，日本人以钱塘江为界，我们这些在钱塘江西边的地区，没有沦为敌占区。但每年都少不了有“日本人打过钱塘江来了”之类谣传的发生，所以我们这些地方的人，也常因此惶恐不安、提心吊胆，为此要做些提防和逃难的准备。如先把衣服、粮食等送到山区去，以防一旦有事好到亲戚家躲避居住一些日子。与此种情势相适应，那时一些中学都搬到山区办学，致一些小学生毕业后，升学比较困难，所以和不少人一样，我在补习班多读了一年书。到一九四二年九月，当时汤溪县立初级中学成立了，我才进入该校读书。因其间病了一个学期，我到一九四六年一月才初中毕业。一九四二年四五月间，这种谣传终成事实，日本人越过钱塘江，真的侵扰过来了，于是我们这个地方也就成了沦陷区。但还好，只沦陷了三个月，敌人就退走了，退回到金华、兰溪城里盘踞起来，农村这部分就基本不管了。而我就读的汤溪县立初级中学当时就在离敌占区不远的农村地区躲避办学，办在我们胡姓的祠堂里。所以就浙江当时的情况来说，我们学校就处在与日本人占领区周旋、对峙的最前线。日本人虽然退走了，但对我们这个地区的骚扰并没有停止，每天朝我们这个地方发出的炮击和机枪扫射，几日有几日无的，我们在学校读书，时时可闻远处传来的隆隆炮声和轧轧机枪声，直至日本人投降。我们这些学生就是在这样的氛围里学习和生活，从这样一种严峻的环境中走过来的。这就是我当年所经历的初中求学读书生涯的实况。

初中毕业后，我上的是省立金华中学。

我在金华中学读书的时候，就思索过究竟以后要做什么（工作）的问题。我考虑的结果是：我对做官不感兴趣，对做工程师、法官、律师、医生等职业也不感兴趣，觉得与自己的性格格格不入。大概也是因为读了几句古文的缘故，我在心理上追求的只能是为人要正直、正派、正气这些东西。回忆当年读书时，一篇文天祥的《正气歌》就读得荡气回肠，热血沸腾。几句孔孟的话，如“富贵不能淫，贫贱不能移，威武不能屈”就让我的心为之震撼。读了陶渊明的一些诗文，也曾使我心向往之，似乎自己的心也平静了起来，也不断和书、文化、知识这些接近起来。我把古人所说的立德、立功、立言视为人生的最崇高的境界，想走一条道德人生、文化人生、知识人生的路，而这似乎只有当教师这条路最符合这个标准和自己的心意。可以说，高中毕业的时候，我对自己读书求学的目标就已很清楚。我觉得，一辈子和书打交道，和文化打交道，是一件很快乐的事情，也是很幸福的事情。静静想之，千百年来，当官处高位的人不计其数，但真正又有几人能被人记得起呢？和一个真正的学者、思想家相比，他们都不可同日而语。语云："文章草草皆千古，仕宦匆匆只十年。"真是说得一点不错。所以，从那时起，我的目标就是一心想读书，想做一个读书人，想做一个学者。

在高中读书时，我开始在报刊上发表文章，大概在一年多的时间里发表过诗歌、散文等作品十几篇，总字数近万字。现在留在身边的，只有一九四七年发表在《金中学生》上的一篇题为《卖报童》的诗作了。

高中毕业后，我考取了北平师范大学（今北京师范大学）。

我到北平报到的时间是一九四九年九月十九日。两天后，中国人民政治协商会议第一次全体会议开幕。北平改名为北京。十月一日这一天盛大的开国典礼也在天安门举行，中央人民政府随之成立。这些热闹的场景过后，学校开始归于平静，进入正常的教学秩序和学习生活。

入学不久，为了表示对新同学的欢迎和鼓励，我记得当时学校给每个同学送了三个书签。一个上面印着列宁的话："学习，学习，再学习！"一个上面印着毛泽东的话："中国应当建立自己的民族的、科学的、人民大众的新文化和新教育。"再一个也是毛泽东的话："随着经济建设高潮的到来，不可避免地将要出现一个文化建设的高潮。中国人被人认为不文明的时代已经过去了，我们将以一个具有高度文化的民族出现于世界。"对于这些印在书签上的话，我们既感新鲜，又觉兴奋，更觉得受到鼓舞。因为想到我们是学师范的，将要来到的文化建设高潮正等待我们为之献身，这是一个有贡献自己智慧和青春的极大空间的时代。我们在这个新时代里将会是大有作为的。

教育系给我们开出的专业课并不多，前两年，先后列入课表的有"教育概论""中等教育""教育行政""小学教材教法""教育心理学""教育统计""中国教育史"和"电化教育"这些。在大学一年级时，因觉得系内安排课程不多，我还和几位同学到文学院听了中文系教授李长之的"李白和杜甫"和叶丁易教授的"现代文学史"两门课程，也在外语系听过何万福先生的俄语课。而由于当年开展的各项政治运动，都需要大学生的投入和参加，经常停课，致使有的课也就不能系统完整地学完。譬如抗美援朝战争一打起来，我们不仅要学习，还要上街和下农村宣传，有的同学还从此离开学校入伍参军。在镇压反革命运动中，我们也被组织起来，在前门区委、区政府①统一组织安排下在北京天桥一带作组织街道积极分子的工作，前后两个多月。在土地改革运动中，我们班和其他几个班的同学一道前往江西省于都县参加那里的土改运动半年，这也耽误了不少教师上课的时间。不过即使我听了系里所上的一些课，我的头脑里也没有留下多少深刻的印象，所得的仅是些零星、片段的教育方面的常识和知识，远远谈不上系统完整。教育是什

① 前门区是新中国成立初期北京市辖区之一，1958年撤销。——编者注

么，教育学作为一门学问，作为在高等学校开设的一门课程能不能成立，这样一些问题，时常萦绕在我的心间。

譬如在第一学年，系里给我们开了一门叫“教育概论”的课。我刚开始听课的时候，还有点兴趣。但听了一个学期，便觉得没有什么意思。我感到理性不足，主要是些经验性的东西。这门“教育概论”主要讲些什么呢？其内容主要包括：第一讲，中国的扫盲问题；第二讲，中国的师范教育问题；第三讲，中国的教育经费问题；第四讲，中国的中等教育问题；第五讲，中国的高等教育问题；等等。这些问题，我刚开始听的时候，感觉很重要，而且涉及方方面面，内容多样广泛；觉得中国教育的问题确实很多，学教育的人大有可为，大有用武之地。但仔细一想，这些内容前后之间联系不起来，性质各异，是一个个孤立的部分。这就好像餐桌上的拼盘一样，罗列其中的各种食品，彼此之间是分离的，不相干的。造成这种情况的原因是课堂上仅讲了些零散的现象，是一些仅仅属于经验范畴的不完整、不系统的教育的情况。这些问题可以讲得娓娓动听，但听过后就没有什么印象了。总之，听了这些课后，我觉得没有从理性上获得对存在于人类社会中的教育系统完整的认识和把握。

一九五二年五月一日前，我们从江西省完成土改相关活动后回京。苏联专家给我们开设了“教育学”“心理学”“外国教育史”三门课，全系师生都在一起听他们授课。苏联专家来给我们讲课，受到我们竭诚的欢迎，大家深以为我们有此机会得到马克思主义、社会主义教育学的真传，都感到庆幸和机会难得。所以一般地讲，人们对专家讲课总是全神贯注、聚精会神、洗耳恭听、认真笔记。这几位苏联专家讲课的内容和后来人们看到的翻译成中文的凯洛夫主编的《教育学》一书，在内容体系上是一样的。于是，从此以后，苏联专家的这些讲稿讲的东西和凯洛夫《教育学》一起，就在中国教育学界广泛地传播和推广开，成为高师、中师教育学教师向学生讲授、传授的主要依据和内容了。

我在教育系先后听了几位教授讲的一些教育专业课程和苏联专家的讲课，虽然感到没有学到什么东西，但也并不觉得白上了教育系。这是因为我觉得由教育系所开设的这个学术门类，我到底已经和它实实在在地接触了整整四年的时间。它有怎样的家底，其中有哪些东西，我已经摸清楚了，它的真实面目我也心中有数了。我以为这便是收获。

我在北京师范大学求学期间，由于自知对新知识所知甚少，对于读书学习，一开始我就抓得很紧，而最吸引我的首先是陈列在图书馆的大量的各类人文社会科学书籍。一段时期，我除了上课、饮食和睡眠等活动外，其余时间我就都泡在图书馆内，如饥似渴地吸收着其中各种不为我所知的人文社会科学知识，沉浸在这个崭新的知识海洋之中。学校给我们开设的各门政治课，我也学得津津有味，既读了大量通俗入门的读物，也读了不少马克思、恩格斯等的经典著作，并且作了各类读书笔记。而对马克思主义哲学，特别是其中的辩证法部分，我学得更加用心，感到兴趣盎然，这方面的读书笔记我就写了三十多万字。我读了这些书，听了这些政治课，对什么是马克思主义一类的知识理论从此感到心中有数，也似进入了另一方知识文化天地，对以往所学知识，特别对人类历史社会有了一些全新的认识，心理上也似有了前所未有的满足感。

我的这个为时十六七年的在校求学过程，说来似与一般人的情况也没有什么不同之处，无非读小学、读中学、读大学，从小学读到大学毕业。而且，一般地说，学业总会与时俱进，知识、学问也总会日积月累，逐渐增多起来。我的情况当然也如此，就从有志于学的初中读书时起，我觉得不论在初中、在高中还是在大学就学阶段，都是一直在努力求学读书的，并且也取得了相应的进步。而这些，都成为我日后进一步读书求学的基础。只是我在这里要特别说明以下三点。其一，我在大学求取的知识、学问大多来自阅读、自学，即是我坚持不懈地在图书馆内自己读书的结果，所以说来，提起母校，我是很感念北京师范大学的图书馆的。其二，我在自学过程中，看了一些教育方面的书，更多的是读了不少文、史、哲等人文社科方面的书，而且因为读了这方面的书，不仅使我对历史、社会、人生、宇宙乃至人情人性等方面扩大了知识面，获得了从未有过的新知，也使我明显地感到视野有所扩大，心胸有所放开，思维有所提升，对知识、学问的求取之道，似也有了新的感悟，有了一种“登高望远”的感觉。唐代诗人王之涣在《登鹳雀楼》一诗中的“欲穷千里目，更上一层楼”这两句诗正可以表达我内心的这种感受，并想到这或许便是所谓大学之所以“大”的真义所在。其三，阅读、自学、认真读书很重要，与此同时，还必须辅之以深思。中国古代学者有关学思结合方面的名言佳句是很多的。如孔子说的“学而不思则罔，思而不学则殆”等，但在我，在这个问题上真正有所体会和感悟，似在大学读书阶段，并且也似在这一时期开始养成了思索问题，乃至苦思冥想的习惯。然而，也正如古语所说的“学然后知不足，教然后知困”，我大学毕业之时，并不感到有了一肚子的学问，相反，仍觉得脑子空空，仍然像个小学生一样。大概这也是一种辩证法现象，即打开了知识之门，同时也就打破了自身的平衡，知道了自己的不足，感到了自己知识上的欠缺，懂得自觉弥补；懂得宇宙之宏大，知晓自身之渺小，明白芥豆之微细，知晓自己之价值：而这一切，都由阅读而来。所以，“活一天，学一天”“学无止境”，虽是老生常谈，但确是至理名言。所以，回顾我十几年的寒窗苦读，从思想上来说，我最大的收获是知道了知识海洋的浩瀚无边，我不是满载而归，而是知道得实在太少太少。今后，我仍然要继续走这条“学习、学习、再学习”的不断求知之路，坚持“思考、思考、再思考”的求知求索人生原则。

以上所述，是我此生一段重要的读书生活，但也只是其中一个阶段的有关情况而已，未足以概括我全部的读书生涯。实际说来，也只是我从小学读到大学毕业这十几年来在学校环境求学的大体情况和大致过程，更长的读书生涯还在后头。我学习和思考所得的结果主要还是在离开学校后通过几十年的学习、社会生活获得的。所以，对我来说，大学毕业也只能标示着一个阶段的结束，而从此开始了一个新的起点。读书和思考始终伴随着我，成为主导我以后几十年教书、著书生涯的一根主线，乃至我此生精神生活的主流。读书、教书、著书此三者在我以后的生活中是有机地结合在一起的。譬如，对于教师这种职业来说，读书是为了教书，是为了教好书，我自然也一样。但是，就我个人情趣的角度来说，也可以说教书，其实也是为了读书，为了能和书亲近、结缘的缘故。当年我选择教师这种职业时就这么想过。而读书、教书的结果是写书写文章。反过来，写书写文章又是为了教书，为了教好书。所以，读书、教书、著书密不可分，而在我，把此三者串联在一起的是我对读书的爱好。

读书是与古今贤哲在心灵碰撞中远离愚鲁、获取智慧之钥的捷径；读书是气定神闲、清时有味的生活方式；读书是医治人格矮化、文化侏儒症的醒神良药。读书使人的文化自觉、文化自信、人格独立、心灵自由成为可能。我对书的爱好和陶醉，说来也就是在这些方面有所体悟的缘故。说到底，也是因为对这些以书为载体的精神产品——知识、文化、思想由衷喜欢的结果。

我一直相信，阅读是推动个人和社会进步的核心力量。读书，应如呼吸、如穿衣、如吃饭，是一种融于生活的自觉习惯。著名作家博尔赫斯说："如果真有天堂的话，那天堂应该是图书馆的模样。"对此话，我是很欣赏和赞同的。

然而，我也知道，人作为生命个体，比起浩瀚的宇宙来，不过是沧海之一粟，实在渺小得很。人生苦短，较之漫长的人类历程，也就是弹指一瞬间而已。文人常言"人有涯，书无涯"，说的也是这个意思。人长寿，不过百年，而书籍浩如烟海，绵延无际。以有限的生命欲尽无限的书海，真好比"赤手缚苍龙，徒步上青天"，难矣。总之，人生有涯，世界无涯；生命有限，世界无限、宇宙无限。一个人奋斗、砥砺、折腾几十年，虽不无所成，然较之广袤宇宙和无限世界来，仍不过是大漠里的"一颗沙"、森林中的"一枝木"、沧海里的"一浪花"而已。在漫长的人类社会中，有多少名人曾经叱咤风云，但终究坠入历史时空的深处，成为缕缕过眼烟云，更不用论芸芸众生了。所以，面对无限的世界，人只能抓住有限的生命，干一两件有意义的事，以免虚度年华、浪费时光，白白耗尽人生旅程。面对无限的书籍，人只能选取若干种知识学科，涉足其间潜心研究，成为专家学者。这也便是我在多年读书生涯中思考过后所得的一点体悟。

二、教书经历

我在大学毕业以前，有过三次当教师的经历。

第一次是在一九四九年二月至七月。一九四九年一月，我高中毕业，毕业后要考大学。但是考大学是在七月份，读大学更是九月份的事，中间隔了一个学期。这个学期（一九四九年二月至七月）我就应汤溪私立维二中学之邀，在那里教了一学期的书，当了一学期的中学教师。这为我此生从教生涯迈出的第一步，也是我对教师工作的初次尝试。这次当教师的有关感受，我下面还要说到。

第二、三次是在一九四九年十月至一九五一年七月这将近两年的时间里。一九四九年十月，学校开学上课不久，我所在的北京师范大学教育系办公室秘书找到我并对我说，教育系的学生多年来办有一所平民夜校，地点在北京前门区的虎坊桥小学。白天虎坊桥小学的学生们上课，晚上，我们这所平民夜校就在那里上课。这所平民夜校的学生有工人，有店员，也有家庭妇女和七八岁、十来岁的少年儿童，上的都是小学的课程，有语文、算术等，分初、中、高三个年级，每个年级有两班学生，总学生数有二三百人，教师一般由教育系学生担任。办这样一所夜校，目的是让教育系的学生对具体的教育教学工作有所了解，增加点对教师职业的感性认识，这对以后学习各种教育课程是有好处的。这位系秘书对我说了这么多话，最后说要我担任这个夜校的副校长，这是他来找我的目的所在。上面这些话，算是他对我所作的情况介绍。我想这是系上的委派，也是大家应尽的义务，所以也就同意了。因为是副校长，所以有一段时间我几乎每天晚上都得到学校去看看，以尽我作为一名副校长应尽的一份责任。在此过程中，我也给学生上课，给小学生上过语文课，也上过算术课。一个学期以后，我又当了这所夜校的校长，并从此要接待到夜校办事的各类人员、处理各种事务，如学生的报名、请假，请教师上课，和虎坊桥小学校长的联系等事，也和前门区教育局的局长、干部有了接触。原来这所夜校不仅教育系有人管，由于它办在前门区，办在他们管辖的虎坊桥这所小学内，所以连同夜校，统算在他们应该管理的业务范围之内。所以，也就经常有几位工作人员过来和我们作些交流联系，我记得我还曾到前门区教育局开过几次会。如此一来二往，和前门区教育局的一些干部也就慢慢熟悉起来了，知道他们把我们办的这类夜校叫“群众教育”，也知道他们除了要管一些小学之外，还要管理刚刚创办的几所职工业余中学。由于当时他们正需要请教师到他们办的职工业余学校上课，我也就同时应他们的约请到办在北京大栅栏一条胡同内的某中学的职工业余学校教中学语文课。每周上课两次，每次两小时，共四小时，这份教职有一定的报酬。我大概在那里教了一年半时间。是为我大学毕业前第二、三次从教的经历。

我大学毕业前的这三次从教的经历，虽然有的时间很短，仅一个学期，有的是大学学习生活以外的一种业余兼职，但我觉得都很适应，很感愉快，留在记忆里的印象也很深刻。

一九五三年七月，我大学毕业了。从此又揭开了我人生新的一页。

一个师范大学的学生，大学毕业后，要去当教师，从事教书育人的教育工作，乃是天经地义的事。我的一生也就是自此以后以教师为职业的一生。而这些都出于我的自觉与自愿，是我自己选择的结果。不过，我选择要以教师为职业这件事，似也可以把当时出现这一想法的有关过程在这里先说一说，然后再谈谈我当教师的一些经历。

我在上文已经写到，我在入读初中之前读了一年补习班，由于受到教师的教诲，学业上有所长进，尤其受到教师那勤奋好学、学而不厌、诲人不倦精神的启发，开始对以往读书求学的情况有所反省与悔悟，有了一种“觉今是而昨非”的感慨发生，并开始认真地读起书来。大概也在此时间的前后，有一次我到了一个人家去做客，见到他家墙上挂着一副“万事莫如为善乐，百花争比读书香”的十四个字的对联。这副对联一时竟大大吸引着我，我反复吟读，默记在心，也反复地咀嚼思考起来，觉得这两句话说得真是太好了，真正说到我的心里去了。这真是至理名言，足可为我今后人生的指针，于是我从此记住了这两句话。总之，这两句金子般的箴言锦句也就从此进入了我的心、我的脑，并从理性上启示教育了我“天下事只有读书、为善最好、最乐”这样一个观念，成为我读书生活的一个内在动力。而这时我已进入初中读书，年方十五岁。故后来我抚今追昔，回望此生读书求学经历时，也曾引用孔子说过的“吾十有五而志于学”这样一句话来状写我当时有过的这个情况与心态。

一九四九年一月，我高中毕业，二月应本县汤溪私立维二中学之聘在那里教了一个学期的书，是为我此生从教生涯之始。从此我也在这里对教师生活有了实际的体验，更直接地看到一些教师脚踏实地、循循善诱、以身作则、教导有方的诸多具体事例，使我想到他们就是以自己平凡普通的教育教学工作，默默无闻地推动着人类文化文明事业的传承和传播，满足年青一代对文化知识的渴望与需求，推动着社会的发展与进步，并使自己的文化素养得到不断的充实和提高，使自己的灵魂和人格不断得到净化和提升。这些便是我当时在自己的实际生活中对教师工作和教育事业的体会和所见。

而此时的我又恰逢参加高考的前夕，面临着对将来所要学习的专业和未来的职业方向等前途问题的抉择，当时我围绕着这两个问题所做的考虑归结起来，主要有以下几个方面。

一是想到当教师，可以终身与书结缘，一辈子和书打交道，这是实现人生价值的最佳途径，也应是最好的选择。“至乐莫如读书”已是我多年来信奉的人生理念。我常想人这一辈子，无论怎样辛苦勤勉，实际上只能在极小的范围内经历生活、经历人生。由此，人认识世界，十有八九是盲人摸象，很难有对世界的完整把握，而书籍则可为我们呈现不同时期的不同经验。一个识字的人，只需坐在家中或案前，或榻上，或瓜棚豆架之下，便可走出生活围栏，进入一个无边疆域。而读书还可使人明理，可以改变人的气质，充实自己的内涵，使自己在精神上不断纯粹、充实起来。作为一种社会职业，我认为真正能和读书联系在一起，能使读书一事得到切实落实的唯有走当教师之一途了，而当时做教师更成为我为之争取实现的一个重要步骤和现实课题了。

二是想到教育事业从来为社会、人群所需要，教师职业向来为人们所尊敬。中国几千年来素有尊师重道、师道尊严的传统，教师是一种大有益于社会、人群的职业。如果说上一点是从我个人对读书爱好的考虑，则此点也可视为我基于对社会责任考虑的结果，也可说是我对社会、人群的一种“道义”担当。

三是考虑到我自己性格上的原因，似乎只有走当教师这条路比较适宜。我这个人性格上最大的特点是不会巴结人，不会低声下气，也比较怕麻烦，爱清静。当然也不会希冀荣华富贵、出人头地、飞黄腾达，而比较甘于淡泊，过一种简朴、单纯一点的生活。我也自知秉性实诚，不能说心口不一的话，不能做有损良知的事，所以只能直道而行，而且又诚如陶渊明说他自己“质性自然，非矫厉所得”一样内心勉强不来的。故比来比去，想来想去，我还是走当教师一途最相宜。当时的我对报考师范大学和将来准备当教师的主意已定，又考虑到我长期生活在南方，北方是怎么个样子，我想去看看，故又决定投考北京师范大学。

时间过得很快，一九五三年七月，我读完了四年大学，就要毕业离开这所大学了。

于是，在那年八月中旬，我和几个伙伴坐上了一列由北京开往兰州的火车，经过三天两夜，来到了大西北，来到坐落在这里的西北师范学院（简称“西北师院”）。

在西北师院办完了报到手续，也就意味着我在这个教育机构里有了名正言顺的教师身份，可以在这里播种耕耘、教书育人了，可以在这里实现自己的人生理想，大显身手，一心一意地从事我要为之献身的教育工作了；也就意味着我生命新的一页可以从此开始了。然而，事与愿违，我人生坎坷的一页却从此揭开。

这中间的原因是什么呢？

一句话，就是我的人事档案里装有一份有人检举我参加过一个反革命组织的揭发材料。这份材料被装入档案随我来到兰州市，当时已经到了这里组织人事部门工作人员的手中，正是它在这里发生了我此前难以想象的作用。

那么，这份检举材料是怎么一回事呢？为了说明此事的来龙去脉，我将多用点笔墨说说其先后过程。

这件事最初发生在一九五二年五六月间，地点是在北京和平门外的北京师范大学[1]。

那时我是北师大三年级的学生，刚和全班同学一起从江西于都县参加完那里的土改运动回到学校。一日，学校开展了一次“忠诚老实运动”，全校师生一起开会，听动员报告，然后分系分班开会进行个人坦白交代。这个运动号召大家自觉地、忠诚老实地向组织交代清楚自己的政治历史。我记得很清楚，我们班的同学在一间教室里开会，会上我听到一些同学说“我参加过三青团”“我参加过一贯道”之类坦白交代的发言。主持我班此会的一位女同学在这个会上问我有没有需要向组织交代的话。我说我从来没有参加过任何反动组织，没有需要向组织交代的问题。开完会大家也就散会了。后来这位主持会议的女同学告诉我，有份检举我的材料，不过她说你既然说没有参加过，那就算了，不必在意，我是相信你的。这是我第一次接触到此事，也从此知道有人检举我这种事。但因为从来没有经历过这种事，不了解政治历史问题对一个人的政治生命来说具有何种重要的性质与意义。后来通过几件事，才让我意识到那份检举材料已经使我从此遇到麻烦了。我被分配到西北，与其也有很大的关系。

以后的事情表明，这份检举材料对我的影响很大。当我坐在从北京开往兰州的火车上，一种凄清落寞的情绪便涌上了心头。然而对此，我只能徒叹奈何与夫复何言，岂有他哉！

到了一九五五年我被投入“肃反”运动中去。据后来有人和我说，在前后一年的时间里，有关部门内查外调，专案人员

① 1954年起，北京师范大学主校区由北京和平门外新华街旧址陆续迁至海淀北太平庄校址。——编者注

走遍了我足迹曾到过的一切地方，调查、访谈、取证，很费了一番功夫。

一九五六年上半年我的政治结论出来了，白纸上明白地写着这样的文字：“没有参加过任何反动组织。”

这个结论其实用不着别人来下，我自己从来都清楚、明白，这是出于我对自己人格的尊重和爱护，我也是从来不会在政治上说任何一句假话的，这是我对自己严格把握的一点。但想到此事虽然无中生有，却竟然纠缠了我这么些年，令我为之痛苦莫名、彷徨不安。如今经组织的调查研究，作出了符合实际的结论，我心中似乎也就可以释然了，此事也就过去了。正是在这种背景下，一九五六年下半年，我受当时《人民教育》杂志正在讨论的关于“全面发展”与“因材施教”关系问题的启发，围绕一个研究课题，在图书馆借阅了许多马列著作，读了很多这方面的书。在不到两个月的时间里，写出一篇约有六七万字、题为《论人的全面发展》的文章。这篇文章据当时学校科研科一位科长告知：甘肃人民出版社准备将其列入该社出版计划，并说为此要找我签个出版合同。对此我当然是欣然同意的，但觉得仅六七万字出一个小册子，太单薄了些。所以我决定在这个基础上，再加写五六万字，故为此我又在不断读书、写作。与此同时，我还给某个系科学生上了一门教育学课，故终日显得忙忙碌碌，曾经笼罩在自己头上的某些阴影似乎也不再存在了。

一九五七年，我被划为“右派”。当时的我未离开学校，仍有公职和干部身份，只是不能教书了。我先是被安排在资料室，后在办公室打杂。我除白天上班时间外，晚上还可以在家看书。正是在此期间，我与图书馆打的交道最多，从中借阅的图书也最多。我读的仍以文史哲方面的书为多，并学习、复习了英文，我后来之所以能在师大附中、师大外语系教英文，靠的就是此间在这方面自学所得的结果。

我的“右派”帽子于一九六四年被摘去，此时我仍在教育系办公室打杂。但自一九六五年八月至一九六六年十一月的一年半时间里，我被派至酒泉和庆阳专区的宁县参加“社教”。等我参加完宁县的社教回校，“文革”早已开始，我在学校“逍遥”度日一年多。一九六八年三月我被作为“牛鬼蛇神”揪出，被关押在牛棚里八十四天，后又被强迫参加校内劳动至一九六九年六七月间。接着又以“接受贫下中农再教育”名义让我下乡劳动一年多。随后又被派到靖远县“五七分校”劳动，我是一九七二年六七月间从靖远回到学校的。这时学校新成立了一个叫“师院职工子弟学校”的中学，学生均为前一两年因战备疏散当时又回到学校的职工子弟。当时需要找一个高中语文、英语老师，于是我被派去做这位既能教英语，又能教语文的教师了。一学期后，师院职工子弟中学部分并入师大附中，于是我又成为附中教师，仍教英语、语文课，有时在外语教研组，有时在语文教研组。在附中教这两门课，一般语文老师教两个班的语文课，每周约十二节课，而英语教师缺乏，负担要重些。我就担任过每周二十四小时的教学任务，即每天上午四节课都要上。我在附中待了六年，在那里教了整整六年书。这六年，我不论教英语还是教语文，都是边教边学，因此为教学所迫，也读了不少这些方面的书。我在师大附中，尽管教课多，教学任务重，但心情是愉快的，我在那里最感兴趣的是它的图书馆。在“文革”期间，师大图书馆就关闭了十年，所有书籍都封存起来，不许借阅，而师大附中图书馆则是开放的，凡教师均可进入书库自己挑选书籍。正因为有此条件，我觉得日子过得也很有意义，可以利用图书馆里的这些图书。一九七七年底，附中领导得知我将要调回师大时，他们一心要把我留下，说要我给高三毕业班语文把关。但当时外语系一心要把我拉过去，而且我的组织关系本来就在师大这边，所以从一九七七年底我就离开了附中，回到师大这边，到外语系教英语去了。

一九七九年二月，我的右派问题被组织宣布为错划，需要改正。原定右派的所谓“主要依据”纯属无稽之谈、政治陷害，在《改正结论》中逐项作了否定，无一成立。于是这场因一份“检举材料”而起的，使我历经风风雨雨的、连绵不断的政治灾难，总算可以画上句号了。到此，历史总算为我还原了一个清白之身。

一九七八年十二月，中共中央召开了十一届三中全会，标志着中国社会从此进入改革开放。从此，我的命运也有了一些变化。就教书这一点来说，自此以后我几乎每年都在上课，都有教学任务。从此，日月重光，否极泰来，尽管我此时已年过半百了。

现按先后时间，说说关于我担任过的教学工作的有关情况。

一九七八年至一九八〇年这两年，我在甘肃师大①外语系工作，为该系外语（英语）教学人员。我教的是公共英语课。一九七七年高校恢复招生，甘肃师大也在这时招进来一千多名学生，各系一年级都要开设外语课。作为外语教师，不论在附

---

① 据西北师范大学官网及《西北师范大学校史（1939—1989）》，1949年9月至1958年11月，西北师范大学的名称为“西北师范学院”；1958年11月至1981年9月，改称“甘肃师范大学”；1981年9月至1988年5月，又改称“西北师范学院”；1988年5月至今一直使用“西北师范大学”。——编者注

中还是外语系，任课时数都很多，我每周从周一到周六，每天上午四节课，每周上二十四节课，几乎每个任公共外语课的教师都如此。总之，每天上午都在上课，而且还要定时收阅、批改学生的练习本和作业，应该说负担是较重的。

作为一个外语教师，应该说我是不合格的。因为我不是外语系毕业，不是科班出身。我之前之所以敢到附中教外语，后来又到外语系任专职外语教师，靠的是中学时所学到的一点基础，以及后来（主要在二十世纪六十年代前期）又自学了两三年英语的结果。尽管如此，交给我的教学任务我还是较好地完成了。原因是，我在附中教外语时的学生虽说是高二学生，但仍从二十六个英文字母学起，然后仅教几句英语口号也就可以了，学校并无要求，学生更无要求。当然，对英语课感兴趣的学生也有，但比例不大。较重视外语学习的学生大都是知识分子家庭的孩子，故这些学生也有到我家来让我给他们补上些课，如讲读某些课文，讲些英语语法知识等。大一的英语课也从二十六个字母教起，不过进度有要求，比较快，但文、理科教材是不一样的，我文、理科的系都教过。且此时招进来的学生年龄都较大，学习积极性一般都很高，故在大学上课比附中要预备得更充分。但总的说，这两类学生的水平都不算高，我给他们上课，并不感到太吃力。

我自知是个不合格的英语教师，但我却爱教这门课，甚至想过，以后我就教英语算了，因为从当中学生开始，我就对英语学习很感兴趣、很投入，成绩也较好。但我想，要想在外语系再待下去、站得住脚，必须要到某个外国语大学学习一二年，以补当时学力之不足。如果当时真有条件到外面去进修一二年，我相信我是可以成为一个较合格的外语教师的。我在外语系工作这两年，虽然教学任务重、上课多，但心情很愉快，同事之间相处得都较好。

一九八〇年，那时甘肃师大不仅恢复了教育系，还新成立了教育科学研究所，这两个单位都要我回去。由于教科所催得紧，说北师大教育系办了一个“比较教育讲习班”，由美籍华人胡昌度教授讲比较教育，要派我去参加这次学习，而且名都给我报上了，必须马上去。就在这样的情况下，我又从外语系来到教科所，并随即启程到北师大参加了这次为期三个月的“比较教育讲习班”的学习。一九八〇年上半年我就在北师大听胡昌度教授讲“比较教育”课，下半年即一九八〇年九月一日起，给教育系三年级学生开了“比较教育”课。

也就从这时起，我的“教书经历”就不只是给学生上课的问题了，而是开始有了较广泛的学术活动。由于一九七九年起教育学界有了一个全国性的教育学术机构——中国教育学会，在这个学会下又成立了许多分支研究会的组织，如教育学研究会、比较教育研究会、教育经济学研究会。除此之外还有许多其他学会、研究会也相继成立。这些研究会分全国性的、省级的两个层次，如全国有中国教育学会，各省也有自己的教育学会，如甘肃省教育学会等。同样，全国范围内有教育学研究会，各省也有自己的教育学研究会。这样，全国和各省市的教育学术活动就有组织地开展起来了。这是学术界在改革开放后出现的新面貌。所以，高校的教师们除担任教学任务外，也就经常会走出去，到各地去参加各类学术活动。

在一九八〇年这一年，我既是甘肃省教育学会的会员，也是甘肃省教育学研究会的会员；既是全国性的比较教育研究会的会员，也是全国性的教育经济学研究会的会员。我为此先后到广州、保定两地参加过“全国比较教育学术研讨会”，也到太原、银川两地参加过“全国教育经济学学术研讨会”。在甘肃省内，这类会我也经常参加。

一九八一年，我给西北师院教育系二年级学生开过“教育经济学”课。

而从一九八二年起，西北师院教育科学研究所开始招教学论硕士研究生，我又给这些研究生开设了“教育学原理”课程。当时我是这门课唯一的专业授课者。一九八四年教科所又被批准可以招收教学论博士研究生。所以，从那以后，我就给硕士、博士研究生讲授了十几年“教育学原理”课。因为没有现成教材，我就决心写一本“教育学原理”的书，以应教学的需要。

一九九〇年甘肃省教育厅成立了“甘肃省高等学校师资培训中心”，目的是让进入高校担任教师职务的青年教师在“道德修养”“教育教学知识理论”等方面增加些新知，得到些培训。每学期每个高校都要派该校年轻教师前来学习，中心设在西北师大校园内，其中确定要开设“大学教师修养”“高等教育概论”“大学心理学”和“现代教育技术”这四门课。我担任该中心的兼职教授，讲授“人生与教师修养”课程。从一九九一年三月起，我为甘肃省各高校年轻教师教了这门课近十年，直至一九九九年为止。

我教这门课也是边学边教。在此期间，我读了不少古今中外哲学人文名著，写了几十万字的读书笔记和讲稿，思考过有关人生、人生价值等问题。我对中国儒家代表人物如孔子、孟子和其他流派代表如老子、庄子等人的思想及《大学》《中庸》《论语》《孟子》《老子》《庄子》等著作中有关修养的思想理念，作了认真研读，并在此基础上完成了一本专著《人生与教师修养》，于一九九六年由上海教育出版社出版。此书重印过多次，获得多方好评。

在二十世纪八十至九十年代，除了上述的教学、学术活动之外，在一九八六年，我还作为一位访问学者被派往美国康涅狄格州州立大学，在那里讲学、考察美国教育一年，并被康涅狄格州新不列颠市授予“荣誉市民”称号。

一九八七年起，我担任全国教育科学规划领导小组下辖的“教育基本理论学科规划组”成员，在北戴河等地参加过多次会议。

一九九一年我又被国家教委中小学教材审定委员会聘为其中的审查委员，为此到杭州、广州、北京等许多地方去参加有关会议。

也在二十世纪八十年代至九十年代，我担任全国教育学研究会（今中国教育学会教育学分会）常务理事，中国教育学会教育学分会学术顾问，甘肃省教育学会教育学研究会理事长、名誉理事长等职。我还担任甘肃省高等学校教师高级职称评审委员会委员，《教育研究》杂志编委、顾问等职。

从一九九一年起，我被聘为雷沛鸿教育思想研究会顾问，为此到北京、大连、长春、哈尔滨、重庆、南宁、北海等地参加过研讨活动。我的《雷沛鸿与中国现代教育》一书，即为参加此项活动的一个成果。

从二十世纪九十年代起至今的三十多年时间里，我先后参加了《教育大辞典》和《中国教育大百科全书》的词条撰写工作，并担任这两套书编委会的委员。

在二十一世纪初，我还被聘为武汉大学教育科学研究院兼职教授。

也从二十世纪九十年代起，我任甘肃省第三、四、五届中小学教材审定委员会副主任委员，第一届甘肃省基础教育课程专家咨询委员会主任委员等职。二〇〇六年先后荣获“第二届西北师范大学教学名师奖”和“甘肃省高等学校教学名师奖”。

这些都应属我的“教书经历”的重要部分。

二〇〇二年，我被聘为教育学原理博士生导师。从这年起，我连招了五届博士生，共培养了十一名博士生。在此后的十几年时间里，我又一直在西北师大教育学院给博士研究生们上“教育学原理”课至二〇一三年。二〇一三年我离开教学岗位，那时我已经八十六岁了。

三、著书立说

这里，我主要说说我的著作《教育学原理》。

我之所以要对教育理论进行探索与研究，之所以要撰写一些有关文章，后来又决定在这个基础上写一本叫《教育学原理》的书，其近因，是为了适应当时面临的教学任务需要。而从远因上说，即从著作本书的根本原因上来看，则可以说完全是为亲身感受到的当时不堪的教育理论状况所激发，也是我对教育学问题作了一番思考的结果。

一九四九年九月，我从家乡浙江省金华县（今属浙江省金华市）来到北京，进入北京师范大学教育系就读，成为教育专业领域的一名求学者。其时从国外引进的教育学在中国存在了近半个世纪。我开始读大学时就听留日、留美回来的教授讲授这些理论知识，后来又听苏联专家讲教育学等课程。大学毕业后，我又从事教育理论的教学和研究工作直到今日。如此，我与教育学在中国存在一百多年来的时间里遭遇、接触竟达半个多世纪之久。七十多年来，我对于教育学不能没有自己的思考和感受，譬如我在北师大教育系读了四年书，我就问过自己：结果如何呢？我有了怎样的收获和体会呢？我在上面的文字中已经说过：由教育系所开设的教育学这个学术门类，我已经和它实实在在地接触了整整四年时间，它有怎样的家底，有怎样的学术底蕴，我已经摸清楚了，心中有数了。总的感觉是，在那里我没有满载而归的喜悦，没有取得令自己满意的丰盈的收获。

进入改革开放以后，这时我看到，我国教育学方面的著作已有二三百种，但从体系和研究内容来看，大多沿袭了苏联的教育学模式，体系陈旧，内容单调，教条化色彩比较严重，而且很多都如出一辙。

思考教育学，这是一个大题目。我思考这个问题时，心情也是十分复杂的。但我首先想到的是教育学在中国学术界应有的地位问题。我这样说，并非出于硬要为教育学争面子的动机，而是一方面想到，教育学在中国学术界已有百年史实这一点。更重要的，我想到教育学是人类教育的一种理论形式，这种理论形式能否存在，并不凭人的主观好恶和目前存在的状况来决定。而主要决定于作为教育学的实践形式的教育在人类社会中的作用与地位怎样。众所周知，教育从来就是人类所创造的文化赖以传承的一种手段，它不论对社会的个体即个人或社会群体如国家社会来说，都是生存与发展不可缺少的工具。它和整个人类历史的命运息息相关。试想教育实践能缺得了为之作规律性探索和研究的教育学这种理论形式吗？所以，我以为，教育学客观存在的必要性是谁也否定不了的。更何况教育学在世界范围内的存在已有数百年之久，在中国的存在也有一百多年的历史，人们应当尊重这个历史。

于是，我想到教育学在中国学术界，不仅应有一席之地，而且应当是其中的一门显学，也就是说，在中国学术之林中，它不应只是一棵一般的树，而应是一棵挺拔高大甚至枝繁叶茂的参天大树。但是，当我想到这点时，我又不得不面对客观存在的历史和现实，这使我不无痛苦地看到：教育学是应显而未显，应壮而未壮，应大而未大。教育学的主要矛盾，是应然与实然之间的矛盾，并主要表现在其宏观教育学的见事不明，说理不清，概念混乱，结构无序，理性不足，其微观教育学又严重脱离实际，对教育实践的指导十分乏力以及其公众形象欠佳等方面。

二十世纪八十年代初，随着中国进入改革开放新时期，我也曾经不止一次地问过自己，我应该为中国教育学在这个新时代做些什么？我的回答是，我必须首先把教育学的基本概念、基本理论进行一番正本清源的梳理，给教育学一个宏观、完整、全面、具有系统性和学理性的概括和说明，从而给教育学以恰当的定位，凸显其理论价值。

我很清楚，要做到这些，绝不是轻而易举的事，而是要构建一个新的教育学理论体系的问题。这正是前人所没有做过或者说虽有人做过，但并未获得普遍认同的问题。那么，我凭借的是什么呢？我的条件和功夫又在什么地方呢？我的回答是，我别无依靠和凭借，我唯一的依靠和凭借是我多年来所一贯坚持的好学和深思。我的功夫并不是在教育学自身，而主要是在“诗外”，即陆游说的“汝果欲学诗，工夫在诗外”的“诗外”。

那么，这个“诗外”究竟指的是什么呢？主要指的是哲学和其他人文社会科学，乃至其他一切科学。我以为，生活的现实，需要哲学和其他人文社会科学，开拓新视野，发展新观念，进入新境界。就教育学来讲，教育学原理所阐述的知识理论就来自哲学和其他人文社会科学及其他一切科学。“好风凭借力，送我上青云”，《红楼梦》第七十回薛宝钗所填的《临江仙·咏絮》一词中最后的这句话，就是我总的指导思想，也是我想让教育学原理乃至教育学这门学问飞上天空的方法所在。春天里的柳絮之所以能在晴朗的天空飞舞，是依靠了风力所致。教育学、教育学原理要腾空而起，就必须依靠哲学、人文社会科学乃至其他一切科学的支撑。它必须善于依靠哲学之力，不断吸收其他人文社会科学和其他一切科学的最新研究成果，以此来营养自己，不断充实丰富自己，使自己不断丰盈充实起来。

在这里，我要着重提到的是，在构建我的教育学理论体系，撰写我的有关教育论文著作的过程中，有两门学问对我的助益最大、最重要：一为文化学，一为宇宙学，而尤以宇宙学为最，也以宇宙学为根本。我对教育起源问题、教育本质问题、教育功能问题、教育和自我教育等问题的见解，以文化学的理论为基础。没有文化学的有关知识、理论的支撑，就讲不清教育的起源、教育的本质、教育的功能和教育与自我教育等诸多重要教育理论问题。二十世纪七八十年代，当我接触到文化学的有关知识、理论后，我才知道人本是一颗颗散落的珍珠，随地乱滚，而文化便是使人成为人，也将珠子串起来成为社会的那根柔弱又坚韧的细线。天下食物尽管多种多样，归纳起来，人类赖以生存的营养物质，不外乎脂肪、蛋白质、糖、维生素、无机盐和水这六大类营养素；天下精神食品亦多种多样，但归纳起来，不外乎“文化”一词。这些知识理论使我大开了眼界。

对于文化这种无形的存在，有人能看到，有人就看不到，就教育论教育的人，就看不到人类社会中有文化这种极其宝贵的东西存在。当今，谈论教育就要有文化的眼光，这可以说是我在二十世纪八十年代从广泛阅读中获取的最大心得。

文化学，又称文化科学、文化哲学，乃是现代社会科学中出现的新兴学科之一。文化学是一门大学问，它是人文学科的基础，正如物理学是自然科学的基础一样。对教育学原理的探讨与研究来说，文化学更是一门重要的学问。我曾写过一篇题为《论教育的两个“为本”》的文章，认为教育无论从其实践上看，还是从理论上来分析，都有两个“为本”的问题，即教育的“以人为本”和教育的“以文化为本”。

我的以上观点、见解，都贯穿在我的《教育学原理》一书中，也反映在我的其他教育论著之中。做学问的第一件要事就是把知识系统化、有机化、个性化，我的教育理论能被整合成一个体系，靠的就是文化学、人类学所给予的这种宏观学术力量。

后来，我读了一些宇宙学方面的书，受到其知识理论的启发，觉得这些知识理论对构建教育学理论体系，对一些宏观教育理论的阐发和解读助益尤大。

我对宇宙的思考，从理性上讲，即从天文学和哲学上来看，集中在宇宙是否有一个起源和起点的问题上，有没有一个发展变化的过程问题上。因为以往上课时，哲学老师告诉我们的“宇宙”，它在空间上无边无际，在时间上无始无终，是没有一个起源和起点。而我对此见解则久思不得其解，思想上则长期处于迷茫和困惑之中。

在哲学家眼里，宇宙是最重要的，比国家、民族重要。探索宇宙之谜，渴望了解人类生活于其中的这个大世界，始终是哲学和科学研究背后最强大的动力。

眼界决定未来，学问文章当以四海为量，千载为心。读书如禹之治水，要知天下之脉络，就要求有远见通识。我认为搞宏观教育学，甚至可以说搞任何学问，把宇宙观的问题弄清楚都最为重要。

宇宙，时间和空间的总和，天地万物的总称，就是人类及其周围的一切。它是一个体系，一个总星系，是各类物质形态相互联系的一个总体或曰总称。宇宙大爆炸的理论将过去的天体理论都推翻了，过去我们看天体都是从哲学的角度去理解的，都认为宇宙是无始无终的。

宇宙有没有一个起源的问题？现代科学研究已经指出，宇宙是有起源的，宇宙起源于约一百五十亿年前的大爆炸。大爆炸理论出现后，宇宙开始变得有起点，也有年龄，大致有一百五十亿年。从红外星系的红移可以推断宇宙在膨胀。如果我们解释现在的宇宙是在不断膨胀的，那么最早的宇宙应该是由一个原点构成的。这些全都颠覆了我们以前对宇宙的认识。

宇宙有没有一个进化发展的问题？回答也是肯定的。所谓进化，是指上升式的发展。在物质世界中，不存在孤立的物质、运动、时间和空间，它们是直接统一的。这种直接统一就是各种不同的物质存在方式即物质形态。物质世界就是各种物质形态的总体，物质世界的发展就是物质形态由低级向高级的进化。而这个物质世界就是在个体—群体律、性能—结构律、进化—分化律、过程—系统律这四条规律的支配下发展着，形成了一个气象万千、令人着迷的大千世界。

一个什么样的大千世界呢？就是在大爆炸之后的约一百五十亿年时间里，宇宙间先后进化，呈现四种物质形态，即物理物质、化学物质、生命物质和人类。

这个科学理论还告诉我们：地球年岁约有四十六亿年；生物年岁约有三十六亿年；人类年岁约有三百万年。

这个宇宙的进化历程也就是世界的历程。这个世界的历程还可概括为：物质—意识—文化。在这个历程中，人类是“大爆炸”后出现的最后一种物质形态。懂得世界、人类、文化是一个事物的序列，这是一个从抽象到具体的认识过程。法国哲学家帕斯卡尔曾经说过一句名言：“人是宇宙中的一颗微粒，但人的大脑却可以包容整个宇宙。”也就是说，人的思想可以把宇宙作为对象加以思考、加以包容。

我了解了这些知识理论，看到宇宙大爆炸之后所呈现的这个图景，我真是为之欣喜不已，拍手称快，感慨万端，有如拨开了云雾见到了青天，大开了眼界，精神为之一振，真正感到心明眼亮了起来。因为正是有了这些，我对什么是宇宙，什么是世界，什么是自然，什么是社会，什么是文化，什么是教育有了一个根本的、崭新的认识，并且能够使它们各归各位，各得其所，使自己一下子站在了宇宙史的高度来认识和把握这个大千世界。我也从此摆脱了哲学上的虚无、愚昧与无奈。从此，我就有了真正属于自己的哲学认识和哲学见解，可以从宏观的角度来“判天地之美，析万物之理”了，可以精骛八极，心游万仞了，可以“究天人之际，通古今之变，成一家之言”了。无疑，对这些知识、理念我是衷心欢迎，衷心信服，也衷心接受的。

过去我常讲，学习、研究宏观教育理论在思想方法上最为重要的是要先识其大体，立乎其大者。这就要求我们在思想上能统观全局，把握整体。这也就是我对孟子所说的“先立乎其大者，则其小者不能夺也”的理解。这些话，北宋时期著名文学家欧阳修也说过。他说："得其大者可以兼其小，未有学其小而能至其大者也。"而这，也便是我所理解的一种"哲学头脑"和已获得的这个"大"。这时，我似乎有了这个头脑，一个站在一百五十亿年前的云端来俯瞰这个大千世界的哲学头脑。无疑，对这个"云"，我是衷心喜爱的，因为正是她象征着一种高度、一种大气，也象征着美丽、善良与智慧。

哲学这门学问，我是进入大学读书开始接触到的。我一接触到这门学问，就感到它对我似乎有一种特殊的吸引力。大学一二年级时，我就深感我的思维似乎更接近于哲学思维，在教育系不如到哲学系去读书更合适。在教育系读教育方面的书，听老师讲教育方面的学问，我觉得这些深度不够，不如读文、史、哲方面的书有意思。因为这个倾向性，所以，我的教育研究均属于宏观教育学、理论教育学研究。我写的文章大多也属于此类。《教育学原理》一书，则更是如此了。所以在进行研究和构建教育学理论过程中，我必然要想到"诗外"的功夫，向哲学等其他人文社会科学等学问方面去借力了。

自二十世纪八十年代开始，我的主要教学工作就是给教育学研究生（硕士、博士）讲授一门叫"教育基本理论"的课程。这门课怎么讲，讲些什么，这是我首先要考虑并且迫切需要拿出答案的问题。我考虑的结果是这样几点。第一，这门课不能叫"教育基本理论"，更不能叫"教育概论"，而应该叫"教育学原理"。原理，就是带有普遍性的，可以作为其他规律的基础的规律。因此，这门课的名称只能叫"教育学原理"，它具有理论性、完整性、系统性的根本特点。第二，这门课必须坚决打破苏联教育学的框架格局和这个框架格局对我们思想的严重制约和局限。第三，我必须另起炉灶，自立门户，径行独往，讲我所信的理论，绝不人云亦云，盲目跟风。既要信其所讲，也要讲其所信。

以上所述及的，可视为我撰著《教育学原理》一书的历史、现实背景，及其意义和思想基础。以后所经历的则是以我一个人之力投向更为实际、具体和艰苦的著作实践了，而且持续了长达十年之久。从中我更深切体会到成就一件作品需要一种愚笨和坚守。学术本来就是有闲者或清心寡欲者的人生取向。而学者治学的最高境界，就在于对学术的无穷乐趣，在学理上有所追求和不可压抑的激情。不抱任何功利的目的，即不以学术作为获取利禄的工具，愿意为它付出毕生的精力。我以为，学问著作之事，既要相互观摩，彼此切磋，亦贵能孤往。既然不以时代群趋为是，就应由沉潜而千虑一得，以待来者。“言之有理，言之有据，言之有序，言之有文”，这是我坚持的基本原则。“言之有理”这个“理”字在这里该怎么解释呢？在我看来，理论研究要说理，要讲道理。教育理论研究就是基于个体对教育现象问题的理性思考，而不是盲从，从于权威，从于利益，从于时尚潮流，从于众口一词，或从于个人的滥情。我以为，理性精神的张扬，才是我这里所讲的这个“理”字根本精神之所在。而“言之有文”在这里就是指只写自己懂得的东西，不写自己不懂的东西。而且写得明白易懂，使读者觉得不绕口，好看、好读。总之，张扬理性，讲清问题，给读者以系统、完整、明白、通晓的教育理论知识，结构合理清晰，在文字上具有真正的可读性，不致使人读后感到晦涩难明，不知所云，是我一开始就清楚地注意到的原则。

“以广泛的阅读为基础，以深入的思考为主导，又以此落实到写作”，是我在撰写过程中采取的步骤和方法。其中的每一个环节，内容都既丰富又复杂。譬如就以“思”来说，我不仅要思考其中一个又一个具体的理论问题，而且还要反复琢磨节与节、段与段、章与章、编与编之间的联系、接应与结构。既不能前后内容重复，又不能有所缺漏。当然，具体拿起笔来写，无疑强度更大，因为进行这种大部头理论著作的“写”绝不单纯是个写作技术问题，而是智能、学力、素质的综合表现。写作是思维深入化和周密化的过程，“落实到写”是学习和研究最终能否有成果的一个大关。这个大关不是等学好了再去闯，而是边学边闯，这样才能保证智能的全面提高。“写”在脑力劳动中强度最大，其中反反复复的事是常有的，推倒重来也常出现。反过来，它既促思也促看和促读，也正是在这个环节中使人在脑力劳动上得到全面的锻炼。所谓著述写作的甘苦，即从中亲历感受而来。所谓学术性格，我以为便是指学者对于治学的基本态度及与之相适应的特有的行为方式。而这，都会在此过程中清晰地表现出来。

总之，“学必立本”，即先识大体，必先对所治学问的知识有既广博又成系统、完整的认识，进而可以为窄而深的研讨。教育学原理这门学科在教育学学科体系中占有极重要的意义和地位。没有教育学原理这门学科在理论上的真正强大和健全，就谈不上教育学这门学问的振兴和发展，也无法改变其不堪的形貌。而研究教育学原理是有方法的，其总的方法原则是既要站得高、看得远，有个宏观的眼光；又能钻得很深，深入到人，研究人性、研究人心，用人、人性、人心和人心产生出来的文化来解释社会和历史。孔子“登东山而小鲁”，“登太（泰）山而小天下”，就是这样一种宏观的视野。这样，才能“一览众山小”，把人类教育现象尽收眼底，然后用科学的头脑、严密的思维把它们作统一、有序的、符合逻辑的理论安排，使之分门别类，又有层次地各得其所。最后使之成为一个真正在理论上站得住脚，能使人信服，符合大家心愿的理论体系。

《教育学原理》一书，可视为我对教育学问题所作的思考和基本见解。写作这本书，一为教育学理论大厦的构建贡献我的一孔之见，二为青年学者和广大教育工作者提供一本可读的教育理论著作。此书发轫于二十世纪八十年代中期，完成于一九九七年之末，并于一九九八年十二月由甘肃教育出版社出版，于今已经二十多年了。

在此书出版问世的二十多年中，先后重印过多次，并于二〇〇六年九月作过一次修订，是为第二版。二〇〇八年六月，为应高等学校文科教材之需，作为高等学校文科教材出过一本“简缩本”。

一九九九年，此书接连荣获第四届国家图书奖提名奖、第一届全国教育图书奖一等奖和中国教育学会优秀科研成果一等奖。二〇〇一年获第四届甘肃省优秀图书奖特别优秀奖。二〇〇五年，此书入选教育部学位管理与研究生教育司遴选、推荐的研究生教学用书。

二〇一三年，此书由人民教育出版社出版，是为第三版。二〇一五年，此书荣获第四届中国大学出版社优秀教材一等奖。二〇一六年获第五届全国教育科学研究优秀成果二等奖。二〇二一年，此书荣获首届全国教材建设奖（全国优秀教材·高等教育类）二等奖。多年以来，此书已成为国内多所高校的专业课教材。

我在国内教育期刊上发表的一些教育论文先后以《教育理念的沉思与言说》（人民教育出版社二〇〇五年版）和《陇上学

人文存·胡德海卷》（甘肃人民出版社二〇一四年版）此二书形式出版发行。

其他著作，因非直接与“教育学原理”有关，这里不赘述。

这篇文章写到这里，也就算写完了。这篇两万余字的文章所反映的是我一生的主要生活内容或说我的学术经历。我没有做过官，不是个官方人士，没有为官的官场活动经历。也不是一个经济界人士，没有搞过经济方面的活动。作为一个学者，一生只能且主要在学术领域活动，具体讲就是和学问、学术、书本这些东西打交道。作为一个教师，也主要是和学生打交道。而和学生打的交道，又主要是知识、文化、学问、书籍等方面的交往。所以，读书、教书、著书就成为我一生主要的生活内容了，也可说是我此生的历史概况。上面的一些文字已经说明，我此生曾遭遇过挫折与艰险、无奈与身不由己，在较长一段时间里处在逆境之中。然而，我最终还是走过来了，而且，书籍、学术、学问最终伴我一生。言念及此，我是很以此为乐、以此为安和以此为慰的。发表这篇文字，实际上也就是我值此人生暮时向读者朋友作的一次个人的历史交代，也是我所作的一次学术交心。和读者朋友交交心、谈谈话，是我很乐意的事。因为有这种交心、交谈、交流，我们大家都会更加熟悉起来，都会增加彼此更多的了解。人生有涯，生命有限。这或许是我此生最后一次用较多的文字来谈个人的历史情况和与大家进行这样的交流了。十分希望能得到学界各位朋友的批评指正。

Ⅱ 潜心学术、穷根究底、开拓创新、构建体系*

一、从批判质疑到潜心钻研

今天在我们西北师大教育学院，郝文武教授特从西安来访，与这么多的同学坐在一起，共同交流教育学方面的一些问题，我非常高兴、热烈欢迎。在座的各位博士研究生也好、硕士研究生也好、老师也好，都是教育学理论问题的研究者，因此我们今天谈的共同问题就是教育学理论问题。我首先谈一下我自己。我于一九四九年九月进入北京师范大学读书，一九五三年毕业。一九四九年九月十九日，我从我的老家浙江来到北京，两天之后中国人民政治协商会议第一次全体会议召开，十天之后开国大典在天安门举行，中华人民共和国随之成立，从那个时候起我就是一个大学生了，新中国成立之后的第一届大学生。我跟大家一样，也是学教育的学生，当时学校里面给我们开了很多课，在专业方面，有教育概论、中国教育史、教育心理学等。我在这个系听了这些老师两年的课，很有些不满足之感。为什么呢？因为我觉得内容比较肤浅，很多问题没有理论上的支撑。大概因为这个时候我已读了一些马列主义的书和学习了这方面的一些理论知识，在我看来，学教育只有从理论上来把握才是根本的、牢靠的。我举个例子，比如有这么一门课，叫

* 此文据李虎林、郝文武、刘旭东对胡德海先生的访谈整理，原载《当代教师教育》2018年第3期，收入本书时有删改。

“教育概论”，它可以说是一门基础课、入门课，对学教育的人来说是很重要的一门课。讲课的这位老师也很有名气。那么教育概论讲些什么呢？第一讲中国的师范教育问题，第二讲中国的教育经费问题，第三讲中国的扫盲问题，第四讲中国的小学教育问题，第五讲中国的中等教育问题，第六讲中国的高等教育问题。这门课，我刚开始听觉得授课内容很充实，面面俱到，很有意思，我也很受启发。如中国的教育经费问题重不重要？很重要，大家一听觉得很有道理。中国的扫盲问题重不重要？当时全国的文盲占到了总人口的百分之八十至百分之九十，我们觉得学教育的人肩上的责任很重，全国这么多的文盲需要我们去扫除，因此扫盲问题也很重要。教育经费问题很重要，师范教育问题很重要，小学教育问题很重要，中学教育问题很重要，高等教育问题很重要……这些问题很重要是很重要，把这些材料摆在一起每次讲两个小时是没有问题的，因此我听课的时候感觉很热闹，但是听的时间久了之后，我在这里面产生了一个怀疑：中国的教育问题究竟是什么，我们学教育的应该抓住什么关键，课堂给我的答案似乎并不清楚。我也心中无数，觉得并没有获得一些实在的知识和理论。因为这些问题就好像宴席上摆的很多拼盘一样，这个是橘子、这个是花生、这个是瓜子，花样不少。这些拼盘固然是可以吃的，但是它们之间是互相不联系的。教育经费问题和师范教育问题之间是怎么联系的？和小学教育有什么联系，和大学教育又有什么联系？而且这些都是一些经验性的东西，没有上升到理论高度，因此这些问题我听了一个学期、听了一年，也就没有什么印象了、就记不住了、就忘掉了，觉得听也可以，不听也可以；听多一点可以，听少一点也可以，因为课程没有从理论上去认识这个根本。

而且这些东西过了一段时间是会变的，昨天说百分之八十至百分之九十的文盲，一年以后就可能变成了百分之七十；经费问题一时紧张，今年教育部门多投入一些，明年就不一样了。这些问题都是很容易变动的，所以你听的时候很热闹，究竟中国的教育问题是什么，人类的教育问题究竟是什么，这门课让人没有一个整体的把握，脑筋里面没有一个系统的观念。我的想法是，进入教育系读书，就应该从理论上认识把握中国的教育和人类的教育，要了解把握古今中外一切教育，这才是学习学到了家。那些昨天、今天、明天的情况，都是经验性的东西，靠不住的。所以我的感觉，教育系里的课程非常贫乏，主要是理论贫乏，没有理论或者理论上站不起来。这是我当学生两年之后脑中产生的一些想法。

从四年级开始三位苏联专家来给我们上课，讲授教育学、心理学、教育史三门课。我们全系同学甚至教育部的一些官员都集中在北师大的一个礼堂里面来听这些苏联专家讲课，因为苏联专家讲的号称是社会主义教育学、马克思主义教育学，我们这些人感到真是机会难得，因此我们对苏联专家讲课热烈欢迎。但是我听了苏联专家一年半载的讲课之后，觉得他们没有讲清什么叫教育学，什么是教育。因为他们认为教育学是有关学校教育的一种学问、一门学科、一门科学，这个说法我觉得不对。如果有人说心理学是关于儿童或者成人心理的一门学问，这样对不对？在这里我就产生了这样一个问题：既然教育学是关于学校教育的一门学问，为什么不在“教育学”前头加“学校”二字呢？如果不加，那他们的理论在逻辑上就讲不过去了，就有个内涵和外延不一致的问题了。同样，在这里也请大家想一想：如果说经济学是关于农业经济的一门学问，这样对不对？肯定也不对，为什么？因为经济学包括很多东西，怎么能只是农业经济呢？如果语言学家说语言学是关于英语语言的学问，这样对不对？同样是不对的。为什么，内涵和外延有了矛盾，逻辑上出了问题。语言学应该是人类一切语言的学问，经济学应该是人类社会中一切经济现象之学。我当时就觉得这种说法在理论上就站不住，但是当时这些话是不能讲的。所以苏联专家讲教育学是研究学校教育的学问，我认为这就不对了，教育学应该是人类一切教育的学问才对。把人类一切教育现象都统统纳入其中，这才是教育学。这正如语言学是人类一切语言现象之学，经济学是人类一切经济现象之学。我们对求学问应抱郑重、严谨的态度，要多动脑筋，切忌盲从、盲目相信。在求知的道路上对一些想不明白、想不通的问题，我们是可以质疑和探讨的。我以为这才是实事求是的态度。亚里士多德讲“吾爱吾师，吾尤爱真理”，我们尊敬我们的老师，但是我们更要尊重真理。在做学问、求知识的道路上，我们要懂得这个道理。

不过，我在教育系的四年并没有白学，因为我认为在这四年我是认真地读了书的，我在图书馆读了哲学、社会科学、人文科学等很多书。我读了这些东西之后，我就用这些理论来分析思考我老师讲的这些说法，并且在北京师范大学的四年，我把教育系所开设的有关课程知识的底子看清楚了，分量掂出来了，这是我的收获所在。我总的认识，教育系有关内容和体系的肤浅、薄弱，并不止是北师大一校一系的情况，而是全国乃至世界范围内普遍存在的问题。在这里，我们不应该为此却步、泄气。相反，我们应该振作精神，勇敢担当起振兴教育学理论，发展教育学事业的历史重任。后来，我就想另辟蹊径，独立思考、另起炉灶，构建自己的教育学理论体系。什么才是教育学，什么是教育，我们必须要在理论上想得清清楚楚，我的《教育学原理》这本书归根结底就是解释这两个问题，第一章就讲教育学的对象，对象不搞清楚，体系构建不起来。我的《教育学原理》就是我想从我自己理解的马克思主义、社会科学理论、逻辑理论、一切人类创造的精神财富等理论来解释教育。

我的体会是，教育学这门学问，特别是它的基本理论问题并不好学，学得精到，有自己的一套体系真的很难。学者要站得很高很高，看得很远很远，才能有一个清晰的思路去理顺它。这的确是门大学问。讲清“教育是什么”这个问题，我思考了几十年，到七八十岁的时候才完成这本书。

最近我写了一篇文章，大概有三万多字，题目是《读书、教书、著书：我的教育生涯和人生感悟》，把我一辈子的经历和所作所为做了一个总体上的梳理和回顾，我这辈子没有做过官，也没有从事什么经济活动，我作为一个学者只能跟学术打交道、跟书本打交道、和学生打交道。在九十多岁的时候，我认为我这辈子无非干了三件事情，那就是读书、教书和著书，这三件事是我人生的主要内容。从这篇文章可看到我走过来的脚步和人生轨迹。

二、著作《教育学原理》，为教育学奠定理论根基

教育理论体系是怎么构建的呢？教育学必须首先考虑到要在理论上站得住脚，理论上站住脚就一定要搞教育学原理这个东西。“教育学原理”这个名称可以说是我首先提出来的，“文革”之后，教育系要恢复，北京师范大学这些教师说我们教育系要恢复讲课了，这个课怎么讲呢？就把苏联教育学中的四大

块分成四个部分，之前是一个教师讲四大块，当时把四部分拆开来讲，每个教师讲一个部分，分成四门课。因此从那个时候开始起，有了“教育总论”“教学论”“教育论”“学校管理与领导”这四门课了。它的总论部分就叫“教育基本理论”。对于这门课的名称，我有不同的看法。我的意思是这门课应该叫“教育学原理”，教育学原理是一门理论课，它可以把整个教育在理论上统率起来。这门课也不能叫“教育概论”，教育概论实际上如同专题讲座，一个个问题是孤立的、不衔接的。比如今天这个教授来做个讲座，下个星期有另一个教授来做个讲座，每个教授讲座都不一样，内容千差万别，互不联系，是零散的各个拼盘，所以不能叫教育概论。只有“原理”两个字才能把理论概括统率起来。我在二十世纪八十年代给研究生上课的时候，就告诉他们不能把这门课叫教育基本理论，应该叫教育学原理。我们这里有一位景时春老师，到外地去开会，山东师范大学的一个老师跟他交流，景老师和他说，我们的胡老师说这门课不应该叫教育基本理论，应该叫教育学原理。山东师范大学的这位老师说好呀，胡老师说得对呀，我也要像胡老师一样讲教育学原理而不是教育基本理论。这是后来景老师回来告诉我的。我的《教育学原理》总体上讲，是从宏观上把人类的一切教育现象，统统放在这本书里面，然后用我自己的智慧和理性归纳起来，使之系统地、有层次地讲清楚其中的理论问题，这就是我在写作《教育学原理》一书过程中所坚持的一个思路。

三、立足宇宙历史文化的宏观视野认识教育问题

要讲清楚教育理论问题，靠的是什么呢？靠的不是就教育谈教育，而是用外头的知识来谈教育，用文化学的观点来谈

教育。我在大学的时候，一般人们都是就教育谈教育，这样是讲不清楚的，应该是从更宏观的视野出发来谈教育，用哲学理论、文化学理论、人类学理论等其他人文社会科学的理论来解释教育现象，这样才能把教育现象看清楚，要不然只是坐井观天，看不清楚。所以我说我们学教育学的人眼睛一定要看得很远，要有哲学头脑，没有哲学头脑是不行的。什么是哲学？有人回答哲学就是世界观。什么叫世界观？世界观就是我们怎么看世界，谈到这层就到此为止了。大家知道世界就是宇宙，宇宙就是世界，那么宇宙是什么呢？宇宙从空间上讲无边无际，从时间上讲无始无终，过去是这样回答的。世界有没有一个起点，宇宙有没有一个起点？这是我在大学时候学习哲学课时就思考的一个问题，后来通过看书学习，知道了大爆炸理论，我认识到哲学中讲宇宙也是有一个起点的。约一百五十亿年前发生的大爆炸就是宇宙的起点。前几天才去世的英国科学家霍金就是谈大爆炸理论的。这个大爆炸理论使我一下子豁然开朗了：从大爆炸那时候开始，宇宙就有了一个发展过程，出现了物理物质；在物理物质基础上产生了化学物质；在化学物质基础上又产生了生命物质；在生命物质的基础上又产生了人类。从大爆炸发生之后，宇宙中一共出现过四种物质形态：物理物质、化学物质、生命物质和人类。这给了我们一个很长很长的历史观，使我们可以从一百五十亿年的跨度来看待我们整个大千世界的发展，人类是怎么产生的，文化是怎样产生的，教育是怎样产生的，就尽收眼底了，就心中有数了。其中社会现象是什么，用两个字来概括就是“文化”现象。社会和自然是相对而言，社会和自然比较起来，社会比自然界多了什么？就是“文化”两个字。因此，我们对社会也就清楚了，我们研究教育的人说教育是什么，教育无非社会文化的传递、继承手段，社会文化创造出来的智慧用教育手段传递、继承下去。因此我们讲教育是什么，不站在人类学、文化学的观点就没法讲清楚。

但是文化学从何而来呢？也要从宇宙的一个一个阶段发展下来，所以我们现在有一个很宏观的、很长远的历史观：就从大爆炸开始，一直到现在，任何人都没有这么高的立意。我从二十世纪九十年代开始起，就说我的教育学原理理论体系可以成立，有东西给我支撑，文化学、宇宙大爆炸理论就是我教育理论最基本的支撑，没有这些东西我的教育学理论立不起来。我认为，世界上一切搞研究的人，如中国科学院、中国工程院，还有那么多大学、研究所的教授们研究的学问，通通在宇宙范围内，任何人都无法突破这个宇宙范围，因此做学问必须把宇宙观搞清楚，这个才叫真正有本事，这个才叫真正有思想。没有这个功夫，你站在一个很短（很近）的距离（时间）来看问题都是非常短视的。也就从那个时候开始，我就有了自己的宇宙观。司马迁写《史记》时说过“究天人之际，通古今之变，成一家之言”，“天”就是自然界，“人”就是人类社会，“通古今之变”就是要把整个阶段搞清楚。我就是从大爆炸开始起搞清楚这个事情的。司马迁这句在几千年以前说的话，到现在我感觉才读懂，我觉得这个史学家非常了不起，写历史的人要究天人之际，通古今之变，我们学教育学的也一样。

民国时期南京的中央大学哲学系有位系主任叫方东美，这位系主任曾经给他的学生说，你们进入我的门下学习，我给你们安排的第一堂课就是请你们去坐一次飞机。其意无非就是让他站得很高，看得很远，有一个很高远的视角，然后“提其神于太虚而俯之”，即坐在飞机上往下看，尽收眼底才能有宏观把握。“提其神于太虚而俯之”，这就是哲学的宏观头脑。没有这个宏观的哲学观，哲学入不了门。微观教育学里边可以讲数学怎么教，语文怎么教，但是宏观教育学必须要有宏观哲学头脑。我认为教育学是一片未开垦的处女地，发展空间还很大，现有成果不是很丰富，因此我们正可以在这里大显身手，耕耘、播种、收获。

四、对教育学和教育基本问题的系统思考

刚才讲了这么多，主要就是说我读书的过程和我自己思考问题的一个基本的方法论。刚才我讲的文化理论、哲学理论、大爆炸理论都是我对教育看法的一个武器和工具，没有这个武器和工具，我是一个字都写不出来，有了这个武器和工具，我的脑筋就活起来了。那么现在我来回答什么叫教育学。我的回答是既然称之为教育学，应该是人类的一切教育现象之学，即人类一切的教育现象通通放在这门学问里面来研究。我的观点拿出来了，大家也可以和我辩论交流，我很喜欢这种方式。之前我讲了，苏联教育学家讲教育学是学校教育，我认为他的外延和内涵出现了矛盾，就像我前面讲的语言学不是研究某一种语言的现象，而是全部语言，把人类社会中一切语言通通放进来研究，这就是语言学；经济学是研究人类社会中出现的一切经济现象，这叫作经济学，有人研究工业经济、有人研究农业经济、有人研究外贸经济，这些通通都是经济学中的组成部分。就像我们搞教育的人，有人搞学前教育，有人搞小学教育，有人研究中学教育，有人搞高等教育，有人研究特殊教育，不管是什么，通通都是研究人类的教育现象，因此这些知识都包括在教育学体系当中，成为教育学体系当中的组成部分。这个思

路一定要搞清楚，如果不是照着这样一个想法去思考、去研究，我们的理论发展道路就走错了。所以我理解教育学就是人类一切教育现象之学。苏联教育学家提出的是个小体系，而我的教育学包含范围大，所以说苏联专家的体系不够全面，这就是我们两者之间的区别。有一本教育学书说教育学和教育科学是两个不同的概念。教育学是研究学校教育的，而教育科学是研究人类一切教育现象的。同学们想一想教育学与教育科学是不是两个不同的概念？这本书这种说法我觉得是错了，教育学就是教育科学。就像经济学就是经济科学，物理学就是物理科学，生物学就是生物科学，教育学就是教育科学，怎么能说教育学和教育科学是两个完全不同的概念呢？所以我首先从概念上讲教育学就是教育科学，这个教育学就把我们人类的一切教育现象，通通纳入我们教育学的体系中来研究它。教育学是研究一切教育的，不仅是研究学校教育，还包括家庭教育、社会教育、老年教育等在内，从古至今三百万年来一切教育现象，通通纳入到这个范围，地球上的一切国家一切民族，所出现的教育现象，通通纳入进来。对一个人来讲，从生到死的过程，当中一切教育现象都纳入进来，一览无余、一网打尽。这样，教育学的理论体系就很完整，没有任何破绽了。

假如像苏联专家一样，把教育学分成四大块，那么，请问搞学前教育的算不算搞教育的呢？搞特殊教育的也就没有一席之地了。只有将一切教育现象都包容进来，在这样的理论框架下，不论是搞特殊教育、学前教育、高等教育，才能够各得其所，各有一席之地，这样才可以构建起一个合理的、有层次的、多面的教育学体系。

总之，我的回答是我们人类社会所存在的一切文化，是用教育的手段一代一代传下去的。你们想想看一个小孩子出生在一个家庭里边，生下来无非一个血肉之躯，什么都不懂。他怎么知道上为天下为地，什么叫太阳月亮，什么叫电灯电话，什么叫汽车火车，什么叫父亲母亲，什么叫奶奶爷爷，无非教育告诉他的，今天告诉他一点，明天告诉一点，他慢慢就都知道了。在小学中给学生讲“1+1=2”，加法、减法、乘法、除法，老师这么一教，他都会了，老师如果不讲他就不知道；英语中二十六个字母，老师不教学生不可能知道：所以我们从小学到大学的老师无非将人类创造的文化一代一代传下去，所以我回答教育就是人类文化传递继承的手段。但是还有另外一个工具和手段，就是自我教育。也就是说，教育和自我教育是人类社会文化传递继承的两个必不可少的工具和手段。仅仅教育这一条，不行！仅仅自我教育这一条，也不行！所以必须是教育和自我教育共同为人类文化传递继承的手段，这就全面了。教育是外因，老师不说你就不知道，教育是老师作用于人的过程。所以教育有师授性和他控性，必须有老师教，也必须由他人控制着。自我教育就是如一些东西摆在那里，我主动去拿来，内因在我这里，主动性在我这里；不像教育主动性在教师手里，老师不教你根本不知道，现在你不教我也可以知道，因为我可以看书，我可以自我教育。由此可以说我们人类文化传递继承的唯一手段是教育的说法是不准确的，必须有两条：一个是教育，一个是自我教育。生活当中有些人没有获得正规教育依然成为人才，有些人小学文化程度，最后能当大学教授。按照我们今天的大学制度根本进不来、当不上。按照现在的情况，大学教授只是小学毕业、中学毕业，你怎么能当大学教授？但历史上其实有很多教授的学历并不高。钱穆，他是江苏无锡人，小学毕业之后他教小学，在他教小学的过程中认真读书。教了几年小学他教得很好，有人就把他请到苏州中学里当国文、历史老师，这两门课他依然教得很好。因为他认真读书、认真写文章，北京大学就看上他，觉得他文章写得这么好，够作为一个大学教师的水平，但一查他是个小学文凭，有些人有所怀疑，问他："你当大学教授的本事在哪里？"钱穆说："我就是个小学文凭，没有上过中学和大学，我唯一的资格就是我的学问，靠自学、靠自我教育。"钱穆教授后来进入北大教书、又在西南联大教书，这说明只要肯用功、肯自学，人们就能达到大学教授的水平。沈从文初中毕业，胡适做上海中国公学校长的时候，请他去当讲师，第一节课他准备了五十分钟的内容，结果二十分钟就讲完了，很尴尬。胡适就鼓励他，后来他真的就在这里站住脚了。不管是钱穆还是沈从文，他们的文化就从自我教育中来。高尔基有一本书叫《我的大学》，但高尔基没有读过大学，他连小学文凭都没有，但是他的大学在哪里念的呢？社会。完全靠他自己的自我教育，高尔基成为苏联著名文学家。我们搞教育学，就应该看到这些文化教育现象，把这些东西通通纳入我们视野。如果教育是唯一的文化传承手段，那么钱穆和沈从文都不能够进大学当教授。现在在教育厅里边有一个机构叫"自考办"。这个自考办就是为自我教育服务的，其用意就在：虽然你没有在大学就读，但是大学里边有一些课你认真学了之后，你学的结果符合学历要求，自考办就可通过考试，认定你的学力水平。为什么有自考办呢？就是因为有自我教育。没有自我教育这个理论，自考办根本站不住脚。有些人读了大学也没什么水平，有些只读了小学的人的文化水平却很高，就是这个道理。这样我们对教育的概念的理解就非常实在了。

苏联教育学家苏霍姆林斯基有本书叫《少年的教育和自我教育》。他在书中说自我教育是教育中的组成部分。对此，我是有不同看法的。我认为教育与自我教育之间的关系是平行的。好像一辆车子的两个轮子一样，缺一不可。为什么学校里边有一个图书馆？图书馆就是自我教育的场所，有些学生，不进图书馆就糟糕了，我看一个学生好坏，就看是不是到图书馆去读书。有的学生一个学期、一年都不进一次图书馆，这样的学生，哪来的学问呢？学生应是如饥似渴地扑到书里边去，这样才有学问。任何人对自己的缺点和不足，知道得最清楚。我哪一条腿短，哪一条腿长，我是这方面知识不够，还是那方面知识不够，只有我自己知道。因此，为了补充我的某方面知识就要去读某方面的书，这样才能够使自己健全起来，这样才能使自己的知识全面起来。我所理解的教育和自我教育的关系就是这样子。如果这个问题不说透，就讲不清楚人类文化传承的问题了。

我还讲到了教育的功能问题。教育的功能究竟是什么？教育有两个功能，对文化来讲，它有传承文化的功能，这就是教育的本体功能。但还有一个社会功能，社会功能是对人和社会来讲的，而教育的社会功能又有两个方面。一个是对具体的个人，一个是对社会和群体。这两者之间是个什么关系呢？这里有很深的学问，总的说是这样的：个体和群体的关系是个体为主、群体为辅，个体和群体的关系主要取决于个体。群体不过是个体量的增加、数字的扩大，这个关系一定要搞清楚。宇宙发展的过程，有一个个体和群体的规律，这个规律掌握之后对研究教育学问题是大有好处的。个体不发展，群体是发展不了的。比如，《礼记·学记》中讲："三王之祭川也，皆先河而后海，或源也，或委也，此之谓务本。”三王就是夏、商、周三代的君王，他们去祭拜水神，首先去祭河水之神，再去海边祭海水之神，因为在他们看来，如果没有许多河水从四面八方流到海里去，那么海水是没有的，因此海水的源头是河水，这就是把个体和群体的关系搞清楚了。我认为教育的功能对个体来讲就是“成人、成才”。家庭教育、小学教育、中学教育无非就是让你成人——成为社会当中合格的一员，如果没有这些过程，一个人是无法成为社会合格的一员的，因此我们的家庭教育、初等教育都是“成人教育”。“成人”是教育的第一个功能。但是在这个基础上还要“成才”。“成才”就是要培养出一些创造文化的人，继续为社会发展服务，比如高中毕业之后一个人去考工业大学，接受培养几年之后成为一名工程师、技术员；比如考医学院，培养几年之后成为一名医生，这些职业都是人才，这些人都是培养出来的，所以教育对人来讲除了“成人”之外还能“成才”。你们来这里读书也是为了成为一名教育领域的人才。高中教师和初等教育的教师还不一样，高中教师就是让学生明白自己的长处：音乐好的学生就去唱歌，体育好的学生就去搞体育，思维很好的学生就去考哲学系。这样可以因材施教，使之各尽其才，进入高等院校成为专门人才。本科教育教人“成才”，研究生教育教人“成才”，到外头留学也是“成才”。教育的社会功能就是在个体“成人”的基础上提高全民族的科学文化水平，在“成才”基础上为社会提供社会需要的一切人才，一切教育工作者无非都在做这些事。无论是教育部部长还是每个教师无非使每个学校都合格，使社会需要的各类人才都能造就出来。只要知道了这一点，教育的功能就清楚了。我概括为：教育对个体的功能就是成人成才，教育对社会的功能就是培养提高全民族科学文化水平的各类人才。同时，人是离不开社会的，因此作为个体一定要关心社会，照顾到社会。社会发展要以个体发展为基础，以社会发展为主导。个体要关心社会发展，以社会利益为主导。这是我概括的个体和群体之间的关系。这个基础和主导的关系是怎么来的，我借鉴“以农业为基础，以工业为主导”的句式，写出了“以个体发展为基础，以社会发展为主导”，我认为这句话把这两者之间的关系总结出来了，因此我写到我的书里来了。如果每个人都不合格，社会是无法发展的，社会要发展必须建立在每个人都发展的基础上。这些问题都是哲学中的大问题，没有理论是想不清楚的。

什么叫作原理？原理就是普遍性的道理、规律，而且这个规律是其他规律的基础，其他一切规律是以这个规律为基础来搞教育学原理的，有这个基础教育才可以站起来。教育功能只有落实到人身上才能讲清楚，着眼到物身上是讲不清楚的。如果从教育与物的关系上来讲，就可以说有几十种甚至上百种功能，那样就乱套了。所以教育的功能必须要落实到人身上，使人成人成才，然后使人作用于社会，提高全民族的科学文化水平，培养国家社会需要的各级各类人才。我做出这个结论花了几十年，我脑筋一直转来转去，通过长期的思考，最终还是得益于个体和群体的关系，忽然之间心里就开阔起来了：成人成才，特别简单。提高全民族的科学文化水平和成人相联系，培养社会所需要的各级各类人才和成才相联系，两者之间有个内在联系，是个水涨船高的关系。但是哪本书上讲过这个问题啊？赫尔巴特、杜威、凯洛夫他们的教育学书上都没有讲过，我的解释和他们不一样，我就是想用我自己的思考来回答人类社会中确确实实存在的教育功能问题。

我刚才说教育学是很难学的，原因就是教育的范围很广泛。我曾想，如果大学读四年英语，去中学教英语没有问题；大学读四年历史，去中学教历史没有问题；但是大学读了四年教育，去大学里讲教育学就不一定能讲清楚，很多东西在脑子里都是片面的，像瞎子摸象，因为这个时候学生没有概括能力，不会思辨，而这些都不是四五年时间可以培养好的。所以教育系的学生必须多读书多思考，有很丰厚的文化、理论积累，而且还要思想方法对头，有科学的清晰的头脑才行。孔子讲“登东山而小鲁，登太（泰）山而小天下”，就是要站在很高的云端，用我们理解的基本理论，“提其神于太虚而俯之”。我写《教育学原理》这本书就是解释教育是什么、教育学是什么这两个问题。这两个问题不解释清楚，给人的印象是这门学问层次很低，教育学不是一门学问，只是随便说说的东西。我既然是这个领域的一员，我必须要去思考这个东西，把我理解的“教育是什么，教育学是什么”说清楚。我这辈子也没什么本事，无非在这个领域吃了几十年的饭，做了一些这方面的思考，我们可以在以后继续交流。

Ⅲ 谈谈我的求学、教学和治学 *

一、在家乡读书的回忆及思考

我生长在农村。我的小学时光是在乡村小学度过的。那时的农村初小，设备简陋，学生很多。一个老师要面对很多学生，因此教学只能是个低水平的状态。农村的条件就是这样。刚念小学的时候，我年纪轻，不懂得读书的道理，家里也没怎么抓我的学习，导致我在很长时间里不知道用功。所以，小学毕业之后，我自己想到，好些时间是浪费掉了。小学毕业之后，假如要检测我自己的知识水平，肯定有很多地方是不够的。

小学毕业后，受当时普遍存在的社会风气影响，我进入补习班就读，大约补习了一年半。在补习班的第一个学期我其实还是胡混的。到了第二个学期，转到上陈补习班，我才开始真正读了一点儿书。上陈补习班有一位名叫钱良的老师，我感觉一辈子受他的好处最多。他把小学里的加减乘除、分数小数、各类应用题等数学知识全面系统地教给了我们。经过一年左右的学习，让我们这些懵懂无知的人，理解了数学学习是怎么一回事，从而为我们奠定了数学常识的基础。另外，在语文方面我也打下了一定的基础，文章也能写得通顺明白了。其实，论

---

* 此文原题为《我的人生经历以及对教育学研究的一些看法》，系张永祥、李虎林、王等等在胡德海先生九十寿诞时对先生的访谈，由张永祥拟定访谈提纲、记录并整理成文。原文发表于《当代教育与文化》2016年第5期，收入本书时有修改。

学历，这位钱老师自己也仅仅是小学毕业，但他脚踏实地，勤奋刻苦，有很好的知识素养，对我们的要求也非常严格，上课学习时间安排得很紧凑。他要求我们隔天写一篇作文，每天背一篇古文，并且要高声诵读。这样，一个学期下来一个学生大概能背七八十篇。有些同学只能背下来一半的古文，我基本上全部能背下来。正是在这里，我打下了一定的古文底子。我的眼界也开阔些了，知道原来在白话文之外，还有古文这样一种东西。所以，我学起来也很感兴趣，觉得很有收获。这半年多时间里，我的数学、语文都打下了很好的基础。有了这个基础，我觉得心中真正有了底，似乎考任何中学都没有问题。高中时，我们修祠堂的胡氏宗谱的时候，因为我的祖父在社会上有一些地位，所以要给他撰写一篇传记。当时，这篇传记就是我用文言文写的。在我读中学时，我的外祖父、外祖母去世后的两篇祭文也是我用文言文写的。这个基础就是在那个时候打下的。钱老师不仅语文、数学教得好，而且十分重视常识教学。他把小学里各种常识如历史、地理、天文、自然、社会等汇总起来，归纳成一个个的问题，大概有五千多个问题，每天要求我们背四五十个。一学期下来，我们就能记住、默写出各科常识题。从此之后，我在学习上就有了信心。

现在回忆我的小学生活，可以说，我的好多时间都糊里糊涂混过去了。我真正开始学习，也就是在上陈补习班的一个多学期。在这里，我奠定了学习数学、语文的基础，也从钱良先生那种认真读书和严谨教学的精神中得到启发和感悟，并受到了深深的触动。从那时起，我才慢慢体会到读书的好处，也才真正明白，读书是一辈子最好的事情；也是从那时起，我才真正思考，社会上有许许多多职业，有的职业可使人飞黄腾达，有的职业可使人发财，但我对这些求名求利的职业都不感兴趣，不大欣赏。我总是一心想，读书才是正道。这个思想，从我十四五岁时起，也就是在上陈补习班学习时就产生了。所以，我的看法，小学还是要对孩子抓紧一点，以便给他们日后的发展打下厚实的基础。这一点我深有体会。如果要我做一个小学老师，我觉得，不能像美国的小学那样对学生放任自流，一定要抓紧小学生的学习，就像我遇到的钱良老师那样，教学中不搞花架子，让学生真正学到一些东西，哪怕是被认为这是灌输知识也无所谓。因为我是深深地尝到了这样做的好处的。因为小学生毕竟对学习的认识还是迷迷糊糊的。学生的这个认识不转变，他们就不可能去认真读书，对学习有兴趣。如不抓紧对他们学习的管理，时间就会在不知不觉中浪费掉了。所以，各方一定要对小学生抓紧一点。

正因为有了这个基础，到了中学，我的语文、数学等功课学得比别的同学要好，常识方面也比别人懂得多一点，写东西也比别人快一点。这样，我的学习状态就和以前完全不一样了，我对学习的态度就完全是很主动的，对各门功课都有一个比较主动的把握。中学时期，我在自然科学方面成绩还是比较好的，各门功课程度都比较好。其时，一位从厦门大学毕业的物理老师教我们，他课上得非常好。我的物理成绩也很好。另外，我的英文也比较好。别人考七八十分，我能考到九十五分以上。我在这方面兴趣特别浓。

初中毕业后，我考高中就很顺利了。我考了几所高中，都考中了。像我们金华中学，在地方上是很有名气的学校。金华中学的办学很规范。总体上看，当时江浙一带的中学在全国是办得比较好的。全国其他地方的很多学生都想到江浙一带去读中学。我记得不少当年的科学文化界人士在他们的回忆文章中写到，年轻时就一心想到江浙一带去上中学，当时公认江浙的中学办得最好，质量最高。其实，江浙一带以浙江为例，办得最好、最有名气的还是那十几所省立中学，如原来的杭（杭州一中）、嘉（嘉兴二中）、湖（湖州三中）等。当然，还有几所私立中学，如春晖中学等。这几所学校在全国都很知名。这些学校好在什么地方呢？主要就是老师好，另外就是办学很规范。当时金华籍的小学生都想考这些初中，目标很明确。比如当时金华地区共有八个县，包括金华、兰溪、东阳、永康、义乌、武义、浦江、汤溪，这几个县大约有上万名小学生。可以想见，考金华初中，从这么多人中才录取一百人。考金华高中，一两千人才录取五十人。这些学校都是比较难考的。但我初中毕业之后，考这些中学一点问题都没有。

金华中学的老师抓学习抓得很紧，但也允许学生自己读书。所以，我在回忆金华中学的读书时光时，心中是很有感情的。金华中学在一百多年里，培养了三万多名学生，涌现出一大批杰出人才。现在回忆起来，我的初高中这段时间没有白费。

在金华中学读书的时候，我就开始思索究竟以后要做什么职业。我刚才讲过，我对做官不感兴趣，对工程师、法官、律师等职业也不感兴趣。我为什么对做官不感兴趣呢？说来也有个人性格上的原因。一些为官者为获取个人权势利益而用那种低声下气的神态去奉承人，甚至使用阴谋诡计来谋求权位，在我看来和自己的性格格格不入。大概也是因为我读了几句古文的原因，我心里追求的只能是正直、正派、正气这些东西。回忆当年读古文时，一篇文天祥的《正气歌》就读得我荡气回肠，热血沸腾。几句孔孟的话，如“富贵不能淫，贫贱不能移，威武不能屈”就让我的心为之震撼。读了陶渊明的一些诗文，我对那种恬静疏淡的生活心向往之，似乎自己的心也随之平静起来，也不断和书、文化、知识这些在理性上接近起来，而把古人所说的立德、立功、立言视为人生最崇高的境界，想走一条道德人生、文化人生、知识人生的路。而这似乎只有当老师这条路最符合这个标准和自己的心意。高中毕业的时候，我对自己读书求学的目标就已经很清楚了，那就是做一名老师。我觉得，一辈子和书打交道、和文化打交道是一件很快乐的事情。静心想想，千百年来，当官的人不计其数，但真正又有几人能被人记得呢？和一个真正的学者、思想家相比，他们是不可同日而语的。所以，从那时起，我的目标就是一心想读书，想做一个读书人，想做一个学者。金华中学毕业后，我还应本县私立维二中学之聘，教了一个学期的书。这段教书经历，我也很有体会，感到教书这件事很有趣味，感到同事之间的关系十分祥和融洽，大家都能互相尊重，又有很高的水平，这些都奠定了我一生从教的思想基础。

高中毕业后，考虑到我长期生活在南方，北方是什么样子，我很想去看看，于是就报考了北师大。报考北师大教育系的目的也就是为了求得对教育有更理性的认识。我觉得这是一门大学问，值得去学习与求索。

二、在北京读书的回忆及思考

我是一九四九年九月进入北京师范大学教育系学习的。

大学求学期间，我感到真正学了一点东西的课程是几门政治课。一是侯外庐、马特两位教授讲的“哲学”，即辩证唯物主义与历史唯物主义；二是胡明先生讲的“政治经济学”；三是谢韬教授讲的“联共党史”，即“马列主义基础”；四是“中共党史”。听了这些课，加之自己也看了不少相关的书，我对马克思主义理论就有了一个系统完整的认识，也能用来对某些社会现象进行分析和认识。对于辩证法，我是认真下了功夫去学习的，有时读原著，有时读通俗作品。有的作品本身只有十几万字，但我做笔记就有二十多万字。通过这些学习，我对如何看待社会问题就有了自己的看法。举例来讲，当时每个宿舍都订有一份《人民日报》。一天，《人民日报》刊登的一篇社论，题目中含有“抗美援朝，保家卫国”的口号。我们宿舍有一个同学打趣地对我说：“你是马克思主义专家，你说说看，你从马克思主义的观点怎么分析‘抗美援朝，保家卫国’这八个字？”我说：“从马克思主义的观点来看，主要从辩证法角度去看，‘抗美援朝’是手段，‘保家卫国’是目的。”有个同学反驳说：“你怎么能把‘抗美援朝’看作一个手段呢？”我说：“你别把手段看小了、看低了。从哲学上讲，从辩证法上来讲，‘抗美援朝’就是一个手段，‘保家卫国’就是目的。”我进一步讲，我们的教育其实也是一个手段，是一个传递人类文化的手段。

到了一九五一年，随着苏联教育学的广泛传播，从第三年起，我们的课程全部由苏联专家来讲授。以前给我们上课的老师也和我们同坐在一个课堂里听苏联专家讲课，他们只是做课堂讨论的主持人。刚开始，苏联专家的讲课，我们是抱了很大的希望去听的。但听了一段时间，我觉得苏联专家也没有讲出什么东西，并没有真正触及教育的本质问题。听了这些内容，我想，如果拿这套知识到中师去对付那些学生，似乎也可以。但说实话，他们的讲课还没有抓住教育的本质。也就是从那时起，我逐渐看清了教育系开设课程的不成熟，大体知道了它的问题所在，但自知假如要把人类的教育搞清楚，我当时的学力还不够，所以有时也觉得惶惑不安，但有一点是明确的，即认为在这个领域里课程内容是存在很大问题的，需要做一番根本的改变。因为在我看来，这里是一片没有得到开垦的处女地。所以，我认为教育系并没有白学，主要的收获就在这里，因为我自己已经亲身经历过了，它让我看清了教育学课程的“问题”。

三、改革开放后教育研究的回忆及思考

可以这么说，到了党的十一届三中全会以后，我真正对人生、社会问题有了一些认识，是在看了很多书以后，特别是经历了一些磨难后才理出一个头绪的。磨难对人来说，也可以说是一所学校，一所可以锻炼意志和擦亮眼睛的学校。我也认识到，讲教育学，只能给学生讲些最基本的理论，一定把最宏观的理论告诉学生，而不能像我们的老师那样，让学生一头钻进教育行政学或比较教育学里面而不知教育学的全貌。而在我看来，教育学的宏观理论只能用哲学、文化学的理论来支撑。只有用哲学、文化学等理论来支撑，我们才能真正看清教育究竟是什么。在这个过程中我才真正体会到：我们研究教育，不能就教育论教育，而要把它与人类和整个物质世界联系起来，从整体的历史的角度对它进行深入研究。这就是说，对人类的认识，不能缺少对教育的认识，对教育的认识也离不开对人类、对物质世界的认识。

后来我看到一本有关宇宙发生学的小册子，这对我深有启发。因为我在大学学习哲学的时候，老师告诉我们：宇宙是什么，从空间上看，宇宙无边无际，大得不得了；从时间上看，

宇宙无始无终。但我读了宇宙学的相关理论之后，我的看法发生了很大的改变。我认识到，宇宙是有时间的，约一百五十亿年以前，宇宙产生。所以，宇宙学对我们了解整个宇宙的演化以及人类的起源、历史等问题都十分有帮助。从那时起，我把人类所理解得最早、最远的这段历史了解清楚了。宇宙学懂得了之后，才真正懂得了文化；文化懂得了之后，才懂得了教育。宇宙学懂得了之后，才真正懂得了自然，也才真正懂得了社会，更真正懂得了人生。从二十世纪八十年代起，我算是找到了一条路子，我心中有数了。路子要怎么走呢？我首先把宇宙学告诉我们的有关宇宙演变的整个规律搞清楚。这个问题搞清楚之后，其他一切问题也就迎刃而解了。这一点，对任何人来讲，都是适用的。因为我们的目标无非探求宇宙当中的秘密，比方说物理学，是要搞清楚宇宙当中的物理现象；化学，是要搞清楚宇宙当中的化学现象；生物学，是要搞清楚宇宙当中的生命现象；人类学，是要搞清楚整个人类社会现象。教育不过是人类社会当中的一种现象。教育学，不过是要搞清楚人类社会当中的教育现象。这样，我们的目光就看得很长远了。直到这时，我才真正懂得了什么叫作目光短浅和目光长远。

从二十世纪八十年代起，我把这些想法告诉学生，列了提纲，就是“教育学概念和教育学的体系问题”，这样讲了一学期，有些学生很感兴趣，很多学生期望我把自己的讲稿早些写出来，可以让他们细细研读。因为这与当时他们所看到的观点都不一样。当时也有人提出，可以让大家分工来完成这项计划。但我自己认为，我宁愿拖得时间长一点，但还是要自己努力去完成它。任何人都不可能加入这个过程中，因为大家的思路不可能统一。其实，这项工作是直到退休之后我才完成的。在这个过程中，我没有任何经费支持，也不为申报任何奖项和成果。无非我有这样的一个想法，自己去完成它而已。所以，从一九九三年退休了之后，我才真正坐下来思考一些问题，写了一些东西。这十几年，是我真正思考问题的十几年。撰著《教育学原理》这本书，虽然有了提纲，但我最后完成也是十分不容易的。有时候思考一个问题，经过很长时间才能定下来。我有时候写文章，写出第一稿，觉得不满意，于是扔掉重写。有些稿子一放就是一年半载，其实也并没有真正放下，脑子里还是在继续思考。这有点像牛顿所说的，经常想，一下子想通了。比方说，教育功能问题，现在说来好像很简单，但我写出这篇文章，实际花了好几年时间。写出来之后，也引起了有关学者的共鸣。原因在于，这些东西是我经过长时间考虑的结果。《教育学原理》从二十世纪八十年代起酝酿、构思，到九十年代的写作过程，经过反复思考、斟酌和安排，前前后后思考如何安排各章、各节，可以说花了我很长的时间，现在总算完成了。

这个过程，从整体上考虑，从我读大学不满意我们老师上课的内容，一直到退休才真正完成了这本书。这个过程，我是坚持了很长时间的，不是一时半会儿就能够完成的。如果说我退休之后放弃了思考，那么就没有这本著作。这可以说是我用这一辈子完成的这么一件事情，可算是我的一本代表作吧。在这本代表作中，支撑我的思想的是文化学，是哲学理论，是我对宇宙宏观的哲学认识的结果。

今年我已经九十岁了，如果老天爷再给我几年时间，我还想完成如下一些目标：我想写我小学、中学、大学读书学习的一些经历，把我的读书经历变成一本书。另外，我想把我对整个宇宙的认识写出来。我曾经有一个想法，想把我对哲学、历史、宇宙等这三个方面的基本认识写出来。目前，你们已经看到，我初步完成了对哲学的一些认识，主要就是思考了什么是哲学，我们为什么要学习哲学，我们怎样来学习哲学这三个问题。对历史方面的问题，我不一定能完得成。我也很想写什么是历史，我们为什么要学历史，我们怎么样学历史这三个问题。另外，我还想从最宏观的视角，写写我所认识的宇宙、世界是怎么样的，写从约150亿年前的大爆炸开始，宇宙是如何发展演化的历史过程。把这个线索搞清了，一切自然现象、社会现象、人类现象、教育现象就清楚了。因为它们都在这个线索当中。

四、教育学原理的研究者最重要的是什么？

对我们这些从事教育学的人来说，真正要想有一点建树的话，一定要多读书、多思考。教育学这个领域，有好些人的知识实际上是一知半解的，谈不上有什么认识。所以，真正在这个领域要有点建树，要真正懂得教育学，教育学者就一定要认真读书，思考一些大问题。通过这几十年的回顾，我认为要研究教育学，就要站得高一点，看得远一点。以我个人为例，从时间上来讲，就是要把约150亿年宇宙发生发展的历史线索和阶段搞清楚，把它作为我的教育学理论最宏观最根本的支撑。

五、教师上课与研究的关系

总体来说，我的《教育学原理》的完成，离不开上课；但是真正要上好课，还是离不开研究。大学里上课有几种态度。一种是老师怎么告诉我们，我们就原封不动地告诉学生，这种授课价值就不大。讲授教育学原理这门课，需要教师的知识面非常宽才可以。特别是讲基本理论，如果没有苦苦思考、深思熟虑的话，教师是不大可能说清楚一些问题的。而真正要有一点创见的东西，教师需要了解古今中外的很多东西。前面提到，我们的老师是怎么告诉我们的，我们就怎么告诉学生，这其实只是一个诠书者。这有没有作用呢？有一些，但作用有限。大学老师需要在理论方面为学科增加一些东西。对做学问的人来说，我认为，读书是第一位的，思考也是第一位的。

六、如何评价《教育学原理》

外头的评价我现在就不说了。我自己怎么看呢？我认为，我起码说了自己想说的话。这些话都是我自己说的，是我自己思考的结果。这些在现成的书里是没有的。杜威的书里不是这样讲的，赫尔巴特的书里也不是这么讲的，凯洛夫的书里更不是这么讲的。这些都是经过我自己思考的结果。所以，我说出了我自己想说的话。但是，我是不是把真理说透了呢？还不一定，还得靠大家进一步把这个体系加以完善。我不过是做了其中一部分工作，其中有些不合适的地方，大家可以补充。还没有说到的地方，大家也可以补充。所以，建构一个宏观的教育学体系，目标有一个，那就是我们要尽量使它完善，尽量使它健全，尽量使它站得住脚。我们的教育学应该可以做到这一点。这项可以进一步充实、完善的工作，值得每一个人都参与进去。这是大有可为的事情，但不是一代人能够完成的事情，我的作用只是很微小的一点。所以，我很希望，通过大家的努力，把教育学体系建构得更完整、更严密。这是一项共同的事业。

七、和学生交往及培养学生的体会

到了八十年代初，我才又开始教学生，直到现在。可以说，这段时间可以划分为这样三个阶段。这三个阶段，所教过的本科生、研究生也已很多了。其实，我有时候也想，即使在附中，我教过的学生也不止三千名弟子了。有时我走在街上，突然有人跟我打招呼，我还不认识，但一问才知道，原来我在附中曾教过他。我觉得，教师的工作就是要教好课。教师最大的价值，就是让学生感到有收获。教师要实实在在给学生一些好处。我小学时遇到的钱良老师，我始终感念他，就是因为他教给我知识。如果没有让学生收获什么东西，那么教师的价值就有限。所以，当教师，在教书上要能真正吸引学生，能够真正关心学生。

我自己感觉到，在和学生打交道的过程中，我内心很充实。学生也是教师精神上的传递者。熊十力曾经痛哭流涕，原因就是自己的书没有人看。一切的学者，最大的希望就是把自己的学问一代代传下去。这比自己的亲生儿女还要亲。亲生儿女，只有血统上的联系；而精神上的联系，需要自己的学生来完成。将来我的书及杂志，通通交由你们来安排。这就是我想表达的一点想法。

总而言之，我这一辈子，当老师，搞教育，这条路还是走对了，总比当官好。自爱自尊，自立自强，虽然我没有轰轰烈烈，但能认真读点书，思考一些问题。

八、对当今教育学学科建设的看法

中国的教育学从二十世纪起就在大学里开设了。内容是从哪里来的呢？是请日本的教授从日本的教科书上翻译过来的。如果我们回顾历史，其实当时的教育学是赫尔巴特的一套，是杜威的一套，然后就是凯洛夫的那一套。这三套东西，其实都不能很好地构成教育学体系，都不能说明问题。

我有一个很好的朋友，是哥伦比亚大学毕业的。我听他的课的时候，如果要挑剔的话，其实他的课是没有什么真东西的。我丝毫没有贬低他的意思，这是我亲身感受到的实际。他怎么上课呢？比如说，他问“教育是什么”这个问题，这个同学这样说，那个同学那样说。每个学生都讲一点，时间就过去了。同学们是如何说的呢？有的说，教育是一个气球。有的说，教育是一个园丁给花浇水。大家讲完之后，哈哈一笑，就完了。这样一个状况，其实并没有认真思考“教育是什么”这个问题。我们的一些留学生，到美国学的就是这么一些东西。可以说，这些老师并没有真正思考教育的问题。

我的想法是，马克思主义要求我们思考和回答一个“为什么”，特别是辩证法的观点对于我们思考教育学问题很有帮助。可以说，过去我们还没有构成一个完整的教育学体系问题，总是胡子眉毛一把抓，这需要我们努力来把它完善起来。

Ⅳ 回忆我在浙江汤溪中学的读书生活*

一

一九四二年九月，我考入在一乐堂新成立的汤溪县立初级中学（汤溪中学），成为这所学校向社会亮相后招收进来的第一批学生。我人生中的初中求学阶段就是在这里度过的。我在汤溪中学期间，曾因生病在一九四四年下半年休学过一个学期，故至一九四六年一月始毕业离校，在那里先后待了三年半时间，是汤溪中学一九四二年建校后毕业的第三届学生。我的这篇文字就是对当年我就学汤溪中学时一些往事的回忆。岁月不居，光阴荏苒，没想到距当年进入汤溪中学读书竟有六十五年了，当年我还是一个翩翩少年，今天竟已满头白发，不知不觉地跻入人生的暮年，真有恍如隔世之感，不禁感慨系之。

在我此次返乡期间，大概出于对久别故土的眷恋和激情，我心血来潮，发了一次少年狂，于二〇〇七年一月二十八日下午，竟从东到西徒步作了一次较完整的青阳溪里之旅，大概走了三四十里①的路程。而我此行的主要目标则是当年汤溪中学办学的所在——一乐堂。一乐堂这个村落，大概也仅二三十户人家，均是胡姓，但素有较深厚的历史文化底蕴。不说别的，

---

* 此文系2007年3月作者为纪念进入母校汤溪中学读书65周年而作，后收录在汤溪中学建校70周年校友回忆录《汤中印记》一书中。

① 按现行法定计量单位计算，为15—20千米。——编者注

其“一乐堂”的村名，无疑就是从孟子所云的“父母俱存，兄弟无故，一乐也”一语而来。二十世纪二十年代起，这里就办有一所叫“安定小学”的完全小学。此前办文化教育事业的情况，我因未作过专门研究，手头也缺乏资料，故无了解也无法详述。但自一九四二年起，汤溪县立简易师范学校（以下简称“汤溪简师”）和汤溪县立初级中学就办在这里，也是一九四九年上半年我曾任教于其间的私立维二中学的所在地。我们胡姓的祠堂和其邻近的集雅堂也坐落在这里。在汤溪，向有“一胡二戴，三刘四范”之说，其意是说在汤溪这个县里，数姓胡的人数最多，宗族繁衍，最称发达，以下则为戴、刘、范诸姓。和这种情况相对应，胡氏宗祠和集雅堂等古建筑在汤溪也堪称雄伟、壮观。当年的汤溪中学、汤溪简师和维二中学就是以这所祠堂和集雅堂为基本依托和校址的。所以，这个地方，不仅是我曾经读过书、教过书的所在，也是我当年作为一名胡姓宗族后人在这里参与过集体祭祀的所在。正是由于这几种因素综合在一起发生的作用，我自然地把一乐堂作为此次在青阳溪里故地重游的主要目标，以期通过行走在我当年足迹所到过的土地上，找到某些昔年曾留下的旧感觉、旧印象。但是在我环绕着一乐堂转了一大圈，又重点在胡氏宗祠和集雅堂这两个地方作一番零距离的体察之后，我似乎什么旧感觉、旧印象也没有找到，我和一位给我们带路的乡亲边走边谈，向他问及这里我认识的几个熟人的名字时，均答已死去多年，而在我面前这倒塌的祠堂、集雅堂和几幢错落无序的称为“小洋房”的现代建筑物，祠堂和集雅堂废墟上那在寒风中抖动的凄凄衰草以及牛、猪、鸡、狗等动物栖息活动于其间的情景，顷刻间使我感到这里不仅“人”非了、“物”也非了，真的是“面目全非”了，真的是让人有山河易色、世事沧桑之感了。这不由得使我想到时间的力量真是何等的巨大和不可抗拒，它可以抹去人们往昔所曾留下的种种痕迹。还仅仅是六十多年的时间，当年几百上千名中学生在这里勤奋学习，一大批老师在这里谆谆教导、循循善诱、弦歌不断的印记就都荡然无存了。当年的老师今何在？当年的同学今又何在？“前不见古人，后不见来者，念天地之悠悠，独怆然而涕下”，陈子昂的这四句诗说的正是我此时的心境和感受，使我不无感伤。六十多年过去了，这里肯定会出现以前不曾有过的东西，也会失去以前所曾拥有的东西，但是，现在这里究竟多了些什么，又究竟少了些什么，我确实一时难以说清，物质乎？精神乎？似乎也难以说准。只能在那里低首徘徊良久，默默地离开了我曾经熟悉的这方热土。

二

因为在这里汤溪中学是个主要的话题，我以为不妨顾名思义，先说说汤溪这个地方，让人知道一点汤溪是一个什么样的所在。

汤溪，现为金华市下属的一个镇，叫汤溪镇，浙江省级重点中学汤溪中学就设在这里。但是，在一九五八年之前，汤溪并非只是镇名，而是一个县的名称，叫汤溪县。关于汤溪县的历史，我们在这里无须说得太详、太远。但也需要有一点历史的眼光。在一九四九年以前，汤溪和其紧邻的金华、兰溪等县一样，同属一个行政督察区管辖。在清代，它是金华府所属的八县之一（这八个县即称八婺，指金华、兰溪、东阳、永康、义乌、武义、浦江、汤溪这八个县）。当汤溪作为一个县建制时，它和其他各县一样，都具有一个县的基本条件和基本规模，譬如县城也筑有坚固的城墙这种起码的硬件，一县的政府机构或称衙门等机构的驻地就在这四方城墙所包围的地域之内，并以此作为其权力运作的中心。这个地方，以往的汤溪人，一向称为“城里”。居住在城里的或工或农或商或从事其他行当的老百姓，人们在习惯上统称为“城里人”，而不称为“汤溪人”。

汤溪这个县，地处昔日金华府的最西端，东靠金华、兰溪，西接属衢州府的龙游县。它和邻近诸县相比较，面积较小，人口也较少，二十世纪四十年代，全县仅十几万人。全县经济以农业为主，工商业基础薄弱，文化教育情况也远逊于同一行政督察区的其他各县。二十世纪是中国教育事业、教育制度面临几千年来空前未有的大变革大转折时期，在“废科举、兴学校”时代潮流涌动下的浙江教育，在不到三十年的时间里，就已基本构建起从小学、中学到大学的比较系统完整的教育体制，文化教育事业发展迅速，处于全国前列。一大批具有各类专业技术知识的新型知识分子很快在全国崭露头角。但是，汤溪的情况就不是这样。在一九四〇年以前，汤溪的最高学府是设在城里的县立九峰小学，而并无一所中学或中等专业学校。这在客观上使得汤溪各地培养出的大量小学生只能到此为止，再也无书可读、无学可上。这样，他们的升学发展自然受到极大的限制。

一般来说，在二十世纪前三十年中，家境较好的汤溪籍小学毕业生的升学渠道，其主要目标是金华、兰溪、杭州、上海、衢州等几个地方的公私立学校，特别是以这些地方的省立中学为首选。但实际上进入这些地方的学校去读书的人并不多。就以离汤溪最近的浙江省立金华中学为例，现称为“金华一中”，自一九〇二年建校到二〇〇二年的一百年时间里，共培养了三万多名毕业生。一九五二年是其建校五十周年，少说也应该有近万名的毕业生了吧，然而我数了一下我手头这本一九〇二年至二〇〇二年的浙江金华第一中学校友录，在一九四九年以前，汤溪籍的毕业生包括师范科学生在内竟不到二十人，就是把或许还有漏计的算在内，也绝不会超过三十人，我估计在其他学校读书、毕业的人数，也不会超过我上面所说的数字。这个事实能说明什么呢？这个事实只能说明汤溪的文化教育事业，确实相当落后。难怪我翻阅一九二七年出版的《汤溪县志》，竟看到几位当年仅毕业于杭州某所私立中学的毕业生也能在县志中留名。

人们常说在浙江，尤其是浙东一带有颇多私人藏书之家，私人拥有大量的藏书，并向社会开放，一向蔚为风气。但这些在汤溪，以前似乎没有听说过。在汤溪，以前也不乏秀才、举人，但够得上汤溪人称为“通佬”的人则不多。同样，在民国时期，也有几位或留日或留法的留学生，但一生致力于研究学问的学者则更少见。

在汤溪地面上，首先出现的一所中学是一九三八年下半年从金华搬迁到洋埠镇办学的金华私立作新中学。这是由于一九三七年抗战军兴，上海、杭州随即沦陷，金华受到日寇空袭、进犯的形势日趋严峻，金华城内的一些公私立学校也急需疏散。但是，随着一九四二年五月日寇举兵侵袭金华、衢州乃至江西省东部的上饶地区一带，汤溪落入敌手，作新中学也就停办了。作新中学也仅有初中而无高中。作新中学在洋埠一共办了四年时间。

而一九四一年秋成立并开始招生的汤溪县立简易师范学

校，是汤溪出现的第一所中等专业学校。此校开始设在汤溪城内，同样因一九四二年春夏之际日军侵犯汤溪而中途停办过一段时间，在汤溪城内办学的时间尚不到一年便于一九四二年秋搬迁到离当时盘踞在金华、兰溪城内的敌寇稍偏远一点的一乐堂这个地方去了。

我说的这些是什么意思呢？我这里说的是汤溪的一种实情，一种在汤溪确实存在过的文化实况。在一九四〇年以前，汤溪文化教育上的基本情况大体就是这样的。

三

汤溪人民遭受到的最沉重的苦难就应是一九四二年日军的入侵，汤溪落入敌手的此年春夏间的三个月期间。这个结论则是我目睹了日寇在汤溪这三个月的种种暴行和经过思考所得出的结果。

一九四二年，日寇侵犯汤溪的三个月里，我目睹了日本鬼子的野蛮和残暴，当时的汤溪虽然没有达到“三光”的地步，但敌寇常用的烧、杀、掳、掠、奸、淫、抢、夺等种种暴行，样样都在这里肆无忌惮、淋漓尽致地暴露、施展开来，汤溪县的洋埠镇，包括我前述的作新中学在这里办学的一切校舍、设备，都是在这年的八月间日寇撤退时放的一把火中烧成灰烬的，而有的村则被烧毁于日军初来侵犯之时，至于村落中的无辜村民被日兵用枪弹任意打死、大刀砍杀，就更是普遍的事情了，特别是在交通线附近的村落更为严重。所以，我一直认为，就汤溪来说，最具体最直接受到日本人祸害的年份，就在一九四二这一年。我以为汤溪人无论如何不能忘记这一年，非常有必要用文字把它记载下来，告诉后人。

不过，一九四二年的汤溪，也有一事值得载入汤溪县的历史，那就是在此年日本人退出汤溪不到一个月的九月，汤溪中学在一乐堂村便宣告开学。据我看，汤溪中学之所以能创建，主要还是社会的因素在起作用，即当时汤溪某些有识之士有鉴于不少小学生无处升学读书，认为需要办一所中学来适应这种社会客观需要。这时的日本人退到什么地方了呢？退到金华、兰溪去了，盘踞在金华、兰溪的县城里去了。这样，汤溪在空间上便处在与敌寇周旋对峙的最前线。汤溪也就成了盘踞在金华城里敌寇用枪炮在早晚任意扫射的最直接的目标和地区了。那时的汤溪人可以不时听到从金华方向发出的隆隆炮声和轧轧的机枪扫射声。这种战争的气氛一直弥漫在汤溪的上空，直至一九四五年日寇宣布投降为止。汤溪中学就是在这种时代带来的血与火的氛围里诞生的。她坚强地屹立在浙江抗战烽火的最前沿。

四

汤溪中学于一九四一年在一乐堂的出现，其最大的意义是什么呢？我以为起码有两点：第一，她为数以百计急待升学的汤溪及附近诸县已从小学毕业的小学生和数十名已在初中读过一年以上的学生提供了一个继续升学读书的机会，使他们不会无学可上，继续荒废学业；第二，她结束了汤溪无中学的历史，从而使汤溪县的教育事业从此提高了一个等次，标志着汤溪教育的现实发展与历史性进步。

一九四二年九月，汤溪中学在各地张贴了招生简章，以此向社会宣告了自身的成立。当年共招收了三个班的学生：初一两个班（分甲、乙班）、初二一个班，共约一百五十人。刚招进来的这三个班的学生均在距离一乐堂不到一里（五百米）的湖前村上课，初一甲班和初二班在湖前村的敬修堂上课，初一乙班则是在湖前村另一“厅”内上课，三个班均在敬修堂食宿。而师范部[①]的学生则在一乐堂的集雅堂和集雅堂东侧的叫“十间楼”的地方上课、食宿。集雅堂前的一块较空旷的地方是上体育课的操场，也是全校师生早操及集会的场所。

开学了，学生遵章报到、注册、上课，老师也各就各位，按课表授课，学校这部机器也就转动起来了，似乎也没有举行过盛大的开学典礼，一切都表现得非常实在本色，没有一点花架子。

一九四二年九月开始办在一乐堂的汤溪县立简易师范学校和汤溪县立初级中学是一个学校两块牌子。在汤溪，是先有简师，后有初中。所以，一开始，汤溪简师的校长洪初吉也就同时是汤溪中学的校长。但是，简师和初中到底是两所性质不同的学校，所以在一年后，汤溪中学又有了上面任命的新校长胡义文。尽管如此，汤溪简师和汤溪中学始终办在一起，从未分家，只是由于后来简师奉命停办，不再招生，结果也就只剩下汤溪中学这块牌子了。但那已是后来的事情了。

洪初吉，汤溪县青阳洪村人，日本留学生，其父洪承鲁（一八七八——一九二六），字肖愚，清末举人，曾协助张恭办《萃新报》，共同创立八婺开通学校。民国成立后，曾任兰溪、海宁县知事，汤溪县议会议长等职。故洪初吉堪称出身于汤溪著名的官宦家庭，颇有家资财产。他之所以被推为汤溪简师、汤溪中学校长一职，与他的这种社会地位和声望有关，而其担

① 师范部是由汤溪县立简易师范学校和汤溪中学合办的学校。

任此项职务，对他来说，办学旨在倡导文教，启发民智，为社会促进文明、培养人才尽一份责任与义务的用意也是显然的。其人作风平易近人，仁厚、正派，给人以一位忠厚长者的形象与印象。洪初吉任校长期间，对具体校务似乎管得不多，学校中也很少见到他的身影。在我的印象里，只在一次“纪念周”会上听过他的一次讲话。

胡义文，汤溪北乡花皮塘村人（后划归兰溪县），二十世纪三十年代毕业于上海私立大夏大学教育系，原为汤溪简师教师、训育主任，后曾任汤溪县政府教育科长，一九四三年辞去科长职务回校任教，先任训育主任，后任汤溪中学校长。他热心校务，颇有办学热情，具有苦干、实干的精神。

一乐堂，地处青阳溪里，所谓溪里，就是指一块四周由溪水河流包围起来的土地，青阳溪里中间流淌着一条叫琳湖的河流。而一乐堂又处在这溪里的最中心。

一乐堂可以作为汤溪简师、汤溪中学办学的所在，其所具有的最基本的条件首先是这里有一所宽敞宏大的胡氏宗祠和集雅堂；其次，地点较适中，这里距离洋埠、罗埠、游埠这几个镇各为五华里（二点五千米）；最后，流淌在村前的琳湖水量充沛，可作为上千名师生的生活用水，四周村落普遍种植蔬菜，师生每日所需的蔬菜供应无虞。所以总的说这里可以就地取材，具有在这里办学的基本条件，但也限于种种其他条件，特别是抗战时期的氛围与环境，在这里办学，也只能勤俭节约、艰苦朴素，从现实条件出发，因陋就简。

五

我入学后，贴在学校布告栏里那张全校教职员名单格外受到我的注意，以致我今天还记得起其中部分人名与他们的职务及所担任的课程：

> 教务主任：洪如圭，英文教员；
> 训育主任：胡仲仑，全校公民课教员；
> 事务主任：徐秉荣，担任初一数学课程；
> 初中部主任：曹百川，历史教员；
> 初一甲班级任导师：姜承熙。

洪如圭先生，汤溪县前仓里村人，后住派溪里村，二十世纪二十年代毕业于上海沪江大学，曾任金华私立作新中学校长，浙江省立金华中学英文教员。当时为汤溪中学初一甲、乙两个班和初二一个班共三个班的英文教员。

胡仲仑先生，汤溪县大坟头村人，二十世纪三十年代初毕业于武汉大学，此后一直在浙江省立处州中学任教，担任过该校的训育主任、高中部主任等职。在汤溪中学，主要为公民课教员。胡仲仑先生在汤溪中学仅教了一个学期课，就又回处州中学去了。

徐秉荣先生，汤溪人（具体某地不详），曾任汤溪县政府教育科长，在汤溪中学曾担任数学课程教师，负责管理全校的事务工作。他办事有条不紊，很有耐心，工作颇有成绩。学期结束时，经结算，事务处把多余下来的米和菜金通通退还给学生，有的领到十斤，有的领到十五斤，有的三元、有的五元，数目不等。这项工作琐碎、繁重，但他的账目清楚，丝毫不乱，他也不厌其烦，更不马虎，表现出来的一股清正廉洁之风，使人印象深刻。

曹百川先生，兰溪县游埠镇人，曾长期在浙江省立金华中学任教，是该校资深的国文教员。在汤溪中学，他曾担任历史课程教师，曹先生在汤溪中学大概仅待了两个多月，便和洪初吉校长的胞弟，也时在汤中初二班教代数的洪逮吉先生一起应聘到福建的国立暨南大学任教去了。

姜承熙先生实际未到校任教，初一甲班（即我所在的这个班）的级任导师后由图画教员汪锦波先生担任。汪锦波也是汤溪人，二十世纪二十年代在上海美专读书时曾加入中国共产党，在来汤溪中学前，曾因此坐过牢。这个情况，我们这些仅初一的学生娃也是听说过的。

列在课程表上的是如下一些课程：国文、英语、数学、历史、地理、博物、公民、音乐、图画、体育、童子军。这些课程，有的有课本，英语以林语堂编的《开明英语读本》为课本。国文课无课本，发由学校用蜡纸刻印出来的讲义。地理课也无课本，任课老师要求我们自己动手抄书。

我在汤溪中学读书的第一学期，为我班（初一甲班）上课的老师有如下这些：

国文：先是章晓唐，后是唐茂槐；
英文：洪如圭；数学：徐秉荣；
地理：姚华庭；历史：曹百川；
音乐：叶江南；体育：叶江南；
博物：龙学潮；图画：汪锦波；
童子军：叶江南；公民：胡仲仑。

第二学期，为我班（初一甲班）上课的老师有以下几位：

国文：徐转蓬；英文：洪如圭；

数学：陈洪炽；地理：蒋干民；

历史：蒋干民；音乐：范乃冰；

体育：叶江南；生理卫生：胡义文；

公民：陈师荆；

级任导师为蒋干民。

到了初二年级，原一年级的甲、乙两个班合并成一个班，其间给这个班上过课的老师有：

国文：蒋干民、徐转蓬；英语：俞德焕、孙萍舟；

数学：杨宗震；化学：龙学潮；

地理：龙莹生；历史：胡贡铠；

生理卫生：陈哲卿；音乐：范乃冰；

体育、童子军：胡克英；图画：徐之廉；

公民：邵平；

数学、物理：胡增堂；化学、物理：胡志鸿。

此时期，担任学校教务主任、训育主任和事务主任的，分别是蒋干民、叶江南、龙学潮诸先生：

蒋干民，金华人，二十世纪三十年代从上海大夏大学史地系毕业；

叶江南，兰溪人，上海体专毕业；

龙学潮，金华人，二十世纪三十年代毕业于浙江大学农学院。

由徐转蓬作词，叶江南作曲的汤溪中学校歌出现在一九四三年至一九四四年，校歌的歌词如下：

为学如登山，
为学须争先。
我们要争取时间，跨上九峰山巅。
九峰山，是我们的踏脚石，
我们要走得更高更远！
更高更远！

歌曲字数不多，节奏欢快，轻松、有力、朗朗上口，也易于记忆，故我今天仍能哼唱得出来。

作词的徐转蓬，汤溪兰背人，二十世纪三十年代毕业于上海光华大学，是汤溪中学的国文教员，时任校长室文牍兼历史教员的萧元杰先生曾说“徐转蓬，就是（有）一点小说调”。的确，他就是一位写小说的作家，也是较有名气的一位文学家，著有《下乡集》和《贫困集》两本短篇小说集，这两本书我都读过，我还记得其中有一篇是写一个铁匠的不幸遭遇。从这两本书的书名和其中有关内容来看，似乎徐先生也曾属于普罗的一员。

汤溪中学的语文教员还有王久厂、朱文、唐子修诸先生。王久厂、朱文没有给我上过课，唐子修先生则为我初三时的语文教员，且是级任导师。

在汤溪中学，先后教过音乐、图画和体育课的教师有好几位，在我的记忆中，体育的叶江南、图画的江锦波、音乐的范乃冰此三位老师给我的印象较深。

叶江南先生既能教体育，又能教音乐，还教过童子军课，说得上是位多面手。有一年，他要组建一支校篮球队，首先进入他的视野的是各班个子较高的同学。当时他居然把我也挑选上了。为此，我也作了一套红色的运动衣（背心和短裤），随球队到过东祝等地参加比赛活动。但我从未上过场，只是坐在旁边看人家打球。然后又一起步行回校。

范乃冰先生当年所教的歌，我在十几年前还能唱得出三首，现在仅唱得出《上山》这支歌，这支歌以胡适一九一九年写的一首题为《上山》的白话诗为歌词。这支歌的词和曲我都很喜欢，所以在我的头脑里一直保存至今，但谁谱的曲已记不得了，想是赵元任还是什么人，我为此还曾向西北师大音乐系的教师请教过，但无结果。

一首英文歌，十几年前我大体还能唱得下来，如今只记住前头两句，这两句翻成中文是这样的意思：在黄昏时节，噢，我的爱人……

还有一首叫《再会吧，香港》的歌，我如今也只记得起前头两句：再会吧，香港，你是这样使我难忘……

当年范乃冰先生在汤溪中学任教时，仅有二十多岁，看上去冰清玉洁，可称得上健美。她同时也是女生指导员。后来我在省立金华中学读书时，她在金华八婺女中任教，在金华我们还见过面，也交谈过。我在这里之所以用几百字来写到范乃冰先生，是对这位当年的老师表达思念之情，同时对她生前曾蒙受的屈辱也有哀惋其不幸之意。

估计在一乐堂时期，先后在汤溪中学任过教的老师总有数十（或四五十，或五六十，或七八十）人之多，他们大多来自汤溪、金华、兰溪等县，也有个别来自其他县的（如绍兴的俞德焕、浦江的倪正平等）。就汤溪来说，可以说在二十世纪二三十年代从外地先后毕业的大学生和不同类型、层次学校毕业的学生，凡在社会上稍有一点知名度的，有可能聘请到的，几乎都被洪初吉先生罗致到汤溪中学来了。但即使这样，依我看，光靠这部分人才，还不足以撑起汤溪简师和汤溪中学这片天。这也可以说明汤溪教育基础的薄弱和人才资源的不足。从金华、兰溪避日寇之难来汤溪中学执教的龙学潮、蒋干民、叶江南等先生，就是一时汤溪中学的主要力量，他们作为一名中学教师，不仅应该说是合格的，而且是十分优秀的。抗战结束，金华、兰溪光复，他们也就先后离开了汤溪中学，回到金华、兰溪等地任教去了。他们在汤溪中学或三年或四年，时间不一，但那时正是汤溪中学最需要他们的时候，他们对汤溪中学，对汤溪的教育事业是作出过贡献的，我作为当年他们的一位学生，对他们也是衷心感念的。

汤溪中学的老师，他们所学的专业和教的功课不同，彼此学历、经历和学问也有差别，各人也有各自的兴趣、爱好和个性特点，譬如章晓唐先生对书法的钟爱，每天练字不辍，精神感人，且也堪称学校的一位书法家；萧元杰先生诙谐幽默的谈吐，都给人留下了深刻的印象和记忆。我有时偶然想起当年萧先生讲过的一句话和他说话时的那种神态，都还会笑出声来。而在我看来，他们对人对事对己又都有一个共同的特点，那就是有着一个传统道德支撑的内里。而这个共同的内里，不仅支撑着汤溪中学正常、健康地运转，并支撑着当时社会的天空，使人们看到这些读书人确有自己的风范和风貌，而由他们为主所营造出的这方极富文化底蕴的和谐氛围，又使人感受到一乐堂旳文脉气数犹存且旺。一乐堂一时真谈得上就是汤溪的“雅典”了。

六

汤溪中学和汤溪的学生除了少数来自龙溪、兰溪、金华和极个别他县他省的以外，均为本县人士，他们大都来自汤溪东南西北的山区农村。那些住在城镇中的人就算是大地方上的人了。在他们身上都普遍具有汤溪农村环境所赋予的天然的质朴、俭约和吃苦耐劳的本性。抗战时期，因陋就简的学习环境和艰苦的物质生活条件，在他们面前似乎根本不是什么问题，甚至可以说，要他们提出更高的要求，他们也是想不到、提不出的。晚自习点的桐油灯，睡在没有床的楼板地铺上，早上洗脸也只有一盆冷水，饭可以吃饱，但菜的确量少质差，然而他们对这些似乎统统不以为意，习以为常、无所挑剔，这是因为他们都从农村来、从山区来的，他们往往在家过的日子也不比学校的生活好多少的缘故。所以，大家都在一个简陋的学校环境里，生活得心安理得，并无奢求。就以我来说，我家祖祖辈辈，晚上不也点的是两根灯草的一盏清油灯吗？我在家吃的不也是一些粗茶淡饭吗？

谈到这里，不由得使我想起了一件往事，那是在二十世纪五十年代的一天下午，在我所在单位的一次政治学习会上，大家都在随便闲聊时，我说到我家当年的生活，晚上点的也就是一盏两根灯草的清油灯，吃的也只是些粗茶淡饭，只是尚不愁温饱而已，生活质量比一般人家也好不到哪里去。这时坐在旁边正在闭目养神的一位老教授忽然从他嘴里冒出来这样一句："啊，你倒好，你倒诉起地主家庭的苦日子来了。"我说不是的，我说的是实情，农村的实况与你这位一直生活在城市里，在大学当了几十年的教授的人，所想的并非一回事，我是生在农村和在那里生活了二十多年的人，比你知道的实际情况要多得多，我这个人不会说无事实依据的话。这位老先生这时睁开了双眼朝着我笑了笑，点了点头，并未在这句话上找岔子。

农村各家各户居民之间的生活差别自然是存在的，但住在农村的各家各户集中在一起又具有与城市不同的共同的特点，这也是不可否认的事，这就是所谓的城乡差别。其共同的特点是什么呢？就是农村的生活条件要差些，生活环境要艰苦些。这种环境条件使农村的人具有比城市的居民多得多的吃苦耐劳的特性，比方晚上点一盏清油灯，农村的人可以习以为常、安之若素，而在城市里住惯的人则难以忍受，简直受不了。我说这话的意思就在这里。就是说汤溪中学、汤溪简师的学生均来自农村，具有在农村养成吃苦耐劳的特点。而汤溪中学、汤溪简师的环境和教育又给他们更多的培养，增强了这种好的品质，使之精神振作，意气风发，生活充满乐趣和激情，在学习上也能努力刻苦，积极主动地参与各种体力、脑力活动，把学校生活搞得热火朝天、朝气蓬勃、很有生气，在这里是看不到什么娇气的学生的。

譬如，我们入学不久，学校就组织全校同学到汤溪城里去搬运汤溪简师原有的一些家具用品，往返皆步行，结果用了一天时间，靠着我们这些才十几岁的孩子，真的像蚂蚁搬家一样，把那些家具用品全部搬过来了。

在一年级的第二学期，学校还给每个学生分了一小块地，让我们自己去经营种植蔬菜，每个同学从选种、下种、间苗、浇水、施肥、收获，到厨房交菜过秤这一系列过程，都由自己安排，自己克服困难，结果大家都能有序进行，有条不紊、非常卖力，很有成效。这种教育理念不仅在今天看来仍然正确，仍有价值，而且其实施的方式方法尤有特点和创意。

在汤溪中学，春季运动会、秋季运动会每年都要举行，校际和校内的班级之间篮球、排球友谊赛，也经常开展。班级之间的拔河比赛，全校的书法比赛、作文比赛、演讲比赛，参加的人都很踊跃。

学校里也有一个图书馆，但藏书的量不多，在当时严峻的抗战环境里，学校并无条件添购新的图书，就是学生上课必需的课本当时也无处可买，学校于是就号召学生给图书馆自动捐献图书。这样做的结果，使得图书馆的存书量迅速增加。结果表明这个办法不失为一种良策，也表明当时汤溪中学学生对学校的向心力、凝聚力。

在汤溪中学，从一开始各班均设置一名级任导师。但实际上，各班的级任导师并不怎么管学生。在这方面，真有后来人们所说的“放羊”的现象与表现。一个班的学生就像被赶到山野中的一群羊，随便在哪里吃草都是可以的，走动走动，跑跑跳跳也是可以的，放羊的人都随羊的便。“羊”的自由活动空间是很大的，并无刻意的要求，一切都松散得很，自由得很，学生怡然自得。结果各班学生不仅没有出什么事，各方面都很正常，学生自觉、主动，也表现得很出色。汤溪中学当时这种对待学生管理的理念和做法，其实是与二十世纪初，特别是五四以后教育上的管理理念是一脉相承的、完全一致的。这个特点的特质在哪里呢？就是对人的个性的尊重和张扬。

浙江省立金华中学在方豪校长主持期间，素有“小北大”之称。方豪是五四时期北大毕业的学生，后来他到金华中学当校长，就把北大五四时期的传统和新的理念带到金华中学来了。所以，在金华中学，人们可以看到北大的影子和精神。整个环境显得十分自由、开放、和谐。同样，那时的金华中学也是人才辈出，有了“南金北扬”的美誉。

由于日本人的入侵，中国南北许多学校迫于战争形势，一时不得不从城市迁往农村、山区，搬到离战火较远的偏僻地区，北大、清华、南开三校共同组成的西南联大就选在中国西南一角的昆明办学，浙江省的金华中学在二十世纪三十年代后期四十年代初期，先是从金华城内搬到金华的蒲塘村办学，后又搬到缙云县的棠慈、金竹等村办学，汤溪中学同样迫于一时战火的威胁，一开始就在汤溪的一乐堂村办学。一乐堂时期的汤溪中学，实际上就像在棠慈、金竹时期的金华中学，像昆明时期的北大、清华、南开。他们都同样经受过时代战火的考验和洗礼，而使得自己的校史更具光彩、更为生色。

七

汤溪中学对于她的学生来讲，正如她的那首校歌中的一句歌词所说的“九峰山，是我们的踏脚石”，其根本的作用是为每个学生提供最基础的知识，使他们懂得为人处世最根本的道理和必须具备的社会行为规范、习惯，使之成为社会中比较健全的一分子。从汤溪中学毕业出来的学生大抵有两种走向：一是升学，进入较高层次的学校去读书求学；二是回到农村家中，或务农或从事别的生计。我以为不论前者还是后者，汤溪中学都为学生起了踏脚石即打基础的作用，给了他们以基础教育。就我个人来说，我一生读书求学和走向社会、生活的起点不在别处，正是在这里。

一九四二年九月，我进入汤溪中学读书，那时我已经十五岁了，我深深意识到这个年龄才进初中已经算是年龄偏大了。因此，从一进入汤溪中学读书那天起，我便下决心要在这里认真读书，打下较坚实的基础，以便将来能较顺利地考入高中读书。有次我和同班同学郭卫南一起交谈时，谈过我心中想到的这点，不料这位与我同龄的同学的内心想法与我完全相同，因此，我们彼此都开始引为知己，认为是有共同理想和志趣的朋友。以后我们就互相鼓励、互相关心，建立起了真挚的友谊。所以，后来我回顾我一生的经历时，曾引用过孔子说过的“吾十有五而志于学”这句话。而“吾十有五”这个年龄不在别处，正是我考入汤溪中学读书之时。我就是从此以后对学习有了真正的自觉性，心开始真正放在了书上。我内心所起的这种变化只有我知道，也只有个别知己的朋友知道。出现这种情况的原因只有一个，那就是我在一次偶然的机会读到过“万事莫如为善乐，百花争比读书香”这样一副对联，经过反复思考，认为这真是至理名言，越想越觉得有道理，于是真正从思想上接受了“天下事只有读书最乐、最好”这样一个观念，它真正入了我的脑、我的心，成为我读书的内在动力，也从此促使我对书的爱好和追求。所谓对书的爱好和追求是什么意思呢？主要表现在我开始关注起对书的搜求和积累。我在汤溪中学读书时，在我手头大概已有一千多本图书的积累。这一千多本书除了我个人买的少部分外，主要来自三个地方。一是我叔父所赠，我叔父胡志铨初中毕业于当时的七中即金华中学前身，高中毕业于上海建国中学。在他拥有的一大堆书中，就我当时的眼光和需要，从中接收来五六百本，有的书当时我看不懂就没有要，后来想到很有用处而未得时又甚觉可惜，如有一本叫《莎翁乐府本事》的书，是莎士比亚的戏曲集，而当时我竟不认识它的价值。我在金华中学读高一时，英语老师指定《英文典大全》一书为英语语法的必读书，这本书我就是从我叔父处拿来带去的。二是本村一位读书人名叫胡惠民，他去世后，他的家人将他的图书赠予我。胡惠民，我在本村念初小时，他就是一个老态龙钟、手持拐杖、踽踽而行的六七十岁的老人了。但在我的记忆中，这倒是一个真正的读书人，我是多次亲眼看到过他正襟危坐，在家中翻读古书的样子。他不仅爱书、好读书，也擅书法、图画、剪纸之类。而且在我看来，他的字画都很好。可怜这位胡惠民老先生命运不济，一生蹭蹬，考了一辈子，连个秀才也没有考上。所以，人家背后常叫他“老童生”。等到我懂事时，我内心是深为他不平的，我认为他倒是一位对读书很执着很认真的人，且为人也正派、本分，平素规行矩步，虽看上去也有点迂腐的样子，但确也与人无妨无碍。他死后，他的儿子已四五十岁，不识字，且家境不好，一生未娶，他们家就把这些在他们看来已无用处的旧书一二百本通通送给了我。而我虽然还读不懂这些老古董，但却视为宝贝，很郑重也很虔诚地接受了他们这一宝贵的馈赠。三是同是本村一位叫胡春生家的赠书。胡春生也是在金华中学读的初中，后从军抗日未归，可能已为国捐躯了。其妻问我要不要那堆在她看来已成废物的书籍，我说要的，于是从中挑选了百来本。所以这样一来，我在初中阶段已知道珍爱书籍，并注意收集、积累这些宝贵的书籍了，到我在高中读书时，我已积有约一千五百本之数，可惜这些书后来都因时移世易、家庭变故归于消失，终不为我所有。但我对书的亲切之感、亲近之情和我内心对书和读书人深怀的敬意，就是从此时培养和发展起来的。我在这里提到我的叔父胡志铨与同村的胡惠民老先生、胡春生等人的名字和书的事，也是有向他们表示一份藏在内心已久的感谢之意的。

在汤溪中学读书，作为一个学生的我，首先是读课本，先把各门功课学好，这是我首先应注意到的。但除此之外，我也读过一些课外书,《红楼梦》《西游记》《三国演义》《水浒传》这四部书就是在此期间先后读完的。在这里，我也读过鲁迅、胡适、郭沫若、朱自清、郁达夫、徐志摩等人的一些作品，鲁迅的书有的读得懂，有的读不懂，但真正读懂是在我上大学之后了。胡适、郭沫若的文字明白如话，浅显易懂，对一个中学生的文字功夫很有帮助。读朱自清的《背影》《匆匆》《荷塘月色》等文章，从中感受到的文字的美和魅力，还真使我为之好好陶醉过一阵子。读徐志摩的文字，大概与国文老师徐转蓬很有关系，徐志摩的《再别康桥》中“悄悄的我走了，正如我悄悄的来；我挥一挥衣袖，不带走一片云彩”这几句新诗，我首先是从徐转蓬先生的口里听到的。徐志摩与陆小曼恋爱的故事，似也听徐先生说过。为此，我就去找了不少徐志摩的书来看，包括《爱眉小札》这类的书在内。茅盾的《白杨礼赞》一文，当时初中国文课本上就有，但这里的“白杨”指什么，他写这篇文章的意思在哪里？我当时并不了解，这些都是在新中国成立后才弄清楚的。但读了那些文字，对于一个中学生文学上的帮助都是应当肯定的，我并且从中得到这样一点认识：一个中学生光靠老师课堂上讲几篇课本上的文章，而不去读课外文学作品，要把文字写通顺很难；而课外文学作品，必须大量地读，阅读面越广越好，只有多读、多体会、多比较、多琢磨，把写通文字好好当回事儿来对待，然后多写多修改，才能把文章写好，文字才能过得了关。

我在汤溪中学读书时，对英文的学习很有一点偏好，对有些课文我是读得滚瓜烂熟的，至今我还能琅琅背出一些。我当时甚至还想过，以后我读大学就进外文系。但对汤溪中学英文老师的教学情况我又很不满意，就以洪如圭先生来说，他教初中英语课，其本身的水平与能力都是毋庸置疑的。但我们所用的林语堂《开明英文读本》第一学期本应学习六十课，他只教了十七课。我对此就甚不以为然，我还就此事向学校反映过，也与洪先生当面表示过这个意见，我说林语堂的《开明英语读本》，供初中用的课本共三册，一年一本，第一年的课本共一百二十课，两个学期教完，平均一个学期教六十课，可我们这里一个学期只教了十七课，这六十课书，三个学期也教不完，第一学年的这本书，三年也教不完，如此下去，我们这里毕业的初中学生，英文水平一定比别校一年级还不如，这可怎么得了！我曾在家里也与二伯父胡仲仑先生谈及此事，他听了笑一笑说：如圭这个人，是很懒病的！（懒病是汤溪话，是很懒的意思）于是，我又说，害有懒病的人，最好不要去教书，去教书一定会误人子弟、误人青春，教书只能兢兢业业、认真从事。

这事，还使我想到在中学教书，起码要做到像商业活动的买卖双方那样，卖者给买者的东西，不能缺斤短两，偷工减料，数量上首先要给够。给学生的知识首先要做到“量够”，然后是“质优”，如果能做到“量足质优”这一点，教师就不至于误人子弟，于心有愧。而要做到这点：一要有责任心，心中有“学生”意识，并对学校负责；二要讲究一点教法，不能一厢情愿办事，要好好琢磨琢磨教学中的各种问题。英语老师孙萍舟早年毕业于南京金陵大学，曾在省立严州中学任英语教员多年，听他的课，许多同学说听不懂他的话（他说的是南京话），所以也影响教学效果。从这里可以看出，教师的作用是多么重要，而教师的责任心则尤为第一要求。

一九四五年八月十五日，这一天对中国人来说，应该是一个很值得记住、值得纪念的日子，因为这一天，不可一世、骄横无比、蹂躏了中国人民达十四年之久的日本鬼子宣布无条件投降了，中国人民最终取得了伟大的胜利。可这一天，对我们来说，正是学校暑假期间，学校空无一人，谈不上纪念、庆祝这回事。那一天，我正在洋埠的一个小书店里，在那里看了报才得知这个消息。当时在一起的几个人也为此侃侃而谈，谈美国的原子弹炸了日本的广岛、长崎，日本人吃不住了，只得宣布投降了，退回老家去了，大家你一句，我一句，都表现得十分高兴。但洋埠到底是个小地方，组织不起游行的队伍，也无人为首来做这件事，故并未像有些大城市的人那样，有纷纷走上街头，敲锣打鼓，放鞭炮，呼口号，贴标语之类的庆祝、狂欢活动，仍然还是老样子，人们交谈了一阵之后便各自回家，一切归于平静。

半个月后，学校也就照常开学了，这是我们在汤溪中学的最后一个学期，人们依旧作息，上课、下课，忙忙碌碌，琳湖的水依然由东而西流淌着，天上的白云时卷时舒，好像跟以往没有什么不同，而随着时令的由夏入秋，气温渐渐凉爽起来，四周田野里也慢慢呈现出一片秋色。这时的人们又忽然惊愕地发现，国共的争端又起，一时间局势风起云涌，整个社会顿时陷于风声鹤唳之中。白衣苍狗，这种突变的政治风云和悄悄变动的历史走向，不仅天真无邪、年轻稚嫩的初中生无所察觉、茫无知晓，就是社会上的芸芸众生，乃至社会中有知识文化的俊彦，又何尝不是同样的一片茫然。我们汤溪中学的这班毕业生就是在这样的一个年份，在这样的一个历史时刻，在这样的一个时代的背景下默默地离开一乐堂，离开母校汤溪中学的，而这时一乐堂村前的琳湖之水依然静静地流淌着，一乐堂上空的白云照样悠然自如舒卷。所以这里还真套用得上诗人徐志摩《再别康桥》一文中那四句人们熟知的诗句：

悄悄的我走了，
　正如我悄悄的来；
我挥一挥衣袖，
　不带走一片云彩。

后　记

文章写完了，我写这篇文字，旨在为母校建校六十五周年留作纪念。这里我想再说两点。其一，这篇一万五六千字的文字，先后用了我半个月时间。因为我手头没有一点资料，所以这篇文章是完全凭个人的记忆写出的。时移世易、时节如流，值此耄耋之年来写这篇六十五年前所经历的往事，肯定会有疏漏乃至记忆失真之处，故我希望读到这篇回忆文字的同志，特别是当年在一乐堂一起读过书的朋友，能予以补充纠谬。其二，我把写完的文字又看了两遍，结果禁不住手痒了起来，又以《忆昔在汤溪中学读书》为题写了下面一首诗：

曾饮琳湖水，
曾走九峰路。
祠堂即杏坛，
烽火伴书读。
一乐艳桃李，
弦歌称独步。
苍茫邈烟海，
仙舟不能渡。

对此后者，也请大家批评指正。

V 回忆我在浙江金华中学的读书时光*

一

我在金华中学读书求学的时间是从一九四六年二月至一九四九年一月这三年。当时的金华中学，简称“金中”，“浙江省立金华中学”是其全称。今名浙江金华第一中学，简称金华一中。

一九四六年二月，时值金华光复半年之时，我考入因躲避战乱而搬迁至乡下，后又搬回金华城内原校址的金华中学，成为这所学校中的一名高中学生。自此三年，我生活在这个新的环境里，读书、求学、游息于其间，在精神上和文化上受其教诲、熏陶和影响，至一九四九年一月毕业离校。

我此生以教师为职业，从小就在学校里求学读书，从没有离开过学校。金华中学是我此生求学生涯中的一所母校。时光飞逝，岁月如流，如今我离开母校金华中学竟已六十多年了，我也年逾八旬。但是，如果对我的生活记忆稍作一点回顾的话，我以为，我和母校虽然已分别了如此漫长的岁月，但似乎并没有冲淡我对她的感情。许多当年的往事，在我的头脑中并不像那被风吹散了的烟云一样无影无踪、难以寻觅，而是依然记忆犹新，印象清晰，历历如在眼前。而且每一念及，仍然一往情

---

* 此文作于2008年7月，原题《在金华中学读书》。

深，感到无比亲切。

在和母校金华中学相离别的六十多年的岁月里，我曾先后两次回到母校探访。一次是在一九六一年寒假期间，我从兰州回到金华家中，其间我曾专门抽出一天的时间到金华城内原金华中学校址作了一次探访。当时我已知道金华一中搬到离县城三四十里（十五千米至二十千米）之外的蒋塘乡下去了，原址已非金华中学的校址而成为金华师范学校的所在地了。但在我的心中，金华中学不在蒋塘，她仍在这个地方。所以，我就径直朝着这个我所熟悉的方向走去。仿佛如果我不来这个地方，就不算来过一回金华，就等于没有回过一趟家。然而，我从朝向酒坊巷的校门进去以后，发现物是人非。我在当地徘徊良久，感慨颇深，今昔之感、惆怅之念油然而起。

二〇〇七年元月间，我应邀到浙江师大访问与做客，其间我择定于十一日这天上午到金华一中现校址看，这是我第二次对母校的探访。学校黄献航书记接待了我，他向我介绍了母校的各种情况，使我甚感亲切，之后又安排了一位姓苏的老师陪同我参观校园，我对这个新的环境虽然是第一次到来，不无生疏之感，但由于母校的特殊关系，对当时亲眼所见的学校崭新的面貌、宽敞美丽的校园、巍峨的建筑、完善的设施、有序而合理的结构、科学完善的管理以及今后发展的美好前景，都留下了深刻的印象，情感也是极为愉快的，仍有这就是我最感亲切的地方和一种回家的感觉。苏老师和我们坐在车里，边行边聊，忽然指着路边的一处景点对我介绍说："前面那个就是当年金华中学校徽的造型。"我朝着苏老师所指方向看去，眼睛忽然一亮，并且好好地端详了一番，然后轻轻地对苏老师回答说："是的，我们当年佩戴的校徽就是这个样子的。"我说的这话，虽属平常，并且也显平淡，但我说这话时只有自己知道，我的情绪已激动得难以自抑，并且我的热泪竟一时情不自禁地夺眶而出了。校徽，这个设计别致、造型美观、庄重大方、高贵典雅的三角形的校徽是母校金华中学的标志，它不论从形式上还是从其内涵的文化底蕴来看，都是极为难得和极其宝贵的文化精品，它曾经为每个金华中学人所热爱和珍视，我看到了这已久违了的校徽，真是一时内心激动不已，热血沸腾起来，以致我的泪水难以自抑，夺眶而出了。

什么叫作对母校的思念和感情？再具体的我似乎也说不出多少，我此刻只能这么说，我现写这篇文字，其盎然的兴趣和勃发的动机也是建立在上面所说及的对母校这份发自内心的真爱的基础之上的。

金华中学至今已有一百零六年的历史了，广泛存在于人们的心目中，特别是直接受过她的培养和教诲的众多金华中学学子的观念世界里。本文，所要反映的正是当年作为金华中学一名学子的我，在就读期间所看到和所触摸到的一个较完整的金华中学，而不只是写其中的一草一木、一山一石、一虫一鱼或一人一事，当然从中也可看到此三年中的我自己。因为此三年是我人生经历的一个组成部分，我正是从这个角度来追忆、来述说这段个人的历史的。写作这篇文章使我想到，我这样做，不论对母校金华中学或我个人来说，不亦宜乎！不亦值乎！不亦幸乎！

二

从学校的历史沿革来说，金华中学的前身可以追溯到南宋时期与朱熹、张轼齐名的著名吕学创始人，号称“东南三贤”

之一的吕祖谦在金华创办的丽泽书院。宋元之际，金华有丽泽、崇正两个书院。清初，两个书院合为丽正书院。一九〇二年秋，遵照《钦定学堂章程》“郡城设中学堂”之规定，金华知府继良将“丽正书院”改建为“金华中学堂”，校址位于东岳宫和八婺公所之间（今金华市区酒坊巷），次年改为金华府立中学堂。一九一〇年，由府立改为省立，称“浙江省立第七中学堂”。一九一二年学校改称“浙江省立第七中学校”。一九二三年秋，与浙江省立第七师范学校合并，称“浙江省立第七中学校”，下设中学、师范、小学三部。中学部在原丽正书院，师范部在侍王府址，小学部在侍王府西侧（原金华六中教工宿舍和市教学仪器馆旧址一带）。学生一千二百余人，为全省之最。一九二六年九月，学校移高中部至试士院（鼓楼里），为校本部；一九三三年八月，改称“浙江省立金华中学”。

金华中学发展到一九四九年，已有四十七年历史。我以为金华中学至今百多年来的校史，可以一九四九年作为分界线把它分为前后两段。我这里说的金华中学的校史，就是一九四九年前的一段。

因全面抗战爆发，受战争时局的影响，自一九三七年至一九四五年这八年间，金华中学的办学地址经历过多次变动。先是在一九三七年秋，从城内搬到了蒲塘、灵山、方山、山南、长庚、灵山寺、方山岭等村落；一九三九年春，学校又迁至武义俞源；次年夏迁回蒲塘、长庚；一九四二年又迁至缙云的壶镇、金竹、棠慈等地。学校在乡村办学，借用当地的祠堂、庵堂、庙宇作教室和宿舍，生活条件的艰苦可想而知，然而学校的教学工作却始终进行得有条不紊，师生们同甘共苦、乐观进取、朝气蓬勃，表现了在国家、民族遭遇空前危难的非常时期非常好的精神状态。

金华中学在每年的春秋两季各招生一次，一九四六年的春季招生在元月。我第一次踏进金华中学的校园，便是在这次应试期间。我在校园里东走西看，这美丽的校园给我留下的印象是很好的。校园宽敞、美丽，很有文化品位，是个读书的好地方。让我有一种大开了眼界之感。等我入学读书，在那里住定，对环境更熟也更觉适应了之后，校园又给我增添了愉悦、舒适和温馨的感觉。

校园宽敞，这是我第一次踏足校园时的一个主要印象。那么，它的面积究竟有多大呢？当时我也没有听人说起过，所以至今也说不清楚，更是说不准确的。但据我现在主观估计，校园面积恐怕不会少于一百亩（约六点七万平方米）。金华中学多年来的学生数量大体是这样的，高中六个班，初中十二个班，每班学生以五十人计，约九百人，连同全校教职员在内，全校总人数估计不会超过千人。所以，按此比例算起来，学校是算得上相当宽阔和宽敞的。校园内空旷的地方很多，人迹罕至、空无一人的房子也不少，人们活动的空间是很大的。学校的西南角空着的一大片房子就容纳得下一九四六年下半年从浙南迁来金华的英士大学的整个农学院。我读书时，英士大学农学院占用的就是金华中学的部分校址，金华中学和英士大学农学院仅一墙之隔。

我感到当时金中的校园不仅面积大，也给人一种自然、古朴、典雅的美感。当时日本人撤退才半年，学校迁回才几个月，校园面貌基本上还是之前的模样，有的地方还有不少日本人留下的痕迹，但整个校园基本保存完好。房子还是那些房子，树还是几十年或是几百年前就有的树，空着的房子就暂时让它这么空着，到处长着的花草一时也无专人去经营和莳弄，一切都呈现自然原貌。这些在我看来，倒很有一种自然的而非人力所营造的美感，古朴的乃至自然的美，而正是这些透显着一种高雅、宜人的文化氛围。原为府试士院的礼堂和它后面两株宋代植下的古柏以及附近那一片空旷、别致的房舍和庭院更显得典雅之极。当时的我一看到它乃至现在的我一想到它就有一种愉悦感，就觉得神清气爽。当时的我经常漫步其间，俨然置身在深山中的一座古刹之中，并觉得别有洞天。

金华中学在我读书的那几年间，客观上确有待兴办而又无力兴办的无奈和尴尬，不要说三年中我们睡的是地板而不见一张床，就是全校也没有一盏电灯，三年里我们每晚自习，点的是四人共用的一盏煤油灯，自来水的设施更是无从谈起。不过，那时的我们，似乎对这些并不以为意，也从来没有向学校提出过这些方面的要求，而生活仍然过得充实、愉悦、温馨与和谐。这大概与我们这些学生都有从长期抗战的艰苦岁月和环境中走过来的经历有直接的关系，因为纵向对比，此时的环境和条件又要比过去好过一筹了。

在鼓楼里的金华中学校门，朝南与矗立在前面约三五百米远处的一座鼓楼相对。所谓鼓楼里，在这里也就是鼓楼的北面之意。不过，从地势上看，金华中学的地面要高于这座鼓楼的地面，所以从鼓楼的门进去，虽然坡度不算太大，但有一种往上走，渐行渐高的趋势。于是，整个金华中学往往给人一种高高在上的感觉与气势，这也似与金华中学素有的声誉和高贵的精神气质相匹配。

我在金华中学当学生时，只知鼓楼里其名，却不知道这座鼓楼到底叫什么名字。二〇〇七年元月我回到故乡，旧地重游，来到此处，才注意到此门之上有“保宁门”三字，并在那里拍照留念。

从保宁门再往前行一段，呈现在人们眼前的便是一条从东西方向逶迤而来的城墙，城墙之外便是公路。而婺江则在离公路更南也更远的地方。这些地方和金华中学校址都在金华城的东边。婺江上的一条浮桥就在金华的城东，这些地方是我们饭后散步常到之处。不过，那时的金华城不算太大，我们有时向西散步，常常会一走就走遍全城或半个金华城。金华地理上位于浙江中部略西，因浙赣铁路通车，交通素来方便。一九三七年七月七日，中国抗日战争全面爆发，是年十二月底，杭州落入敌手，以钱塘江桥为分界线的局面形成，地处钱江大桥以西的金华在浙江抗日战略上的地位便空前地重要起来。浙江省部分军政部门迁来金华，导致金华的人口大增，城市显得空前繁华，金华一时成为浙江的政治、经济、文化中心。一九四二年，金华沦陷。到一九四六年二月，我看到的金华已不显得热闹，相反，街道上倒似有几分冷清的感觉。原因很简单，抗战胜利、国土光复、都市复员，人们的注意力和目光都已投射到发展空间更为广阔的南京、上海、杭州等大城市去了。

但是时隔不久，从一九四六年下半年起因为英士大学迁来金华，金华城内又显得热闹起来。金华当时没有一个公园，附近也没有多少可观览的景点。漫步街头，成为人们主要的去处，随意乱逛，也不失为学生们读书之余的一种寻求乐趣的方式。所以在黄昏时分的金华街头，你经常可以看到满街溜达的学生，英士大学的、金华中学的或是其他学校的学生（当时在金华的中学还有八婺女中、成美女中、作新中学和金华县立师范学校等学校，这些学校只有初中、简师，省立金华师范当时并不在金华，而是在义乌佛堂镇）。这种情景在我现在的头脑中仍保留着十分清晰的记忆。而随着英士大学的到来，金华城内的书店一时也显著地多了起来，商务印书馆、中华书局、开明书店、正中书店在金华都设有它们的分店，各类卖报刊的小书摊、小书店也到处可见。这些都很明显地为金华营造了前所未有的文化气息和氛围。

一九四六年下半年，由于英士大学的到来，这一年也就成为金华地面上有了大学之始。

三

我在学校读书期间，学校校长先后有两位：一位是方豪先生，一位是胡步蟾先生。

方豪（一八九四——一九五五），字俶新，金华县方山岭村人。一九二〇年毕业于北京大学政治系，大学毕业后即任安徽省立第一中学校长，后回浙江绍兴任省立第五中学校长。一九二七年三月，他回到金华任省立第七中学校长，至一九四六年八月辞职离校。他先后在金华中学服务近二十年之久，是当时金华中学历史上任校长职务最长的一位，也为金华中学的发展作出过卓越贡献。

方豪在北大读书时，正值五四运动时期，他在五四运动中为北京学生联合会首任主席和全权代表，曾被北洋军阀政府拘捕监禁长达七个多月。所以他是一位著名的五四运动学生领袖。后来我看到有些学者写的回忆当年在北大参加五四运动的情况的文字，就见到文章中提到方豪的名字，还说到他们这些年轻人当时发起运动的事情。

这篇文章还说，方豪毕业后就回南方家乡去了，之后一直从事中学教育工作。我看到这些文字时，心情颇为激动，感到特别亲切，因为多年来我读国内有关回忆五四运动的文字也不少，但都没有见到过“方豪”或“方俶新”之名，这篇文章是我第一次见到。可惜我当时没有把这篇文章复印下来，但这位作者当年也是北大学生，对五四运动的具体情况颇为了解，这一点是很清楚的。现在连此文的题目和作者的名字我也记不起来了，真是遗憾！

我入学后不久，班里有些初中也毕业于金华中学的同学曾对我这样说过，金华中学就是“小北大”，方校长办金华中学就是效仿当年蔡元培办北大的办法。我在金中三年的亲身经历使我深觉此言不虚。金华中学整个环境的确是相当自由的，这里没有任何强人所难、使人难堪之处，也从来没对学生有任何强制性管理的举措，而是人人自爱、自尊，也互相爱护、尊重。至于校内吵架、斗殴之事则闻所未闻。方豪校长掌校期间，治校严谨、以身作则、公私分明、廉洁奉公，形成了金华中学所具有的勤奋、朴实和进取的优良校风，使金华中学名重社会、声誉日隆。大家所知道的“南金北扬”的美誉，就是在方豪先生掌校期间因其成绩卓著而取得的。有位同学曾对我说过这样一件事，当年方豪先生的一位公子报考金华中学，因成绩不够未予录取。后来他的儿子就在杭州一所私立中学就读。这也是方豪先生不论在教师中还是在学生中都享有很高的威望、受到人们真诚的爱戴的原因。

记得方豪校长离职前在一次集会上这样讲过，他这辈子虽然不能说一直在金华中学服务，但他的最好年华是在金华中学度过的，是贡献给了金华中学的。方豪先生于一九五五年就去世了，才活了六十一岁。纵观他的一生，我觉得也正是这样：

他此生的事业，他此生的成就，或者说，他此生最值得书写的一笔，不在别处，而主要是在金华中学，在他为金华中学贡献了自己的宝贵年华和聪明才智的这二十年间。

二〇〇七年一月十一日，我在金华一中现址参观访问，看到校园内立有陈望道、艾青和吴晗这三位早年校友的雕像，我头脑中当时立刻出现的一个念头就是，金华中学校园里也应该有方豪校长、胡步蟾校长的雕像。因为正是这两位先生把自己一生最美好的年华和聪明才智都贡献给了金华中学，正是因为有了他们的努力和卓著成绩，才有了金华中学辉煌的过去，也才有今日金华一中的华彩乐章。

我就读时的第二位校长是胡步蟾先生。

胡步蟾（一八九六——一九六一），字碧芗，金华江东乡雅湖村人。早年毕业于武昌高等师范学校（现武汉大学前身）博物部。我在校的第一学期，他是学校的训育主任，也是我班的生物学老师。他自一九二七年在金华中学任教，曾任教务主任、训育主任、高中部主任等职务。一九四六年八月，他接替方豪先生出任金华中学校长。他当校长后，在全校的集会上曾几次说过“萧规曹随”这句成语，其意无非是要表明，金华中学的优良传统，他是要力促其薪火相传，不使断绝的。

胡步蟾先生学识渊博、勤奋好学、谦虚谨慎，也很有办事能力，他任金中校长虽仅三年，但他同样把自己一生的聪明智慧和美好岁月都贡献给了金华中学，是金华中学有名的好教师，也是金华中学校史上一位著名的校长。

胡步蟾的生物学课教得好，这是每个听过胡先生讲课的学生的共识，从他授课的情况与其颇丰的学术著述的成就来看，他的确称得上是一位相当有造诣的生物学专家和学者；其实不仅如此，在我看来，他的文史功底也很好，写的文章和口才都很好，就是写的毛笔字也极有功底。他不骄不躁、不亢不卑、直道而行、为人正派、处事公道、极有原则和分寸，待人宽厚、人格高尚、富有涵养，是一位很难得、相当全面发展的优秀人才。回忆我当学生时，除了听胡先生的课外，和他没有什么接触，更谈不上有什么交往和交流。但我对胡先生从来都深怀敬意和爱意，对他甚为佩服，认为金华中学有这样的好教师真是难得。这种看法始于我在二十世纪四十年代初从一本叫《战时中学生》的杂志上读到他的不少文章。我是读了这本杂志才知“胡步蟾”之名的。也正是读了他的四五篇文章，才对他产生了敬佩仰慕之情的。

在《战时中学生》这本杂志上，我还读到过两篇金华中学学生在征文比赛中获初、高中第一名的文章，这两篇文章的作者一为周大鹿，一为周槐庭。周大鹿作文的题目我至今还记得是《故乡的今昔》，周槐庭作文的题目为《英雄论》。读了这些文章，金华中学在我心中的分量愈发重了。

当时学校只有校长一人，而无副校长。教务主任、训育主任和事务主任也各只有一人，并无副职，全部校务就是由校长和这三位主任共同支撑并使之运转起来，学校别无其他负责人。而教务处、训育处和事务处的办事人员也仅各有一二人而已。人员不多而办事效率又很高。

我入学时任学校教务主任的是赵镜元先生。赵先生也是金华人，也是一位学识渊博、造诣颇深的好老师。赵先生不仅学问好、课上得好，而且还很受学生欢迎和爱戴，他为人处世，表现得尤为谦逊和蔼。他在一篇题为《我对碧芗先生的怀念和崇敬》的文章中讲到胡步蟾先生时说，“我觉得，胡先生实际上优于一般的大学教授”。我对赵先生的这个看法甚表赞同，并且觉得赵先生实际上也如此，也是优于一般的大学教授的。赵先生在我眼里从来就是一位有真才实学的优秀的学者。在我看来，大学教授和中学老师无疑是有不同的学术标准和要求的，大学中确有不少出类拔萃的人才，但对不少具体的人来说，其区别是由于因缘际会的不同。有些资质聪明，很有学问的人教了一辈子中学，而有些资质普通，也谈不上有什么学问的人，却能在大学混一辈子。正因为有些人有鉴于此，所以我们也就可以听到人们诸如“时也，运也，命也”之类的感叹。对此，我也是既有所见，也有所感和所思的。我以为，胡步蟾、赵镜元先生如在大学教书，同样都是佼佼者。因为在我看来，他们都属难得的人才，而真正有真才实学的人，不论在什么地方，从来都是很少见的，都是极难得的。

赵镜元先生曾在英士大学任职，以后又去了杭州高级中学任教，他的教务主任一职曾由闻人与之先生接替。

我入学时任学校事务主任的是徐汉源先生。徐汉源先生是兰溪人，据说他和方豪先生是北京大学的同学，他在金华中学当事务主任也近二十年，是为金华中学出过大力，作出过实际贡献的实干家。我记得我们入学不久参加军训，要求作统一的制服，这套制服从式样的确定、颜色的选择、布料的选购直至成衣发到每位同学手中，都是由他直接经办的。他为人豪爽，也很平易近人，没有一点架子。据说他也教过初中部的数学，曾听过他讲课的一位同学对我说，徐汉源先生第一次上课，向大家介绍自己说：“我叫徐汉源。”接着他就在黑板上写了大大的“徐汉源”三个字，大家都笑了起来。但徐先生主要做的是行政事务工作。徐汉源先生离校后，接任事务主任的是叶垂余先生。沧桑变化，岁月不居，如今知道徐汉源先生之名的人恐怕不多了，更不要说知道徐先生曾为金华中学干了一些什么事了。

二〇〇二年金华中学编纂的《浙江金华第一中学校友录》（一九〇二——二〇〇二）中的“（三）历任教职工名单”中，我找不到“徐汉源”的名字，而有“徐永源”的名字，我不知此“徐永源”是另有其人还是系徐汉源之误。如果是另有其人，那就说明徐汉源先生已被人们忘记了；如果是徐汉源之误，那就请有关部门注意把它改正过来。总之，我的意思是，金华中学不能忘记过去，金华中学要尊重历史，那就不能忘记一切为金华中学办过事出过力的前辈。我写这些，其实也就是为了使人们增加点具体的历史印象和获得一些历史事实的记忆；而在我，也就是为了对我自己所亲历的某段历史有所交代而已。

四

金华中学和当时的其他中学一样，也实行级任导师制，各班都有一名级任导师。

我们一年级时的级任导师是闻人与之先生。“闻人”和“诸葛”“欧阳”等一样是复姓。闻人与之先生也是我班的英文教员。

闻人与之，字权，金华人。约二十世纪二十年代末毕业于武汉大学，毕业后即在金华中学任教。他在我班任级任导师给我留下最深的印象是，我们入学后不久，他就曾倡议并组织大家登台讲演，锻炼我们在公众面前讲话、公开场合演说的胆量和能力。他还请来也在我班授课的数学教师罗松涛先生给我们做这方面的指导。记得在一个晚自习，两位先生给我们作了很好的讲话。我此生第一次登上讲台面对全班同学讲话。但是，才五六分钟的时间，我竟讲得结结巴巴、心慌意乱、手足无措、呆若木鸡、大汗淋漓，自己觉得真是出尽洋相、尴尬之极。

然而，在两位先生看来，这些都是极自然的事，任何人第一次登台都会是这样的。万事开头难，对讲演和学习、锻炼讲演的人来说，几乎是个通则。他们说，有了这第一次经验，相信第二次会好得多，经过几次锻炼，心也就不会慌了。这些话在我当时听来，真是句句入耳，很受教益。罗先生说，台下讲话心不慌，台上讲话为什么会心慌呢？主要是众目睽睽，怕人家笑话你，这样你就会被吓倒，把自己吓得六神无主、舌头发硬、两腿发软。他说，有一个办法可以帮助你克服这些，那就是面对众目睽睽的听众时，无论坐在你面前的人多人少，你心里不要想他们是人，而是一棵棵白菜或一根根木头，那你就会如入无人之境，神态就会自然，胆子就大起来了。他说，有位世界著名演说家就是在菜园子里，面对一棵棵白菜大胆地发表演说，就是这样锻炼出来的。

罗松涛，浙江镇海人。他当时是给我们讲三角、几何的数学老师。闻人先生给我们介绍罗先生时是这样说的，罗先生是数学家，也是文学家。我从罗先生平时的言谈举止来看，觉得此言不虚。但其实这也是当时金华中学老师综合素质普遍较高的一种表现罢了。闻人先生给我们上英文课时，除讲课文外，还讲了不少文法，他采用的文法书叫《英文典大全》（*A Complete English Grammar for Chinese Students*），此书以对英文句子的分析图解为主要内容。所以，当时听得很多的“diagram”（图表）一词，我至今还记忆犹新。

入学两个月后，我趁学校放春假的时候回了一趟家。在和我的二叔祖（二爷）交谈中，他忽然这样问我：“闻人与之还在七中吗？”我说在的，他还是我们的英文教师和级任导师，并且反问道：“二爷怎么知道闻人与之这个名字的？”他竟然说，闻人与之到过我们家的。闻人先生什么时候到过我家，我没有再问下去，因为我当时就想到，我二叔祖的第二个儿子，也就是我的一位堂伯父，也是从武汉大学毕业的，他们年龄相仿，应该是大学的同学，他们或有交情，或往返同行，来过我家是完全可能的事。

我们高一时期的课程和任课教师，除上述的闻人先生与罗先生外，还有：

国文：黄榕先生；
生物：胡步蟾先生；
地理：赵情之先生；
历史：王条生先生；
公民：李伟平先生；
音乐：周大融先生；
图画：金玉相先生；
劳作：郦福兆先生；
此外还有体育和军训课。

黄榕，字荫庭，浙江义乌人，一九〇九年在本校毕业后即留校任国文教员，是当时所有老师中资格最老、最年长的一位。一年后，他便告老离校了。

他给我们讲的第一篇文章我记得是姚鼐所写一篇纪念清代著名文人袁枚的文字。此文的题目已记不得了，但开头的段我还没有忘记：“君钱塘袁氏，讳枚，字子才。其仕，在官有名绩矣。解官后，作园江宁西城居之，曰随园，世称随园先生，乃尤著云。”

他第一次给我们出的作文题是：“论公与私”。一个星期后，班上同学都拿到了黄先生批改过的作文本时，我发现我的作文本竟然不见了。但不久，一位同学便大声说，我的这本在他手中，他正在看呢。我问为什么要把我的作文本拿去时，那位同学给我看了黄先生在他作文后面写的一句批语：“参看胡德海本”。大概黄先生还在好几位同学的作文本上也写了这句批语，所以这位同学看了我的作文之后又被另一位同学拿去，而没有立即把作文本交还给我。

我的《论公与私》写了些什么呢？我现在当然记不起来了，但如下的一点大意我至今还印象清晰。我说，现在国共谈判，人们都说共产党完全为了一党之私利，殊不知，从另一角度看，共产党何尝不是为公而来，代表一种民心与公意。

我不知道我们的这位黄先生究竟是看上了我这个观点呢，或是什么地方让他欣赏和肯定，会让他在别的几位同学的作文本上做了以上批示，我始终没有弄明白。

教地理的赵情之先生，字鉴清，金华人。二十世纪二十年代毕业于东南大学，是时任教务主任赵镜元先生之兄，我们高中的地理课就是由这两位赵先生担任的，情之先生教中国地理，镜元先生教外国地理。

历史课教师为王条生先生。王先生，字振声，也是金华人。早年曾留学日本，似与郭沫若留日时间相近，或与郭是同学也未可知，因为他在讲课时，偶尔谈到留日经历，提到过郭沫若的名字。

公民课教师为李伟平先生。李先生早年毕业于北京大学外文系，但后来他主要教国文和公民等课，也是金华人。公民课当时并无课本，主要由任课教师自己安排内容，马尔萨斯的人口理论、生活费与生活程度这两个概念如何解释与理解之类问题，就是李先生在上课时讲过的。在我的印象里，李先生是一个很正直、很率真也很有思想的人。

胡步蟾先生教生物学课时用的是生物学家陈桢编的《生物学》一书作课本，讲了不少遗传学和优生学之类的知识。后来，胡先生当了金华中学校长，他教的这门课又由龙学潮先生担任。龙学潮先生二十世纪三十年代毕业于浙江大学农学院，他是我初中时的老师，我初中一年级的博物课就是龙先生讲授的。一九四九年二月至七月的半年期间，我与龙先生又一起在汤溪县私立维二中学任教，以后虽各奔东西，地分南北，但我与他常有书信来往，几十年联系不断。他在我的心目中是一个头脑清晰、直道而行的智者，我对龙先生这位师长是深怀敬爱之意的。胡步蟾先生学问好，口才也好，一门生物学课被他讲得生动活泼，给我们留下极深刻的印象。我记得听了胡步蟾先生讲了一个学期的生物学，将要学期考试时，有一位比我高一班的同学对我说，胡先生出的试题从来都是那么几个问答题，几乎年年如此，后来一看果然是这样，一点不错。不过，真要把他出的这些问题答好，也必须把他教的全部内容吃透才行。

教我们劳作课的是郦福兆先生。郦先生，诸暨人。他教课的内容我现在一点也记不起来了，但他的面容以及上课时讲的一口诸暨话的音调我至今仍记忆犹新。另外音乐老师周大融先生教过的一首郑板桥写的《老渔翁》和一首由罗家伦作词、李维宁作曲的《玉门出塞歌》，我现在还有印象。金玉相先生的图画课也有印象，也见过他在课堂上作的风景画。金玉相先生，字琢章，也是金华人，以前曾在浙江一师任过教。我们二年级时的图画课也是他教。

我读高二时的级任导师是叶鹤龄先生。叶先生，江苏吴江人。他也是我们的英语教师。他讲课的内容与闻人先生讲的很不相同，他讲的“Verb to be”“Verb to have” 和 “Verb to do”等有关内容我是烂熟于心的。诚如叶先生所说，学会了这些句式，写的句子固然不会很好，但大致不会错，因为一个句子应有的成分都有了，人称、时态等都注意到了，这些最起码的要求都做到了，也就可以造句作文了。叶先生用了不少时间让我们默写不规则动词表，我都觉得这是很重要的基本功。高中毕业后，我在一所中学当了一个学期的英语教师，靠的就是从叶先生那里学来的这些知识。叶先生早年毕业于上海圣约翰大学，他写在黑板上的英文字实在漂亮，他自己也说，英文字能写到我这样就可以了，就好了。

作为级任导师，他每天早上来到操场和我们一起做早操，并且他精神抖擞，做得很认真、很到位。我从叶先生身上，常会想到“老当益壮”四个字。叶先生曾带领我们全班同学花了一天时间去双龙洞游玩了一趟。

从高二起，金华中学授课实行文理分组，除一部分同学学文组课程外，大部分同学学理组课程。我选学文组。文理组课程的主要区别在理组多两节数学课，文组则多学两节国文课，仅此而已，其他课程仍是同时一起上的。这时的国文老师为方韵清先生。方先生，字四海，义乌人。早年毕业于金华中学，从武昌高师毕业后即在金华中学任教。他给我们文组讲了《离骚》和《诗经》中的“风”“雅”“颂”。方先生平时也作诗词，唱昆曲，吹笛子，平静达观，为学与为人均端方严谨，平素规行矩步，直道而行，行动稳健，悠然自得，尝谓：人生就是一场戏，在人生这个舞台上，每个人都是其中的一个角色，戏总是会演完的，最后总是要走下舞台的，人生就是这么一回事。

高二时的数学老师为程凯丞先生。程先生，也是金华人。他给我们讲大代数，他给理组讲的什么内容，我不清楚，程先生出版的与数学有关的著作很专深，我在书店的书架上是看到过的。我以为程先生在数学上是一个有颇深造诣的人，讲课也认真，但有时多少有点口吃。

教化学的是叶垂余先生，叶先生也是金华人，二十世纪三十年代毕业于金华中学，后来毕业于英士大学。叶先生兼任学校的事务主任，人很朴实，也很踏实。

胡步蟾先生当了金中的校长后，继他任训育主任的先后有李伟平、杨次江先生。杨次江在我们班担任过公民教员。杨次江，义乌人，中学毕业于金华中学，大学毕业于中正大学。他曾找我们几位同学去谈过一次话，因此我和他是有过短暂的直接接触的。

我们三年级第一学期的级任导师是叶鹤龄先生，最后一学期则是刚从南京回来的何祖诒先生。何祖诒先生是物理教员，但他并没有给我们讲物理，而是讲数学，上物理课的是盛耕雨先生。何祖诒先生，金华人，二十世纪三十年代初就读于金华中学，并且我从后来的校友录中看到，他与我的叔叔胡志铨还是同班同学呢，何祖诒先生大学好像是从武汉大学毕业的。

此时我班的国文教员是陈冬辉先生，英文教员是王学浩先生。陈冬辉先生，金华人，也毕业于金华中学，后毕业于无锡国专，应是唐文治先生的门生。我在金华中学读书三年期间，没有找其他老师单独地谈过话，但与陈先生则无拘无束地交谈过两三次，至今仍留有深刻印象。一次，他对我说，我们班有几位同学写的作文，他不看封面上的名字就可断定是谁写的文字，其中就有我，也有陈耀光。陈先生讲的主要是古文、文言文，另外还给文组讲了“中国文学史”，用的是冯沅君、陆侃如合写的一本小册子作为教材。一九四九年上半年，四五月间，我去看他，他和我说到衢州师范学校的一位教师一日被国民党一个机关传去，结果就一去不复返了，惨遭杀害了。

王学浩先生，毕业于上海私立沪江大学，我们最后一学期的英文就是他教的。当时物价飞涨，教师经济生活拮据，他在上课时为此常发牢骚，说过他要将大学文凭撕掉这类激愤的话。王先生有文学作品问世，他说，我不仅是个英文教员，还是一个文学家呢。他的书我是看到过，也读到过，但书名与内容现在都记不得了。

最后这个学期，学校来了一位叫方观昌的年轻人，任音乐教师。他教的歌和前两位音乐教师所教的歌曲内容就完全不同了。前面提到的音乐教师周大融，他教的是“老渔翁，一钓竿……”“玉门出塞歌”这类内容的歌，后来的一位福建籍的音乐老师教的是“不禁思起我之故乡，儿时游钓不能忘……”这样一类内容，而方观昌教的则是与当时时政更密切的内容。方先生教的歌我现在还唱得出两三首，其中一首的题目叫《五千块的钞票没人要》，前头几句的内容是这样的：“这年头，怎么得了！五千块的钞票没人要，街头茅房到处有，垃圾堆里也找得到……”还有一首的歌词如下：“山上的荒地是什么人来开？地里的鲜花是什么人来栽？什么花儿开放结出自由的果？什么花儿开放幸呀幸福来？自由民主鲜花开，和平幸福日子来……”当时我们都唱得很认真，唱得很起劲。

三年级时的军训教官姓宋名逢唐，少校军衔（我们一年级时的军训教官有两位，一为中校军衔，一为上尉军衔，均缙云县人，具体教军事操练的是这位上尉军官，中校军官不具体教操练，仅仅有时集队时讲几句话）。宋先生也是金华人。他不仅教军事操练，也在班上讲讲军事课，但大家对讲的内容不感兴趣，对他也缺乏应有的尊重。他为了吸引大家的注意力和获得大家的好感，在上课时总要说“我给大家讲个笑话吧”“我给大家讲个故事吧”之类的话，而他的故事或笑话又总是以“话说有个叫张德标的人”这句话开头。我总觉得像他这样上课对他恐怕也是一种无奈的负担。

以上我把在金华中学三年求学期间学校所设的课程和任课老师的姓名基本都提到了。我之所以要这么做，主要是要表达对这些肯定已经离开人世多年的诸位师长藏在我内心的一份敬意和纪念。我常想我在金华中学读书受教育，接受的主要就是这些师长的教诲，是他们的言传和身教使我感到我的高中阶段在学业上获得了一些充实、提高和进步。这些老师学有专攻，造诣各有不同，教学风格、为人处世的风貌也各异。有的老师课讲得精彩生动，有的则较平淡，但我们班上同学对这些老师的人品、学问都是十分肯定和敬重的，他们无疑是当时最有知识、最有修养的一批社会精英。他们朴实无华、诚实为人、兢兢业业、认真做事、敬业乐群、谨言慎行、严于律已、甘于淡泊，他们热爱学校、爱护金华中学的名誉，关爱学生、尊重学生的人格。他们的一生或人生的某个阶段的命运和金华中学的命运是联系在一起的，真是命运与共、荣辱与共。谈金华中学，谈在金华中学读书，怎么能不提到、记起乃至纪念这些值得敬爱的老师呢？

五

我初中毕业后，先后报考了两所省立中学：严州中学和金华中学。严州中学的考期在前，金华中学的考期在后，揭晓的情况也是如此。我很早就收到严州中学的录取通知书了，一直在等金华中学的消息。结果左等右等，等到一般学校都开学上课了还未等到。我于是便收拾行装决定和几位同学一起向严州进发，去上严州中学，两天后到达了目的地。不料在严州中学办完了一切入学手续后，正准备在宿舍内打开行李之际，只见一位同学手里拿着一张金华中学录取新生的榜，笑嘻嘻地走了进来，告诉我已被金华中学录取的消息，并让我看了这张榜。怎么办？面对这顷刻间到来并且需要我马上做出回应和判断的这个新信息、新情况，我稍作思考之后，打定了放弃在严州中学就读，马上动身到金华去的主意，并立即写了一张以申请休学为名的报告，送请并经时任严州中学校长佘一樵先生的批准，又到教务、训育、事务三处办理了离校手续，便径直赶赴严州码头，匆匆登舟离开了到达还不到十个小时的严州和严州中学，奔向另一个新的目的地去了。

我经兰溪回到家中。我的母亲见我已从严州回来，喜出望外，十分高兴。她说，我走的当天下午，我在汤溪中学读书的弟弟胡德南便从学校回来告知家中我已被金华中学录取的消息。母亲说，事情真不凑巧，如果早一天回来说一下，我就用不着到严州去了。不过也好，人到底又回来了。母亲还问我考了第几名，我弟回答说，他数了数，是第十四名。

于是我在家又作了一番入学的准备，两天后便从家里启程经兰溪步行到金华去了。

从我家到金华城里，一般说是六十华里（三十千米），经兰溪到金华大概有七十多里（约三十五千米）路，需要多走一些路。当时日本人退走才半年，浙赣铁路还未修复，尚未通车，有一年的时间我们往返学校都靠步行。来往可以坐火车，那已经是一年以后的事了。

这次之所以要绕道兰溪去金华，主要是因为我从严州坐船返回时路过兰溪，当时为了不把从严州带回的行李又全部带回家去，故曾将此行李寄放在兰溪城内，当时在兰溪中学任教的我初中时的级任导师和国文老师唐子修先生家中。这样我就可以从兰溪把行李直接带到金华去了。从兰溪到金华，走的是公路，但并无公交汽车运行，所以我仍然是步行。

这一年，金华中学录取的高中新生是五十名。这五十个人，便是我与之朝夕相处三年之久的同学，是在一起上课、互相学习与相互切磋的同窗。但是真要把这本来陌生的几十个人，从面孔、形体和姓名一一联系起来，记清认准，对我已经是几个月以后的事情。这几个月也便是我对这个新的环境不断适应和熟悉的过程。但是，我的初次感受或者说我对这个新环境中的人和事的第一印象是很好的。

金华中学各班学生的座位与我过去所读学校的情况和排列办法都不一样，是按学业成绩分数的多寡来排定：分数高的坐在前面，分数低的坐得靠后。每个学期学生的成绩都会有变化，因此，每个学期各班的座次也有变动。但几名女同学例外，她们被统一安排坐在教室前两排的一角。我入学考试所得的分数不算高，也不算太低，按名次就坐在第十四号位置上。

课堂内学生座位这么个排法，客观地说，是个值得讨论和在学理上作分析的问题。但据我看到的情况，同学们一般对此似乎很无所谓，很不计较的。这大概由于在大家看来，人们所得分数的评定和取得是客观的、公正的和正当的，因此，也就没有什么话可说的了。所以，三年中，我从未见同学之间在这方面有任何消极、不良情绪的反映和表现。相反，同学们却都很自信，他们不卑不亢，只求自爱自尊、自立自强、认真读书、努力学业，坐在前面些的同学身上也不见有什么做作的表现。这大概与大家都会认同的“尺有所短，寸有所长”这句古话和每个人都会有其不同方面的长处和短处这种道理不无关系吧。而学业成绩一时的高低也只能说明某一时某个方面的情况，是不能反映人的素质的全貌的，更是不能限定一个人未来的发展的，达尔文和爱因斯坦的情况就很能说明这个方面的问题。所以用不着在这方面去多作计较的。洋溢在同学之间的是一派和谐、友好和平等相待的气氛，而我也似乎从这里看到金中同学这种真正通情达理的大气与出自诚实本性的可爱、可亲之处。

金华中学同学还有一处很可称道的可贵和可爱之处，那就是生活上的纯朴和俭约。他们穿着朴素，吃得俭约，作风朴实，言谈举止也十分纯朴、实在，在他们身上很少见到那种不切实际、夸夸其谈、自我标榜之类作风的表现，大家总是一是一、二是二，实实在在、实事求是。把以上这些放在一起，我以为我所见到反映在金华中学同学身上的和胡步蟾先生所题的、教导金华中学学生要“于境知足，于学知不足”的精神正相一致，也正相符合。

开学不久，班里就开了个会，选举产生了一名班长和几位委员（当时是否是“班长”和“委员”的名称，我记不清了，这里姑且这么称之），我记得其中有墙报委员、文体委员和生活委员等，并决议每个月或每两个月要出一次墙报，要成立球队等等。所谓墙报委员，当然就是负责出墙报的有关工作了。

所谓文体委员，当然就是负责组建篮排球队和参与比赛工作等事。因我被推为生活委员，我就不知生活委员要干些什么事情，于是便提出了这个问题。我记得有位同学曾对我这样说的：生活委员干什么的呢？譬如说，要出墙报，就少不了纸张，也少不了笔墨、颜料等，这些东西就要由生活委员负责去买，负责提供。我“哦”了一声，表示懂得与接受。我以后好像真的就只干了这样一些事。

全校有学生自治会的组织。头一二年，这个组织虽说存在，但不显眼，谁是学生会的主席、委员，他们负责干些什么事情等，谁也没有在意，可后来的情况却大有变化。由于社会上对民主的呼声不断，各处都出现如直接选举“国大代表”、选举“立法委员”之类热潮，所以学生自治会主席和有关委员之类的产生也要经过全体同学民主投票才能产生。于是，出于各种不同的目的和动机，有些同学公开表态，要参与民主选举，争当学生自治会主席等职。随之而来的是各类宣传品贴得到处都是，整个礼堂琳琅满目，红红绿绿，气氛骤变，平时看上去行为举止内向，十分寡言慎行，也是拙于言辞的同学，一下子像变了另一个人，变得成为敢于在公开场合大事自我标榜、自我吹嘘的勾当的“准政客”，校园一下子成了热闹非凡的政治舞台，使人真难相信昨天还是平平静静的地方，会一下子变成今天这个模样。从这里人们不难看到社会的变动和影响，也可领略某种政治的作用和力量：它告诉人们，校园和人心一样，并非永远的一潭死水，它是会随着时代的风云和政治的搅动而翻动的。

一九四六年年底，我们入学后不久，就从北方传来北大女生沈崇遭遇美军士兵强暴的消息。于是，一个以要求美军退出中国为口号的、首先在北方大学开展的反美游行示威的学生运动就此爆发，这事在我班也有反应。那就是一部分同学也主张上街游行示威，或采取罢课等行动。但因一部分同学对此不表同意而作罢。此事在金华中学、在整个金华地区也都这样，并未引起太大的风波。

六

我在初中读书时，兴趣已偏向文科，对英文、国文甚至地理、历史等课程比较喜欢。到了高中阶段，这种情况，似更有所发展。其表现，不仅在我读高二时学校规定文理分组，我选学的是文组而不是理组，也不仅我在这个阶段曾在报刊上发表过十几篇字数不多的如诗歌、随笔之类的小文章，以致使我常会想到写和琢磨写文章的事情，主要是我在精神上似已起了很大的变化。譬如，我对读英文、国文之类的书比看理科方面的书，兴致要高，做英文、国文这些课程的作业也要比做理科方面的作业，劲头要足。并且觉得在平时和同学们交往谈话中，我和一些颇具“理科头脑”的同学之间存在着思维上的很大不同。

其实，要讲我偏向文科的“端倪”的话，似乎还要更早一些，我记得我从小学毕业后不久，曾有一次在院子里和家中一位堂叔聊天。我问他道：你在大学读书，还学不学国文、历史、地理这些？他说大学里没有这些课，譬如读化学系就只读有关化学的课程，国文、历史、地理还有英文等都是小学、中学的功课。我听了后感到深深的不解，于是又说了句：“读化学系，光读化学的书，光有化学方面的知识；读物理系光读物理的书，光有物理方面的知识；这多没劲！”他说，那以后你就去读文科好了，不过文科也是分专业的，譬如读国文系，也只读国文方面的书，不学英文、历史、地理这些课的。读外文系，也就只读外文方面的书，学外文方面的功课，也不开设历史、地理、国文这些课。

这次谈话，虽然只有短暂的一瞬，但它却给我留下了深刻的印象。第一，我知道了大学是分专业的，课程安排和中小学是完全不同的。第二，它使我朦胧地想了这样一个问题：如果要我挑选，我不会去挑选化学、物理这些专业，而只会去选择英文、国文这些专业，主要的理由是认为前者太专太窄，后者面要宽一点，而且和社会、人生、生活方面的事更接近一些。我不想做专家、只想做通家；不想只有很多狭窄的专业方面的知识，想具有较广泛的通识。大概便是那时已藏诸内心的一种择业的端倪和已朦胧可见的志趣。

一九四六年七月著名史学家、时任英士大学校长何炳松先生在上海逝世。何先生是金华人，也是金华中学校友。之后为他举行的追悼会就在金华中学举行。我和一些同学一起参加了这个追悼会。这也是我第一次参加一位学者的追悼会。追悼会似是民间自发组织的，不是以某个单位或学校的名义来组织和安排的。就是金华中学同学前去参加也完全出自每个人的主动与自愿，并没有人来组织和安排。我之所以前去参加这个追悼会，内心倒是明确的，是怀着对这位执着而诚实学者的敬意的，而之后从这个会场走出，又更觉得在精神上得到了这位逝者的某种启示。

金华中学校内有一本颇受人们关注的刊物——《金中学生》。我在进入金华中学读书之前，就读过好几册《金中学生》，并由于感到其中的文章之好、质量之高而给我留下了深刻的印象。《金中学生》是一本不定期刊物，什么时期有条件就出一本，条件不具备就暂时不出。抗战期间，金华中学搬到乡下办学，大概几年中也才出了一期或二期。在我就读金华中学的三年期间，这本刊物也才在一九四七年六月出版了一期，而且很可能这期的《金中学生》就是终刊号了。正是在这期上我发表了一篇题名为《卖报童》的诗作。我的作品和我的名字用铅字印出，这是我生平的第一次，所以我曾经是很为此感到振奋和受到鼓舞的。这与我以后喜欢写一些文章，给报刊投寄一些稿件均有直接的关系。我上面说的发表了十几篇小文章就是从此事开始起步的。

但是，在我的记忆里也正是由于此时的我喜欢写作，我常常认识到自己知识储备的贫乏、学识的浅薄和文字功力的不足。古人云：学然后知不足。这真是不错的话。因为“知不足，然后能自反也”。我正是从这时起意识到我以后必须不断努力地学习。

在这时，我还有点更具体的体会，那就是“学然后知不足”中的这个“学”字，应该把具有实践意义的“写”包括进去。因为就我个人的情况来说，我正是通过这个“写”字，而深深感到自己的不足的。因为在此时的我看来，真正会使自己知不足的是“写”，即拿起笔来运思写文章。不动笔头写文章，光一天到晚地学、学、学，其实是很不容易发现自己学之不足的。相反，还会认为自己已经学得很多，懂得很多了呢。可根据我此时的切身体验，人一旦拿起笔来要写点东西、写篇文章，特别能写出点在别人看来不错，自己也比较满意的文字来，那就会发现这绝非轻而易举之事，就会使自己深深感到肚子里的墨水真的太少太少，笔下的功夫实在太差太差，就会真正感到事情看起来容易，做起来实难，就会发现自己存在着眼高手低的毛病。一想这些，就会使自己虚心起来，就会想到自己进行艰苦的持久的学习的必要性。所以，说到底，在我看来一个“写”字的确称得上是项大可讲究的硬功夫，是最坚硬的对“学”的检验标准。所以，从那时起，我得到的启示和体会：学习知识特别对文科知识的学习，必须要做到广泛地看、深入地想和勤奋地写这几点。或者把这几点作点整理，那就是必须“以广泛的阅读为基础，以深入的思考为主导，又以此落实到写作上去”。

我在高中读书期间，看的课外读物，多从学校图书馆借来，金华中学图书馆馆址在当时的初中部，馆内藏书不算太多，估计超不过十万册。但在当时的我看来，这已经显得洋洋大观，很开眼界，对我是具有很大吸引力的一个所在了。加之，负责图书管理和借阅工作的一位姓邢的老师既敬业有加，又和蔼可亲。所以，我是经常出入其间的。一年中我从图书馆借读的书少说也有五十至七十本。这些从图书馆借读的书，总的来说比较杂，有文学的、历史的，也有哲学方面的。当然书名和有关内容今天不可能记得，且有的书当时读了，也等于过眼云烟，很快也就忘了，没有留下什么痕迹。

一九四七年暑假之前，时在英士大学农学院读书的萧汝祺一天找到我并对我说，他想在暑假期间，借洋埠小学一间教室陈列些报纸杂志，供附近在外读书而暑假回家的人前来阅览，他建议我也作为一个发起人并在阅览室参与管理与值班，招呼前来阅览的人，为大家服务。他说他从学校带回去的杂志报纸很多，总有二三百本。我说，我在暑假中也没有多少事，来阅览室看看报纸、杂志，也可以为阅览室看守值班，正可一举两得，我是可以的。于是二人说定，那个假期真的就这么办了。我在一个多月的暑假里，在洋埠小学的一间教室内，大多时间就是我一个人静静地翻看这几百本杂志和多种报纸。萧汝祺，我们邻村人，他的父亲萧元杰就是我在洋埠小学读书时的校长。所以我们彼此是很熟悉的。不过，萧汝祺的这个建议，我后来想到可能与地下党组织的“读书会”有关系。

到了三年级，时局更有了进一步的变化，国民党政权更加岌岌可危，大批香港出版的进步书籍在同学间广泛传阅已是相当公开的事情，我就是在这个时候读到了赵树理的《李有才板话》、苏联小说《钢铁是怎样炼成的》和艾思奇的《大众哲学》的。毛泽东一九四五年在延安窑洞和黄炎培的谈话，这时以一本小册子的形式出现，我也就是在这个时候读到的。

一些当时被称为“新知识”的书，我读了后，大有耳目一新之感。赵树理清新的文风以及其中讲的那些明白通畅的故事，奥斯特洛夫斯基那段精辟的名言和艾思奇用那通俗易懂的语言所讲的哲学思想都给我留下了深刻的印象。

不过，我当时也不乏一点自知之明，我深以为，以我之涉世未深与当时之所学与所知，更昧于复杂的世事和世界情势，我对中国社会、中国政治、中国历史尚无起码的认识与判断的能力。学力之不足，学识之浅陋，又不甘心于茫然无所知，自欺欺人，这些都促使我认识到，我必须谦虚谨慎为是，继续学习，不断努力，自立自强，充实自己，以使自己今后在对客观世界的认识上，知道得多一点，头脑清醒一点，心头明白一点。我毕业前夕，曾手持一本纪念册，郑重地请我的老师、同学在上面为我写字留言，以作纪念。事后看来，此纪念册里的留言堪称字字珠玑，十分珍贵，可惜一年后此册就荡然不在了，但我二年级时的国文老师方韵清先生在上面题的“欲穷千里目，更上一层楼”此二语，我至今记忆犹新，印象深刻。因为当时我也正是以此二语作为自己下一步应走之路的指针和座右铭的。

七

我于一九四六年春进入金华中学读书，第一位走进教室来给我们上课的是教国文的黄荫庭先生。他开始说的话，我到今天都还记得。其大意是说：在高中读书和初中是不一样的，在高中阶段一起读书的同学，可以成为终身的好朋友，友谊可以保持终身。初中时期的同学，因为年龄都还小，彼此成为好朋友的很少，毕业一分手，各自东西，也就淡忘了。

证验之我在金华中学三年和毕业后几十年的情况，我觉得黄荫庭先生所说的这几句话，是很正确的。因为我与同班同学郑筱琴、倪三才此二人之间或说我们三个人之间存在的友谊就是如此的。

郑筱琴，浙江宣平人，与我同岁，初中毕业于浙江省立临时中学。

倪三才，浙江武义人，比我小一岁，他与郑筱琴原是同班同学，也毕业于临时中学。

说来也似有一种冥冥之中的缘分存在，把几个来自不同地方本不相识的人自然而然地聚合在一起，发展成为很要好的朋友，这中间没有一点功利的东西，没诱惑与利用，也没有一点无奈与勉强，只是由于各自怀抱着对于对方真诚的善良与关爱，精神上的某些肯定与人品上的认可和性格上的投合、和谐与尊重。于是，几个人就真的一见如故地走到一起来了。真正真诚的友情总是如此，总是合则留，不合则去的。开始，我们三个人也和班上其他同学一样，只是同在一个教室里上课，同在一个饭厅里用膳，同在一所楼房内住宿。但慢慢地，相互之间也就有了接触和认识了。而随着时间的推移，我们在和其他同学普遍接触的基础上，彼此又有了较多的选择和有意的接近。于是彼此由相识而熟识起来，由熟识而又有了格外多的接触与接近，正是在这个过程中，互相之间都觉得有话可说，并且觉得很谈得来，于是便成为彼此的好朋友。在三年中，我们几乎每天都要约在一起，或上街散步、游玩，或到某处去吃点什么，或在学校内某一角落席地而坐、侃侃而谈。于是，友谊，真诚的友情就在不断接触、交往和认识不断加深的基础上慢慢地炼成了。寒暑假，我们暂时分手各自回家，但书信仍然不断，互相通报各自的情况，在精神上仍然是聚在一起而没有分开的。这样，我们每个人在求学金华中学的历史上就留下了各自值得回忆和记述的一章。

友谊是什么？它实际上是一种生活内容，或者说它是增加生活内容色彩的一种东西。没有这样一种东西，生活内容就会完全不同。不过它是种精神性的生活内容，它是来自与人交往接触过程中所得的一种精神上的默契与慰藉。友情也是如此，它同样离不开与人的关系和生活本身。所以，友谊、友情本质上都是以人为本和十分人性化的东西。但是，生活对人来说，永远都表现为一个过程，这个过程有始有终，而不可能没完没了、没有尽期，这是生活本身所具有的一个根本性法则。高中生活也是如此，它说来也才短短的三年时间。我们三年里朝夕相处，生活在一起的日子终究要因“毕业”时间的到来而告终结。于是，这种十分可贵、十分值得珍惜的真情与友谊，其乐也融融的友情只能在毕业时被封存起来置放在各自的记忆中去。

“时危腊近兼离别，执手临衢意万千。”这是当年曾任我班国文教师的陈冬辉先生在我的纪念册上所题的一首诗作的前两句，可以说它对我们三位同学临别时所表现出的那种难分难舍的友谊的一幕作了相当准确的状写。但应该说这句话还不够，因为不仅是意万千啊，而是还有声呜咽、泪涟涟啊！

岁月不居，逝水滔滔，到了真的就要分手的时刻，他们两位下午就要启程回家了。当时我们三人约好到金华中学校门出去不远的拦路井附近找一个饭馆坐下来一起吃一顿饭，作为告别午餐。等饭菜摆好，三人坐定，三个人开始动筷举杯时还各自强作镇定，勉为欢颜，互相举杯，说些勉励宽慰的话，但是说着说着我们就说不下去了，脸色就变了，声音就哽咽起来了。于是极不自然地各自低首无言，暗暗垂泪，以致各自呜咽，泣不成声，只能黯然地以泪眼相对。一桌较丰盛的菜肴顿时掺和着这“意万千”的离情别绪，谁也无心去拨动一下，谁也吞咽不下去。

“天下无不散的筵席。”这又是陈冬辉先生上课时曾说过的一句话，那天真的就这样淋漓尽致地展现出来了，在我们面前就真的应验出来了。那天我们就真切地尝到了这种痛苦的滋味了。这种痛楚辛酸的滋味我在几十年后的今天仍留有深刻印象而不能忘却。人生啊，本来就是这么一回事。言念及此，能不慨叹！能不凄然！

送走了两位相亲相爱、如兄如弟的朋友，又分别和其他一些要好的同学握手告别，我也就在次日真正地告别了我的母校金华中学启程回乡了。三年的金华中学读书时光于此就永告结束了。而留在头脑里的金华中学永远不会离去。它总以一个和谐、自由、宽容、美丽、极富人情味和人文气息的色调时刻出现在我以后所经历的时间与空间之中，它使我每一念及，就会永远地感到温馨、宽慰与满足。

Ⅵ　我记忆中的维二中学*

一九四八年九月，在浙江省汤溪县的一乐堂村，出现了一所新办的完全中学——汤溪私立维二中学。这所学校办学时间较短，于一九五〇年四月停办，原有的几班学生合并到了汤溪中学。这所学校从成立到停办，在社会上存在，满打满算，尚不到两年时间，真说得上是来去匆匆，昙花一现。

在维二中学十分短暂的办学时间里，我于一九四九年上半年（二月至七月）应聘到该校工作。时间虽仅一个学期，但对我来说，毕竟那里在我人生里留下了生命的足迹和记忆。这段经历虽然已经过去六十多年了，但在我的头脑里似乎仍然清晰难忘，许多当年的人和事还会不时地出现在我的脑际，使我感到亲切和值得回味。所以，我觉得为之作些回顾，述往怀人，流诸笔端，把它作为生命中的一个印记，记录下来，也未尝不是一件饶有意义的事。

一、我是怎样到维二中学任职的

在这里，我得首先介绍一下我自己是怎样到维二中学去工作的事情。

一九四九年一月，我从高中毕业，下一步的路怎么走，这个问题在我的思想上是考虑过和十分明确的。那就是正如我在金华中学读书时的师长方韵清先生在为我题写毕业纪念册时引

---

* 此文作于2011年12月，收入本书时有删节。

用唐代诗人王之涣《登鹳雀楼》一诗中的名句所教导我的："欲穷千里目，更上一层楼。"方老师的话说得很对，他在这里告诉我，像我这样一个才从高中毕业的人，腹笥定然单薄，我的知识还是太少了，我的视域还太狭窄，我的眼光还太短浅，这时的我还不具备登高望远的能力和条件，还不能洞明世事。对此，我是颇有点自知之明的。不过，我也向往有朝一日能达到登高望远乃至登泰山而小天下、一览众山小的境地。所以，我还要继续求学，继续走读书之路，走升学之路。

但是，升学、报考大学要到七月份，读大学更是九月的事，这中间隔了一个学期。这个学期怎么办？怎么安排？为此，在我的头脑中也是想过一下的。当时想的结果是这样两条：一是就住在家里，和父母朝夕相处，照样在我的斗室里看书学习，准备应试；二是最好能在某所中学找到一份工作，去教一个学期书或当一个学期职员，边工作边读书，准备考试。我想到如果这后一条能如愿以偿地实现，那是最为理想的。因为我多年来一直在学校读书生活，对学校的文化生活环境不仅已经适应，而且已成习惯，对家庭生活环境反倒感到有些不习惯，不太适应了。但我只是在自己的心中这么想，并未当回事和别人商量过，更未有意识地求之于他人。只是有一次和二伯父胡仲仑先生闲谈时无意间向他透露了我的这个想法。然而，事有巧合，我万万没有想到的是，仅仅几天之后，由于得到了他的眷顾和帮助，我的这个心愿竟然很快、很顺利地得到了实现。一天，二伯父对我说："这样吧，下个学期就去维二中学，我跟王伯厂校长他们已经商量过了。"并随手递给我一纸由校长王伯厂署名发出的维二中学的聘书，这真令我感到十分意外，此时此境的我竟然不知说什么是好，只木讷地向他说了个"哦"字并从他的手中接过这张聘书，见到上面写着聘我为教务员兼英语教员，月薪三百斤大米，一学期按六个月计算等字样。

事情真的就这么简单，我真的也就这么顺利地成为维二中学教职员中的一员。而事情之所以办得如此顺利、如此快，推其原因主要就在于我的这位伯父当时担任着私立维二中学校董会董事长的缘故，然而，这却是我事先所不知道的。此前，我只知道在一乐堂办了一所叫维二中学的学校，并不知道这所学校其他方面的情况，不知道这所私立中学还有什么董事会之类，更不知道担任此董事会董事长的便是和我每天可以晤面交谈的这位长辈胡仲仑先生。我上面所说的感到意外，感到没有想到，其原因就在于此。

下面，我把这位董事长胡仲仑先生的有关情况顺便作点介绍。

胡仲仑先生是我祖父的一位侄子，是我二叔祖（二爷）的第二个儿子，由于曾经是生活在一个大家庭里的缘故，我祖父三兄弟所生的子女，都按出生先后时间作统一的排序。因此，我们这些比他们晚一辈的人，从小就被教育要分别叫他（她）们为大伯父、二伯父、五叔、六叔以及三姑、四姑之类，我称仲仑先生为二伯父或二伯伯，即由此而来。在和仲仑先生同辈的十来个兄弟的名字中，都有一个“志”字，仲仑先生在家的名字便是“志培”二字，“胡仲仑”和“胡昆”都是后来在学校读书时他自己取的名字。这两个名字中有“昆仑”二字，据我看，显然隐喻有“志当存高远”之意。可见，他年轻时就有很远大的志向和抱负。

仲仑先生自幼受到中西方文化的熏陶，早年曾在杭州读书，和我的表兄徐春潮及同是邻村的陈师荆先生都是当时杭州盐务中学的同学。二十世纪三十年代初，他毕业于武汉大学。大学毕业后，即在浙江省立处州中学任教近二十年。曾任该校的训育主任、高中部主任，教过国文、公民等课程，是处州中学一位资深教师。他的中英文都很有功底，人文知识丰厚，书法也极佳。暑假在家也常去钓鱼，这是他主要的生活爱好。他一生钟爱教育事业，以教书育人为乐，不阿世，不迎俗，不随波逐流，自爱自尊，为人正派，甘于淡泊，品行端正。在汤溪，他的道德文章，也广为人知，受人敬重，他之所以被推为维二中学校董会董事长，完全由其在社会上具有相当的名望所致，而非仅因为他是胡氏宗祠中的一名后裔。

他曾两次执教于汤溪中学，一九四二年秋，洪初吉校长请他任汤溪中学的训育主任。我在汤溪中学读书时，就听过他讲公民的权利与义务等内容和对“礼”“义”“廉”“耻”的系统讲解。“义者，宜也，制裁事物，使各宜也”，当时他在课堂上讲的这句话，至今我仍记忆犹新。一九四九年秋，他第二次到汤溪中学任教，担任教务主任和班主任等，仍教语文课，同样受到学生的爱戴和欢迎。

二、维二中学的创立

一九四八年九月，在一乐堂办学已经六年之久的汤溪县立初级中学搬回汤溪城内孔庙旧址。

同月，私立维二中学在一乐堂成立，并招收了三个班的学生，在汤溪中学原来办学的地方（胡氏宗祠和集雅堂）开学上课。

这两件事之间有什么关联吗?

回答应该是肯定的。因为事情很明显，如果没有汤溪中学此前从一乐堂搬出，它仍然在这里办学上课，那就不会有此刻维二中学在一乐堂同一地方的出现和成立。

因为，生活中的辩证法总是这样，只有先有了前者的出去，才有后者进来的可能。维二中学于一九四八年九月在一乐堂的接踵出现，不论在时间上还是空间上都是以汤溪中学从这里的搬出为条件的。

然而，事情还不仅如此。因为正是在此种情景条件下，人们看到了、想到了（即有鉴于汤溪中学的搬出）可继之在这里另办一所新的中学的可能和必要。人们会这样想，现在汤溪中学搬走了，人去楼空，房舍场地都是现成的，人员也不成问题，何不就在这里另办一所中学，好让这些现成的校舍还有留下的相当一部分人员继续发挥作用。不仅如此，胡氏宗祠还可以为创办一所新的中学提供经费支持和财产保证，也就是说，胡氏宗祠完全可以办一所以胡氏宗祠为创办主体的私立中学。

这些想法的及时出现，不仅是自然的，也并非没有道理，而首先想到和考虑到这些的是原来在汤溪中学任教师和时任一乐堂胡氏宗祠祠堂长的胡贡开先生，他的一批在汤溪中学工作过的同事们、朋友们也会想到这些，并同样会持积极的主张。

正是在这些主客观因素都具备的条件下，胡贡开先生趁热打铁，立即行动，不失时机地做出了决断，就在当月成立了一个以胡氏宗祠中的一位祖先的名字命名的私立中学——私立维二中学。

于是，在汤溪地面上一所既有初中也有高中的完全中学迅速地诞生了。由此，它也改写了以往汤溪无高中的历史。

于是，一乐堂又得以继续文脉传承，弦歌不辍。

所以，可以说，汤溪中学搬回汤溪城内这件事，对维二中学的创办和成立来说，不仅在时空上是先后相因的关系，而且是激发起胡氏家族后裔进一步办学的热情，使维二中学这所私立中学得以创立的一个重要的诱因和契机。

二〇一一年十月，汤溪中学为庆祝建校七十周年，编印了一本叫《纪事》的书，其中有关内容可作为参照，该书第二十二页写道：

“九月，学校开学，报到注册仍安排在一乐堂，报到次日，学校动员全校师生参加迁校工作，学校由一乐堂迁回汤溪城内孔庙旧址（现汤溪中学址），次日，学校专门撰文立碑，记述此事。

“是月，汤溪青阳胡氏因憾于汤溪初级中学迁出一乐堂，捐出宗祠田地山塘共五百九十六亩，由胡昆、胡贡开主持于当地创办私立维二中学。”

不过，在这里，我还想就以上所引材料中的有关内容作一点说明，或者说还要对其中个别字句作一点必要的辨正。

汤溪中学的校址原在汤溪县城内，这是它从一九四二年搬来一乐堂时人们就非常清楚的。因此，一九四八年它要从一乐堂搬回汤溪城内孔庙旧址，正如一九四五年在昆明的西南联大要搬回北京（北大、清华）和天津（南开）的原校址一样，不仅是天经地义的事，也是基于自身发展要求的正确之举。对此，人们是不会有什么不同看法的。青阳胡氏同样不会有什么不同看法，更不致因此而有所憾的。因是之故，我疑以上引文中出现的这个“憾”字，可能是“感”字之误，我以为“因憾于”应是“因感于”这三个字吧，“因憾于”和“因感于”此二者的含义是不同的，如果用“因感于”和我上面所用的“有鉴于”的意思就相近和一致了，此话说来似乎也有些想当然，因为当时的我到底不在一乐堂，没有亲身经历此事，后来也没有为此和贡开先生交谈过，但我以为只有这样来估量当时人们的心理状态才是比较符合实际情况的，也可能是比较准确的，我要说明的意思在此，我要提出辨正的一点也就指此。

维二中学是一所私立学校，它办学的场地、校舍、经费、财产，都是由胡氏宗祠提供的，因此，维二中学的所谓私立，具体说就是胡氏宗祠之所立。因此，不难设想，这所学校能够得以创办和成立，其中作决断、拿主意，真正能起决定作用的人物不可能是别的什么人，只能是时任祠堂长的胡贡开先生。胡贡开先生为此出力最多，贡献无疑也最大。于此也可见其办事的魄力。

胡贡开，汤溪湖前村人，恂恂长者。二十世纪二十年代毕业于金华中学师范班，曾任汤溪九峰小学校长、安定小学校长，一九四二年后在汤溪县立初级中学任教，维二中学成立后任事务主任。一生热心教育事业，兢兢业业，端庄自重，勇于任事，处事有方，在汤溪教育界广为人知，也是一位受人敬重的乡贤。

私立维二中学校董事会董事长为胡仲仑先生，上面文字已经说到。他主要以名望而任此位而非最终的决策者，上文也已有所提及。关于他的情况前文已有所介绍，这里不再赘述。

由学校董事会聘请担任维二中学校长一职的是曾任汤溪中学教导主任的王伯厂先生。王伯厂时年三十岁左右，但已显得比较成熟和有学养，此人我跟他接触和交谈都很少，对他的学历背景和生活经历也不了解，但看得出来，此人绝非平庸之辈，而是个思想上有定力，有主见，头脑清晰，有事业心，也有办事能力的人。在我看来，请他来当校长是准确的选择，也可谓是得人之举。他当时兼教地理课。

王伯厂校长上任后，即招收了初高中四个班的学生，这是维二中学招收的第一批学生。与此同时，聘请了十多位教师和五六位职员，我现在仍能记得起来教职工姓名的有如下这些。

教员：

王久厂（国文教员）、唐远藩（英语教员）、萧元杰（历史教员）、胡增堂（数学教员）、王炳森（英语教员）、唐远藩之妻李老师（国文教员，已忘其名）、邵培芝（体育教员）、应闺淑（音乐教员）、胡有勋（博物教员）、一美术教员（亦已忘其名）。

职员：

胡增佑、钱彭年、胡樟其、胡贡锴、胡敦福及一姓方的先生等。

维二中学的校址在青阳溪里的一乐堂村。所谓“溪里”即指四周围绕着溪水河流的一个地方。在汤溪，这一处属县的北边，面积大概有十几平方公里。这里地少人多，村民多以种植蔬菜等经济作物为主。一乐堂地处溪里的中心，距汤溪县城约十五华里（七点五千米），距洋埠、罗埠、游埠这三个市镇均仅五华里（二点五千米），由西向东流经溪里的琳湖就从这个村的南面流过。一乐堂全村约有二三十户人家，均姓胡，也都是胡氏宗祠祖先的后裔，坐落在这里的祠堂和集雅堂是全村最宏伟、最壮观的建筑物，也是最受人瞩目的一个所在。

集雅堂前有一片空地，便是以前的汤溪中学和现在的维二中学的操场。操场上有两个篮球架和单、双杠之类体育设施。打排球则在祠堂前的一片空地上。

学校有一间图书室，因系初创，内藏图书数量不多。一乐堂村人胡樟其便是这个图书室的管理员。而同为湖前村人的中医医生胡贡锴则为学校的校医。

以上所述就是维二中学在一九四八年秋创办的背景和此时所具有的“人”“财”“物”这三个方面的大致情况，维二中学就是在此背景下诞生和在这些条件下运转起来的。

三、维二中学的发展

一九四九年春季，维二中学又招收了三个班（高中一个班和初中两个班）的学生。连同上次所招，这时高中一年级就有秋、春共两个班，初中一年级就有秋、春四个班了，合起来六个班学生总数已有二百五十名左右。高中招的主要是以前从汤溪中学毕业的学生。但也有十几名学生来自武义县。这和唐远藩先生是武义人有关，这些学生都是跟随他来这里上学的。初中招生除汤溪籍的学生以外，也有不少来自兰溪、龙游等邻县的学生。从招生情况看，维二中学之设，是和当时社会的需求情况相适应的，是符合一些青少年寻求升学之路的愿望的。因此这不是脱离社会需要的闭门造车之举。就以汤溪的情况来说，汤溪县自一九四二年有了初中，一九四五年有了初中毕业生，到一九四八年已有多届初中毕业生了，而汤溪中学仍只有初中，而无高中。所以，这些人中相当一部分便成为维二中学所吸收的对象。其实，当时龙游县的情况也是这样，龙游也只有初中而无高中，兰溪县有的中学虽有高中，但初中毕业生更多，升入高中读书，同样成为当地一个较大的社会问题。所以，维二中学如果就在这种情况下办下去，学生来源一时是不会成为问题的。这种状态用不着去做多么复杂的调查研究和社会论证之类，而是一望便可自明的事，维二中学成立后两次招生的情况也正可说明这一点。

这个学期，除我之外，学校还从金华请来两位教师：一为龙学潮先生，一为盛耕雨先生。此前，龙、盛二先生都在金华中学执教，均于一九四九年一月随金华中学胡步蟾校长的去职而离开金华中学。龙先生在一九四五年去金华中学任教前就曾在汤溪中学任教多年。

此时，任学校教务主任的便是龙学潮先生。训育主任为唐远藩先生。事务主任为胡贡开先生。兼任学校文牍工作的为萧元杰先生。

这个时候，物价暴涨，金华、兰溪等县不少私立中学教师的工资都按实物计算。所以，私立中学教师的生活待遇比省立中学的要高些、稳定些。我在金华中学读书时，就有几位老师为此离开金华中学到兰溪某私立中学任教。此时的维二中学也如此，也是每月按几百斤大米来计报酬。王伯厂、龙学潮、王久厂、盛耕雨、唐远藩等几位先生每月的工资均为大米六百斤，以下的则为五百斤、四百斤、三百斤不等。此外，学校还为每位教职员工免费提供食宿。教职员工每日三餐都由学校按时开出，而且饭菜的质量都很好。就是他们每天早晨的洗脸水也有专人按时送到房内，这种状况，昔日的汤溪中学也是一样的，可说这是个多年保留下来的传统。

一乐堂地处农村，局处此隅的维二中学也就被置在农村的氛围之中，这里没有现代化的物质设施，没有可供休闲的文化娱乐场所，也谈不上有什么湖光山色等美景可资观览欣赏，每天能看到的只是农民淳朴的脸庞和长在地里的各种农作物，可听到远近传来的鸡鸣狗吠之声。这里和广大农村的情况一样，空气是清新的，水源和水流都是洁净的，人们每天吃到的蔬菜十分新鲜，没有污染，从市镇上买回来的鸡鸭鱼肉等食品也都是地道的绿色食品，不仅完全可以放心食用，而且货真价实，原汁原味，所以，为老师们烹制出来菜肴的滋味自然也是属上乘和相当可口的了。生活在一乐堂，在维二中学工作的人们，如果要说有什么物质享受的话，以上这些恐怕便是他们在物质生活上最大的享受了。而这些，其中既有大自然的恩赐，也主要来自办学者出于对知识、对精神文化的真诚的敬意和对知识人一贯的尊重。

维二中学十几名教职员中，职员均为汤溪本地人，教员多半也为本地人。除此，便是来自金华、武义和永康这三个县。他们或因年龄差异，或因个性不同，各自所表现出的生活方式、习惯等也是各异其趣的。但同事之间都表现得彬彬有礼，平等对待，友好相处，与人为善，并不心存戒备，人们生活其间也是轻松、愉快和舒畅的，整个校园显得相当和谐与温馨。一般来说，和我交往较多的是住得较近和年龄较相近的几位教员。

唐远藩先生及夫人的住房就和我的住所挨得最近，因此，我们平时来往就较多。唐先生告诉我，他和夫人均于二十世纪三十年代毕业于上海复旦大学，他学的是戏剧专业，著名学者洪深便是他的老师，他夫人李老师则是中文系的学生，喜好吟诗作词等雅事，唐先生在这些方面也相当擅长，曾给我送过他写的几首诗，也给我送过他写的一幅字，诗和写的字都颇见功力。可惜我后来都遗失了。他有时也喜欢在自己的房间内请几位同事一起喝一点酒，并常把我找去，我因不善饮，仅陪末座听他们无拘无束地一阵闲聊。一九五六年，我在《浙江日报》上曾见过他写的一篇文章，从中可知他当时在金华婺剧团工作。

王炳森先生，他是王伯厂校长之弟，比我稍长几岁，也是平素交谈交往得较多的一位，我曾请他和敦福兄到我家作过一次客。他于一九四七年毕业于上海暨南大学，学的是商业经济或会计之类专业，他教英语本来也非其所学和本行。他和我任初中一年级英语课，有时他请假缺课，也常请我给他代上。后来听说他在衢州市一个医院当会计，并听说没过几年就去世了。

和我同住一室的敦福兄，二〇〇七年一月我返乡期间是和他见过一面的，几个人在他家晤谈过一阵子，并和他一起拍过两张合照。他后来在汤溪县任小学教师工作，我问他当年维二中学同事的情况，他答说一无联系，也一无所知。他的饱含沧桑之感的话语曾给我留下深刻的记忆和深长的思考。大概一年后，得朋友来信告知，他也去世了。

萧元杰先生，历史教员。他也是我读小学时的校长。我在洋埠小学上学时，就是他给我们讲的历史课。萧先生是一位讲故事的高手，当年在洋埠小学，甚至在整个洋埠镇都是很有名的。在课余，凡有萧先生在的场合，人们都会很亲切地请他给大家“来一个”，随后便是很热烈的一阵鼓掌和他随和地给大家一个接一个往下讲的精彩场面。他讲故事，常常贯穿一种“寓教于乐”的精神，使你听了不仅感到精神愉悦，情绪亢奋，而且还可以从中得到某种思想启迪。我就听过他讲的如“许由洗耳”“指鹿为马”和越王勾践“十年生聚、十年教训”等故事，也听过他讲洋埠镇上谁家怎样发家致富，谁家又怎样败落下来的种种往事。一九四一年，他到汤溪简师、汤溪中学任教，是汤溪中学和维二中学最年长的一位老师，并被认为是汤溪县人文、历史知识最渊博、最丰富、知道过去的事情最多的一位前辈读书人。他住在集雅堂那边，我则住在祠堂东侧，我们并不是住在同一个地方，且相距较远。但我也常到集雅堂那边去看看他，和他聊聊天，以表对昔日师长的问候之意。

萧先生是汤溪下萧村人。早年就读于杭州蚕桑学校。他说他的人文、历史知识，他的学问都是靠自己努力读书求得的，完全是他自己看书学习的结果。他曾经对我们这些“一天到晚只知道玩，完全没有把心思放在书上”的小学生们说，他当年在杭州读书时，为了专心致志读书，免受别人干扰，宁愿独住一室，晚上一个人在洋油灯下三更灯火五更鸡地苦读，用的洋油（煤油）灯火都是自备的。从外国进口的二十斤装的美孚牌洋油，每箱价格一元或二元钱，他每年总要买几箱。他说，他的生活十分节省俭朴，但对用于读书的洋油的钱是从来不吝惜的。他的这些话对当时我们这些还不知道用功读书的小学生来说是很有教益的。所以这些话在七十多年后的今天，仍然能留在我的记忆中，印象深刻且历历如在目前。

萧先生可能出生于十九世纪八十年代，是个传统型读书人，他的历史、人文知识和思想理念主要来自中国古代典籍和儒学，无疑也看了许多稗官野史。他没有把历史视为一个可以任人梳妆打扮的小姑娘，他只知把历史当作一种客观存在的事实。所以，他只讲其所信，也信其所讲，讲历史上真正存在过的一些人和事，而且讲得娓娓动听、生动活泼，使人如闻其声、如见其形、如历其境。这样的历史知识和他这样来讲历史，学生是愿意听的，学生听了也绝对不会产生上当受骗的感觉和疑惑，反而认为这是一种精神上、学识上的享受和获得。这就是萧先生讲课的成功之处，也是他所一贯坚持的和其做人原则相一致的“求真”的原则。

萧先生讲历史课，大不同于一般历史教员的讲法，有其特具的风格，他的风格我以为堪和清末民初一位著名的“历史通俗演义”系列小说的作者蔡东藩的述史风格归于一类。

清末民初，在浙江省萧山县（今杭州市萧山区）的临浦镇出过一位写作著名的“历史通俗演义”系列小说的作家蔡东藩，他在十多年时间里，从秦始皇一直写到一九二〇年，共写了两千一百六十六年的历史，计有前汉史、后汉史、两晋史、南朝史、北朝史、唐史、五代史、宋史、元史、明史、清史、民国史等朝代历史内容。这是一套系统完整的历史演义书，可算得上是空前的巨著。此书出版后，深为广大读者所欢迎，销行数量很大，风行全国，我是在二十世纪六十年代初陆续购全和全部读完的。我在读蔡东藩的这些著述时，常会联想起萧元杰先生，仿佛从他的书里又看到了另一个蔡东藩——萧元杰，甚至觉得汤溪的萧元杰就是萧山的蔡东藩。这是因为我从蔡著中看到的内容和述史方法、风格和当年听到、看到的萧元杰讲课的内容和风格太像了，萧先生对历史上的人和事烂熟于心，侃侃而谈，而且幽默、风趣，这些都和蔡东藩书中所表现的文字风格一模一样。只可惜萧先生仅表现在其课堂讲述中，而没有把他的这些讲课的内容形诸文字，写成著作，传之后人，使后人失去了这个方面一笔相当丰厚精神遗产的继承。我现在还想到的另一个深感遗憾之处是没有向他当面请教有关汤溪的一些历史掌故，因为萧先生对汤溪以往的历史和其中有关的人和事，是很熟悉的。他也愿意跟人谈这些，而我当时却未能为此去接近他，请他多谈谈这些方面的故事，把它记录下来，传之后人。然而我却没有想到这些，更没有这样去做以致这些装在他肚子里的知识、掌故，都随他的离世而被湮没无闻了，而且在汤溪，像萧元杰这样的人，也仅此一人而已，再无他人可以代替，这是多么可惜而又无可挽回的重大损失啊！

龙学潮先生，金华人，祖籍安徽，早年就读于金华中学，二十世纪三十年代毕业于浙江大学农学院，后一直在浙江各中等学校任教，最后在嘉兴农校（后改为嘉兴农学院）工作。

我二十世纪四十年代初在汤溪中学读初一时，给我们上博物课的老师便是龙学潮先生，后来在金华中学，龙先生又给我们上过生物学课，此时在维二中学又与龙先生共事一学期，数度承教，多次聚首，是我此生与诸师长关系中所仅见者，更由于他对我有更多的了解与关切，我在自己的心中也就特别感念于他。所以，我们别后虽然各自东西南北，但几十年间始终互通音讯，书信不断，我在外面所遭遇到的种种坎坷经历，都如实地告诉过他，他生活中遇到的有些困惑和烦闷以及身体上的有所不适，也都能及时与我道及。二十世纪六十年代，他听说兰州肉食供应紧张，还主动从嘉兴货运来一些猪肉。二十世纪八十年代，我在杭州出差期间，也曾特地去嘉兴看望了他，这是我们分别几十年仅有的一次。

不仅出于这种私交和私谊，我对龙先生的崇敬和纪念，更由于他在待人处世过程中所表现出的人格力量和崇高的道德风范。经过我多年的观察和思考，在我看来，龙先生真正称得上是个脱离了低级趣味、没有庸俗气息的人，是个不糊涂、真正明白的人，是个真正值得肯定的真人，也是个明白无误的智者。而这样的人，我当时不觉得，后来经历沧桑多了，阅世深了，深感这样的人太难得了，太少了，也是太值得崇敬和肯定的人。龙先生头脑清晰，睿智通达，深明事理，同时又能直道而行，一身正气。他神清气朗，气质高雅，自爱自尊，淡泊名利，一介不取，不趋炎附势，不失身入彀，始终保持着清白的一生，真是太难得、太可贵了。正是对照着龙先生高大的形象，在我头脑里曾长期占据着很高地位的一些大人物纷纷轰然坍塌倒落了下来，觉得他们比起龙先生来，实在太没有分量，太不足道及，绝对不在一个档次。而这也使我看人的思想不断趋于平实，渐入客观与公正。

Ⅶ 西北师范大学百廿办学历程的阶段特征及其精神传统*

一、西北师大发展历程的几个阶段

西北师范大学过去写校史的时候，曾经有一本校史是从一九三九年开始写起的，把她和北京师范大学在一起的这段历史没有算在内。二〇〇二年，学校百年校庆的时候，就把过去的这一段历史连起来了。这样连起来有没有道理呢？我认为这是有道理的。为什么呢？因为西北师大的根子就在那里。她就像一棵大树一样，先在北京成长，后又在兰州繁殖出了这一棵，最后又迁回去了一棵。所以西北师范大学和北京师范大学有一段共同的历史，特别是一九四五年以前。从这个历史过程看，我们确定一百二十年作为学校的全部历史是对的。

这样看来，从发端于一九〇二年创立的京师大学堂师范馆算起，西北师范大学到今天已有一百二十年的办学历史了。这一百二十年她是怎样走过来的，一百二十年来经历了哪几个对其存在和发展来说最具有特点的发展阶段，这本身就是一个很有意义的、值得研究的校史课题。

我回顾、思考西北师大这一百二十年的校史，从对其存在和发展最具特点的角度来考察，大体可以把它划分前后两大段，这前后两段又可各分两小段，总的是四个小段。

---

* 此文系张永祥对本书作者胡德海教授的访谈整理，原载《当代教育与文化》2022年第5期，选入本书时有改动。

这前后两大段，即以一九四九年十月一日中华人民共和国成立为标志和作为分界线，即一九〇二年十二月——一九四九年十月为前段（四十七年）。前段这四十七年，又可分为两小段，即一九〇二年十二月——一九三九年为一小段（三十七年）；一九三九年——一九四九年十月为一小段（十年）。其中，一九三九年，西北联合大学师范学院独立设置，称国立西北师范学院，并于一九四一年西迁甘肃兰州。一九四九年——二〇二二年十二月为后段（七十三年）。后段这七十三年，又可分为一九四九年——一九七八年这一小段（二十九年）和一九七八年——二〇二二年为止的这一小段（四十四年）。算起来就是这四个小段。

新中国成立前的这一段，在我看来，其特点主要有以下几点。一是，学校的办学理念基本来自西方。不少教师或留美、或留日、或留英、或留德，他们从国外带来科学文化、人文精神和教育理念。李蒸、李建勋、袁敦礼等可为其代表。二是，学校为社会服务，坚守教育本位、学术独立，追求办学质量，以“培养师资，育人兴邦”为己任。三是，学校有一支素质优良的队伍，他们敬业乐群，庄敬自强，洁身自好，自爱自尊，为人师表，他们谦虚诚信，平易近人，作风朴实，一心学问，人格高尚。他们明礼仪，知廉耻，守纪律，负责任，是社会的精英。黎锦熙、李建勋、袁敦礼、傅种孙等可视为其优秀的代表。四是，学校有教师勤教、学生勤学、尊师重教的优良学风。五是，学校有一支工作非常踏实，作风非常朴实，精于业务，爱校如家，服务十分到位的职员队伍。六是，学校政简兵精，工作有条不紊，杜绝浪费与奢侈，的确称得上是个“清水衙门”。整个校园呈现出宁静的、有序的、和谐的氛围。

但是这前段中的前一小段和后一小段比较，也是有不同的，主要的不同在前一小段学校所处的社会环境比较平稳安定，学校受外界干扰相对较少。而后一小段，则主要因日本人发动了侵华战争，北京随即沦入敌手，学校不得不从北京搬到西北来办学，学校受战争的影响很大，因此，办学条件很差，只能因陋就简，师生遭遇到前所未有的生活困难，但他们在精神上是坚强不屈的，表现出了中华民族十分可贵的艰苦奋斗精神和爱国传统。学校规模不大，但办学成绩斐然。

从一九四九年十月一日中华人民共和国成立至今，这是学校发展的“后段”，迄今共七十三年。前面说过，后段这七十三年，又可分为两个小段，以一九七八年党的十一届三中全会的召开为主要标志和分界。学校发展的后段，从一九五三年起，我是亲身经历过的。当时学校的情况，像一幅幅图画一样刻印在我的脑海里。

一九七八年之前的西北师范学院（一九五八年十一月至一九八一年九月改为甘肃师范大学），总体上看，也可以分为几个小段。我个人看法，一九五五年以前，是学校发展比较平稳的几年。这一阶段，人际关系很协调。每天吃过饭之后，我们就在校园里散步、聊天，学校领导和教职工都在一起，显得很亲密无间。学校也经常举行舞会。总体来看，学校的氛围搞得很好。从一九五五年开始，学校的氛围就不一样了。人际关系慢慢疏远，大家都不说心里话了。一九五六年，情况又好一点了。到一九五七年，情况又开始变化。一九五八年，情况则更糟糕了。一九五九——一九六一年这三年是甘肃最困难的时候。我感觉到，从一九五七年到一九六六年这一时期，几乎谈不上什么科学研究。学校不要求教师写文章，搞科研，几乎没有什么学术成果。教师也不评职称。当时，教育系只有我一个人在《人民教育》（一九五六年）上发表过文章。“文化大革命”期间更糟糕。

学校的真正发展，是在党的十一届三中全会之后。改革开放以来，学校规模慢慢扩大了，教师素质也逐步提升。尊重知识、尊重人才从那时起才得到真正重视。总体来看，我认为，后段的基本特点主要表现在如下几个方面。一是，前期办学理念一度片面地强调“政治挂帅”。二是，学校从二十世纪五十年代起即为教育部直属的全国六所高师院校之一，但一九七八年以后，西北师大这种部属关系不复存在。三是，办学规模比前段大有发展，师生员工的数量迅速增加，校园的面积比前段也大有扩展，图书设备条件大有改观和改善。

一九七八年十二月，党的十一届三中全会作出了把全党工作重点转移到社会主义经济建设轨道上来的战略决策，开创了社会主义建设的新时期。教育战线也进入一个新的发展时期。西北师大的发展由此也揭开了新的一幕。西北师范大学以社会主义祖国为生存环境和存在依托，祖国命运的兴或衰、强与弱，祖国地位的高与低，都无不直接影响到西北师大办学的质量乃至方向、理念的正确与否。

改革开放以来，西北师大经历了以下几个方面的发展变化。第一，改革开放给西北师大带来了办学条件、教职员工的生活条件的变化。现在矗立在西北师大校园里用于教学、研究工作的高楼大厦，基本上都是在近四十年间建成的。在一九七八年前的建筑物，目前能看到的就只有理科楼、南单楼和旧文科楼的遗迹了，再没有任何以前建造的东西了。现在全校教学、科学实验及图书馆的用房宽敞、明亮、舒适、实用以及内部设施之配套、完整、科学、合理。

第二，改革开放给西北师大带来了一个非常优美的花园式的校园环境。走在西北师大校园内，你就如置身在一个十分舒适、幽静宜人的花园之中，这绝不是什么虚妄之言，而是所有到过西北师大的人的共同感受和一致的赞叹。

第三，改革开放不仅改变了西北师大人衣食住行的生活条件，而且可以说给西北师大人带来了相当富裕的日子。现在情况是，人们常会说这样一句话："现在是天天过年。"人们现在不是怕没有吃的，而是怕吃得太多了，得肥胖病和其他各种营养过剩症。

第四，改革开放给西北师大人业务上的不断进步与发展以真正的爱和悉心关怀。改革开放以后，知识文化、科学技术受到党和国家、社会的尊重，学术勃兴，西北师大教师常有机会外出参加各种各样的学术会议。也有不少人被派往国外学习、参观，或留学，或作为访问学者出国，这些都相当普遍，人们视为常事。改革开放驱散了学者出书难的阴霾，现在师大教师写文章、出版学术著作、著书立说、发表独特的学术见解，也是司空见惯的事情了。大学毕业后留校任教者，晋升讲师、副教授、教授，均按常规制度办理，不受压制。可是人们要知道啊，在此之前这种情况也是人们不敢想象的，或者说，他们虽有所想，也是绝对不敢说出来的。当年，二十世纪五十年代初和六十年代大学毕业留下的助教，不少是到了一九七八年才获晋升为一名讲师的机会的，当一二十年的助教是常事。哪里有今天这样，大学毕业十年、八年后就可以当教授的呢？有些行政人员干了一辈子，当不了科长也是常事。至于工资，则更是十年、二十年不动，西北师大许多教师的工资，自一九五六年定职定薪这一次起，一直到一九七八年之后才有机会被提升一级，每月五六十元、七八十元的工资，二十年内没有动过。

第五，改革开放给西北师大整个校园带来宁静、和谐的气氛，自由、舒畅的空气和对人的真正尊重。尊重学术、追求卓越蔚为风气。这应为西北师大人所最值得宝贵和珍爱的。

四十多年来祖国改革开放理念的正确和其已取得的辉煌给西北师大和师大人带来的巨大变化和福利，是数之不尽的，也是难以尽述的，如果可用一句话来概括的话，那我就要这样说：它给西北师大带来了命运的根本转折，并给西北师大展现了更美好的明天。

二、西北师大一百二十年来积淀的精神文化传统及存在的问题

学校从北京师范大学西迁过来之后，我认为带来了一种很好的风气。北京师范大学办学几十年来，学校形成了一种很好的风气。这种风气具体表现在：每个人都是脚踏实地地工作。图书馆里的干部职工也都在踏踏实实地工作，认认真真做事情。这个风气就是从北师大带过来的。我在北师大读书的时候，有些教师、图书管理员都是十分和蔼可亲的。那个时候，人少兵精，办学质量很高。没有人拖拖拉拉，人浮于事的现象几乎没有。现在学校图书馆馆藏的一些百年前的外文图书，好多都是当年西迁时带过来的。现在还能看到上面印着北京师范大学的图章。

西北师大办学已经有一段历史了，应该有一个精神文化传统。西北师大是全国较早的独立设置的师范院校，有悠久的师范教育传统。这是非常宝贵的，也是很不容易的。我们应该很

好地开掘、继承和发扬这一历史传统。

西北师大现在在全国师范院校中排名已经比较靠后了。原因何在呢？其中既有客观的原因，也有主观的原因。客观的原因，主要是学校地处西北，地方经济落后，生活条件比较差，大家不愿意留在这里，人才留不住。这是一个方面。从主观方面来看，主要是学校办学思想、观念还比较落后。当年，我初到学校的时候，申请加入学校工会都很困难，久久批不下来。于此可见一斑。多少年来，我深深感觉到这一点。

三、对教育学原理教学、研究的看法

教育学是很难学的。我在北师大教育系读书的时候，听了四年教育系的课，我感觉到所学的内容空洞得很，没有什么东西。首先是中国的教授讲，讲来讲去没有讲清楚。然后，听苏联专家讲，也没有讲清楚。他们都没有触及教育的本质问题。所以，我认为，北师大开设的教育学课程算不上很成熟。从那时起，我逐渐意识到，这是一片“未开垦的处女地”，似乎大有作为。我认识到这个领域课程内容存在很大问题，我就对在这一块田地里耕耘有了信心。为什么这样说呢？因为，我从美国做访问学者回来之后，把美国的教育学和中国的教育学一对比，我认为，美国人的教育学思想也是不科学的。我和其他一些听过课的老师们互相交流之后，大家都说讲的内容根本没有实质性内容，没有触及教育的根本问题。所以，不要想当然认为从国外留学回来之后就一定是满肚子学问的。其实不是的。

《教育学原理》这本书，这可以说是我一辈子完成了这么一件事情，可算是我的一本代表作吧。这本代表作，支撑我思想的是文化学，是哲学理论，是我对宇宙宏观的哲学认识的结果。

二〇一六年，这本书荣获第五届全国教育科学研究优秀成果奖二等奖；二〇二一年九月，这本书又荣获首届全国教材建设奖全国优秀教材（高等教育类）二等奖。

四、最后要说的话

西北师范大学从一九〇二年发端到今天，已经走过一百二十年的历史道路了。今天，我们庆祝建校一百二十周年，躬逢这个盛会，我同参加庆祝百年华诞盛会时的心情一样，同样感到十分高兴和无比亲切。

我感到高兴和亲切并不是偶然的、没有原因的，主要是由我此生的经历所决定的，我今年九十五周岁了，我一生中有整整六十九年时间是在西北师大度过的，如果再加上我在北京师大四年的求学生涯，则在西北师大一百二十年的历史中，其中与我息息相关、命运与共、密切联系着的就有七十三年历史。

七十三年来，我学于斯、教于斯、歌于斯、悲于斯、希望于斯、坎坷于斯、生活于斯，也思考于斯。所以，正是在这里，成为我此生生活、历史的主要寄命时空之所在。我怎能不对这里所发生的人和事、环境、历史的种种变迁，甚至其中的一草一木的荣枯无动于衷呢？又怎能不对今天学校走上尊重学术，追求卓越的发展之路感到由衷的高兴呢？

Ⅷ 纪念我的外公外婆*

我时常会想起我的外公外婆，正如我也会时常念及我的父母和祖父祖母一样。当年和外公外婆接触、生活在一起的情景和有关他们的种种往事，常常会浮现在我的脑际。我今年已经九十岁了，远离家乡外出求学、谋生已经六十八年，但只要我一想起我的外公外婆，头脑里所出现的印象，就会显得格外清晰，种种情景栩栩如生，历历如在眼前，光景仿佛就在昨天。而且每一念及，我总会感到亲切无比，温馨难忘，好像仍然置身在他们身边一样。总之，几十年来，不管我离开家乡多久多远，我心中总会想着外公外婆，或者说，外公外婆总会时常在我的心间出现。

情况之所以如此，我想这很可能与我那时还小，尚处在童年和少年时期有关。一个人小时候所得的印象和留下的记忆，总会牢不可破，到老都不会忘记。一个人对年少时的亲身经历和亲眼所见、亲耳所闻的人和事可以牢记不忘，这在心理学上也是有理论可资解说的。起码我个人在这方面的经验也可证明这一点。

但是，心理学的理论也告诉我们：记忆是有选择性的，同样是少年时的亲身经历，有些会牢记在心，有些则不一定。我认为我对外公外婆的深刻记忆和深深思念，主要还是由于外公

---

* 此文作于2017年2月，原题为《纪念我的外公徐毓珪先生》，收入同年编纂的《后彰陈徐氏宗谱》中。

外婆和我之间客观地存在着直接的血缘关系。正是由于这一层关系，外公外婆对我的慈爱和关切照顾就会显得无比的真挚、无私和感人。而我也从小就体会到了这一点，使我从小在思想上、情感上就认定：我的外公外婆和我的祖父祖母一样，都是除了生我养我的父母之外的最亲最近的亲人。他们是我母亲的父母，正如我的祖父祖母是我父亲的父母一样，在我的身上是直接地流淌着他们身上血液和遗传的基因的。他们是我母亲的生命之源和生命之根。当然也就是我的生命的直接的根源之所在了。这种天然的血缘关系，注定了我从一生下来就开始接受来自他们纯然的关爱，使我从小对他们就具有了一种依存、依恋、亲近和归属的感情。俗语说得好："不是亲，不关心。"我对他们之所以每一念及就会感到亲切难忘，其主要根源我以为或许即在于此。这种情况其实也就是人们常说的饮水思源之意，并可印证有些人所说的"世上没有无缘无故的爱"这句话。

其实，不仅如此，在我来说，我内心的情感还要更复杂一些，除了那种自然因素的亲近亲切的感情之外，我的内心还对我外公深怀着一份更真挚的崇敬之情和敬爱之念。我以为我的这份对外公的崇敬之情和敬爱之念就不能仅用纯系自然因素来概括，而是一种深具社会意义和理性认知的结果。我忆及童年与少年时，在我的周围，不少人不仅知道而且也常常会说起外公那具有传奇色彩的身世和经历。许多人都会津津乐道穷苦出身的外公发家致富、财丁两旺、家业兴盛的故事。

"来时挑着两个小箩筐"，"挑着一副小篾兜来的"，这是人们谈及外公身世时常会说到的内容和话题。"两个小箩筐"是什么意思呢？这是指其全部的家当。"挑着一副小篾兜来的"又是什么意思呢？这是说他除此之外一无所有。这无疑也都是当时的实况。我就听我母亲说过，外公本是上阳人，是从距我家这里有六十多里路远的山里来的。来时仅十几岁。外祖父来时只挑了两个小箩筐也叫“小篾兜”来到后彰陈，人地生疏，举目无亲，上无片瓦，下无寸土，贫无立锥之地。为了吃饭、存活，他只能给人做工：打短工、做长工、种田、割稻、务农，与此同时也学会了各种手艺。他做过木匠、泥水匠，给人做家具、盖房子，会做豆腐，会做酒，做过小买卖、小生意，走家串户沿街叫卖。他真的什么活计都干过，什么苦都吃过，什么话都听过，什么白眼都受过，真是寒碜至极，也辛酸至极。其地位之低下，生活的艰辛可想而知。总之，为了寻觅生活出路，他不得不四处奔波，闯荡江湖，流浪漂泊，也到处为家。我就听父亲说起过外公，不仅到过宁波，也去过上海。因为外公曾对他说过，当年的上海还不如宁波好这个话。所以如此说来，当时外公到过的地方不少，见过各种场面，有过各种历练，他的生活内容还是相当丰富的。而凡事又各有利弊，即从另一方面看，这对一个年轻人来说，倒也不失为一个认识社会、学习知识、积累经验、增长才干的绝好机会。

生活的辩证法就是这样：环境越差，机会越大。事实恐怕也正是这样。种种艰苦的环境，使他从中激活了自己的思维，开动了自己的头脑，启迪了自己的智慧，开阔了自己的视野，锻炼了自己的意志，体悟到生活的真谛并开始有了自己的梦想和追求。种种生活实践，使得他懂得了人情世故，人间冷暖，世事沧桑，为人处世的道理。从此外公人情练达，能把握自己，使自己的精神不断丰富、成熟起来。外公不是平庸的人，不是一个随波逐流、自甘堕落的人，更不是一个无能之辈。他资质聪颖，志存高远，意志坚定，经过若干年拼搏和艰辛生活的磨炼，他决心走一条迎着困难而上的艰苦创业道路，从社会的最底层出发，走出一条属于自己的大道来。皇天不负苦心人，外公白手起家最终赢得了成功。

了解外公的这些身世，我不由得常会想起孟子说的那段名言："天将降大任于是人也，必先苦其心志，劳其筋骨，饿其体肤，空乏其身，行拂乱其所为，所以动心忍性，曾益其所不能"，并不禁从心底发出深深的赞叹和感佩之情。古语说得好："艰难困苦，玉汝于成。"外公就是从艰难困苦的环境和艰辛的生活中走出来的一个活生生的事例。

外公大概从上阳来到后彰陈七八年后，在他二十七岁时，娶得外婆为妻，开始有了家室的。从此，他有了一个温暖的家，有了一个生活的落脚点和停泊感情的港湾，也开始有了生活的乐趣、勇气和力量。外公和外婆的结合真是天作之合。他们志同道合，恩爱终生，美满终生，也幸福终生，伉俪情深，白头偕老。外公比外婆年长十三岁，他们结婚时，外婆也仅十四岁。外婆出身农家，是距离后彰陈村仅一里（五百米）之遥的下徐村人，没有读过书，不识字。但她很有见识，很有主见，也很有眼光。她不顾人们对外公的揶揄和奚落、鄙夷和嘲笑，认定外公将会是一个大有出息的人。在她面前，恶毒无知的中伤，损害不了外公什么；贫穷遮蔽不了他的俊美和不凡的气质；朴素的衣着遮盖不住聪慧的才智和高尚的人品。在众口铄金的包围下，她毅然决然地选择了外公，成为外公的终身伴侣、贤惠的妻子、得力的内助。外公外婆在十九世纪八十年代初结婚后，在后来的二十来年的时间里，一连生养了七个儿子。在二十世纪的第一个十年里，又一连生育了三个女儿。其中除有一个儿子被水淹死之外，个个都茁壮成长，个个都聪明伶俐。六个儿子中除最小的一个专务农业外，其他五个儿子，个个具有经济头脑，个个都是经商的人才，每个人都能独当一面，各自经营，各自打理，各开店铺，各自拓展自己的事业。他们长大成人，便成为外公已经从事的商业活动最得力的继承者、推进者和拓展者。

外公家也经营农业。我最小的舅父一生就是种田地，和土地打交道的。外公家里养牛、养猪，春播夏耘秋收，忙时雇过几个长工打理土地。外婆勤于持家，管理家务，采桑养蚕，使得家里男耕女织，男女老少个个不闲。但应该说，外公家的土地并不多，农业收入在全家经济收入中的比例不算大。全家经济的重心在商业。经商、开店、做生意，在这方面，其主要的标志是在洋埠镇上开设了商号为“徐恒茂”“徐恒盛”和“信昌”这几个招牌的商店，而尤以“徐恒茂”为最盛。这几家店铺几十年来坚持以诚信为本、价廉物美等经营理念和商业道德为宗旨，生意都做得很大，影响也大，名声也大，当然收入也很多。徐家的财源主要就是从这个渠道来的。

徐家的兴旺发达源于商业，源于经商。从空间上来看，主要源于洋埠这个地方。洋埠镇四周农村，在汤溪县的西北角平原地区，这里土地肥沃，灌溉方便，农民勤于耕种，精耕细作，农产品产量高，农村比较富庶繁荣。几百年来，这里一直是被附近许多村落的人群，视为购买日常生活用品的主要场所，同时这里也是各类农产品的集散地，还是人们休闲娱乐的中心地带。这里人烟稠密、人气旺，所以每天人来人往，熙熙攘攘，络绎不绝，热闹非凡。加之水陆交通方便，社会安定，经商自由，向来不受限制。有此基础和条件。地处众多农村包围的中心的洋埠镇也就繁华昌盛起来了。当年洋埠这个镇上，开设的中药铺就有十几家，肉铺十几家，茶馆十几家，米行七八家，南货店两三家，酱坊、酒店、百货、饮食等应有尽有，而且都生意兴隆、财源茂盛，人们生活富足，悠闲自得，一派自得其乐的景象。外公家生意越做越大的几十年也是外公家经济上大有发展大有收获的时期。这个时期，外公就有经济实力在后彰陈建造了“惟善堂”这座巍峨气派的大厅和大厅东西两侧和北侧三排房子，总数有几十间。这一大片建筑物的建成，标志着徐家的发展达到空前繁荣的高度。徐家此时屋宇宽敞，美轮美奂，子子孙孙，男婚女嫁，宗族繁衍，喜事连连，欣欣向荣，财丁两旺，蔚为大观，也从此广为人们注目和称羡。

回望外公一生的经历及其一家的历史发展过程，我以为除了外公本身的聪明才智、内在的优良的品行素质外，这一家的发展，其主要因素即如我上面所述，当时洋埠是个纵横几十里的农村经济发展中心，为当时商业经济的发展提供了广阔的天地，同时外公有了一帮年轻有为、聪明能干、善于经商的儿子们，还有了一个贤惠勤劳的内助——外婆。正是由于这些条件，外公发家致富的梦想实现了。这些条件对于外公一生的事业和追求来说缺一不可。

回顾外公一生所走过来的道路，特别想起他发家致富的过程，我父亲回忆说外公曾给他说过这样一句简要而又明白的话：“说起来，也快。”为什么快呢？就是因为经营了商业、开了店铺，走了一条积累财富最快的渠道。这是很重要的一条。其次，是因为在从事商业活动的过程中，得“天时、地利、人和”，即在时间、空间和人员条件上都获得很好的机遇和条件。同样经营商业的人，能否获得发展靠的就是这三个方面的条件了。

外公故世已经七十年了，当年开设的商店“徐恒茂”“徐恒盛”和“信昌”这几个店铺的名称，早已成为历史。一九四七年后出生的徐家后人，没有见到过他们的太公、太婆或太太公、太太婆。“徐恒茂”“徐恒盛”“信昌”这些名号，不仅没有见过，听说过的可能性都不会太大了。他们不能想象当年洋埠镇上的景况，更不能想象这些店铺的场面有多大。对他们来说，徐家的家史，几代人的奋斗经历始终是一团历史的迷雾，也不能想象我的外公外婆的相貌和为人等方面的情况了。我作为一个过来人，作为外公的一个外孙子，在这里向外公的后人们作些这方面的回忆和言说，想来可能也不是多余的吧。

前面说到，外公外婆结婚后，从十九世纪八十年代初开始，一连生育了七个儿子，后又一连生育了三个女儿。我的母亲徐小香是外公外婆的第二个女儿。上有其姐徐凤香，下有其妹徐妹妹。“妹妹”既是小姨娘的乳名，也应是父母和众兄长对这位最后出世者的亲昵爱称，恐怕也是她毕生唯一的称呼和名字了。

我的母亲出世时，外婆已四十多岁，外公也已五十五岁了。我生于一九二七年，等我稍懂事和对世事有所记忆时，已是二十世纪三十年代初了。而这时的外公外婆已分别进入人生的老年阶段了。所以留在我记忆中的均是这个时期的外公外婆，他们都已是耄耋之年的老人了。但那时的外公腿脚利索，走路轻快，身体硬朗，不仅每天往返洋埠轻而易举，而且还到过永康方岩进香，往返三四天。外公穿着朴素得体，布衣布裤，布鞋布袜。冬天头上戴的一顶黑色的包子帽。举止稳重，小声说话，和气待人，从未见他疾言厉色。平日稍喝一点黄酒，但从不过量，很有节制。八十岁前后的外公身体很好，从没有听说过外公生病吃药，脸上也从无病容。外公估计年轻时有一米七十到八十厘米。老年的外公，五官端正，看得出来，他年轻时定然英俊挺拔，一表人才，一脸慈祥。外婆身体也好，有些肥胖，慈眉善目，一团和气，一脸福相。外公饮食均由外婆操持照顾，关怀备至，体贴入微。

据上陈表姐孟丁说，外婆对我母亲尤为怜爱。几乎每年都要把母亲接回去和她同住一两个月。在我入学校读书前，母亲每次就把我带在身边，母亲与我和外公外婆同住一室，两张床连接一起，每天晚上他们躺到床上就和我母亲交谈聊天，彼此叙说一些事情，交谈一些情况。外公常会向我母亲问及我家和我们地方上的一些人和事。正是在这时，外婆在生活上对我有较多的照顾，并给我留下些许美好的记忆。我和我的两个弟弟不一样，我从小就跟诸表兄弟一样，称呼外婆不叫“外婆”，而叫“嬷”（奶奶的意思）。

从我懂事之时起，每逢正月，我们家到外婆家拜年就是一件大事。外婆约定我们每年正月初四这天去。开始时，仅我父亲带我去，后来两个弟弟长大了，就四个人全去。这天既有我们全家，也有大姨娘、小姨娘家，表兄表妹们都去。这样既方便外婆对我们的接待，也有了和表兄表妹们见面的机会了。到了外公外婆家，家乡的传统风俗，一般摆在桌子上招待我们的除了茶水、糕点外还有煮熟的鸡蛋。并且一开始就请客人吃两个鸡蛋，然后端上来的就是每人一碗汤团，大概一两个小时后，便请大家上桌围着外公外婆吃一顿丰盛的午餐。

记得有一次当我们正在兴高采烈享受着外婆早就作了充分准备的各种菜肴美味时，外公脸朝着外婆触景生情地说：原来说是只生了些儿子，现在你看，外孙都一群了。说罢，外公脸上堆满了笑容。我每次到外公家去拜年，这两只鸡蛋是必吃的。而外婆就坐在一边帮我剥鸡蛋壳，这种情景至今清晰难忘。

但是和外公一起吃饭，我们也要遵守外公一再提醒教导过的规矩，那就是必须把自己碗里的饭粒吃干净。哪怕是掉在饭桌上的米粒，也要捡起来吃掉，不许浪费一点粮食。外公对我们的这种教育，我们终生记住也终身受益。也就从那时起，我们就非常懂得珍惜粮食，吃的东西是从不浪费的。

说起外婆给我煮鸡蛋，吃鸡蛋，剥鸡蛋壳的事，我这里不由得记起下面一个要说的场景：一九四二年五月，日军侵扰金华，我的家乡沦陷三个月，大概当时的时令已到初秋时期。为此，从后彰陈避居到上阳并在那里住了三个月之后的外婆回到后彰陈家里，我正为此前去看她，祖孙重逢，不胜欢喜。一般来讲，我的外婆都要为我做好吃的点心的，诸如炒粉干、包汤团之类。但这次不同，大概也是刚从山里回来，手里没有什么可做的东西，于是，给我煮了一大碗鸡蛋摆在我的面前让我吃。外婆就一边给我剥鸡蛋一边和我说话，外婆竟然不知不觉地一连给我剥了六个鸡蛋，我也就和她边说话边吃，也竟然一口气吃下了这为我剥出的六个鸡蛋。回到家里，我和母亲说及此事。说嬷从上阳回来了，我去看她，她煮鸡蛋给我吃，你猜我吃了几个？竟一连吃了六个鸡蛋。所以今天晚饭我就不用吃了。说到我到外婆家，都要为我做好吃的点心的事，我这里还要顺便说几句相关的话，这就是凡去她家的客人，她都一律对待，而非仅对外孙如此款待。譬如逢年过节，为我家送东西到外公外婆家走动的长工们，也均会受到同等待遇。因为他们本来都是平民，也从寒微出身，对待一切从事实践活动的赚生活的人，只会表现得更亲近和亲切，而绝不会有任何冷淡和歧视的态度的。他们对前来的客人一视同仁，一体对待。在他们眼里，大家都是人，不分高低贵贱，一律都是平等的，一样的，在行动上也绝无庸俗的势利的眼光出现。我就听我家的一个长工对我说过这样一些话，我今天到后彰陈你外公家，你外婆真是好人，一边给我倒茶让我多坐一会儿，一边洗手给我做点心，你猜她给我端来一碗什么，满满的一碗肉丝炒粉线（也叫粉丝，当地人叫粉线），真的把我吃撑了，那个好吃，就不用说了。他给我说了此事后，又说了这样两句："唉，这样的人，世上难得！这样的人，世上少啊！"

二十世纪三十年代，外公外婆住在厅的西侧，在摆放饭桌的墙壁上方，常会挂着一些名人字画，其内容如《朱柏庐先生治家格言》等。但有一年我看到新挂出的一幅是唐太宗的《百字箴》。内容为"耕夫役役，多无隔宿之粮。织女波波，少有御寒之衣。日食三餐，当思农夫之苦。身穿一缕，每念织女之劳。寸丝千命，匙饭百鞭，无功受禄，寝食不安。交有德之朋，绝无益之友。取本分之财，戒无名之酒。常怀克己之心，闭却是非之口。若能依朕斯言，富贵功名可久"。外公指着这幅中堂问我上头的字认不认得，会不会读。我因读过这篇《百字箴》，而且还背诵得出，便对外公说会的。于是我熟练地读了一遍，外公听后连声说不错不错，很好很好。这事我现在仍然记得很清楚。

外公积德行善，修桥铺路，热心公事，这在当地是有口皆碑，大家都知道的。一九四二年，日本人侵袭故乡，三个月后撤退时，大肆破坏，放火烧毁了洋埠镇，也炸毁了下徐的一座石桥，给行人带来极大不便。据我所知，后来出现的这座新搭建的木头构造的桥就是外公独自承担建造起来的。同样在日本人退走后的一九四二年下半年，我家考虑要给已年届六十六岁的祖母做一副寿棺，外公得知此事后，积极参与其事，这副棺材从形状设计，采用何种木料到整个请人制作的过程，外公都每天要来我家看看，直到这项制作工程结束。然而外公从来未在我家吃过一顿饭，哪怕是到了中午或晚餐时分，我们家也留不住他，他总要固执地回后彰陈家中去吃饭。因为他和外婆共餐，已是几十年的习惯。

除了正月初四，我们要去后彰陈外公家拜年，和他们团聚外，还有正月十三这天，一般也是要去的。因为这天是后彰陈村迎龙灯的日子，我们每逢这天便会前去“看灯”，凑热闹的。但除此之外，我们这些外孙去的机会就不多了。特别我上了学，离家出外读书期间，就很少专门去看外公外婆，和他们相聚叙谈了。尽管我们家离外公家仅一二里（五百米至一千米）路之遥。

二十世纪的二十年代，外公外婆的三个女儿和他们孙子一代都先后成长起来，到了婚嫁年龄，我的母亲三姐妹就是在这期间婚配的。我的大表兄徐春潮也是在这段时间结的婚。于是男婚女嫁又成为徐家常会碰到的接连不断的生活课题，外公外婆又要为此操心和操办起来。当年的情况是，几乎每隔一二年就要办一回喜事。每办一回喜事，又总宾客盈门，大摆筵席，大宴宾客，排场是很大的。关于此类事，现在回忆起来，外公在我的头脑里留下第一个最清晰的印象是一九三五年表哥徐春松结婚时的情景。这天厅堂布置一新，摆满了或圆或方的各类桌子、凳子。人们欢天喜地聚集在厅里，或等待着看拜堂，或为办此喜事走动着、忙碌着。而外公也穿着一新，头戴西瓜帽，身着长衫，兴高采烈地站立在大门口，等候着一大群从洋埠等地来庆贺的客人。我记得很清楚，等这些客人一踏入大门时，外公向这些客人作长揖以表达欢迎和感谢。外公作揖时合拢的双手高举，超过了自己的头，然后躬身作拜，反复不已。春松表哥结婚拜堂的场面，我自然也是夹杂在人群中的一员，是亲眼所见了的。但此场景比之外公在大车门口作揖迎宾时留下的印象，倒不如前者深刻难忘。

外婆于一九四五年下半年去世，享年七十八岁。据我母亲说是因重伤风去世的。所谓伤风，也就是我们今天说的感冒，重伤风也就是重感冒了。外婆去世后，外公深怀悲痛，终日闷闷不乐，郁郁寡欢，少言少语，在失去了自己这位最亲爱的贤妻伴侣之后，外公在生活上就失去了主要的依靠，看得出来他精神上是很感痛苦和难熬的。

外公故世于一九四七年，哪个月我记不清了，算来比外婆晚走一二年，享年九十三岁。据母亲说，外公故世时并没有生什么病，是安详地走到了自己生命的终点的。这种情况，正是人们常说的寿终正寝，无疾而终。

外公外婆的墓地在离后彰陈村约七八里（三千五百米至四千米）路的邵家村。这个邵家村在十里坪的边上。离龙游著名风景区三叠岩很近，但人们说的是汤溪话，生活习惯和汤溪是一样。一九四八年过旧历新年前母亲就告诉我，正月初一，几位舅舅约定这天一起到邵家村给外公外婆上坟拜年，要我也一起去。于是，我于是日遵命从家里出发，经下徐一路前行到了那里，和诸舅一起举行烧香祭拜。然后又和诸舅在当地一农家一起吃了一顿中饭回家。这是我第一次到外公外婆的安息地，第一次见到建造得规模宏大、巍峨壮观的外公外婆坟墓，也第一次为他们上坟跪拜叩头致礼。

二〇〇七年一月，在我回乡期间，我择定一天专程前往邵家村看看已经近六十年不见的外公外婆的坟墓，去给两位先人上坟、祭拜，总算完成了我长期要践行的一个心愿。我事前就备好了香烛、鞭炮、酒食等，乘一辆汽车前往。但那天天公不作美，起先天气倒还晴朗，一过湖镇向南行时，天就下起雨来了，但我行礼一切如仪。在祭拜过程中，随着响起鞭炮的响声，走出家门的当地的几位村妇问起我们是外公的什么人，我告诉她们是外公的外孙，多年没有回家了，这次回家来，也是专程来此上坟祭奠的。其中一位乡亲说了一句话："啊，是外孙，是真有良心啊。"关于在邵家村的外公外婆的坟墓，此前我还听说过，当地唯独外公外婆的坟历经几十年未受到破坏，其原因就因为在当地乡亲的眼里，躺在这座坟里的两位老人，特别是外公徐毓珪先生，是一位远近闻名的好人、善人，他们不以这座坟墓占用了他们的土地而对这座坟墓心存戒心或心怀不满。相反，他们倒以这位享誉各方的好人、善人的坟墓建在他们的村落里为幸事。所以多年来，许多人坚决保护此墓，让它继续存在，不受破坏。我听了这个故事是很受感动的，深感深藏在民间的这种明辨是非善恶之心是多么可贵和多么值得珍惜！也深为我的外公外婆生前之为人处世能受到如此善良正直百姓的肯定、认可感到由衷的欣慰。他们是真正地活在了人们的心里的啊。我也联想到我的外公也会为此而含笑九泉。这次去给外公外婆上坟扫墓，除我之外，还有我的侄子立芳和我的女儿胡昊。为祖先上坟扫墓对她来说是生平第一次。

其实，到大邵坪去为外公外婆上坟扫墓，我留居在家乡的三弟德华早就已经这么做了。我的二弟德南于二〇〇一年三月十五日从上海给我写的信中告知，这年（二〇〇一年）正月初八，德华弟就骑一辆自行车去了大邵坪给外公外婆上坟拜年，说他还想到清明节前后再次前去扫墓，并拟对坟墓作些必要的清理和修整。德南还在信中说："这是很好的事情，代表我们尽了一份心愿。”所以，我也要把这个内容记述在此。

在这封信里，德南弟还告诉我以前我并不知道的有关他和外公的一件事。信的原文如下：

> “还有一件往事，快过去六十年了。那是一九四二年日本鬼子来的那年夏天，我们正在‘原石畈’稻田里割稻，那天我被日本兵抓去给他们提那些被他们抢来的鸡什么的。到了后彰陈，那时只有外公一个人在家，日本人想残害老人，情况很危急，是我比比划划使日本人没有伤害外公，再由我把外公转移到安全地方的。后来日本人退了，舅父们知道了此事，直夸我懂事。”

这件七十五年前的往事，我现在也要把它抄录补述在这里。以使后人能知晓此事。

自一九四九年我离开家外出求学谋生，至今六十八年的时光中，我先后回去过几次，但这几次时间加起来尚不到一个月。然而，我每次回来都会想到去后彰陈走一遭，看看舅家诸亲戚故人。一九八一年三月我趁到福州开会之机，回家住了两天，这期间我去了洋埠，也去了后彰陈，看了二舅母、三舅母，也看了大表嫂，并在洋埠的坟茔集中地，从众多的坟墓中找到六舅父的坟，为他烧了香纸，以寄托我的思念之情。我在后彰陈见到了多年不见的大表嫂，留下的印象尤为深刻难忘。她依然那样热情、贤淑、善良、聪慧、亲情浓郁，令我十分感动，我至今都怀念她。在这次后彰陈之行中，我也和春荀、春柏两位表兄见面谈了话。春荀当时说的一句话我现在都还记着。他说，现在回来已经没有什么味道了。是的，情景是大大地不同了，今昔之别是十分显然的，今昔之念也会油然而起，毕竟物是人非。不仅如此，甚至物也不是原来的物的样子了。但我当时对他这么说：我们见见面也是好的，不要说吃什么、招待什么这些话了。果然，待我于二〇〇三年十一月再次踏上故乡的土地时，大表嫂、春苟表兄等早已不在人世，我们再也见不到面了。

现在把话说回来，我每一念及我的外公外婆，除了内心的亲情之外，还总怀有一种深深的崇敬感、敬重感。我崇敬什么呢？敬重什么呢？说来也很简单，我敬重他们的地方就在他们的为人、他们的处世、他们的待人接物上，正是在这些方面，我从小得到的印象，认定我的外公外婆都是真正的好人、善人。后来，随着年龄的增长外出读书和工作，我走南闯北，到处奔波，走的地方多了，经的事多了，见的人也更多了。放眼世界，纵观历史，深觉世间精彩精粹良多，感人至深的人和事不少，值得去追求的真、善、美的东西大量存在。但也觉得经世不易，真正的好人、善者不多。故思今追昔，想到外公一生的立身为人为事，如此堂堂正正，如此磊落光明，如此与人为善，行为正直，如此人格高尚，德性纯净，如此思虑清晰，精神崇高，灵魂高贵，真是难能可贵。也可说，这些是可遇而不可求的人和事了。不能说叹为观止，至少也应说是人间少有的了。虽然我的外公外婆都是平凡的人，都是普普通通的人，他们不识字，或识字也不多，没有做过轰轰烈烈的惊天动地的事业，没有为国家、社会建立过什么丰功伟绩，他们和一切普通人一样，也都结婚生育后代，也都成家立业，也都想发家致富，追求生活的幸福，但他们也追求道德高尚，行为光明。他们的正直为人赢得人们的崇敬。他们一心想着他人，赢得广大群众的赞许。他们的德性使后人为之感到满足、充实、自豪，并认为是祖宗遗留的最崇高的德泽。这是一份最宝贵的精神财富。我对外公的思考集中起来，也仅如此而已。而这些都是经我独自接触、观察和思虑的结果，也是我对外公所持的一种理性的认知。按佛家的说法，社会上各种人际关系的出现都是一种缘分。我和我的外公外婆的相遇，同样是一种缘分。只是当我想到和外公外婆之间有这种缘分时，我为此感到满足、充实和自豪。

外公外婆都已进入历史，他们的第二代即外公外婆亲生的十个子女也早已离开人世，就是他们的第三代尚留人世的也所剩无几了。

时移世易，岁月荏苒，世事沧桑，人事代谢。天高地阔，盈虚有数。令我思之，也令我感慨不已，思绪万千。我写此文当然主要是为了纪念我的外公外婆，然而也要在此对一切已故的徐家亲故们寄托我的深沉缅怀之情和思念之意。

Ⅸ 志行高洁、倾心丹青的人生印记*

本画册作者吾妻蒋小素，生于一九二七年八月七日，卒于二〇一六年七月十四日，享年九十岁。小素一生从教，以教师为职业。生前为西北师范大学教育学院副教授。

小素籍贯四川成都，一九五二年毕业于西南师范学院（一九八五年更名为西南师范大学，二〇〇五年与西南农业大学合并为西南大学）教育系，毕业后即分配来兰州工作，自此，暌离家乡，在西北兰州工作生活六十有四年。

小素从事教育工作，尽职尽责，备课认真，讲授清楚，深受学生欢迎。所撰写文字，字迹清秀，斐然成章，颇见功力，为常人所不及。平日以读书学习为乐，清心寡欲，心无旁骛，无所他求。秀外慧中，思虑清晰，每言大事，均有见地。自幼对书画艺术乃至音乐情有独钟。退休后，对丹青事业尤其是山水国画，倾心不已，学习、临摹、观赏、作画，每日孜孜不倦，乐此不疲。其书画作品，亦有较高水平，酣畅淋漓、胸中丘壑俱现笔端，亦不难窥见其清白静气及内蕴灵性之高雅气质。故辄为见者所喜爱，识者所称道。今年七月十四日乃吾妻辞世三周年之日，值此之时所以印行此画册者，既在向诸亲友及社会展示吾妻多年来为此所曾付出之一片苦辛与若干劳积，亦在借兹对吾妻表永久纪念之意也。

---

* 此文系作者为《蒋小素画集》写的前言，作于2019年5月18日。

附录

Ⅰ 西北教育的“胡杨魂”
——胡德海先生读书、教书、著书的人生追求*

赵宝巾（采写）

生长在江南水乡，却扎根于西北黄土高原，献身师范教育六十余载。

甘于清贫，心无旁骛，潜心学术，为教育学术传薪播火，奉献毕生。

孜孜以求，勤奋耕耘，专心育人，九十二岁高龄依然著书立说，将毕生的智慧和心血都献给了教育事业。

一部巨著《教育学原理》滋养了几代教育理论工作者，浸润着无数人的教育理念和教育实践。

…………

一生执着学问，教书育人，学而不厌，诲人不倦，坚守的人生信念：自爱、自尊、自立、自强；爱人、尊人、立人、强人。矢志不移，勤勉不怠。

他，就是新中国教育科学发展史上老一代教育学家的杰出代表——胡德海。

* 此文原载《西北师大报》2018年8月30日。

一组陈旧的书柜里，整整齐齐地摆放着一摞摞泛黄的书；一张极简的书桌上，有胡德海先生随手翻开的几本最新的《教育研究》《中国教育科学》等杂志。

先生家里陈设十分朴素，没有一件高档家具，没有任何现代装饰，常人都很难相信这是一位著名学者的家。

他指着书架上的《教育学原理》说："六十多年来，这是我于教育学自己的思考和感受。"

这本五十余万言的鸿篇巨制，先生花费了十年时间去完成，而思考与研究则长达四十年。到今日，这部巨著问世，流行于中国教育学术界已垂二十年。

"改革开放初，我也曾经不止一次地问过自己，我应该为教育学在中国这个新时代做些什么？"胡德海内心笃定要为教育学"争"一席之地，使之在中国学术界，不仅应有一席之地，而且应当是其中的一门显学。

在胡德海看来，中国学术之林中，教育学不应只是一棵一般的树，而应是一棵挺拔高大乃至枝繁叶茂的参天大树。现时代需要教育，现时代的教育也需要这样的教育科学。

正因为如此，学者们在其中正可大显身手，大有用武之地。

但从著作本书的根本原因来看，则可以说完全是胡德海为亲身感受到的不堪的教育理论状况所激发，也是他对教育学问题作出了一系列思考的结果和回应。

"我之所以要对教育理论进行探索与研究，之所以在这个基础上要著作一本叫《教育学原理》的书"，他认为这是时代赋予他的使命和责任，名正言顺，理所当然，义不容辞。

思考教育学，这是一个大题目。众所周知，教育从来都是人类所创造的文化赖以传承的一种手段，它不论对社会的个体或社会群体都是生存与发展的不可缺少的工具，它和整个人类历史的命运息息相关。

胡德海对此充满自信，甚至胸中还隐然有一种“振兴教育学术事业，舍我其谁”之概。激情在胸，意气风发。

“谈论教育，要有文化的眼光。”在他看来，纵观人类社会，除以人的存在为其前提条件外，真正堪称与社会相始终，社会之永恒现象的，只有文化的创造与文化的传承此二者，而教育即是人类文化传承的一种手段。

“这种观点、见解，贯穿在我的《教育学原理》一书之中，也反映在我的其他教育论著之中。这就是我个人的文化教育观，或称教育文化观。”胡德海的教育理论能被整合成一个体系，靠的就是文化学、人类学和哲学等人文社会科学所给予的这种更宏观的学术视角。

面对后学者，胡德海有言：功夫在“诗外”，放开眼睛看世界，才能真正有今天的学术，也才能谈得上有真正思想的学术和有真正学术的思想，必须善于依靠哲学之力，不断吸收其他人文社会科学乃至其他一切科学的最新研究成果，以此来营养自己，使自己不断丰盈充实起来。

眼界决定未来，胸怀包容天下，学问文章，当以四海为量，千载为心。这就使胡德海先生站在了一个时间和空间的高点俯看一切。

这也正是这部堪称新中国成立以来集大成的和最具创造性的教育学原理著作之所以成为经典的真正原因所在。

“水通南国三千里，气压江城十四州。”浙江金华，风景秀丽，文风兴盛，人杰地灵。九十二年前，胡德海先生即生于斯，长于斯。

时光倒转。二十世纪三十年代，少年胡德海的故土。

当时正值国难当头，日本帝国主义黩武穷兵，大举侵犯中国，在那些战火纷飞的岁月，“逃警报”一时成了他们这些小学生的生活常态。

胡德海就在这样的战争氛围里读书、成长。

时代的风云，也正如胡德海学过的一支歌所唱的那样，时时拷问着他那颗年轻稚嫩的心：

> “往，吾愿往，国民义务不退身。全身勇气，一片诚心，小兵也愿当。”
>
> “为何要国？为何要民？想，大家想。人人怕死，人人偷生，国谁支撑？”

这些激昂慷慨、斗志昂扬的抗日歌曲，让他壮怀激烈、热血沸腾，曾使当年还是少年的他内心燃起从军报国的热烈情怀。

读书不忘救国，救国不忘读书。“吾十有五而志于学”，正义的“种子”就在那一代有志青年的心中悄悄发了芽。

素有“南金北扬”之称的金华中学更成就了胡德海一生的志业。“至乐莫如读书”的人生理念始终鼓舞着他，并且他在那里打下了文理科坚实的知识基础。

因此，每每念及金华中学，一个和谐、自由、宽容、美丽、极富人情味和人文气息的色调就会出现在胡德海的脑海中，使他感到温馨、宽慰与满足。

他也从此把古人所说的立德、立功、立言视为人生最崇高的境界，想走一条道德人生、文化人生、知识人生的路。

而这一切，只有当老师这条路最符合他的心意。同时，教师是一种大有益于社会、人群的职业，这也是他对于社会的一种“道义”担当。

他坦言：想到当教师，可以终生与书结缘，这是实现人生价值的最好选择。

从此，他的一生与“书”结缘。读书、教书、著书成了他人生的基本轨迹。

一九四九年九月中旬，一列火车载着胡德海的“梦想”前往首都。他从此远离故乡的青山绿水，如愿进入北京师范大学读书求学。

雄壮巍峨的城墙，红墙绿瓦的故宫，北京幽深古朴的文化气息扑面而来。北京的一切，都让他感到新鲜和振奋。

十来天后，即一九四九年十月一日这一天，中华人民共和国成立。而他，也就成了新中国成立后入学读书的第一届大学生。

“学习，学习，再学习！”“中国应当建立自己的民族的、科学的、人民大众的新文化和新教育。”“随着经济建设的高潮的到来，不可避免地将要出现一个文化建设的高潮，中国人被人认为不文明的时代已经过去了，我们将以一个具有高度文化的民族出现于世界。”如今，胡德海依然忘不了母校北京师范大学当年“走心”的迎新礼物——三个特殊的书签和上面的这些话。

“因为想到我们是学师范的，将要来到的文化建设高潮正等待着我们为之献身……我们在这个新时代里将会是大有作为的。”胡德海内心为之激荡不已。

对于这些印在书签上的话，他既感到新鲜，又觉得兴奋，更觉得受到鼓舞，便立志为新中国贡献智慧和青春。随之而来的便是他在教育学专业领域一以贯之地潜心学习与钻研。

“教育是什么？教育作为一门学科应该有怎样的体系？”带着这些疑问，胡德海开启了他的“梦想”求索之路。

“一学期学习下来，我觉得没有从理性上获得对存在于人类社会中的教育系统完整的认识和把握。”于是，除了正常上课，胡德海开始“泡”图书馆，潜心在图书馆读书学习，努力求索。

每天早去晚回，一条板凳坐到黑。胡德海在这里如饥似渴地吸收着珍贵的精神营养，沉浸在那个崭新的知识海洋之中。

“我们教育学的尊严从何谈起，从何而来！”这是胡德海对自己的要求，他一定要从教育的理论探索起步，让教育学在中国有自己的特色和尊严。

边学习边思考，边研究边探索。慢慢地，他的视野有所扩大，心胸有所放开，思维有所提升，对知识、学问的求取之道，也有了一种“登高望远”的感觉。

懂得宇宙之宏大，知晓自身之渺小，明白芥豆之细微，知晓自己之价值。

这份对教育学专业的“执着”和“挚爱”一直激励着他，使他在这条道路上坚毅前行并取得了丰硕的成果。

在他看来，这便是所谓大学之所以“大”的真义所在。

在“学习，学习，再学习”这条求知求索的路上，胡德海一直坚持着“思考，思考，再思考”的人生原则。

因此，读书和思考始终伴随着他，成为主导他几十年教书、著书生涯的一根主线，乃至他此生精神生活的主流。

一九五三年，一纸派遣文书，一列由首都开往兰州的火车，把学有所成的胡德海送往大西北，让他一生和这里结缘。

在胡德海眼中，读书是与古今圣贤在心灵碰撞中远离愚鲁、获取智慧之钥的捷径；读书是气定神闲、有滋有味的生活方式；

读书是医治人格矮化、文化侏儒症的醒神良药。读书，应如呼吸、穿衣、吃饭一样，成为一种融入生活的自觉习惯。

在胡德海家的写字台下嵌着一句赫然醒目的话："求名在务实，益智在勤学；随波而逐流，虽贵亦为辱。"

不因现实复杂而放弃梦想，不因理想遥远而放弃追求。即使在那段坎坷岁月，他仍然秉持不降其志、不辱其身的立身原则，丝毫没有动摇过此生求知求真的信念。他始终胸怀正气，直道而行。

正如他所言："历史终归是历史，我的正直之躯始终是笔直的，不稍弯曲的。"

日月重光，否极泰来，五十岁的时候，先生重获"自由"，回归他挚爱的讲台，迎来了学术研究的春天。先生对我国教育中的现实问题直言不讳，充分发表意见，表现出一位教育学者真正的胆识与智慧。

一九七八年至一九八〇年，先生在当时的外语系工作，给学生们上公共英语，每周二十四节课，却乐此不疲。他笑谈："在外语系工作的那两年，虽然教学任务重、上课多，但心情很愉快，同事之间相处得都较好。"

一九八〇年，那时的西北师大（当时为甘肃师范大学）不仅恢复了教育系，也新成立了教育科学研究所，胡德海回归"本位"，干起了"专业"，给当时教育系三年级的学生开设了"比较教育"课程。

从此，学子们的"福祉"接踵而至，能聆听到胡德海的"教育经济学""教育学原理""人生与教师修养"等堪称经典的课程。

他自己查阅资料，编写讲义，兢兢业业，任劳任怨，在甘肃省高校师资培训中心讲授“人生与教师修养”课程十年，更为西北师大教育学院的本科生、硕士生、博士生们上课，可谓劳苦功高，但他从来都只是认认真真做事，不求任何名分。

一九八六年他曾以访问学者身份在美国康涅狄格州州立大学教育学院讲学，考察美国教育一年。其间被康涅狄格州新不列颠市授予荣誉市民。

二〇〇二年，他被聘为西北师大教育学原理博士生导师，连招五届博士生，为学界培养了十一名专业人才。

此后几十年里，他一直为教育学院的博士生们上“教育学原理”课，直到八十六岁的时候，才离开教学岗位。

他用自己的一生诠释着教师这一职业的真谛。

书生报国，唯有道德文章。

六十余载，胡德海潜心研究，笔耕不辍，为教育科学理论的发展作出了重要贡献，先后出版了《教育学原理》《教育理念的沉思与言说》《人生与教师修养》《雷沛鸿与中国现代教育》《陇上学人文存·胡德海卷》等著作。

教材，是学界最被认可的“名片”。学教育的人，对“胡德海”这个名字一定不陌生——他撰著的《教育学原理》是一部受到广泛好评的高等院校基础课教材，被誉为教育学理论学习和研究的“导游图”和扛鼎之作。该书出版后，先后荣获第四届国家图书奖提名奖、第一届全国教育图书奖一等奖、中国教育学会“东方杯”优秀科研成果一等奖、第四届中国大学出版社图书奖优秀教材一等奖及第一届甘肃省优秀图书特别优秀奖等国家级大奖和省部级奖多次。二〇〇五年，此书还入选教育部学位管理与研究生教育司推荐的研究生教学用书。他编写的《雷沛鸿与中国现代教育》于二〇〇二年在第七届中国西部地区教育图书评奖会中，荣获汉文教育图书一等奖。他编写的《人生与教师修养》主要理论来源于中国传统文化。中国传统文化悠远博厚，基础坚实，其中心思想崇尚宽仁和谐，这部专著对青年和教师成长都有很大的教益和帮助。几十年来，胡德海撰著的这些教材广为传播，深深地影响了几代人的教育观和价值观。

数十年如一日，勤勉著述，讲学不辍，不妄言，不遮掩，求真务实的作风溢于言表，弥漫于字里行间。

胡德海留给弟子们印象最深的就是立身正直，勤勉治学，自强不息。

“大师总是有故事的人。先生就如同一部书，每一页都是精彩的。”他的学生这样说他。

江西广播电视大学副校长钟志贤在论先生的学术品格时谈道：“不论你来自什么专业，他都能和你对话，如果你的‘对话’水平与你的专业不太相称，先生就会不客气地说，你是专业出身，不应该只有这么点见识。他在这方面的声名，早在我们正式接受先生的教诲前就传开了，以致在以后的学习生涯中，如果有哪位同学很喜欢卖弄一点所学，我们就会善意地开玩笑说，最好是找胡先生印证一下你的‘武功’。更有意思的是，由于胡先生对我们存在的问题‘拿捏’得奇准，我们私下尊称胡先生为‘胡一刀’。”

他将追求真理作为自己一生的奋斗目标与研究旨趣。这里既有对现实的冷峻思考，又有对历史的回望总结，还有对未来的美好展望。

胡德海在国内教育界久负盛誉。我国著名教育家顾明远先生认为胡德海“一生勤勉好学，为人淳朴，常有创新之见。在大学期间，他就是我们班的佼佼者。如果他同我都在北京，也许今天更多人知道的是胡德海，而不是我顾明远了。”

扎根大西北几十年，在教育领域悉心耕耘，培养了大批博士和硕士研究生，在国内教育界享誉甚高，堪称是西北教育领域的“胡杨树”。

亲炙过胡德海教诲的弟子们都说，先生是西北荒漠中的“千年之魂”——胡杨树。他的人格魅力，对每个有志于完善自我、奉献社会的学子来说，都是永恒的感召。

如今，九十二岁高龄的他仍不遗余力地研究教育文化。胡先生说，研究教育学是有方法的，既要站得高，又能钻得深，大至宇宙，也要深入到人，研究人性、研究人心，用人、人性、人心和人心产生出来的文化来解释社会和历史。

“读书、教书、著书，立德、立功、立言”是胡德海一生的追求。

作为西北师大发展的见证人，在这里，他曾有过无奈和身不由己的时候，想发挥作用而没能发挥作用，这是时代使然，但他始终坚守理想，认真读书，认真思考，一如既往求真求知。

他也始终对这所高校充满感情。因为，几十年的生活，这里就是他的安身立命之所，他在这里，他的事业也就在这里，他整个学习思考都在这里。他希望西北师大越办越好，在整个西北部乃至全国都成为一所名副其实、卓有实力的学校。

Ⅱ 胡德海：教育之学 人生之思*

高闰青（撰写）

胡德海先生是我国当代著名教育学家。他一生以教师为职业，读书、教书、著书，与教育结下不解之缘。自一九四九年起，他开始从事教育学专业的学习与研究，至今已过去了七十年。七十载峥嵘岁月，他见证了新中国教育学的发展壮大，在教育学原理、中国传统文化、人生哲学、教育史学等领域辛勤耕耘，著有《教育学原理》《教育理念的沉思与言说》《人生与教师修养》《雷沛鸿与中国现代教育》《陇上学人文存·胡德海卷》等学术代表作。其中《教育学原理》一书，被誉为教育科学理论发展史上的“扛鼎之作”。

二〇一八年十一月，九十一岁的胡德海先生在一篇文章中深情写道：“读书、教书和著书，此三者在我的生活中是有机结合在一起的……读书是为了教书，是为了教好书，教书其实也是为了读书，为了能和书亲近、结缘……而读书、教书的结果是写书、写文章。反过来，写书、写文章也是为了教书，为了教好书。所以，读书、教书、著书密不可分。此三者不仅先后相连，逐次出现，而且彼此联系、互为因果，因此，可视为我生命运行的基本轨迹。”

---

* 此文原刊《光明日报》2019年12月16日。

读书之乐

一九二七年九月二十九日，胡德海出生于浙江省汤溪县（现金华市金东区）的一个农村家庭，祖父受传统耕读文化影响，非常重视下一代教育。一九三三年春，六岁的胡德海进入本村的初小，接受该校唯一的教师李连美先生的启蒙教育。

一九三八年秋，胡德海到离家五公里之外的龙游县湖镇启明小学上高小。当时国难当头，遍地烽火，敌机在头上盘旋，炮弹在身旁炸响，龙游县一度沦陷。学校不得不组织学生东躲西藏，并把校址搬进山中。这一时期，民间团结抗日的情绪高涨，学校成为宣传抗日救亡思想的重要阵地。少年胡德海壮怀激烈，热血沸腾，心中燃起强烈的爱国情、报国志。这种情感，成为他日后漫长岁月中的一种信念和追求；这种精神，也伴随了他的一生，从未离开。

一九四二年，胡德海十五岁，进入汤溪初中就读。他深知这一机会来之不易，也意识到这个年龄读初中有些偏大。因此，自从进校那天起，他便勤奋读书，为将来能顺利考入高中奠定基础。每每谈及这段经历，先生总是引用孔子“吾十有五而志于学”来自励。

在汤溪中学读书期间，一次偶然机会，胡德海读到一副对联——“万事莫如为善乐，百花争比读书香”。当时，他眼前一亮，反复品味体悟，越想越觉得大有道理，于是真正从思想上形成了“天下事只有读书最乐、最好”的观念。这一观念，成为他此后读书的内在动力，阅读、思考、求索自始至终，一以贯之。

高中求学阶段，胡德海更加用功，每天下午都要抽时间到阅览室读书。回顾当时的学习情景，先生总是感慨：“我在高中读书期间，看的课外读物，多从学校图书馆借来……一年中我从图书馆借读的书少说也有五十本到七十本。这些书有文学的、历史的，也有哲学方面的，总的来说比较杂。”

一九四九年九月，新中国诞生前夕，胡德海背起行囊，从家乡金华来到北京师范大学教育系继续学业。对于四年的大学生活，他最想念的地方还是图书馆。当他看到琳琅满目的书籍时，顿觉如入“宝库”，不能释手。所以，除正常上课和休息外，他几乎每天都泡在图书馆，早去晚归，一条板凳坐到黑，如饥似渴地汲取精神营养，沉浸在那个崭新的知识海洋之中，写下了几十万字的读书笔记。

谈起读书，胡先生总是津津乐道，内心的幸福感油然而生。他意味悠长地说：“就我个人情趣的角度来说，教书其实是为了读书，为了能和书亲近、结缘……而读书就是为了更好地教书。”在他看来，作为教育者，就要比别人读更多的书，有更多的思考和认识，还要有更多的独到见解和新颖观点。

胡先生“藏教于学”，经常会把自己的藏书送给学生，并语重心长地叮嘱他们：“无论做什么样的工作，遇到什么样的情况，别放弃自己的专业，不要忘记读书。”这番话，让他的弟子们深为感动，受益匪浅。

二〇一六年九月，西北师范大学举办胡德海学术思想研讨会。一天半的时间里，胡先生一场报告也没有落下，静静坐在前排，认真地听，不停地做着笔记。像他这样一位德高望重的大师级人物，能有如此谦谦之态，实乃一种生命的境界。一位年轻的女博士坐在先生后排，目视他聚精会神的背影，禁不住赞叹：“胡爷爷的精神实在让我太感动了！让我真正领略了一个读书人的修养，一个因读书而赋予生命更美好意义的精神体现。”

教书之乐

每个人都有自己的青春梦想，对于胡先生而言，他的青春梦想就是献身祖国的教育事业——教书育人。

一九四九年一月，胡先生从金华中学高中毕业；二月，应其家乡的私立中学之聘，在那里当了一个学期教师，这是其一生从教之始。这段经历虽短暂，但每每忆及，他犹觉兴味无穷，充满乐趣。先生认为，当教师，传承知识、文化，启发民智，培育人才，既为社会所需，也符合自己的旨趣。“当教师，可以终身与书结缘，一辈子和书打交道，这是实现人生价值的最佳途径，也应是最好的选择。”因此，在填报考志愿时，他毫不犹豫地选择了北京师范大学。

一九五三年，胡先生以优异成绩结束大学生活，怀着教书育人的初心和梦想，来到西北师范学院（现西北师范大学）工作，开始了他的教学与研究工作，这一干就是六十六年。因其勤于为学、乐于从教的人生经历和非凡成就，被世人尊称为“扎根西北的‘教育胡杨’”。

一九五三年至一九五七年，胡先生主要从事高师教育学课程的教学工作。那时的教育学课程，基本照搬凯洛夫的课程体系，再加上若干中国学校的事例，简单拼凑在一起，看似有理有据，实则貌合神离，是粘不到一起的“两张皮”。

于是，胡先生大胆设想，要构建一个比较科学、合理的教育学学科体系，以取代那个逻辑混乱、基本概念错误，甚至难以自圆其说的旧式教育学理论模式。他认为：“中国的教学家们应当有信心，有志气去改变这种局面，振兴教育学理论，发展教育学事业。”

一九七二年，胡先生被安排到西北师范大学附属中学教英语和语文。对此，他非常高兴，因为一则又可以教书，二则也可以充分利用学校图书馆，与他喜爱的各种书籍朝夕相伴。

一九七八年，随着整个社会大环境的好转，胡先生像其他知识分子一样，重新回到西北师范大学，回到自己挚爱的教育学讲坛上。重返讲台的他，历尽磨难、初心不改，孜孜以求、勤奋耕耘，心无旁骛、专心育人，为教育传薪播火，实现了“立德、立功、立言”的人生崇高境界，走上了道德人生、文化人生、知识人生的育人之路。

二〇一三年，八十六岁的胡先生虽然不再承担具体的教学任务，但他始终没有离开自己挚爱的讲台，仍然坚持为学生讲课、做学术报告，坚守心中的那片教育圣地。

著书之乐

著书、写文章是为了更好地教书，这是胡先生做学问的初心；构建教育学的基本理论体系，则是他作为教育学人的使命。

大学生活为胡先生打开了一个前所未有的新天地，他的人生也自此迎来了新的曙光，揭开了新的篇章，开始了有定向意义的新生活。这不仅确定了他以后的从教之路，也决定了他将要以教育学理论的学习和研究作为一生的学术事业。

胡先生和教育学的相遇就从这里开始。

大学四年的学习与生活，不仅让胡先生获得了专业的成长，也让他发现了教育学发展中存在的问题。在他看来，当时教育系所讲授的各门教育学科中，包括苏联专家讲授的凯洛夫教育学体系，在理论上都存在很大的偏颇和不足。但要研究精到，成绩显著，不仅需要激情和努力，更需要聪慧的头脑、宏阔的视野、广博的知识以及能坐十年冷板凳的坚守。

为此，胡先生暗下决心，要通过自己的努力，创建一个较为完备的教育理论体系。

下决心不难，但要做到却绝非易事。无数次披星戴月，无数次挑灯夜读，胡先生总会沉静自问："我凭借什么可以做到呢？我的条件和功夫又在什么地方呢？"寂静的夜晚，他的思绪在头脑里剧烈地翻腾、碰撞，辗转反侧，夜不能寐。

推门出来，清冽的空气让胡先生异常清醒，大西北特有的璀璨星河让他豁然开朗："我别无依靠和凭借，我唯一依靠和凭借的是我多年来一贯坚持的好学和深思。我的功夫并不是在教育学自身，而主要是在'诗外'，即陆游说的'汝果欲学诗，功夫在诗外'的'诗外'。"

多年持续不断的与书为伴，有两门学问对胡先生思维体系的形成影响深远，一是文化学，二是宇宙学，其中尤以宇宙学为最。他曾说："我的教育理论能被整合成一个体系，靠的就是文化学、人类学所基于的这种宏观学术力量。"

宇宙学更是为胡先生展开了一幅前所未有的恢宏画卷："我了解了这些知识理论，看到宇宙大爆炸后所呈现出的图景，真是为之欣喜不已，拍手称快，感慨万千，犹如拨开了云雾见到了青天，打开了眼界，精神为之一振，真正感到心明眼亮了起来。"这种宏大视界，让他拥有了一种站在宇宙的云端俯瞰大千世界的哲学理念，而这种理念投射到教育学上，便对这一领域产生了一个崭新的认识。

胡先生的教育学研究，均属于宏观教育学、理论教育学研究，其深层次原因便在于此。

二十世纪八十年代初，胡先生曾不止一次地问自己，能为这个新的时代做些什么？能为这个时代的教育学做些什么？在新的历史发展时期，中国教育学应该承担怎样的时代使命，完成时代赋予的哪些职责？

经过长期的积累和沉淀，胡先生对自己所追求之事越来越坚定而清晰：“我必须把教育学的基本概念、基本理论进行一番正本清源的梳理，给教育学一个宏观、完整、全面、具有系统性和学理性的概括和说明，从而给教育学一个恰当的定位，并透显出教育学的理论价值。”

从此，胡先生把“究天人之际，通古今之变，成一家之言”作为座右铭，开始了对教育学体系的反思与建构，先后在《教育研究》《华东师范大学学报》等期刊上发表《关于教育的本质属性》（一九八一年）、《教育起源问题刍议》（一九八五年）、《论教育起源于人类社会生活的需要》（一九八五年）、《论教育的自在与自为》（一九八八年）等文章，从理论源头探索教育的本质与属性、存在与发展。

一九九〇年三月，胡先生发表《教育学概念和教育学体系问题》一文，引起教育理论研究者的强烈反响。他在对教育科学进行总体研究的同时，还对若干重大的教育基本理论问题进行探讨，先后发表《论教育现象》（一九九一年）、《论教育、人与社会的关系》（一九九二年）等五十余篇论文。尤其是他关于教育起源问题的理论观点，自成一家之言，常常被学界同行作为经典引用。他关于教育现象的系统研究，在教育理论界也影响深远。

一九九八年，在四十多年沉淀与思考的基础之上，经过近二十年的潜心研究，胡先生出版了教育学巨著——《教育学原理》。这是他教育思想的结晶，标志其教育学思想体系的成熟。在这本书中，胡先生从教育学的概念、对象到内容体系进行了系统研究，从传统教育学基本概念的误区中引申出教育学的逻辑起点，勾画了整个教育学原理结构延伸的脉络，尤其是对传统的拘泥于一隅的教育学理念大胆突破，让人耳目一新。

胡先生认为："教育学研究的出路要面对现实，深入历史，归于实践。为了达此目的，我们的教育学研究应当首先清除在知识构成、研究兴趣上的片面性和隔阂，应当使教育学著作在基本理念和原理、编排体系、论证方法、表达方式、文字风格、思维水平上，都有适应当今教育改革实践要求的突破和进步。"他对中国教育学出路的独到见解，不仅为其教育学理论体系构建奠定了扎实基础，也为中国教育学的研究与发展指明了方向。

《教育学原理》出版后，先后荣获第四届国家图书奖提名奖、第一届全国教育图书奖一等奖、中国教育学会"东方杯"优秀科研成果一等奖、第四届中国大学出版社图书奖优秀教材一等奖、第一届甘肃省优秀图书特别优秀奖、第五届全国教育科学研究优秀成果二等奖等多项国家和省部级奖项。

理解时代精神，把握时代脉搏，决不随波逐流，更不囿于陈说，是胡先生一贯的学术品格。他说："理论研究要说理，要讲道理，教育理论研究是基于个体对教育现象问题的理性思考，而不是盲从，从于权威，从于利益，从于时尚潮流，从于众口一词，或从于个人的滥情。"这是他《教育学原理》《教育理念的沉思与言说》《人生与教师修养》《雷沛鸿与中国现代教育》问世的根本动力和目的所在。

文如其人。一般来讲，治学与为人是统一的。胡先生本身所具有的学术内涵，实际上是他人格精神的外在表现。他为人真诚谦和，待人感情真挚，做事踏实严谨。在他看来："人本身永远是学生，周围的一切，包括自然、社会与他人都是老师，人的短暂一生，该学习、该探索的东西实在太多，永无止境。”

言行相顾。胡先生的言行均发自本心，无论环境怎样变化，他都力求不说违心话、不做违心事。他尊重事实、尊重规律、尊重人情人性，一贯坚持言之有理，言之有据，言之有序，言之有文。他曾说：“我非常欣赏这样一种至高无上的精神法则，面对苍茫的宇宙和浩渺的时空，我乐意接受这种精神法则的支配。因为正是这个，才意味着学术真正的尊严、公平与价值。”

胡先生所有的论述，皆发为心声，不遮掩，不妄言，真诚之品格溢于字里行间。

如果我们对胡先生的学术轨迹进行一个梳理，就会发现一个惊人的现象——他一九九六年出版《人生与教师修养》，时年六十九岁；一九九八年出版《教育学原理》，时年七十一岁；二〇〇一年出版《雷沛鸿与中国现代教育》，时年七十四岁；二〇〇五年出版《教育理论的沉思与言说》，时年七十八岁。

同时，胡先生不断在权威期刊上阐述自己的学术观点。二〇一二年，八十五岁的他在《教育研究》第十二期发表《王国维与中国教育学术》一文。二〇一三年，八十六岁的他将自己的《教育学原理》进行修订，增加三万字，由人民教育出版社出版。此外，他还在《中国教育科学》（二〇一三年第二辑）发表了近三万字长文《关于什么是教育学的问题》，二〇一四年则出版了《陇上学人文存·胡德海卷》。

二〇一八年，胡先生九十一岁。这一年是先生学术活动比较活跃和学术影响非常深远的一年。从学术活动和成果来讲，三月，他应邀到山西师范大学为师生作《关于教育学和教育的问题》的学术报告；十一月，他在《中国教育科学》（第二辑）发表了两万多字的文章《读书、教书、著书：我的教育生涯和人生感悟》。从学术影响来讲，九月，《西师学人》的视频风靡全国，分别在中国教育电视台、甘肃电视台等媒体播放；二〇一八年十一月一日，《扎根西北的“教育胡杨”》在《中国教育报》发表，报道了胡先生的教育事迹。二〇一九年六月，九十二岁的胡先生在《中国教育科学》（第一辑）发表《关于什么是儒家传统修养的学理解读》。

如今，胡先生仍不遗余力地研究教育文化。他说：“研究教育学是有方法的。既要站得高，又要扎得深，既能大至宇宙，也能深入到人，研究人性、研究人心，用人、人性、人心和人心产生出来的文化来解释社会和历史。”

耄耋之年，自当静养，而胡先生却老当益壮、勤思善著、乐此不疲，一如既往地追求他的学术生活，演绎一个学者的生命意义。

一九九四年，我国著名教育家、北京师范大学博士生导师顾明远先生曾这样评价胡先生：“好学深思、刻苦钻研，具有深厚的理论基础……始终坚持不懈，严谨治学，无论在教育学原理，还是在人生哲学等领域，都有极高的造诣和深邃的创见。特别是在改革开放以后的十多年来，时有见地卓越的论著问世，在我国教育理论界影响深广，声名卓著。”时过二十五年，认真阅读和体会胡先生关于教育学理论研究的独特见解和卓越贡献，仍然能够感受到这种评价的中肯。

胡先生一向注重为学与为人的关系，“顶天立地做人，继往开来创业”，把做人看成做学问的根本，他说：“做学问要先学做人，做人做不好，投机取巧，做自以为聪明的小动作，那么做学问也做不好，做人要实实在在，做学问也要实实在在。”

可以说，胡先生与书相伴的心路历程、治学精神与人生境界，犹如西北教育的“胡杨魂”，对每个后世学者来说，都是永恒的感召。

Ⅲ 胡德海：读书教书著书，立德立功立言*

张磊（采制）

导语：胡德海，一九二七年生，今年九十五岁。当代著名教育理论家、教育学家。他倾四十年之积累，撰写五十二万字的《教育学原理》一书，堪称教育科学理论发展史上的“扛鼎之作”。自二十世纪五十年代到西北任教以来，他献身人民教育七十载，被誉为西北教育的“胡杨”。

一辈子只做一件事

胡德海：我这辈子也就是把自己所想过的东西都写出来了。另外，我的学生能够和我在一起，我感觉也很愉快，作为一个教师来讲，生活还是充实的。

播音员：人一辈子能做几件事？胡德海想了想自己这九十五个春秋，缓缓地抬起手，坚定地伸出了一根指头——教育。

播音员：胡德海对这个答案是如此确信，以至于八十岁还在讲台上，九十岁还在教学生。高闰青，便是胡德海耄耋之年指导的博士生。

高闰青：在他九十大寿的时候，学校举办了一个论坛，（胡

---

* 此文系中央广播电视总台中国之声特别策划节目（2022年9月9日）文字稿，各部分标题为记者所拟，收入本书时个别文字有改动。

老师作为）一个九十岁的老人在那听讲、做笔记，一声都不吭。那种安静，那种投入，别说是现在的学生了，在很多（与）我们同龄的读书人身上都很难看到那种神韵。

天安门广场前的江南少年

播音员： 一九二七年，胡德海出生在一个教师世家。很小的时候，当老师，就是他人生的最重要选项。及至学龄，讲台上，老师们一袭长衫的书生气息，让少年的胡德海向往不已。

胡德海： 他们（老师）一辈子做学问，能够和学问打交道、和书本打交道，（在我心里）这个职业是最好的。所以我从此就下定决心，就在中学，或者某个大学里面去教书。

播音员： 中学毕业那年，浙江刚刚解放。胡德海的志愿填报里，只有一项：北京师范大学教育系。一九四九年九月，这个江南少年，如愿来到北京，成为新中国的第一批大学生。入学十天后，胡德海在天安门广场上，听到了那句激荡历史的宣言——

毛泽东： 同胞们，中华人民共和国中央人民政府今天成立了！

胡德海： 我们站在天安门前，很激动，感觉很新奇。在南方的时候就从杂志上看到，北京有个天安门（广场）可以容纳十六万人，结果（现场）还不止十六万人，二三十万人都可以（容纳）。

探寻中国自己的教育学

播音员： 激动的情绪稍稍平复，回到学校，面对当时中国教育的现状，胡德海的心，直往下掉：百废待兴的新中国，需要崭新的国民教育。

胡德海：当时全国的文盲（率）是达到百分之八九十的，中学生也很少。全国大学生，算上在校的才十三万人。

播音员：读书，只有读书，才能振兴国家。当时的教育学概论（课堂上），主要（用的课本）是德国赫尔巴特的《普通教育学》和苏联凯洛夫的《教育学》，老师常常结合国情，举很多例子。旁人听了热闹，胡德海却在找其中的门道。

胡德海：老师给我们讲课，第一是讲中国的扫盲问题，其次是（讲）中国的小学教育问题。这些问题每个星期讲两个小时，讲了一个学期，每次听起来的感觉是很兴奋的。但是仔细一想，它只是一些经验性的东西，不成体系。

播音员：教育学的课程不多，胡德海便常去外语系、哲学系和中文系去“蹭课”。知识越多，（他）越发觉得懂得太少。他又瞄上了学校的图书馆。每天早去晚归，一条板凳，从清晨坐到昏黑，胡德海系统研究了当时教育学领域能见到的几乎所有学术著作，写下了几十万字的读书笔记。

播音员：一九五三年，他以优异的成绩结束了大学生活，（被）分配到西北师范学院，开坛讲授教育学课程。四年的实际教学，让胡德海抱定了一个决心：要构建一个符合中国实际、更加科学合理的教育学学科体系，以取代那个与实际脱节的舶来品。

播音员：雄心初生，不料风潮乍起。一九五七年，胡德海被迫离开讲台，在学校办公室和资料室打杂。

胡德海：在这个过程当中，我还是认真地看书。看来看去，许许多多的外文杂志，我都能看得懂。

播音员：这样的日子，一过，就是十五年。再次站上讲台时，胡德海成了西北师院附中的英语兼语文教师。直至一九八〇年，西北师范学院恢复教育系，胡德海才得以重拾本业，为教育系二年级的学生开设“比较教育”课程。

播音员：教育的青春终于来临，这一年，胡德海五十三岁。

沉淀廿载才捧出

播音员：重新站上讲台的胡德海，为久违的学生们准备第一学期的课，叫作《教育学概念和教育学的体系问题》。沉淀了二十多年的思考，一经涌起，便醇厚如醴。

胡德海讲授《教育学原理》录音：社会生活和自然生活（是）相对应的。什么叫自然生活？比如，山上的老虎、狮子，它过的生活是自然生活。自然生活比社会生活少了什么呢？文化。我们的教育，就是传递人类文化成果的。

播音员：西北师范大学教育科学学院副教授张永祥至今还记得，讲台上，八十多岁的胡德海从不坐着，一节课下来，黑板上总是写满整整齐齐的板书。

张永祥：（胡先生）站着讲，胡先生喜欢（写）板书，黑板上基本上写得满满的。别的老师讲教育学，基本上局限在学校教育的范畴，但是胡先生会给我们讲教育的发展、演变。从人类整体的文化，以及从教育最初的发生起源、发展，一直到未来的发展演变趋势，这种历史的跨度非常大。

播音员：学生们希望这份讲稿能变成文字，以便仔细研读，因为其中的内容，从未听闻。

胡德海：（我）一边讲，一边积累资料，一边写文章。我想把这些归纳起来，变成一本书，表明我对教育学原理、整个教育学体系的看法。

播音员：即便是厚积薄发，这本书的写作过程也异常艰难。

胡德海：（我）经常自己问自己，这个理论观点站不站得住脚，（我写书时经常）感觉自己还说服不了自己。（因此）放下了几个月之后又写，写了之后又放下了。一个观点、一个理论，有的时候一两年都解决不了问题。

播音员：一九九八年，五十五万字的《教育学原理》正式出版。先后荣获第一届全国教育图书奖一等奖等多个奖项，并被指定为高等院校的教育学基础教材。八十六岁时，胡德海将《教育学原理》进行第三次修订再版。此时，距他当年毕业时发下宏愿，已经过了一个甲子。

胡德海：多少年的想法。这是我当学生开始的想法、当老师开始的想法，也是给研究生上课的时候的想法，现在系统地、完整地把它写出来了，一辈子也感觉满足了。

播音员：张永祥至今珍藏着老师为他批改过的论文，上面除了密密麻麻的批改之外，还有时不时冒出头的小纸条。

张永祥：包括用词、标点，他不认同的观点，都会用红线标注或者画出来，或者旁边写上自己的观点。有的时候页面上如果写不下，他就会用各种长短的小纸条标记，基本上都是发黄的纸条。（二十世纪）五六十年代曾经用过的纸，裁成一条一条，粘在论文的页边上。

做学问是一辈子的事情

播音员：读了一辈子书，教了一辈子书，写了一辈子书。这是胡德海对自己九十五个春秋的概括。高闰青当年拜投先生门下时，开学报到、毕业辞行，都与书有关。

高闰青：我第一次去报到，去先生家的时候，他就拿了一个单子，上面写着的全是书，有一部分是教育学，大部分都是文化、哲学这类书。我毕业的时候，先生送了我四五箱书，对我说："闰青啊，今后不管顺境也好，逆境也好，不要忘了读书"。

播音员：二〇一八年的毕业晚会上，九十一岁的胡德海上台，为学生们送上离校前的嘱托。

胡德海：我想送给我们全体毕业同学们十六个字：自爱、自尊、自立、自强；爱人、尊人、立人、强人。我认为，这是我们中国人做人的根本，也是做教师的根本。

播音员：那天，听到这些话的时候，这些年与老师交往的一些片段，无比清晰地在张永祥的脑海里闪回。

张永祥："己欲立而立人，己欲达而达人"，胡先生会给你一个标杆。在他看来，一个做老师的人，首先要自己先立起来，再引领你的学生也立起来，然后通达起来。他认为这是教师本质的价值和作用。

播音员：《教育学是什么》，这是胡德海最新正在写作的一本书的名字。其中，有他对人民教育事业的全部感悟。

胡德海：因为我的《教育学原理》基础就是文化学，我如果不把基础告诉学生，这个秘密就还没有揭开，所以我要把我的哲学原理和我认识的整个人类社会都讲清楚。不求其稿费，也不求名誉，真正像我们中国人讲的：做学问是一辈子的事情。

【记者手记】

我是记者张磊。胡德海的书桌前，写着这样的话:随波逐流，虽贵亦辱。这是他时常用来敲打自己的警钟。

木铎金声,树蕙滋兰。埋首书海的胡德海，一抬头，除了满屋子的书，便是养得极精神的、各式各样的兰花，一株君子兰，在一片书香里，格外挺拔。胳膊撑着书桌，端坐于前的胡德海，那模样和神情，一如少年。

Ⅳ 胡德海先生学术年表*

张永祥（整理）

一九二七年

九月二十九日（农历九月初四），生于浙江省金华县大坟头村（时为汤溪县，一九五八年十月，该县建制撤销，大部分并入金华县）。

一九三三年

二月，入本村黄山初级小学读书。

一九三八年

九月，入龙游县湖镇启明小学就读。

一九三九年

九月，转入本县洋埠小学就读。

一九四一年

一月，在洋埠小学毕业。

---

* 原载《陇上学人文存·胡德海卷》（甘肃人民出版社2014年4月版），部分内容曾发表于《当代教育与文化》2016年第5期，此次出版做了新的修订。

二月，在本县一乐堂村安定小学补习班就读。

九月，在本县上陈补习班（上陈村）就读。

一九四二年

二月至四月，仍在上陈补习班就读。

五月，日寇侵袭家乡。家乡沦陷敌手三个月。

九月，考入新成立的汤溪县立初级中学（校址在一乐堂）学习，为该校首批招收的学生。期间曾因病于一九四四年下半年休学一学期，至一九四六年一月毕业离校，为该校第三届毕业生。

一九四六年

二月，考入浙江省立金华中学学习。

一九四七年

六月，在金华中学校刊《金中学生》发表诗作《卖报童》，这是第一篇公开发表的作品。此后近一年时间里，在金华各报刊陆续发表诗文十多首（篇）。

一九四九年

一月，金华中学毕业。

二月，应本县私立维二中学之聘，任该校教务员兼初中英语教师，是为一生从教之始。七月离职。

九月，考入北京师范大学教育系学习。

在京读书期间，曾于一九四九年十月——一九五一年七月，先后兼任北京师范大学教育系学生开办的平民夜校（位于虎坊桥一带）副校长、校长和前门区职工业余学校中学语文教师。一九五一年十月——一九五二年四月，随集体（中国人民政治协商会议全国委员会土改第十三团）到江西省于都县参加土地改革近半年，至一九五二年五月一日前返京。

一九五三年

七月，北京师范大学教育系毕业，被分配至位于甘肃兰州的西北师范学院（今西北师范大学）教育系任教。

一九五五年

一月，与蒋小素女士结婚。

一九五六年

上半年参加由《人民教育》杂志社发起的关于“全面发展与因材施教”问题的讨论，在该刊发表过一篇短文，并因此于下半年写了一篇题为《论人的全面发展》的文章，约六七万字，此文被甘肃人民出版社选中纳入该社次年出版计划，后因故未能出版。

一九五七年

被错划为右派分子，安排在教育系资料室、办公室做资料和杂务工作。

一九五八年

九月，随教育系部分师生一起在靖远县大水头煤矿参加大炼钢铁劳动五十天。

一九六四年

八月，被宣布摘去右派分子帽子，但仍在教育系办公室工作。

一九六五年

七月，随学校师生集体在酒泉县（今酒泉市肃州区）东洞公社参加社教半年。

一九六六年

二月，从酒泉回校。三月，又被派往宁县盘克公社参加社教，至十一月始返回。

一九六八年

三月，被作为“牛鬼蛇神”揪出，强制在校内劳动改造，历时一年，期间被关押在校内“牛棚”八十五天，先后被抄家四次。

一九六九年

十月，随生物系师生集体到镇原县孟坝公社接受贫下中农再教育。

一九七〇年

七月，从镇原县农村返回兰州，被安排参加校内下挖工程劳动。

九月，被派到靖远“五七干校”劳动。

一九七二年

八月，从靖远县“五七干校”返回学校。

九月，被派到新成立的西北师院职工子弟学校任教，承担高一两个班英语和一个班语文教学工作，并兼任其中一个班的班主任。是年底，西北师院职工子弟学校合并到西北师院附中（时称兰州三十二中），自此在该校任高中英语、语文教师。

一九七七年

六月，作《水调歌头·今日神州花更红》等词数篇、诗数首。

一九七八年

二月，从西北师院附中调到甘肃师大外语系（即西北师院外语系，一九五八年十一月西北师院改名为甘肃师大，一九八一年九月又改回西北师院）工作，教公共英语。

五月，晋升为讲师。

十二月，被宣布"右派分子"系错划。与外语系教师李森等一起，为学校首批改正者。

一九七九年

八月二十六日——九月六日，参加在兰州友谊饭店举行的全国教育学研究会（今中国教育学会教育学分会）首届学术年会，提交论文《论人的全面发展》，约两万多字。此文后改为《论人的全面发展的历史必由之路》，发表在《教育研究》一九七九年第五期。

一九八〇年

三月，调入西北师范学院教育科学研究所工作。同月到北京师范大学听美籍华裔教授胡昌度讲"比较教育"课三个月。

九月，为教育系三年级本科生开设“比较教育”课程一学期。

一九八一年

二月，为教育系二年级学生开设“教育经济学”课程一学期。

三月，发表《关于教育的本质属性问题》，载《教育研究》一九八一年第三期。

五月，晋升为副教授。

一九八二年

二月起，为教育学研究生讲授教育学原理多年。

九月，发表《社会主义生产目标与教育目标》，载《西北师大学报》（社会科学版）一九八二年第四期。

一九八三年

三月，任西北师范学院教育科学研究所副所长。

其间，带领教师及研究生若干人深入西北少数民族地区，作了大量调查研究，撰写了甘南藏族自治州、临夏回族自治州两州民族教育工作情况调研报告数篇。

十二月，发表《我国教育工作指导思想上的拨乱反正》，载《甘肃教育》一九八三年第十二期。

一九八四年

二月，发表《我国教育工作的正确方向》，载《教育科学研究通报》一九八四年第二期。

三月，发表《论马克思主义关于人的全面发展理论与我国社会主义教育》，载《教育科学研究通报》一九八四年第三期。

十月，加入中国共产党。

一九八五年

三月，被评为“西北师范学院一九八三——一九八四年优秀教师”。

六月，发表《教育起源问题刍议》，载《华东师范大学学报》（教育科学版）一九八五年第二期。

十月二十九日，被西北师范学院教务处聘为高教研究组顾问。

一九八六年

一月，以访问学者身份在美国康涅狄格州州立大学教育学院讲学，考察美国教育一年，其间被康涅狄格州新不列颠市授予“荣誉市民”称号。

三月，发表《论教育的传播学原理》，载《电化教育》一九八六年第三期。

十月，发表《从国外中学课程谈我国初中课程的拟订》，载《课程·教材·教法》一九八六年第十期。

一九八七年

三月，任西北师范学院民族教育研究所首任所长。

四月至五月，跟随为筹备召开第二次全国援藏工作会议的国家教委民族地区教育司、计划财务司的相关负责同志到拉萨对西藏教育情况作调研，历时约半月。

六月，晋升为教授。同月兼任全国教育科学规划领导小组教育基本理论学科规划组成员。

七月，到北戴河参加全国教育科学规划领导小组会议。

九月，参加国务院第二次全国援藏工作会议。

一九八八年

四月，发表《美国中等教育课程的设置与改革情况》，载《课程·教材·教法》一九八八年第四期。

五月，发表《论教育的自在和自为》，载《教育研究与实验》一九八八年第三期。

五月至六月，分别在成都市、甘南藏族自治州两地参加全国五省区藏族教材工作会议。

发表《我国教育基本理论研究的回顾与展望》，载《教育研究》杂志编辑部编《党的十一届三中全会以来中国教育科学的回顾与展望》，教育科学出版社一九八八年版。

一九八九年

一月，被兰州师范高等专科学校聘为教育学学科评议组成员。

二月，任甘肃省高等学校教师高级职称评审委员会委员。同月，任甘肃省中小学特级教师评定委员会委员。

一九九〇年

二月，被甘肃教育学院聘为兼职教授。

三月，发表《教育学概念和教育学体系问题》，载《教育研究》一九九〇年第三期。

四月，到北戴河参与研讨《教育大辞典》（民族教育卷）有关词条的编写问题。

七月，发表《关于我国民族教育的几个问题》，载《西北师大学报》（社会科学版）一九九〇年第四期。

九月，被聘为《教育研究》杂志第二届编委会委员。

一九九一年

一月，发表《论教育现象》，载《教育研究与实验》一九九一年第一期。赴南宁参加“雷沛鸿教育思想研究会第二次学术会议”。自此，参加雷沛鸿教育思想的研究活动达十年之久。

二月，兼任甘肃省高等学校师资培训中心教师，三月起讲授“人生与教师修养”课程，每年两期，到二〇〇一年底止。

三月，被国家教育委员会聘为全国中小学教材审定委员会小学思想品德学科审查委员会委员。

七月，发表《我对雷沛鸿及其教育思想的初步认识》，载《教育评论》一九九一年第八期。

一九九二年

二月，发表《关于什么是教育和教育的功能问题》，载《JIP在中国》一九九二年第二期。

十月，发表《论教育、人和社会的关系》，载《教育研究》一九九二年第十期。

一九九三年

四月，被聘为《教育大辞典》（增订合编本）编委。被聘为广西雷沛鸿教育思想研究会顾问。

九月，发表《祝〈华东师范大学学报〉（教育科学版）创刊十周年》，载《华东师范大学学报》（教育科学版）一九九三年第三期。同月作《重建先祖父母坟墓记》。

十月，发表《建国四十年来我国民族教育事业的回顾与展望》，载《甘肃民族教育论丛》（第二集），兰州大学出版社一九九三年版。

十二月，正式退休。

一九九四年

六月，在纪念中国教育学会成立十五周年之际，论文《论教育、人和社会的关系》荣获中国教育学会优秀论文二等奖。

十月，《建国四十年来我国民族教育事业的回顾与展望》被评为甘肃省教育学会优秀成果。

一九九五年

九月，发表《论教育起源于人类社会生活的需要》，载《西北师大学报（社会科学版）》一九九五年第五期。

一九九六年

二月，专著《人生与教师修养》由上海教育出版社出版。

十一月，被甘肃省教育委员会聘为甘肃省普通高等学校一九九七年教学成果奖评审委员会委员。

一九九七年

一月，发表《在教育科学体系中应有教育评论学的地位和作用》，载《教育评论学研究》一九九七年第二辑。

五月，经甘肃省社会科学优秀成果评奖委员会评定，省评奖领导小组批准，《人生与教师修养》荣获甘肃省第五届社会科学“兴陇奖”三等奖。

一九九八年

八月，发表《论中国历史上的教育家》，载《教育研究》一九九八年第八期。

十二月，发表《论教育和自我教育》，载《华东师范大学学报》（教育科学版）一九九八年第四期。同月，受聘为《教育研究》杂志第三届编委会顾问。同月，专著《教育学原理》由甘肃教育出版社出版。该著酝酿构思于二十世纪八十年代中期，历经十余年的潜心学习、积累、研究、写作始面世。

一九九九年

一月，作《沁园春·祝郑文教授九旬华诞》词。

三月，发表《论教育的功能问题》，载《西北师大学报》（社会科学版）一九九九年第二期。

四月，受聘担任第三届甘肃省中小学教材审定委员会副主任委员。

六月，受聘担任兰州市中小学教师继续教育讲师团教授。

同年，专著《教育学原理》分别获第四届国家图书奖提名奖，第一届全国教育图书奖一等奖，中国教育学会“东方杯”优秀科研成果一等奖。

二〇〇〇年

一月，发表《孔子的生平经历和历史地位》，载《教育论丛》一书，兰州大学出版社二〇〇〇年版。同月，为甘肃省教育学研究会主编《教育论丛》一书作“前言”。

五月，发表《论修养》，载《西北师大学报》（社会科学版）二〇〇〇年第三期。

二〇〇一年

二月，为负守勤《现代课堂教学论》作序。

三月，发表《我对教育家韦善美的基本认识》，载《教育家韦善美纪念集》，香港天马图书有限公司二〇〇一年出版发行。

六月，发表《容闳和中国第一批幼童赴美留学活动始末述实》，载《绵阳师范高等专科学校学报》二〇〇一年第三期。

九月，专著《雷沛鸿与中国现代教育》由甘肃教育出版社出版。同月，专著《教育学原理》获第四届甘肃省优秀图书奖特别优秀奖。

二〇〇二年

一月，发表《关于“课程”、“素质”两个概念的认识和界定问题》，载《西北师大学报》（社会科学版）二〇〇二年第一期。

二月，受聘担任西北师范大学教育学原理专业博士生导师。

三月，受聘担任武汉大学高等教育研究所兼职教授。

十月，发表《中国早期留美学生返国后的前程、事业与结局》，载《甘肃社会科学》二〇〇二年第五期。同月，发表《为国学习，努力自爱》，载《西北师范大学学位与研究生教育发展研究》，甘肃人民出版社二〇〇二年版。

十二月，受聘担任中国教育学会教育学分会学术顾问。同月被评为“西北师范大学继续教育先进工作者”。

本年，专著《雷沛鸿与中国现代教育》获第七届中国西部地区汉文教育图书一等奖。

二〇〇三年

一月，发表《论20世纪中国的教育改革》，载《教育研究与实验》二〇〇三年第一期。

六月，受聘担任兰州师范高等专科学校教师教育研究所顾问。受聘担任甘肃省第四届中小学教材审查委员会副主任委员。

九月，发表《关于师德修养》，载《育人经纬》二〇〇三年第二期。

二〇〇四年

一月，发表《思考教育学》，载《西北师大学报》（社会科学版）二〇〇四年第一期。

二月，发表《〈教育者的哲学〉序》，载刘庆昌著《教育者的哲学》，中国社会出版社二〇〇四年版。

四月，论文《论20世纪中国的教育改革》在甘肃省老教授协会首届论文报告会上荣获优秀论文奖。

五月，发表《美国教育史上几位卓有贡献的大学校长》，载《河西学院学报》二〇〇四年第三期。

十月，发表《对教育本质的再认识》（和武汉理工大学刘智运教授合作），载《北京大学教育评论》二〇〇四年第四期。

二〇〇五年

五月，为李长著主编《西北民族高等教育研究》一书作序。

六月，发表《我国智育研究综述》（与李虎林合作），载《上海教育科研》二〇〇五年第六期。

十月，《教育理念的沉思与言说》由人民教育出版社出版，该著为“中国当代教育论丛”之一，收入作者代表性论文三十四篇。

本年，专著《教育学原理》入选教育部学位管理与研究生教育司遴选推荐的“研究生教学用书”。

二〇〇六年

一月，荣获甘肃省“老教授兴陇贡献奖”。

五月，荣获第二届西北师范大学教学名师奖。

七月，荣获甘肃省高等学校教学名师奖。

九月，专著《教育学原理》（第二版）由甘肃教育出版社出版。

九月七日，在教师节即将来临之际，甘肃省委书记、省长陆浩亲切看望先生，表达对先生心系甘肃教育事业，为甘肃发展所作贡献的感谢之情。

十月，作《朱兆西王菊英夫妇墓碑记》。

十二月，被评为西北师范大学“师德先进个人”。

二〇〇七年

三月，撰写《在一乐堂汤溪中学读书》一文，载《汤中写真》二〇〇七年四月号（总第一一六期），另见二〇一一年九月出版的《汤中印记》一书。同月，作《忆昔在汤溪中学读书》诗。

七月，发表《中小学教师流动的实然与应然》（与人合作），载《当代教育科学》二〇〇七年第十三期。

二〇〇八年

一月，发表《简谈不能把教育界说为一门研究培养人的学问》，载《北京大学教育评论》二〇〇八年第一期。同月，受聘担任甘肃省第五届中小学教材审定委员会副主任委员。

六月，《教育学原理》（简缩本）出版，是对专著《教育学原理》（第二版）内容的浓缩和精选，意在为普通高校本科生作教材学习教育学专业知识之用，仍由甘肃教育出版社出版。同月，为高闰青《“以人为本”理念及其教育实践问题研究》作序。

七月，撰写《在金华中学读书》一文。

八月，撰写《1957：我的记忆与思考》一文。同月，为李逢忠《清晨的钟声》作序。

二〇〇九年

一月，发表《论教育的两个“为本”》，载《当代教育与文化》二〇〇九年第一期。同月，为李保强《教育格言论析》作序。同月，受聘担任《当代教育与文化》杂志学术顾问。

二月，为张华龙《体悟教育研究》作序。

三月，发表《高闰青〈“以人为本”理念及其教育实践问题研究〉序》，载《当代教育与文化》二〇〇九年第二期。

八月，为王星霞《学校发展变革研究》作序。同月，为韩永红《论自我教育》作序。

二〇一〇年

一月，发表《论人文精神与人的素质（一）》，载《中小学课程教材研究》（内部刊物）二〇一〇年第一期。

三月，发表《什么叫人文精神》，载《江苏教育学院学报》（社会科学）二〇一〇年第三期。同月，作《忆杨庄》诗二首，《思念罗山府》诗一首。

四月，发表《论人文精神与人的素质（二）》，载《中小学课程教材研究》（内部刊物）二〇一〇年第二期。

五月，发表《置身于教育学术的天地》，载《高等理科教育》二〇一〇年第三期。 同月，为杨晓《语文课程中的人文精神——从理念到运行》作序。

七月，发表《人文精神的缺失及其历史、社会原因——杨晓〈语文课程中的人文精神——从理念到运行〉序》，载《北京大学教育评论》二〇一〇年第三期。

九月，作《富润园铭并序》。

十月，应深圳教育科学研究院、深圳大学、华南师范大学等单位之邀前往深圳、广州两地做学术访问，与有关师生座谈交流。

二〇一一年

五月，为金萍《多维视域下翻译转换能力发展与翻译教学对策研究》作序。

六月，撰写《安宁生活述忆》，载《安宁文史资料选辑》第三辑。

十一月，为邵波《本征教育学概论》作序。

十二月，发表《回望汤溪私立维二中学》。

二〇一二年

七月，发表《什么是哲学》，载《中小学课程教材研究》（内部刊物）二〇一二年第四期。

九月，发表《我们为什么要学习研究哲学》，载《中小学课程教材研究》（内部刊物）二〇一二年第五期。

十月，为高闰青《河南省农村教育热点问题研究》作序。同月，为蔡中宏《教育与社会发展研究》作序。

十一月，发表《我们怎样学习研究哲学》，载《中小学课程教材研究》（内部刊物）二〇一二年第六期。

十二月，发表《王国维与中国教育学术》，载《教育研究》二〇一二年第十二期。

二〇一三年

一月，发表《教育学界在不少基本理论问题上需要正本清源》（与孙丽华合作），载《当代教育与文化》二〇一三年第一期。

三月，发表《我的评介和感想——读高闰青〈河南省农村教育热点问题研究〉书后》，载《当代教育与文化》二〇一三年第二期。同月，经中国教育学会教育学分会第六次会员大会推举，荣任中国教育学会教育学分会第六届理事会学术顾问。

六月，发表《关于什么是教育学的问题》，载《中国教育科学》二〇一三年第二辑。

八月，为高闰青《教师教育课程改革研究》作序。

十月，为《董承舒诗、书作品集》作序。

十一月，专著《教育学原理》（第三版）由人民教育出版社出版。《教育学原理》第三版在第二版基础上作了较大篇幅的增删修订。

二〇一四年

五月，《陇上学人文存·胡德海卷》由甘肃人民出版社出版。

九月，发表《教育与社会发展关系问题的正确认知与把握——〈教育与社会发展研究——基于文化和人的视角〉读后》，载《当代教育与文化》二〇一四年第五期。

十一月，被甘肃省教育厅聘为甘肃省基础教育课程教材专家工作委员会副主任委员。

二〇一五年

六月至七月，应邀赴武汉大学参加博士学位论文答辩，作学术报告。应邀赴江西广播电视大学、江西师范大学作学术报告，与该校师生、相关学术研究人员进行学术交流。此行在江西庐山和共青城，分别造访了白鹿洞书院和拜谒了胡耀邦墓地陵园。在中山大学造访了陈寅恪先生旧居。

九月，专著《教育学原理》（第三版）荣获第四届中国大学出版社图书奖优秀教材一等奖。

二〇一六年

七月，夫人蒋小素女士逝世。

八月，《教育学原理》（简缩本）第二版由甘肃教育出版社出版。这一版与第一版相较，在内容上有所缩减。

九月，“胡德海先生九十华诞暨教育学原理学术研讨会”在西北师范大学召开，来自全国知名教育专家学者及先生授业弟子二百余人共襄盛会，先生作大会发言。《当代教育与文化》二〇一六年第五期出版纪念专刊。同月，发表《我的人生经历以及对教育学研究的一些看法》，载《当代教育与文化》第五期。

十一月，专著《教育学原理》荣获第五届全国教育科学研究优秀成果奖二等奖。

二〇一七年

二月，撰《纪念我的外公徐毓珪先生》（收入本书时题为《纪念我的外公外婆》），后收入同年编纂的《后彰陈徐氏宗谱》中。

七月，为张永祥《基础教育课程改革知识观研究》作序。

二〇一八年

一月，为刘庆昌《教育哲学新论》作序。

三月，发表《读书、教书、著书：我的教育生涯和人生感悟》，载《中国教育科学》二〇一八年第二期。

三月三十一日，应山西师范大学邀请，作“关于教育学和教育的问题”的报告，就“什么是教育学”和“什么是教育”阐述了自己的观点。

九月，应陕西师范大学郝文武教授之约，就人生经历、治学思想等和郝文武教授、刘旭东教授、李虎林副教授座谈交流，并在《当代教师教育》二〇一八年第二期上发表《潜心学术 穷根究底 开拓创新 建构体系——访胡德海先生》访谈实录。

二〇一九年

三月，发表《关于什么是儒家传统修养问题的学理解读》，载《中国教育科学》二〇一九年第二期。

五月十八日，为《蒋小素画集》作前言。

八月，发表《王国维早期教育思想的当代启示》（与高闰青合作），载《中华读书报》二〇一九年八月二十八日。

十一月，接受重庆文理学院期刊社编辑专访，并发表《新中国70年教育发展若干理论问题反思——胡德海先生专访》，载《重庆高教研究》二〇一九年第六期。

十二月二十一日，受聘担任中国教育学会教育学分会第七届理事会学术顾问。

二〇二〇年

三月，接受高闰青教授专访，并发表《中国传统文化的主要内容、基本特性及其价值意义——专访胡德海先生》，载《当代教育与文化》二〇二〇年第二期。

十月，与高闰青合作发表《如果请王国维讲素质教育》，载《博览群书》二〇二〇年第十期。

二〇二一年

六月，为刘历红《选择相信：在心理实验中发现教育解困的密码》一书作序。

九月，《教育学原理》（第三版）荣获首届“全国教材建设奖”全国优秀教材（高等教育类）二等奖。

九月，发表《雷沛鸿：一代为天地立心、为生民立命的人文巨匠》，载《教育研究》二〇二一年第九期。

十月二十四日，受邀参加西安交通大学马克思主义学院二〇一九年教育部重大攻关课题（19JZD045）阶段成果汇报研讨会，并做线上交流发言。

二〇二二年

八月，接受西北师范大学教育学院樊改霞教授专访，发表《突破传统：文化理念视角下的教育学原理体系建构——胡德海教授专访》，载《苏州大学学报》（教育科学版）二〇二二年第四期。

九月，西北师范大学建校一百二十周年校庆之际，接受《当代教育与文化》副主编张永祥专访，发表《西北师范大学百廿办学历程的阶段特征及其精神传统》，载《当代教育与文化》二〇二二年第五期。

九月，教师节前夕，中央广播电视总台中国之声特别策划“先生：向以德性滋养风气的大师致敬，为他们的成就与修为留痕”专题，播出《胡德海：读书教书著书，立功立德立言》特别节目。

九月，发表《教育理论工作者要学习和研究哲学》，载《中国教育科学》二〇二二年第五期。

二〇二三年

三月五日，接受广西师范大学教育学部邀请，与参加广西八桂教育家摇篮工程第九次集中研修的学员座谈，交流雷沛鸿教育思想的研究心得，会上提出要研究、继承和发扬雷沛鸿教育思想。

六月八日，兰州交通大学举行“大先生”讲“大思政课”启动仪式暨首场报告会，受邀作题为《关于研究生读书的几个问题》的专题报告。

后记

收录在本书里的这四十多篇文章，大多是我在近十来年写的。写这些文字，各有不同的时间、空间背景，且是为不同的人和事写的。题目各异，写的目的、意义和形式也各不相同。因而可以说，这其中的每篇文字，都有各自不同的面貌、不同的特点。我以为，这恐怕正是这本书和我已出的专著最大的不同之处。

但是，逻辑学的有关知识也告诉我们，这些具有不同面貌、特点和个性的文章，又有比较相近的内涵和性质，也是可以把它们作适当的归类的。呈现在读者朋友面前的这本书的四个部分形成了这样一个框架结构："上编"所表述是我对什么是教育学问题的学理与事理的思考和辨析；"中编"是我对哲学、传统文化等的人文之思；"下编"是对我的人生求索之路的介绍；"附录"则是一些相关的文字材料，反映的是我此生主要的生活轨迹。当然，从根本意义上来说，本书的各篇乃至我所有著述所反映的也都可视为我此生的生活内容与生命的轨迹。只是这里说的意思更明显更集中而已。这样分类编排的目的，就是使全书的面貌显得清晰、系统和完整。

这里要特别说明一下，收入本书的文章多为过去十多年里已发表的文章。我在收入本书时对原来的文字进行了一些修改和完善，这里特向广大读者指出，恳请读者继续批评指正。

本书书名的确定，也经过了一段较长时日的思量和斟酌。其间，我的几位博士弟子，现都已在各自工作岗位崭露头角，在学术领域又均有创获成就的刘庆昌、李朝东、蔡中宏、高闰青等都为此高度关注，热烈讨论，贡献了各自的思考和智慧，提出了一些很有见地的见解和主张。所以在这里，我要对我的这些亲爱的弟子们表示由衷的感谢。

此外，我在这里还要提到的是现供职于西北师范大学教育学院的另几位弟子李虎林、张永祥、王等等。他们对我生活和工作上的照顾关切更为直接，这里要对他们表示感谢。而张永祥博士为此书选编所付出的辛劳和心力则尤使我感念在心。

最后，我也要对人民教育出版社郑旺全、郭戈、吕达、刘立德、任长松、韩华球和本书责编龚鹏飞等编审人员为本书编辑出版所付出的辛劳表示深切的感激之忱。同时感谢上海图书馆（上海科学技术情报研究所）提供相关图片，为拙著增色不少。

逝水滔滔，人生易老。二十一世纪竟已悄悄过去二十三年了。抚今思昔，岁月蹉跎，成就无多，不无感慨。但也在此暮年，回顾此生，终以几十年来走的是一条与书结缘，以求真、求善、求美为务的教书育人生涯为幸、为安和为慰，并引为此生的些许快慰。我近些年写下的十来篇追忆文字，就是我人生这种经历和心迹的反映，而其中追忆所及在我头脑里留有深刻印象的某些人和事，因同样是我人生内容的重要组成部分，也觉有必要为之留下一份郑重的纪念，所以也就一并把它们容纳在这本书里。同样，我把它视作我的教育之学与人生之思的一个组成部分。

胡德海

二〇二三年八月